建设法规

(第三版)

黄安永　主编

张连生　何龙江　郝亚琳　副主编

东南大学出版社
SOUTHEAST UNIVERSITY PRESS
·南京·

内 容 提 要

本书系统地对基本建设工程项目过程中应遵守的法律、法规作了详细的介绍,包括建设企业法律制度、城乡规划法律制度、建设用地法律制度、建设工程招标投标法律制度、建设工程合同管理、建设工程实施法律制度、市政公用法律制度、房地产法律制度和建设工程纠纷解决制度。

本书可作为工程管理和土木工程专业相关课程的教材,也可供建筑业、房地产业、市政基础建设、物业管理以及城市管理等相关专业人员参考使用。

图书在版编目(CIP)数据

建设法规 / 黄安永主编. —3 版. — 南京:东南大学出版社,2017.6(2023.8重印)
 ISBN 978-7-5641-7200-8

Ⅰ. ①建… Ⅱ. ①黄… Ⅲ. ①建筑法-基本知识-中国 Ⅳ. ①D922.297

中国版本图书馆 CIP 数据核字(2017)第 130883 号

东南大学出版社出版发行
(南京四牌楼 2 号 邮编 210096)
出版人:江建中
全国各地新华书店经销 南京京新印刷有限公司印刷
开本:700 mm×1000 mm 1/16 印张:25.75 字数:441千字
2017 年 6 月第 3 版 2023 年 8 月第 4 次印刷
ISBN 978-7-5641-7200-8
印数:7001~8000册 定价:40.00元

* 本社图书若有印装质量问题,请直接与营销部联系,电话:025-83791830。

第三版前言

经过三十几年的持续发展和改革开放的不断深化,中国已成为世界第二大经济体。为了促进经济的可持续发展,国家"十三五"发展规划中提出了"创新发展""协调发展""绿色发展""开放发展""共享发展"的五大发展理念。伴随着这些理念的落实,城市规划、综合开发、土地有偿使用、绿色生态、拆迁补偿、建筑业房地产业营改增的税制改革,以及物业管理和城市管理的加强,相关的法律问题也越来越引起人们的关注。

社会主义市场经济是法治经济,城市规划、建设、管理离不开法律制度保证,国家非常重视法律建设,不断地与时俱进,有关基本建设中新的法律法规不断地颁布出台,一些原有的法律法规在实践中不断地修改完善,本书围绕着新的法律法规进行了再版。

本书第一版2000年出版发行,得到了广大读者的厚爱,2004年获得了第六届"全国高校出版社优秀畅销书"二等奖。为了不辜负读者的厚爱与希望,先后两次修订,并于2009年再版。时间又过去了近7个年头,该书发行量不断扩大,已销售6万余册。近期针对基本建设过程中产生矛盾较多的地方,根据国家近年来新颁布的法律做了一次重新修改,调整了一些内容,同时在结构上也做了一些变化。本书原是工程管理专业系列教材中的一本,而系列教材中已有一本专述工程合同管理的教材,为了避免重复,原书编写过程中把这一内容省略,现有些学校把该书作为土木工程专业学习建设法规的教材,考虑到系统性,增加了合同管理章节,也满足了教学与学习的需要。同时,我们保留了读者认同的原有章节内的安排,即每章前有概要,配有章前案例进行导读,还在该章结束后对该案例按照相关法律进行分析,使读者加深对法律法规的理解;还在每章节后配有一定的习题,目的是方便读者对相关法律知识的学习效果进行自我测评。

本书由黄安永主编,张连生、何龙江、郝亚琳任副主编。全书共分10章,其中第1、10章由张连生编写,第2、3章由李薇编写,第5、6、7章由何龙江编写,第4、

8 章由黄安永、郝亚琳编写，第 9 章由黄安永、杨君编写。本书是在结合教学、科研实践的经验和体会，听取一部分技术人员的建议，查阅国内外有关参考文献资料的基础上编写而成的。由于我们的水平及时间和条件的限制，本书难免有疏漏之处，敬请读者谅解并予指正。

黄安永
2017 年 3 月于南京三江学院 4 号教学楼

目 录

1 建设法律概论 ························· 1
  1.1 建设法律概述 ······················· 1
    1.1.1 建设法律的概念 ···················· 1
    1.1.2 建设法律的调整对象 ·················· 2
    1.1.3 建设法律的特征 ···················· 4
    1.1.4 建设法律的作用 ···················· 6
  1.2 建设法律关系 ······················· 7
    1.2.1 建设法律关系的构成要素 ················ 7
    1.2.2 建设法律关系的产生、变更和消灭 ············ 10
  1.3 我国建设立法概况 ····················· 12
    1.3.1 建设立法的基本原则 ·················· 12
    1.3.2 工程建设与建筑业立法概况 ··············· 14
  1.4 建设法律体系 ······················· 17
    1.4.1 建设法律体系概念 ··················· 17
    1.4.2 建设法律体系的构成 ·················· 18
    1.4.3 我国的建设法律体系 ·················· 19
  1.5 案例分析 ························· 21
  本章习题 ··························· 27

2 建设企业法律制度 ······················· 29
  2.1 企业资质管理制度 ····················· 29
    2.1.1 概述 ························· 29
    2.1.2 建筑业企业资质管理 ·················· 30
    2.1.3 房地产开发企业资质管理 ················ 34
    2.1.4 工程建设项目招标代理机构的资质管理 ·········· 36
    2.1.5 工程造价咨询企业的资质管理 ·············· 37
    2.1.6 工程监理企业的资质管理 ················ 39

2.2　建设企业相关法律制度 …………………………………………… 42
　　2.2.1　公司法 ……………………………………………………… 42
　　2.2.2　劳动法与劳动合同法 ………………………………………… 45
　　2.2.3　安全生产法 …………………………………………………… 53
　　2.2.4　担保法与工程担保 …………………………………………… 58
　　2.2.5　保险法与工程保险 …………………………………………… 61
　2.3　案例分析 …………………………………………………………… 64
　本章习题 ………………………………………………………………… 66

3　城乡规划法律制度 ……………………………………………………… 71
　3.1　城乡规划管理概述 ………………………………………………… 71
　　3.1.1　城乡规划和城乡规划管理 …………………………………… 71
　　3.1.2　城乡规划法 …………………………………………………… 72
　　3.1.3　城乡规划制定、实施的原则 ………………………………… 74
　3.2　城乡规划的制定 …………………………………………………… 76
　　3.2.1　城镇体系规划的制定 ………………………………………… 76
　　3.2.2　城市规划和镇规划的制定 …………………………………… 76
　　3.2.3　其他规划的制定 ……………………………………………… 78
　3.3　城乡规划的实施 …………………………………………………… 79
　　3.3.1　城乡规划实施的基本要求 …………………………………… 79
　　3.3.2　城乡规划实施的"一书两证"制度 ………………………… 80
　3.4　城乡规划的修改 …………………………………………………… 85
　　3.4.1　规划的修改条件 ……………………………………………… 85
　　3.4.2　规划的修改程序 ……………………………………………… 86
　3.5　历史文化名城保护 ………………………………………………… 86
　　3.5.1　概述 …………………………………………………………… 87
　　3.5.2　历史文化名城保护的立法情况 ……………………………… 88
　　3.5.3　历史文化名城名镇名村保护条例 …………………………… 89
　3.6　违反《城乡规划法》的法律责任 ………………………………… 93
　　3.6.1　有关行政部门的法律责任 …………………………………… 93
　　3.6.2　城乡规划编制单位的法律责任 ……………………………… 94
　　3.6.3　在规划区违法建设的法律责任 ……………………………… 94
　3.7　案例分析 …………………………………………………………… 95
　本章习题 ………………………………………………………………… 99

4 建设用地法律制度 ··· 104
4.1 土地管理制度的概况 ··· 104
4.1.1 土地管理法概述 ··· 104
4.1.2 我国土地管理体制的改革 ····································· 107
4.1.3 保护好耕地 ··· 108
4.2 我国城镇土地使用权有偿出让 ····································· 110
4.2.1 城镇国有土地使用权出让的法律含义 ····························· 110
4.2.2 土地使用权出让所遵循的原则 ·································· 111
4.2.3 国家实行土地有偿有限期使用制度 ······························ 112
4.2.4 我国城镇土地使用权出让的方式 ································ 113
4.3 国有土地使用权划拨 ··· 119
4.3.1 土地使用权划拨的含义 ·· 119
4.3.2 划拨土地使用权的适用范围 ···································· 119
4.3.3 划拨土地使用权的转让、出租、抵押 ····························· 120
4.4 国有土地使用权转让 ··· 122
4.4.1 土地使用权转让条件 ·· 122
4.4.2 土地使用权转让方式 ·· 124
4.4.3 土地使用权转让程序 ·· 125
4.5 土地使用权出租 ··· 126
4.5.1 土地使用权出租的含义 ·· 126
4.5.2 土地使用权出租的条件 ·· 128
4.5.3 土地使用权出租的程序 ·· 128
4.6 土地使用权抵押 ··· 130
4.6.1 土地使用权抵押的含义 ·· 130
4.6.2 土地使用权抵押的条件 ·· 131
4.6.3 土地使用权抵押的程序 ·· 131
4.7 土地使用权的终止 ··· 132
4.7.1 土地使用权终止的含义 ·· 132
4.7.2 土地使用权终止的法律后果 ···································· 133
4.7.3 土地使用权提前终止 ·· 133
4.7.4 土地使用权期满后的续期 ······································ 134
4.8 违反《土地管理法》的法律责任 ··································· 134
4.8.1 违反《土地管理法》的法律责任 ································· 134
4.8.2 《刑法》中增加了保护土地资源的新内容 ························· 135
4.9 案例分析 ··· 136
本章习题 ·· 138

5　建设工程招标投标法律制度 … 142
5.1　招标投标的概述 … 142
5.1.1　工程招标投标的概念 … 143
5.1.2　工程招标投标制度的发展历程 … 143
5.1.3　工程建设招标范围和规模标准 … 145
5.1.4　招标方式 … 147
5.2　招标程序 … 149
5.2.1　招标准备阶段 … 149
5.2.2　招标投标阶段 … 153
5.2.3　决标成交阶段的主要工作内容 … 157
5.3　加强建设工程招标投标管理 … 159
5.3.1　管理机构及其职责 … 159
5.3.2　招标投标的监督体系 … 160
5.4　违法行为应当承担的法律责任 … 164
5.4.1　招标人的责任 … 164
5.4.2　投标人的责任 … 166
5.4.3　中标人违法行为应承担的法律责任 … 167
5.4.4　其他相关人的责任 … 167
5.4.5　其他法律责任 … 169
5.4.6　招标投标违法行为记录公告暂行办法 … 170
5.5　标准文件及行业标准施工招标文件简介 … 171
5.6　案例分析 … 172
本章习题 … 176

6　建设工程合同制度 … 181
6.1　建设工程合同概述 … 181
6.1.1　建设工程合同概念、作用和特点 … 181
6.1.2　合同法概述 … 183
6.2　合同订立、履行、保全、变更、转让和终止 … 186
6.2.1　合同的订立 … 186
6.2.2　合同的履行 … 188
6.2.3　合同的保全 … 189
6.2.4　合同的变更 … 189
6.2.5　合同的转让 … 190
6.2.6　合同的终止 … 191

6.3 无效合同和效力待定、违约责任 193
   6.3.1 无效合同 193
   6.3.2 效力待定 195
   6.3.3 违约责任 195
6.4 建设工程合同示范文本简介 197
   6.4.1 建设工程合同示范文本的性质与作用 197
   6.4.2 建设工程施工合同(示范文本)(2013) 198
6.5 案例分析 203
本章习题 203

7 建设工程实施法律制度 208
7.1 建筑法概述 208
7.2 建设工程勘察设计法规 209
   7.2.1 概述 209
   7.2.2 工程勘察设计执业资格管理 210
   7.2.3 工程勘察设计质量管理 213
7.3 建设工程监理制度 215
   7.3.1 建设工程监理概述 215
   7.3.2 建设监理依据及工作内容 218
   7.3.3 建设监理各方义务 219
7.4 建筑施工许可制度 221
   7.4.1 建筑施工许可证概述 221
   7.4.2 施工企业资质管理 224
   7.4.3 注册建造师执业资格制度 224
7.5 建设工程质量法律制度 225
   7.5.1 概述 225
   7.5.2 质量体系认证制度 226
   7.5.3 建材使用许可制度 226
   7.5.4 建设工程各方质量责任和义务 227
   7.5.5 建设工程保修、返修及损害赔偿 230
7.6 建设工程安全生产法律制度 231
   7.6.1 概述 231
   7.6.2 施工安全生产许可证制度 232
   7.6.3 施工安全生产责任和安全生产教育培训制度 234
   7.6.4 施工现场安全防护制度 237
   7.6.5 建设工程各方安全责任和义务 241

  7.7 绿色建筑相关制度 ·· 245
    7.7.1 绿色建筑发展概况 ·· 245
    7.7.2 施工节约能源的相关规定 ···································· 246
  7.8 违反《建筑法》的法律责任 ·· 250
    7.8.1 建设单位违法法律责任 ······································ 250
    7.8.2 勘察、设计单位违法法律责任 ······························· 251
    7.8.3 施工单位违法法律责任 ······································ 252
    7.8.4 监理单位违法法律责任 ······································ 253
    7.8.5 政府及其所属部门工作人员违法法律责任 ··················· 254
    7.8.6 违反《生产安全事故报告和调查处理条例》和《生产安全事故
       罚款处罚规定(试行)》的责任 ······························ 254
    7.8.7 《刑法修正案(六)(九)》中关于安全生产的内容 ·········· 256
  7.9 案例分析 ··· 257
  本章习题 ··· 258

8 市政公用法律制度 ·· 264
  8.1 市政公用事业的立法概况 ··· 264
  8.2 市政工程管理法律制度 ·· 266
    8.2.1 市政工程设施的概念 ··· 266
    8.2.2 城市道桥建设管理 ·· 267
    8.2.3 城市防洪设施管理 ·· 269
    8.2.4 城市排水管理 ·· 270
  8.3 城市公用事业建设与管理 ··· 272
    8.3.1 城市公用事业的概念 ··· 272
    8.3.2 城市供水管理 ·· 273
    8.3.3 城市节约用水 ·· 274
    8.3.4 城市供热管理 ·· 275
    8.3.5 城市供气管理 ·· 277
    8.3.6 城市供电管理 ·· 279
    8.3.7 城市公共交通运营管理 ······································ 282
  8.4 城市市容和环境卫生管理制度 ···································· 283
    8.4.1 城市环境概述 ·· 283
    8.4.2 城市市容管理 ·· 286
    8.4.3 城市环境卫生管理 ·· 288
    8.4.4 违反城市市容管理和环境卫生管理的法律责任 ············· 290

8.5 城市园林绿化法律制度 ……………………………………… 291
　　　　8.5.1 城市绿化管理 …………………………………………… 291
　　　　8.5.2 城市园林管理 …………………………………………… 294
　　　　8.5.3 违反城市园林绿化管理的法律责任 …………………… 295
　　8.6 城市轨道交通运营管理制度 ………………………………… 297
　　　　8.6.1 城市轨道交通的运营管理制度 ………………………… 297
　　　　8.6.2 城市轨道交通的安全管理制度 ………………………… 298
　　　　8.6.3 违反城市轨道交通运营管理制度而应承担的法律责任 … 299
　　8.7 案例分析 ……………………………………………………… 299
　　本章习题 …………………………………………………………… 305

9 房地产法律制度 ……………………………………………… 309
　　9.1 房地产开发经营管理制度 …………………………………… 309
　　　　9.1.1 房地产业的立法概况 …………………………………… 309
　　　　9.1.2 房地产法的体系 ………………………………………… 312
　　　　9.1.3 房地产开发经营管理制度 ……………………………… 314
　　9.2 征收补偿制度 ………………………………………………… 316
　　　　9.2.1 国有土地上房屋征收与补偿法规概述 ………………… 316
　　　　9.2.2 房屋征收决定程序 ……………………………………… 317
　　　　9.2.3 房屋征收补偿 …………………………………………… 319
　　　　9.2.4 违反《国有土地上房屋与征收补偿条例》的法律责任 … 320
　　9.3 房地产交易管理制度 ………………………………………… 321
　　　　9.3.1 房地产交易管理概述 …………………………………… 321
　　　　9.3.2 房地产转让管理 ………………………………………… 321
　　　　9.3.3 房地产抵押管理 ………………………………………… 324
　　　　9.3.4 房地产租赁管理 ………………………………………… 327
　　9.4 商品房销售管理制度 ………………………………………… 329
　　　　9.4.1 商品房购买流程 ………………………………………… 329
　　　　9.4.2 商品房预售管理 ………………………………………… 332
　　　　9.4.3 商品房买卖合同 ………………………………………… 334
　　　　9.4.4 房地产税费 ……………………………………………… 336
　　9.5 房地产权属登记管理制度 …………………………………… 341
　　　　9.5.1 房地产权属登记 ………………………………………… 341
　　　　9.5.2 房屋登记 ………………………………………………… 342
　　　　9.5.3 不动产登记 ……………………………………………… 345

9.6 物业管理法律制度 ... 347
9.6.1 物业管理的法律关系 ... 347
9.6.2 物业管理的法律责任 ... 349
9.6.3 《物业管理条例》 ... 351
9.6.4 《物权法》对建筑物共用部分归属的确立 ... 354
9.7 案例分析 ... 355
本章习题 ... 361

10 建设工程纠纷解决制度 ... 365
10.1 建设工程纠纷处理概述 ... 365
10.1.1 建设工程纠纷的类型和特点 ... 365
10.1.2 建设工程民事纠纷解决的途径 ... 366
10.1.3 建设工程行政纠纷的解决途径 ... 368
10.2 建筑工程的索赔 ... 368
10.2.1 工程索赔的概念 ... 368
10.2.2 工程索赔的起因 ... 369
10.2.3 工程索赔的条件 ... 371
10.2.4 索赔管理和索赔准备 ... 371
10.2.5 索赔程序 ... 374
10.3 仲裁制度 ... 376
10.3.1 仲裁的定义 ... 376
10.3.2 仲裁的特点 ... 376
10.3.3 仲裁制度的基本原则 ... 378
10.3.4 仲裁机构 ... 379
10.3.5 仲裁协议和仲裁协议的效力 ... 379
10.3.6 仲裁程序 ... 380
10.3.7 仲裁监督 ... 382
10.4 民事诉讼制度 ... 383
10.4.1 民事诉讼的概念 ... 383
10.4.2 民事诉讼管辖 ... 383
10.4.3 民事诉讼当事人 ... 386
10.4.4 民事诉讼程序 ... 388
10.5 案例分析 ... 395
本章习题 ... 397

参考文献 ... 400

1 建设法律概论

概　要：本章是建设法规课程的导论部分,它界定了建设法律的定义、建设法规的概念以及建设法律与建设法规之间的关系,阐述了建设法律的调整对象及建设法律的特征,阐述了建设立法的基本原则及建设法律的作用,回顾了建设法律的立法历史进程,并说明了建设法律关系的构成要素及其法律事实。本章还介绍了建设法律体系的基本框架,使我们对建设法律体系的整体内容能够有宏观的把握。

[章前案例]　2013年10月4日上午10时30分,12岁的李笑华跟着他的姑父来到正在建设中的中苑海上广场大坝去买鱼,就在路过中苑海上广场时,突然掉进了一个无盖的古力井内,造成颅脑重伤,虽经抢救脱离了危险,但因颅脑损伤致使左眼斜视,左耳失聪,行走不便,生活不能自理,何时康复以及是否会由此引发其他并发症等问题仍不清楚。无盖的古力井位于中苑海上广场施工工地隐蔽处,旁边既无警示标志,又无井盖等安全防护阻拦措施。经查这个建筑工地是山东中苑集团、青岛中苑海上广场娱乐有限公司的地面施工工地。李笑华父母多次找建设单位协商赔偿问题,都无任何结果。两位家长决定向青岛市南区人民法院诉讼,请求赔偿各种费用56万余元和精神赔偿金10万余元。试问:李笑华父母的诉讼请求能得到满足吗?建设单位和建筑公司有责任吗?

1.1　建设法律概述

1.1.1　建设法律的概念

建设法律是指由国家权力机关或其授权的行政机关制定的,旨在调整国家及其有关机构、企事业单位、社会团体、公民相互之间在建设活动中或建设行政管理活动中发生的各种社会关系的法律、法规的统称。

建设法律,主要是以建设活动或建设行政管理为规范内容而构成的,表现为建设法律、建设行政法规和部门规章,以及地方性建设法规、政府规章等。建设法律和建设法规中内容集中的或专门的规范性文件,是我国建设法律主要的来源。如《中华人民共和国城乡规划法》《中华人民共和国建筑法》(以下简称《建筑法》),即是以特定的活动,即城市规划活动或建筑活动为规范内容的法律。《中华人民共和国注册建筑师条例》则是以特定的职业,即建筑师职业为规范内容的行政法规。建设行政部门规章是建设主管部门管理、监督、指导建设活动的各方参与主体参与或实施建设活动的具体的行为规范。因此,广义上而言,建设行政部门规章也属于建设法律的范畴。此外,宪法和经济法、民法、行政法、社会保障法等各部门法律中有关建设活动及其建设关系的法律调整,也是建设法律的渊源。例如,《中华人民共和国宪法》第十条规定,城市的土地属于国家所有。《中华人民共和国民法通则》第一百二十六条规定,建筑物或者其他设施以及建筑物上的搁置物、悬挂物发生倒塌、脱落、坠落造成他人损害的,它的所有人或者管理人应当承担民事责任,但能够证明自己没有过错的除外。《中华人民共和国刑法》第一百三十七条规定,建设单位、设计单位、施工单位、工程监理单位违反国家规定,降低工程质量标准,造成重大安全事故的,对直接责任人员,处五年以下有期徒刑或者拘役,并处罚金;后果特别严重的,处五年以上十年以下有期徒刑,并处罚金。

简言之,建设法律是调整建设行政管理活动、建设民商事活动等法律关系的规范总称。

建设法律并不是一个独立的法律部门,建设法律是由建设行政法律规范、建设民事法律规范、社会保障法规等综合而成。为了学习、研究和使用法律的方便,学者把所有调整建设活动和建设管理活动的法律、法规以及规章、规范性文件等综合在一起,形成了一门法律分支学科。由于建设活动行业管理特点,建设行政法规在建设法律法规中占有很大的比重,因此,在建设行业中,习惯将所有建设法律、建设行政法规、建设部门规章、政府规章及强制性标准、规范等都归类于建设法律规范中,简称为建设法规。

1.1.2 建设法律的调整对象

建设法律的调整对象,即建设关系,也就是发生在各种建设活动和建设管理活动中的社会关系。具体如下:

(1) 建设活动中的行政管理关系

建设活动是社会经济发展中的重大活动,同社会经济发展和人民生命财产息息相关。国家对此类活动必然要实行较严格的管理,包括对建设工程的规划、立项、资金筹集、设计、施工、验收等均进行严格监督管理,进而形成建设活动中的行政管理关系。建筑业企业的资质管理制度,建设项目开工的施工许可制度,建设工程项目的竣工验收备案制度,商品房预售许可证制度以及注册建筑师、注册建造师、注册监理工程师、注册造价工程师、注册结构工程师等执业资格制度等都体现了行政管理关系。

建设活动中的行政管理关系,是国家及其建设行政主管部门同建设单位、设计单位、监理单位、施工单位及工程咨询服务等中介服务机构之间发生的相应的管理与被管理的关系。它包括两个相互关联的方面：一方面是规范、指导、协调与服务；另一方面是检查、监督、控制与调节。这其中不但要明确各种建设行政管理部门相互间及内部各方面的责权利关系，而且还要科学地建立建设行政管理部门同各类建设活动主体及中介服务机构之间规范的管理关系。这些都必须纳入法律调整范围，由有关的建设法律来承担。这是建设主管部门依法行政的具体依据和规范。

(2) 建设活动中的经济协作关系

在各项建设活动中，各种经济主体为了自身的生产和经营需要，或为了实现一定的经济利益或目的，必然寻求协作伙伴，随即发生相互间的建设协作经济关系。如投资主体(建设单位)同勘察设计单位、建筑安装施工单位等发生的勘察设计和施工关系；施工单位之间为加强竞标的竞争实力，而组成的投标联合体；总承包单位与分包商之间的分包合同关系等，这些活动都是经济协作关系。

建设活动中的经济协作关系是一种平等自愿、互利互助的横向协作关系。一般应当以合同的形式确定。合同是法人之间为了实现一定的经济目的，明确相互间的权利、义务关系的协议。与一般合同不同的是，建设活动的合同关系大多要求参与主体具有一定的资格或前提条件，如对于建设单位而言，签订建设工程合同的前提是该工程项目已经批准立项；而对于承包商而言，签订工程合同须具备一定的资质等级。这体现了国家对建设活动一定程度的监管。这是由建设活动和建设关系自身的特点所决定的。

(3) 建设活动中的民事关系

这是指因从事建设活动而产生的国家、单位法人、公民相互之间的民事权利、义务关系。主要包括：在建设活动中因人身损害而发生的损害赔偿关系以及建设活动参与单位的名称权、名誉权等人格权和知识产权保护等法律关系；建设活动从业人员的人身和建设单位、施工单位的财产保险法律关系；施工单位的建筑材料、设备构配件采购的买卖合同关系，钢管、机械设备等租赁关系；房地产交易中商品房买卖、房地产抵押和房屋租赁等法律关系；因土地及房屋征收导致的征收补偿安置关系；施工中噪声扰民、环境污染导致的赔偿纠纷等。

建设活动中的民事关系既涉及国家、社会利益，又直接关系着企业、公民个人的权益和自由，因此必须按照民法和建设法律法规中的民事法律规范予以调整。

(4) 建设活动中的社会保障关系

建设活动对于土地资源以及钢铁、水泥、木材等建筑材料和人力资源等占用量巨大，对环境也会造成持久的影响。因此，建设活动中涉及环境保护法、节约能源法、安全生产法和劳动合同法等社会法的调整。

应当指出的是，建设法律的上述四类具体调整对象，既彼此互相关联，又各具自身属性。它们都是因从事建设活动所形成的社会关系，都必须以建设法律来加以规范和调整，不能或不应当撇开建设法律法规来处理建设活动中所发生的各种关系。这是其共同点或相关联之处。同时这四类调整对象又不尽相同：它们各自的形成条件不同；处理关系的原则或调整手段不同；适用的范围不同；适用规范的法律后果也不相同。从这个意义上说，它们又是四类并行不悖的社会关系，既不能混同，也不能相互取代。在承认建设法律法规统一调整的前提下，应当侧重适用它们各自所属的调整规范。

1.1.3 建设法律的特征

建设法律作为调整建设活动和建设行政管理所发生的社会关系的法律规范，除具备一般法律的共性外，还具有不同于其他法律的特征。

1) 行政强制性

这是建设法律的主要特征。建筑活动投入资金量大，需要消耗大量的人力、物力、财力及土地等资源，涉及面广，影响力大且持久（尤其要注意对环境的影响），建筑产品的质量又关系到人民的生命和财产安全。因此，国家对建筑活动的监督和管理与其他行业相比，较为严格。建设行业的特殊性决定了建设法律必然要采用直接体现行政权力活动的调整方法，即以行政指令为主要调整的方法。建设法律规范中，建设行政法规占有很大的比重。因此，建设法律的调整方式的特点主要体现为行政强制性，调整方式有：

（1）授权。国家通过建设法律规范，授予国家建设管理机关某种管理权限，或具体的权利，对建设业进行监督管理。如《中华人民共和国建筑法》规定，建筑工程招标的开标、评标、定标由建设单位依法组织实施，并接受有关行政主管部门的监督。《建筑业企业资质管理规定》，下列建筑业企业资质许可，由企业工商注册所在地设区的市人民政府住房城乡建设主管部门实施：①施工总承包序列三级资质（不含铁路方面专业承包资质）及预拌混凝土、模板脚手架专业承包资质；②专业承包资质系列三级资质；③施工劳务资质；④燃气燃烧器具有安装维修企业资质。

（2）命令。国家通过建设法律规范赋予建设法律关系主体某种作为的义务。如《中华人民共和国建筑法》规定，建筑工程勘察、设计、施工的质量必须符合国家有关建筑工程安全标准的要求，具体管理办法由国务院规定。

（3）禁止。国家通过建设法律规范赋予建设法律关系主体某种不作为的义务，即禁止主体某种行为。如《中华人民共和国建筑法》规定，发包单位及其工作人员在建筑工程发包中不得收受贿赂、回扣或者索取其他好处；承包单位及其工作人员不得利用向发包单位及其工作人员行贿、提供回扣或者给予其他好处等不正当手段承揽工程；禁止将建筑工程肢解发包等。《中华人民共和国注册建筑师条例实施细则》规定，禁止涂改、倒卖、出租、出借或者以其他形式非法转让执业资格证书、互认资格证书、注册证书和执业印章。

（4）许可。国家通过建设法律规范，允许特别的主体在法律允许范围内有某种作为的权利。如《中华人民共和国城乡规划法》规定,以出让方式取得国有土地使用权的建设项目,在签订国有土地使用权出让合同后,建设单位应当持建设项目的批准、核准、备案文件和国有土地使用权出让合同,向城市、县人民政府城乡规划主管部门申领《建设用地规划许可证》。《中华人民共和国建筑法》规定,建筑工程开工前,建设单位应当按照国家有关规定向工程所在地的建设行政主管部门申请领取施工许可证。大中型项目要按照国务院规定的权限和程序批准开工报告。根据《中华人民共和国建筑法》的规定,从事建筑活动的施工企业、勘察单位、设计单位和工程监理单位应该具备一定的资质等级,从事建筑活动的专业技术人员应取得相应的执业资格证书。

(5) 免除。国家通过建设法律规范,对主体依法应履行的义务在特定情况下予以免除。如工程投资额在30万元以下或者建筑面积在300平方米以下的建筑工程,可以不申请办理施工许可证。对个人购买并居住超过一年的普通住房,销售时免征营业税,超过五年的免征所得税。用炉渣、粉煤灰等废渣作为主要原料生产建筑材料的可享有减、免税的优惠等。

(6) 确认。国家通过建设法律规范,授权建设管理机关依法对争议的法律事实和法律关系进行认定,并确定其是否存在,是否有效。如各级建设工程质量监督站检查受监工程的勘察、设计、施工单位和建筑构件厂的资质等级和从业范围,监督勘察、设计、施工单位和建筑构件厂严格执行技术标准,检查其工程(产品)质量等。

(7) 撤销。国家通过建设法律规范,授予建设行政管理机关,运用行政权力对某些权利能力或法律资格予以撤销或消灭。如勘察设计单位越级承揽业务的,可以责令其停业整顿、降低资质等级,情节严重的,吊销资质证书。

2) 建设法规以调整经济活动为主要内容

建设法律是经济法的重要组成部分。建设法律中属于经济法部门的法律法规,其主要特征是建设活动中的工程项目投资、房地产开发经营等活动占用的资金量大,直接受到国家宏观调控的影响。国家以法律法规的手段调控建设活动,这些法律法规即是建设法律的一部分。经济性是建设法律的又一重要特征。建设法的经济性既包含财产性,也包含其与投资、生产、分配、交换、消费的联系性。建筑业和房地产业等建设活动直接为社会创造财富,为国家增加积累。如房地产开发、工程项目建设、建设工程勘察设计、施工安装等都直接为社会创造财富。随着建筑业和房地产业的发展,其在国民经济中的地位日益突出。建筑业和房地产业已经成为国民经济的支柱产业之一。

3) 建设法规中包含了大量的技术性规范

技术性是建设法律规范的一个十分重要的特征。建设业的发展与人类的生存、进步息息相关。建设工程安全以及建筑产品的质量与人民生命财产紧紧连在一起。为保证建筑产品的质量和人民生命财产的安全,大量的建设法律法规是以行政法规、部门规章、强制性标准和技术规范等形式出现的。法学中狭义的法律法规仅仅是指由国家权力机关制定的法律及国家权力机关授权国家行政机关制定的行政法规及地方权力机关制定的地方性法规。但在法律、法规没有具体规定的前提下,司法实践中政府行政主管部门的规章、地方政府规章以及国家强制性标准等可以作为处理案件的参照依据。建设法律中的行政法规、部门规章、技术规范等具有直接、具体、严密、系统的特点,便于广大工程技术人员及管理机构遵守和执行,如各种设计规范、施工规范、验收规范、产品质量监测规范等。因此,建设法规的内涵要比传统法学中法律法规的内涵广,其不仅包括了法律、行政法规和地方性法规,还包括了建设行政主管部门的规章、地方政府规章和国家强制性标准等。

1.1.4 建设法律的作用

根据行为主体的不同,法律的规范作用具体可以分为:指引、评价、教育、预测和强制作用。

在法治社会,人们所进行的各种具体行为必须遵循一定的准则进行;只有在法律规范的范围内所进行的行为才能实现行为人预期的目的。

从事各种具体的建设活动所应遵循的行为规范即建设法律规范。建设法律对建设活动主体的建设行为的规范性表现为:

(1) 指引作用。如《建筑法》规定,国家提倡对建筑工程实行总承包。《建设工程安全生产管理条例》规定,国家鼓励建设工程安全生产的科学技术研究和先进技术的推广应用,推进建设工程安全生产的科学管理。

(2) 评价作用。法律法规对违法行为的制裁就是一种否定性评价,如《建设工程质量管理条例》第六十四条规定,施工单位在施工中偷工减料的,使用不合格的建筑材料、建筑构配件和设备的,或者有不按照工程设计图纸或者施工技术标准施工的其他行为的,责令其改正,处工程合同价款2%以上4%以下的罚款;情节严重的,责令其停业整顿,降低资质等级或者吊销资质证书。

(3) 教育作用。建设法律,通过对合法行为的肯定和对违法行为的否定来教育违法者和其他建设活动主体。

(4) 预测作用。如《建筑法》第三十条规定,国家推行建筑工程监理制度。国务院可以规定实行强制监理的建筑工程的范围。根据该法条的规定,可以推测,建筑工程监理制度的实施是发展趋势。

(5) 强制作用。如《建筑法》规定,建筑工程安全生产管理必须坚持安全第一、预防为主、综合治理的方针,建立健全安全生产的责任制度和群防群治制度。《建筑法》第二十八条规定,禁止承包单位将其承包的全部建筑工程转包给他人,禁止承包单位将其承包的全部工程肢解以后以分包的名义分别转包给他人。正是由于有了上述法律的规定,建设行为主体才明确了自己可以为、不得为和必须为的一定的建设行为,并以此指导、制约自己的行为,体现出建设法规对具体建设行为的规范和指导作用。

1.2 建设法律关系

1.2.1 建设法律关系的构成要素

建设法律关系的构成要素是指建设法律关系不可缺少的组成部分。任何法律关系都是由法律关系主体、法律关系客体和法律关系内容三个要素构成,缺少其中一个要素就不能构成法律关系。由于三要素的内涵不同,则可以组成不同的法律关系,诸如民事法律关系、行政法律关系、劳动法律关系等。

建设法律关系则是由建设法律关系主体、建设法律关系客体和建设法律关系的内容构成。

1) 建设法律关系主体

建设法律关系主体是指参加建设活动,受建设法律规范调整,在法律上享有权利、承担义务的当事人,也就是建设活动的参与者。

(1) 国家机关

参加建设法律关系的国家机关主要有:

① 国家发展改革委员会以及各级地方人民政府发展改革委员会。其职权是负责编制中长期和年度建设计划,组织计划的实施,督促各部门严格执行工程建设程序等。

② 国家建设主管部门,主要指住房和城乡建设部以及各级地方人民政府建设行政主管部门。其职权是制定建设规章,对城市建设、村镇建设、工程建设、建筑业、房地产业、市政公用事业进行组织管理和监督。如管理基本建设勘察设计部门和建筑施工企业;进行城乡规划;制定工程建设的各种标准、规范和定额;监督勘察、设计、施工安装的质量,规范房地产开发;市政建设等。

③ 国家建设监督部门。它主要包括国家财政机关、中国人民银行、国家审计机关、国家统计机关等。

④ 国家建设各业务主管部门。如交通部、水利部、能源部等部门,负责本部门、本行业的建筑管理工作。

(2) 社会组织

作为建设法律关系主体的社会组织一般应为法人。法人是指具有民事权利能力,依法享有民事权利和义务的组织。在建设活动中,不具备法人资格的社会组织也可以参与建设活动,如总公司与分公司之间的内部承包关系,分公司可以作为承包合同的主体;不具备法人资格的合伙人设立的建筑设计事务所可以承揽一定范围的设计业务,与委托方签订设计合同等。具有营业执照的分公司,作为总公司的授权单位可以对外签订合同,但总公司对合同的履行承担连带责任。

作为法人资格的建设活动主体,主要有:

① 建设单位。建设单位是指进行工程建设的企业或事业单位。由于建设项目的多样化,作为建设单位的社会组织也是种类繁多,有各类企业法人、公立学校、公立医院等事业单位法人、国家各级机关等。建设单位作为投资需求主体,可以是不具有法人资格的非法人企业,如个人投资的独资企业、合伙企业、联合企业,甚至是个体经营户等。

建设单位作为建设活动权利主体,是从设计任务书批准开始。任何一个社会组织,当它的建设项目设计任务书没有批准之前,建设项目尚未被正式确认,它是不能以权利主体资格参加工程建设的。当建设项目编有独立的总体设计并单独列入建设计划,获得国家主管部门批准或者备案时,这个社会组织方能成为建设单位,以已经取得的法人资格及自己的名义对外进行经济活动和法律行为。建设单位作为工程的需要方,是建设投资的支配者,也是工程建设的组织者和监督者。

② 勘察设计单位。勘察设计单位是指从事工程勘察设计工作的各类设计院、所等。我国有勘察设计合一的机构,也有分立的勘察和设计机构。

③ 建筑工程设计单位。建筑工程设计单位可以是综合性的,也可以是专业性的。综合性单位可以成套承包建筑工程设计,专业性单位只能承包本专业工程范围内的设计。配有建筑专业的单位可以总包工程设计,其他专业工程可分包设计。

④ 市政工程设计单位。市政工程设计单位主要从事城市给水、排水、燃气、热力、道路、桥梁、隧道、防洪及公共交通、园林绿化、环境卫生等工程设计。有综合性的,也有专业性的。

⑤ 城乡规划设计单位。城乡规划设计单位的任务是进行城乡建设总体规划、具体单项规划及建设项目选址、可行性研究等。

⑥ 建设工程监理单位。建设工程监理单位是受建设单位的委托,代表建设单位对工程承包单位在建筑工程的进度、工程质量和工程投资等方面进行监督和管理的组织。

⑦ 建筑施工企业。建筑施工企业是指在国家工商行政管理机关登记注册,由建设行政主管部门进行资质认定的从事建设工程施工安装活动的组织。

⑧ 工程造价咨询服务企业。工程造价咨询服务企业接受建设单位、施工单位的委托对建设工程中工程项目投资金额的确定、招标投标中工程造价的构成和中标单位的选定,以及工程进度款的支付和工程价款的结算等提供专业性服务的组织。

(3) 公民个人

公民个人作为建筑市场的主体参与建设活动的领域已经相当广泛,如公民作为注册建筑师、注册建造师、注册造价工程师、注册监理工程师、注册房地产估价师、房地产经纪人等参与建筑活动、房地产经营活动。公民个人提供具有个人知识产权的设计软件、预决算软件等与建设参与单位确立法律关系。建设企业职工同企业单位签订劳动合同时,即成为建设法律关系主体。在建筑工程中的劳务分包关系中,个人往往以提供劳务者的身份参与劳务分包关系。

2) 建设法律关系客体

建设法律关系客体是指参加建设法律关系的主体享有的权利和承担的义务所共同指向的对象。法律关系中的客体习惯上也称之为标的。在通常情况下,建设主体都是为了某一客体,彼此才设立一定的权利、义务,从而产生建设法律关系,这里双方各自享受权利、承担义务所指向的对象,便是建设法律关系的客体。

法学理论上,一般客体分为物、财、行为和智力成果。建设法律关系客体也不外乎这四类。

(1) 物

法律意义上的物是指可为人们控制的并具有经济价值的生产资料和消费资料。在建设法律关系中表现为物的客体主要是建筑材料,如钢材、木材、水泥等及其构成的建筑物,还有建筑机械设备等。

(2) 财

财,一般指资金及各种有价证券。在建设法律关系中表现为财的客体主要是建设资金,如借款合同中的标的,即一定数量的货币;如公司股权转让中的股份,土地使用权出让或者转让合同中的土地使用权,都属于财产性质。

(3) 行为

法律意义上的行为是指人的有意识的活动。在建设法律关系中,行为多表现为完成一定的工作或者是提供一定的劳务。如勘察设计、施工安装、监理活动、代理招标等活动。勘察设计合同的标的,即完成一定的勘察设计任务。建筑工程承包合同的标的,即按期完成一定质量要求的施工行为。而在建筑活动中,如扎钢筋、支模板、土方开挖等都是以劳务合同形式分包施工的,该类分包合同的标的就是劳务活动。

(4) 智力成果

法律意义上的智力成果是指人们脑力劳动的成果或智力方面的创作,也称知识产权。在建设法律关系中,如设计单位提供的具有创造性的设计成果,该设计单位依法可以享有专有权,使用单位未经允许不能无偿使用。如个人开发的预决算软件,开发者对之享有版权(著作权)。建设活动中的规划图、效果图及模型、施工图以及招标、投标文件等都具有版权。施工单位申请取得的发明、实用新型和外观设计专利及专有技术、技术秘密等都属于智力成果。

3) 建设法律关系的内容

建设法律关系的内容即建设活动参与者具体享有的权利和应当承担的义务。建设法律关系的内容是建设主体的具体要求,决定着建设法律关系的性质,它是联结主体的纽带。

权利是指建设法律关系主体在法定范围内,根据国家建设管理要求和自己业务活动的需要有权进行各种建设活动。权利主体可要求其他主体做出一定的行为或抑制一定的行为,以实现自己的权利,因其他主体的行为而使其权利不能实现时,有权要求国家机关加以保护并对该其他主体予以制裁。

义务是指建设法律关系主体必须按法律规定或合同约定承担应负的责任。义务和权利是相互对应的,相应主体应自觉履行义务,义务主体如果不履行或不适当履行,就要承担相应的法律责任。

在建设法律关系中,建设活动主体的具体权利义务体现在建设主体之间的合同之中。如2013年,由住房和城乡建设部和国家工商行政管理总局联合发布的《建设工程施工合同》(示范文本)(GF－2013－0201)就是通过《合同协议书》《通用条款》《专用条款》明确约定了各方当事人的具体权利和义务。

1.2.2　建设法律关系的产生、变更和消灭

1) 建设法律关系的产生、变更和消灭的概念

建设法律关系的产生是指建设法律关系的主体之间形成了一定的权利和义务关系。某建设单位与某建筑施工企业签订了建筑工程承包合同,主体双方就确立了相应的权利和义务。此时,受建设法律规范调整的建设法律关系即告产生。

建设法律关系的变更是指建设法律关系的三个要素发生变化。

主体变更是指建设法律关系主体数目增多或减少,如投标联合体的参与单位发生变更、调整,也可以是主体改变。在建设合同中,如果客体不变,相应的权利义务不变,此时主体改变也称为合同转让。

客体变更是指建设法律关系中权利义务所指向的事物发生变化。客体变更可以是其范围变更,也可以是其性质变更,如建设项目中的设计变更,原来的木楼梯变更为不锈钢扶手楼梯。

建设法律关系主体与客体的变更,必然导致相应的权利和义务的变更,即内容的变更。如因设计变更导致施工工期及工程价款的变更就是合同内容的变更。

建设法律关系的消灭是指建设法律关系主体之间的权利义务不复存在,彼此丧失了约束力。建设法律关系的消灭形式有三种:

(1) 自然消灭

建设法律关系的自然消灭是指某类建设法律关系所规范的权利义务顺利得到

履行,取得了各自的利益,实现了各自的目的,合同履行完毕从而使该法律关系消灭。

(2) 协议消灭

建设法律关系的协议消灭是指建设法律关系主体之间协商解除某类建设法律关系规范的权利和义务,原合同不再履行,致使该法律关系归于消灭。

(3) 违约消灭

建设法律关系的违约消灭是指建设法律关系主体一方违约,致使另一方的权利不能实现,导致法定解约事由的产生,另一方行使解约权而使双方权利义务归于消灭。

2) 建设法律关系产生、变更和消灭的原因

建设法律关系并不是由建设法律规范本身产生的,建设法律规范并不直接产生法律关系。建设法律关系只有在一定的情况下才能产生,而这种法律关系的变更和消灭也是由一定的情况决定的。这种引起建设法律关系产生、变更和消灭的情况,即是人们通常称之为的法律事实。换言之,法律事实即是建设法律关系产生、变更和消灭的原因。

(1) 法律事实的概念

法律事实是指能够引起建设法律关系产生、变更和消灭的客观现象和事实。

建设法律关系不会自然而然的产生,不是任何客观现象都可以作为法律事实,也不能仅凭建设法律规范规定,就可在当事人之间发生具体的建设法律关系。只有通过一定的法律事实,才能在当事人之间产生一定的法律关系,或者使原来的法律关系变更或消灭。不是任何事实都可成为建设法律事实,只有当建设法规把某种客观情况同一定的法律后果联系起来时,这种事实才被认为是建设法律事实,成为产生、变更和消灭建设法律关系的原因,从而和法律后果形成因果关系。

(2) 法律事实的分类

法律事实按是否包含当事人的意志分为以下两类:

① 事件。事件是指不以当事人意志为转移而产生的自然现象或社会现象。

当建设法律规范规定把某种自然现象或社会现象和建设权利义务关系联系在一起的时候,这种现象就成为法律事实的一种,这就是建设法律关系的产生、变更或消灭的原因之一。如洪水灾害导致工程施工延期,致使建筑安装合同不能按期履行。

事件产生大致有两种情况,一类是自然事件,另一类是社会事件。

(a) 自然现象:如地震、台风、洪水、泥石流、火灾、暴雨、高温等。

(b) 社会现象:如战争、暴乱、政府禁令、恐怖袭击活动等。

② 行为。行为是指人有意识的活动。包括积极的作为或消极的不作为,都能引起法律关系的产生、变更和消灭。

行为通常表现为以下几种：

(a) 民事法律行为。民事法律行为是指基于法律规定或受法律保护的行为，包括合法的民事行为，也包括违约行为和侵权行为。前者如签约行为、投标行为、拍卖行为等；后者是指违反合同约定或侵犯其他主体的财产权利或个人人身权利或建设主体的人格权的行为。如违反法律规定或因过错不履行建设工程合同；没有施工许可证，擅自动工建设；工程因质量低劣而倒塌导致人身伤亡和财产损失的侵权行为等。

(b) 行政行为。行政行为是指由国家授权的政府及其管理部门依法行使对建设活动的管理权而发生法律后果的行为。如地方政府决定削减某项目的投资，致使该项目延期上马甚至取消；国家对某地块的征收，使得原房屋租赁合同不能履行，导致租赁合同解除；政府部门对房地产市场宏观调控，实施"限购"措施，导致购房合同的解除等。

(c) 立法行为。立法行为是指国家机关在法定权限内通过规定的程序，制定、修改、废止建设法律规范性文件的活动。如国家制定或发布建设法律、法规、条例、标准定额等行为。

(d) 司法行为。司法行为是指国家司法机关的法定职能活动。如人民法院对建设工程纠纷案件作出判决或裁定行为或采取强制措施，对涉案财产采取查封、冻结、扣押等保全措施。

1.3 我国建设立法概况

1.3.1 建设立法的基本原则

建设立法的基本原则，是指建设立法时所必须遵循的基本准则或要求。立法原则体现了法律的基本精神和法律的价值趋向。

1) 遵循市场经济规律原则

市场经济，是指市场对资源配置起基础性作用的经济体制。社会主义市场经济，是指与社会主义基本制度相结合的、市场在国家宏观调控下对资源配置起基础性作用的经济体制。第八届全国人大第一次会议通过的《中华人民共和国宪法修正案》规定"国家实行社会主义市场经济"。这不仅是宪法的基本原则，也是建设法规的立法基本原则。

(1) 遵循市场经济规律，反映在建设法规立法中，就是要建立健全市场主体体系。建设法规要规定各种建设市场主体的法律地位，对他们在建设活动中的权利和义务作出明确的规定。这些主体理应包括建设行政主管部门、勘察规划设计单位、建设监督单位、建筑施工单位、房地产开发经营单位、土地管理部门、标准化部门、城市市政公用事业单位、环境保护部门、建筑材料供应单位、建设单位和公民个人等。建立健全活跃的建设市场主体体系,要求国家、集体和个人一齐参与。

（2）遵循市场经济规律,要求建设法律的立法确立建设市场体系具有统一性和开放性。建设立法应当确立规划与设计市场、工程咨询服务市场、工程承发包的招投标市场、房地产交易市场、市政公用事业市场、建设资金融通市场等多元化的建设活动大市场。

（3）遵循市场经济规律,要求建设法律的立法确立以间接手段为主的宏观调控体系。建设法律主要运用行政手段实现对建设行为的调整,但这种调整不应当是直接干预性的。各建设法律主体在具体的建设行为中都有着独立性和自主性,国家对其行为实施的调控只是间接性、宏观的。

（4）遵循市场经济规律,要求建设法律立法本身具有完备性。要把建设行为纳入法治轨道,必须要先使法治自身完备。唯有如此,才能有效地规范建设市场主体行为,维护建设市场活动秩序。

2）法制统一原则

所有法律都有着内在的统一联系,并在此基础上构成一国的法律体系。建设法律是我国法律体系中的一个组成部分。组成本体系的每一个法律、法规都必须符合宪法的精神与要求。该法律体系与其他体系的法律也不应冲突。对于部门法的有关规定,建设行政法规和部门规章以及地方性建设法规、政府规章,必须遵循。与地位同等的法律、法规所确立的有关内容应相互协调。建设法律系统内部高层次的法律、法规对低层次的法规、规章具有制约性和指导性。地位相等的建设法规和规章在内容规定上不应互为矛盾。以上所述,即为建设法律的立法所必须遵循的法制统一原则。

建设法规的立法坚持法制统一的基本原则,一方面是立法本身的要求;即规范化、科学化的要求;另一方面是便于实际操作,不至于因法律制度的价值不同而自相矛盾,导致建设法律的无所适从。

3）责权利相一致原则

责权利相一致是对建设行为主体的权利和义务或责任在建设立法上提出的一项基本要求。具体表现为:(1)建设法律主体享有的权利和履行的义务是统一的。任何一个主体享有建设法律规定的权利,同时必须履行法律规定的义务。同样,建设法律主体,履行了法律或合同约定的义务,就应当享受相应的权利。（2）建设行政主管部门行使行政管理权既是其权利,也是职责、责任。权利和职责、责任彼此结合。建设行政主管部门行使管理权,也必须在建设行政法律法规的权限之内行使,否则,要承担相应的法律责任。

1.3.2 工程建设与建筑业立法概况

1) 起步阶段(1949—1952)

新中国成立初期,建筑立法基本上是个空白。为了适应国民经济的迅速恢复和大规模的经济建设的需要,国家开始着手进行建筑立法工作。1950年12月,政务院发布了《关于决算制度、预算审核、投资的施工计划和货币管理的决定》,规定了必须先设计后施工的工作程序。这是新中国政府最早发布的有关建筑业生产经营的法规性文件。1951年3月,政务院财经委员会发布了《基本建设工作程序暂行办法》。后来经过试行、补充、修订为《基本建设工作暂行办法》,这是新中国第一部全面的、纲领性的建设法规。50多年来一直作为建设管理的基本依据,为建筑立法工作奠定了基础。

2) 着手完善阶段(1953—1957)

此阶段是我国"一五"计划时期。国家开始实施以156项重点工程为骨干的大规模的建设活动。1952年建设工程部成立。1953年3月颁发了《包工试行办法(草案)》。1954年6月至7月相继颁发了《关于试行包工包料的指示》、《建筑安装工程包工暂行办法》。1955年,国家建设委员会和建筑工程部等颁发了一系列重要的规章制度和规范性文件,如《工业、民用建筑设计和预算编制暂行办法》《基本建设工程交工和动用暂行办法》《标准建筑工程公司组织编制草案》《建筑机械管理办法》《建筑安装工程总承包与分承包试行办法(草案)》《建筑安装企业财务成本责任制暂行办法》等。1956年4月国家发布了《1956年建筑安装工程统一施工定额》。同年5月,国务院常务会议通过了《关于加强和发展建筑工业的决定》《关于加强设计工作的决定》《关于加强新工业区和新工业城市建设工作中几个问题的决定》。

3) 第一次曲折阶段(1958—1960)

1958年,开始了"大跃进"。由于"左"倾思潮的影响,许多必要的规章制度被"革"掉了,已经建立起来的比较完整的建筑法规受到了严重的冲击。当时,有关工程质量和安全作业方面的规章制度共81种,废除了38种,致使工程质量事故、伤亡事故大幅度上升。为了扭转这种局面,1958年又陆续颁发了《关于工程质量事故和安全措施的意见》《关于加强施工管理的几项规定》等。

4) 进一步恢复修订与完善阶段(1961—1965)

从1961年开始,我国实行国民经济的"调整、巩固、充实、提高"的方针。建筑工程部于同年9月相应地制定了《关于贯彻执行〈国营工业企业工作条例〉(草案)的规定》。1962年,建筑工程部颁发了《建筑安装企业工作条例(草案)》。在此期间,国务院和建设委员会、建筑工程部还制定了一系列有关建设程序、设计、施工、现场管理、机械设备管理、建筑标准定额、财务资金及技术责任等方面的制度。

5) 第二次曲折阶段(1966—1978)

1966年"文化大革命"开始以后,建筑立法遭到第二次严重破坏。一些合理的规章制度被全盘否定,各种安全质量事故大量发生。为扭转这种混乱状况,1972年初,国家计委、国家建委、财政部提出了《关于加强基本建设管理的几项意见》,重新肯定了以前的一些有关规定。同年5月,国家基本建设委员会决定对《施工验收规范》《工程质量标准》《施工操作规程》等进行修订并执行。1973年又对建设收费、竣工验收做了规定。1975年,邓小平同志主持国务院工作,建筑立法有所加强,主要制定了有关建设包干、调度、环境等方面的规定。

6) 恢复、完善阶段(1979—1983)

在这一阶段,国家建委等部门颁发了一系列关于建设程序、安全施工、工程质量等的规定。1979年,国家建工总局成立后,又制定了许多关于勘察设计、施工、建筑科研、劳动工资、对外承包等方面的法规文件。1980年,国家建委等五部门颁发了《关于扩大国营施工企业经营管理自主权有关问题的暂行规定》。1981年,国家建委等四部门颁发了《关于施工企业推行经济责任制的若干决定》。1982年,城乡建设环境保护部成立后,颁发了一些关于建筑施工安全技术劳动管理的文件。1983年,建设部制定了建筑业改革大纲。

7) 体系化、规范化发展阶段(1984—1996)

1984年,建设部颁布了建筑领域系统改革的纲领性文件——《发展建筑业纲要》。同年9月,国务院颁发了《关于改革建筑业和基本建设管理体制若干问题的暂行规定》。这两个文件,是建筑业全面改革的纲领性文件,也为建筑业立法工作走向体系化的道路奠定了基础。此后,随着建筑业改革的深化,建设部抓紧制定了《建筑法》及其配套的法规,各地也抓紧了工程建设与建筑业的立法工作,逐步形成较为完善的建筑法规体系。

在立法程序上,1987年,国务院发布了《行政法规制定程序暂行条例》。1988年,建设部颁发了《建设部立法工作程序和分工的规定》,后又对该规定进行了修订。这就把建设立法工作纳入了规范化、科学化的轨道。

该阶段的建设行政法规有:1995年9月,国务院发布的《中华人民共和国注册建筑师条例》。

该阶段的建设行政部门规章有:

1994年8月,建设部发布《工程建设项目报建管理办法》。

1995年1月,建设部发布《建筑施工企业项目经理资质管理办法》。

1996年7月,建设部发布《中华人民共和国注册建筑师条例实施细则》。

8) 完善和发展阶段(1997—)

1997年11月1日,第八届全国人民代表大会常务委员会第二十八次会议通过了《中华人民共和国建筑法》,该法自1998年3月1日起实施。

《中华人民共和国建筑法》的发布和实施,标志着建筑行业有了总领行业的基本法律,为进一步完善建筑法律体系提供了条件。从此,相关配套法律法规及部门规章陆续出台。

(1) 建筑业方面的建设行政法规有:

2000年1月30日,国务院发布《建设工程质量管理条例》。

2000年9月25日,国务院发布《建设工程勘察设计管理条例》(该条例于2015年6月12日修订)。

2003年11月24日,国务院发布《建设工程安全生产管理条例》。

2004年1月13日,国务院发布《安全生产许可证条例》。

(2) 建筑业方面的建设行政主管部门规章有:

1999年2月3日,建设部发布《建设行政处罚程序暂行规定》。

1999年10月15日,建设部发布《建筑工程施工许可管理办法》(该办法于2001年7月4日修正)。

2000年2月17日,建设部发布《建筑工程施工图设计文件审查暂行办法》。

2000年4月4日,建设部发布《房屋建筑和市政基础设施工程竣工验收备案管理办法》(该办法于2009年10月19日修正)。

2000年6月30日,建设部发布《房屋建筑工程质量保修办法》。

2000年8月1日,建设部发布《建设工程勘察质量管理办法》(该办法于2007年11月22日第二次修订)。

2007年6月26日,建设部发布《工程监理企业资质管理规定》。

2003年12月19日,建设部发布《〈外商投资城市规划服务企业管理规定〉的补充规定》《〈外商投资建设工程设计企业管理规定〉的补充规定》和《〈外商投资建筑业企业管理规定〉的补充规定》。

2008年1月28日,建设部发布《建筑起重机械安全监督管理规定》。

2008年1月29日,建设部发布《中华人民共和国注册建筑师条例实施细则》。1996年7月1日建设部发布的《中华人民共和国注册建筑师条例实施细则》同时废止。

2013年12月11日,住房和城乡建设部颁发《建筑工程施工发包与承包计价管理办法》,2001年11月5日原建设部发布的《建筑工程施工发包与承包计价管理办法》同时作废。

2014年10月25日,建设部重新发布实施《建筑工程施工许可管理办法》。1999年10月15日建设部令第71号发布及2001年7月4日建设部令第91号修正的《建筑工程施工许可管理办法》同时废止。

2015年1月22日,住房和城乡建设部重新发布《建筑业企业资质管理规定》。2007年6月26日建设部颁布的《建筑业企业资质管理规定》同时废止。

1.4 建设法律体系

1.4.1 建设法律体系概念

1) 法律体系

法律体系，通常指由一个国家的全部现行法律规范分类组合为不同的法律部门而形成的有机联系的统一整体。任何一个国家的各种现行法律规范，虽然所调整的社会关系的性质不同，具有不同的内容和形式，但都是建立在共同的经济基础上，反映同一的国家意志，受共同的原则指导，具有内在的协调一致性，从而构成一个有机联系的统一整体。在统一的法规体系中，各种法律规范，因其所调整的社会关系的性质不同，而划分为不同的法律部门，如宪法、行政法、刑法、刑事诉讼法、民法、经济法、婚姻法、社会法、诉讼法等。它是组成法律体系的基本因素。在各个法的部门内部或几个法的部门之间，又包括各种法律制度，如所有权制度、合同制度、仲裁制度、辩护制度等。制度与制度之间，部门与部门之间，既存在差别，又相互联系、相互制约，于是形成一个内在一致的统一整体。

2) 建设法律体系概念

建设法律体系，是指把已经制定的和需要制定的建设法律、建设行政法规、地方性法规与建设部门规章和地方政府规章等衔接起来，形成一个相互联系、相互补充、相互协调的完整统一的体系。

建设法律体系的建立，是我国现代化进程中建设事业客观的必然要求。我国建设事业方兴未艾，而建设立法起步晚，法律、行政法规、部门规章尚不完全配套。由于建设事业行业多，又具有很强的社会性、综合性，决定了建设立法不仅数量相当可观，并且应当十分健全。坚持法制统一原则、协调配套原则，则能保证我国建设法律体系科学化、系统化。

建设法律体系是我国法律体系的重要组成部分。同时，建设法律体系又相对自成体系，具有相对独立性。根据法制统一原则，要求建设法律体系必须服从国家法律体系的总要求，建设方面的法律必须与宪法和相关的法律保持一致，建设行政法规、部门规章和地方性法规、规章不得与宪法、法律以及上一层次的法规相抵触。另外，建设法律应能覆盖建设事业的各个行业、各个领域以及建设行政管理的全过程，使建设活动的各个方面都有法可依、有章可循，使建设行政管理的每一个环节都纳入法治轨道。并且，在建设法律体系内部，不仅纵向不同层次的法律、法规之间，应当相互衔接，不能抵触；横向同层次的法律、法规之间，亦应协调配套，不能互相矛盾、重复或者留有"空白"。

1.4.2 建设法律体系的构成

1) 建设法律体系构成的基本含义

建设法律体系的构成，即建设法律体系采取的框架结构。从理论上说，建设法律体系可采取宝塔形结构或梯形结构方式。所谓宝塔形结构，即设立"中华人民共和国建设法"，以其作为建设事业的基本法，综合覆盖住房和城乡建设部主管的全部业务，依次再用专项法律、行政法规、部门规章作补充；所谓梯形结构，即不设"中华人民共和国建设法"，而以若干并列的专项法律共同组成体系框架的顶层，如建筑业、房地产业等各行业都有行业的基本法律，依序再配置相应的行政法规和部门规章，形成若干相互联系又相对独立的小体系。根据原建设部《建设法律体系规划方案》的规定和要求，我国建设法律体系确定为梯形结构方式。这种选择符合建设系统多行业的特点，有着其现实的依据。目前，我国建设立法工作正按着这一体系的框架结构要求进行。

2) 建设法律体系构成的内容

确立了建设法律体系的结构，即需要实际的内容来充实。建设法律按其立法权限分为五个层次：

（1）法律。是由全国人民代表大会或者全国人民代表大会常务委员会制定的各项法律。这是建设法律体系的核心。如《中华人民共和国建筑法》《中华人民共和国城乡规划法》《中华人民共和国城市房地产管理法》《中华人民共和国物权法》等。法律的效力高于行政法规、地方性法规、部门规章和地方政府规章。

（2）建设行政法规。指国务院依法制定并颁发的各项行政法规，如《建设工程安全生产管理条例》《建设工程勘察设计管理条例》《国有土地上房屋征收与补偿条例》等。

行政法规的效力高于地方性法规、部门规章和地方政府规章。

（3）地方性建设法规。指在不与宪法、法律、行政法规相抵触的前提下，由省、自治区、直辖市人民代表大会及其常务委员会制定并发布的建设方面的法规。包括省会（自治区首府）城市和设区的市人民代表大会及其常务委员会制定的，报经省、自治区人民代表大会或其常务委员会批准的各种法规。根据2015年修订的《中华人民共和国立法法》，设区的市的人民代表大会及其常务委员会根据本市的具体情况和实际需要，在不同宪法、法律、行政法规和本省、自治区的地方性法规相抵触的前提下，可以对城乡建设与管理、环境保护、历史文化保护等方面的事项制定地方性法规。设区的市的地方性法规须报省、自治区的人民代表大会常务委员会批准后施行。省、自治区的人民代表大会常务委员会对报请批准的地方性法规，应当对其合法性进行审查，同宪法、法律、行政法规和本省、自治区的地方性法规不抵触的，应当在四个月内予以批准。

地方性法规的效力高于本级和下级地方政府规章。

（4）建设部门规章。部门规章规定的事项应当属于执行法律或者国务院的行政法规、决定、命令的事项。没有法律或者国务院的行政法规、决定、命令的依据，部门规章不得设定减损公民、法人和其他组织权利或者增加其义务的规范，不得增加本部门的权利或者减少本部门的法定职责。

建设部门规章指建设主管部门根据国务院规定的职责范围，依法制定并发布的各项规章，或由建设主管部门与国务院有关部门联合制定并发布的规章。部门规章之间、部门规章与地方政府规章之间具有同等效力，在各自的权限范围内施行。

由于建设领域行业较多，建设活动的专业性强，建设活动中通过建设行政主管部门发布规章的形式管理、指导和规范具体建设活动较为普遍。

（5）地方政府建设规章。指省、自治区、直辖市以及省会（自治区首府）城市和设区的市人民政府，根据法律和国务院的行政法规制定并颁发的建设方面的规章。地方政府规章可以就下列事项作出规定：

① 为执行法律、行政法规、地方性法规的规定需要制定规章的事项；

② 属于本行政区域的具体行政管理事项。

设区的市、自治州的人民政府制定地方政府规章，限于城乡建设与管理、环境保护、历史文化保护等方面的事项。省、自治区的人民政府制定的规章的效力高于本行政区域内的设区的市人民政府制定的规章。

此外，与建设活动关系密切的相关的其他法律、行政法规和部门规章，也起着调整一部分建设活动的作用。如《中华人民共和国招标投标法》《中华人民共和国政府采购法实施条例》等其所包含的内容或某些规定，也是构成建设法律体系的内容。

1.4.3 我国的建设法律体系

我国的建设法律体系，是以建设法律为龙头，建设行政法规为主干，地方性法规、建设部门规章和地方政府规章为枝干而构成的。这里仅就原建设部1991年印发的《建设法律体系规划方案》中设置的八项法律予以分述：

（1）城乡规划法

城乡规划法是调整各主体在制定和实施城乡规划及在城乡规划区内进行各项建设过程中发生的社会关系的法律规范的总称。其立法目的在于确定城市的规模和发展方向，加强城乡规划管理，协调城乡空间布局，改善人居环境，促进城乡经济社会全面协调可持续发展。《中华人民共和国城市规划法》已于1989年12月26日公布，自1990年4月1日起施行。2008年1月1日，《中华人民共和国城乡规划法》施行，《中华人民共和国城市规划法》同时废止。

(2) 城市房地产管理法

城市房地产管理法是调整城市房地产业和各项房地产经营活动及其社会关系的法律规范的总称。《中华人民共和国城市房地产管理法》于1994年7月5日公布，自1995年1月1日起施行。2007年8月30日，根据《中华人民共和国物权法》的相关规定，第十届全国人民代表大会常务委员会第二十九次会议通过了《关于修改〈中华人民共和国城市房地产管理法〉的决定》。

(3) 建筑法

建筑法是调整各类主体在我国境内从事建筑活动和实施建筑活动管理的法律规范的总称。1997年11月1日，第八届全国人民代表大会常务委员会第二十八次会议通过了《中华人民共和国建筑法》。该法于1998年3月1日起施行。

(4) 市政公用事业法

市政公用事业法是调整城市市政设施公用事业、市容环境卫生、园林绿化等建设、管理活动及其社会关系的法律法规的总称。其立法目的是为了加强市政公用事业的统一管理，保证城市建设和管理工作的顺利进行，发挥城市多功能的作用。

(5) 工程设计法

工程设计法是调整工程设计的资质管理、质量管理、技术管理以及制定设计文件全过程活动及其社会关系的法律规范的总称。其立法目的在于加强工程设计管理，提高工程设计水平。工程勘察设计方面的法律、法规，现阶段最高层次的是2000年9月25日由国务院公布并实施的《建设工程勘察设计管理条例》。

(6) 住宅保障法

住宅保障法是调整保障住房的供应、保障对象、保障标准及保障住房的建设、运作和管理，以及保障住房资金筹集融通等活动及其社会关系的法律规范的总称。其立法目的是为了保障公民基本居住权，实现社会公平，促进社会和谐发展，不断改善公民的住房条件，提高居住水平。由于涉及住房制度改革，住房保障问题政策性强，历史遗留问题多。因此，对公民住宅的保障工作以前主要是通过房改政策来调整，这方面的立法工作进展较迟缓。

1999年4月22日，建设部发布《城镇廉租住房管理办法》。2003年11月15日，建设部与财政部、民政部、国土资源部、国家税务总局令联合发布了《城镇低收入家庭廉租住房管理办法》。2007年11月8日，建设部发布了《廉租住房保障办法》。2008年10月，《住房保障法》被列入十一届全国人大常委会五年立法规划。2012年5月28日，住房和城乡建设部发布了《公共租赁住房管理办法》。

2014年3月30日，中国政府法制信息网公布《城镇住房保障条例(征求意见稿)》，公开征求意见，标志着住房保障立法取得了新的进展。

(7) 风景名胜区法

风景名胜区法是调整人们在保护、利用、开发和管理风景名胜资源各项活动中产生的各种社会关系的法律规范的总称。其立法目的是为了加强风景名胜区的管理、保护、利用和开发风景名胜资源。2006年9月19日国务院发布了《风景名胜区条例》,1985年6月7日国务院发布的《风景名胜区管理暂行条例》同时废止。

(8) 村镇建设法

村镇建设法是调整村庄、集镇在规划综合开发、设计、施工、公用基础设施、住宅和环境管理等项活动及其社会关系的法律规范的总称。其立法目的是为了加强村镇建设管理,不断改善村镇的环境,促进城乡经济、社会协调发展,推动农村村镇的现代化建设。现阶段,调整该领域范围的最高法律法规是1993年5月7日国务院发布的《村庄和集镇规划建设管理条例》。随着农村经济水平的提高和城市化进程的加速,迫切需要加强这方面的立法工作,以规范日益发展的村镇建设。

应当指出,《建设法律体系规划方案》是建设部于1989年、1990年论证,1991年印发的。随着社会经济的发展和客观形势的变化,《建设法律体系规划方案》所设置的法律、行政法规、部门规章等势必要作相应调整,2008年10月,住房和城乡建设部拟定了五年立法规划,并经部常务会议审议通过。五年立法规划中的法律、行政法规项目分为一档项目和二档项目。一档项目既充分考虑住房和城乡建设部中心工作,也着重关注行业、地方的需求,旨在解决住房城乡建设事业发展中面临的突出问题,是住房和城乡建设部立法工作的重点,包括《城市房地产管理法(修订)》《住房保障法》等法律项目和《燃气管理条例》《城镇排水与污水处理条例》《村庄和集镇规划建设管理条例(修订)》《住房公积金管理条例(修订)》等行政法规项目。这里需要指出的是住房和城乡建设部所指的立法工作是指以上法律、法规的立法准备、草拟等前期工作。如上所述,法律的立法权在全国人民代表大会及其常务委员会,行政法规的立法权在国务院,部门规章的制定权在行政主管部门。

1.5 案例分析

[章前案例分析]

原告:李笑华父母,后来请文康律师事务所田刘柱和李华两位律师作为代理。

被告:山东中苑集团和青岛中苑海上广场娱乐有限公司

一、法庭辩论

1) 关于"伤害是不是在被告的工地上发生的"问题

在法庭上,被告突然否认本案基本事实,提出"伤害不是在被告的工地上发生的"。

两位律师指出,本案伤害事故发生在被告所属的中苑海上广场。考虑到本案是一起突发性的伤害事故,对垂死伤者的紧急救治显然令人无暇顾及现场取证。

但是，根据综合印证的证据是不难判断出本案伤害事故发生地点的，除非被告能够举出反证来证明原告受伤事故发生于别处。

该古力井系被告对市政排污管道的改造，即通过该古力井将污水转移至工地之外排放。《建筑法》第四十二条规定，可能损坏道路、管线、电力、邮电通讯等公共设施的，建设单位应当按照国家有关规定办理申请批准手续。经查询，我们并未发现该片工地的具体报批报建手续。我们当庭要求被告向法庭提供相应的审批文件，但是被告迟至今日仍未提交。所以，我们有理由怀疑该处工地属于非法建筑，那么被告在本案中的过错程度显然更大。

依照《民法通则》第一百二十五条规定，对于是否设置明显标志和采取安全措施的举证责任在被告。但到目前为止，我们尚未见到被告向法庭提交有关证据。而在原告提交的大量书面和音像证据中，均证明在事发时，被告并没有设置任何施工警示标志，甚至没有按照《建筑工程施工现场管理规定》的要求设置施工标牌，而且对于肇事古力井也没有采取任何安全防护措施。直至事发几日后，才挂上了一块写有"施工重地，游人止步"的很小的牌子，还堵上了路口，并用预制板和建筑垃圾盖上了古力井，但仍然存在较大的潜在危险。

需要特别指出的是，在本案伤害事故发生后直至原告起诉前，在双方反复多次的口头和书面协商过程中，被告对原告李笑华坠入其所有和管理的无盖古力井而致伤的这一基本事实从未否认过。而在法庭上，被告突然否认这一基本事实，不仅是颠倒黑白、欺骗法庭，而且被告这一极不人道的抵赖行径也严重伤害了原告及其家属的感情，由此也可见被告在本案伤害事故中的过错程度是何等的严重。

2) 两被告是否对原告构成侵权的问题

两位律师提出，作为致原告人身伤害的下水设施的所有者和管理者，具有特定的设置明显标志和采取安全措施的作为义务，在没有尽到法定的善良管理人的注意义务时，这种不作为就构成了违法行为，其主观过错也是明显的。同时，被告的违法行为与原告的人身伤害之间存在直接的因果关系，应当依法对被告所遭受的损失承担侵权的民事赔偿责任。

我国《民法通则》第一百二十五条规定："在公共场所、道旁或者通道上挖坑、修缮安装地下设施等，没有设置明显标志和采取安全措施造成他人损害的，施工人应当承担民事责任"。

(1) 被告是"在公共场所、道旁或者通道上挖坑、修缮安装地下设施"

涉案古力井紧邻团岛的沿海大道西陵峡路，属于道旁；所处区域为被告的海上娱乐广场，亦属公共场所。而且在司法实践中，即使是非公共场所的地下设施，如没有设置明显标志和采取安全措施而致人伤害的，施工人同样应承担赔偿责任。

(2) 被告"没有设置明显标志和采取安全措施"

这是法律对地面工作物占有人所规定的特定的作为义务。需要特别注意的是:第一,该两项义务必须同时履行,才符合法律要求。第二,不仅要设置标志,而且标志要足以引起他人注意;不仅要采取一定的防护措施,而且该措施要足以起到正常安全防护的作用。

而在本案中,被告存在着如下违反善良管理者注意义务的不作为:第一,虽然设置大门,但旁边却留有通道;第二,没有向公众告知这是"施工重地",也没有以明显警示标志加以提醒;第三,肇事古力井设置在通道旁且位置隐蔽、无盖、无栏,无任何警示标志;第四,现场没有人员进行管理等。被告的上述不作为,既违反了《民法通则》第一百二十五条的规定,也违反了《建筑法》第三十九条"建筑施工企业应当在施工现场采取维护安全、防范危险、预防火灾等措施;有条件的,应当对施工现场实行封闭管理。"《建筑工程施工现场管理规定》第二十一条"施工现场必须设置明显的标牌,标明工程项目名称、建设单位、设计单位、施工单位……施工单位负责施工现场标牌的保护工作。"第二十四条"施工单位应该保证施工现场道路畅通,排水系统处于良好的使用状态;保持场容场貌的整洁,随时清理建筑垃圾。在车辆、行人通行的地方施工,应当设置沟井坎穴覆盖物和施工标志。"第二十七条"建设单位或者施工单位应当做好施工现场安全保卫工作……施工现场在市区的,周围应当设置遮挡围栏……"等法律和行政法规的规定。可见,被告在本案中存在的过错是显而易见的。

(3) 被告作为"施工人"应当承担民事赔偿责任

《民法通则》第一百二十五条规定的赔偿义务主体是"施工人"。但在司法实践理论中,"施工人"只是法律的概括性规定,实际上应当指占有人,即所有者、管理者、使用者、经营者等。而本案中,第一被告作为所有者,第二被告作为管理人,均没有"设置明显标志和采取安全措施",没有尽到《民法通则》第一百二十五条设定的法定注意义务,因此存在着"行为的共同性",即二者的都"不作为"构成了一个统一的致损原因;而致损的结果是一致的,即原告由此所遭受的人身伤害。因此,从保护受害者,便于受害者行使权利以及两被告的共同过错来看,本案应当按照《民法通则》第一百三十条判决两被告对原告承担连带赔偿责任。

(4) 本案适用过错推定原则

《民法通则》第一百二十五条赋予被告的免责理由只能有一个,即证明自己已经设置了"明显标志"并且采取了足够的安全措施。如果能够证明,那么受害人致害,就是因为自己疏忽所致,"施工人"就可以免责;否则"施工人"就应当承担赔偿责任,而不论受害人是否存在过错。这一观点,在法学理论和司法实践中已经得到肯定:如王利明、杨立新教授认为,在"施工人免责条件"问题上,除了上述条件外,只有不可抗力和受害人的故意行为才可以作为施工人全部或部分免责的理由;最高人民法院案例也认为"由于该条规定的民事责任是一种特殊的侵权民事责任,因此,是不考虑受害人的过错因素的"。

3）关于监护人的监护责任问题

针对被告提出的"原告进入伤害现场有亲属陪同,对于未成年人的伤害,家属应承担全部责任"的答辩,两位律师提出:原告及其监护人对伤害事故的发生没有过错,依法不应承担任何责任。

如前所述,对于本案的归责原则,我们举出的诸多司法解释、相关案例和专家意见,均阐明适用本案的归责原则为:首先考察施工人是否"设置明显标志和采取安全措施"。如果其不能证明,则必须承担责任。其次考察受害人是否有故意行为,或者是否存在不可抗力情形。如果有,则双方共同承担责任;如果没有,则由施工人承担全部责任。除受害人故意行为外,在施工人没有"设置明显标志和采取安全措施"的情况下,受害人即使存在过失行为,也不能成为施工人全部或部分免责的理由。

本案原告的对自己行为的预见能力和监护人的监护职责均是以被告是否"设置明显标志和采取安全措施"为前提的。而本案中,被告既没有向公众告知这是一块工地,也没有进行封闭管理,再加上其允许渔船以此作为码头,许多附近居民前来购买海鲜;录像及照片显示还有众多附近居民前来钓鱼、玩耍,而没有被告的任何人员进行管理。所以,对于一个普通人来说,这哪里是一块工地,简直就是一个公共场所!更为重要的是,肇事古力井位置极为隐蔽,并处在通道边,而且没有一个标志或者哪怕极其简单的防护措施让原告及其姑父知道或者应当知道这里有一个可怕的陷阱!我们怎能强求原告自身的预见能力?怎能强求监护人的监护职责呢?

最高人民法院1993年5月5日《关于曹豪哲诉延边电业局、姜国政赔偿一案的责任划分及法律适用问题的复函》也指出,对于此类特殊侵权纠纷,"如法院认定其监护人未尽到监护职责,要求过苛,不宜这样处理。"而本案与此有相似之处,同样可以适用该解释。显而易见,本案不存在不可抗力情形,更不存在原告的故意行为。原告及其监护人亦不存在过失行为。根据《民法通则》第一百二十五条的精神,原告或其监护人对本案损害的发生没有任何法律责任。

4）关于精神损害的赔偿数额

两位律师对于当事人请求的精神损害赔偿进行了全面阐述:依据《最高人民法院关于确定民事侵权精神损害赔偿责任若干问题的解释》第一条、第十条有关规定,要求两被告赔偿原告10万元精神损害赔偿金。理由是:

第一,被告过错程度严重。

被告所属和管理的肇事古力井以及该古力井所处的工地位于游人如织的沿海旅游区和居民区,但被告既没有设置明显标志和采取必要的安全措施,也没有安排人员进行管理,完全放任该无盖古力井致害危险的存在,并最终导致本案伤害事故的发生。可见,被告的侵权行为和主观过错是严重的。更令人气愤的是,面对伤害事故的发生,被告并没有以积极的态度去弥补过错,不仅从未到医院看望挣扎在死亡线上的原告,反而采取一种避而不见、推卸责任的恶劣做法,甚至在法庭上毫无人道地抵赖原来已经确认的伤害事实。因此,不论是从伤害事故发生的原因上,还是从面对伤害事故所采取的处理态度上,被告的过错程度是十分严重的。

第二,本案伤害事故给原告造成的精神损害后果是极其沉重的。

原告提供的相关证据显示,原告是一个少年足球人才,从原告身体条件、足球素质以及业已取得的成绩来看,原告非常有可能在将来职业足球运动员的生涯中取得更为辉煌的成就。但是,本案伤害事故发生后,原告不仅产生平衡障碍,不能从事"剧烈运动",而且有"脑萎缩表现""记忆力明显下降""注意力不集中"等智力发育创伤。可见,本案伤害事故的发生彻底改变了原告的前途和命运,一个渴望成为职业足球运动员的少年理想就此破灭,一个充满希望和期待的未来将由一个对运动充满惧怕和惶恐的日子所替代;而原告智力发育所受到的创伤更对原告的学习和工作带来难以估量的困难和痛苦,并且随着年龄的增长,这种困难与痛苦将与日俱增。可见,本案伤害事故的发生带给原告的是终身的痛苦、负担和遗憾,这种精神伤害对于原告及其家人来说是无法承受的。

第三,对于10万元精神损害赔偿,被告有着足够的承担能力。

第四,从青岛市平均生活水平来看,10万元的精神损害赔偿金也是合理的。

第五,本案的社会影响巨大。

近年来,不断发生无盖古力井致人伤害事件。特别是本案伤害事故发生后,报纸、电视台等新闻媒体极为关注,追踪报道,使本案产生巨大的社会影响,老百姓及社会各界都关注着本案的处理结果。如果法院判令被告支付10万元的精神损害赔偿金,不仅能够给原告带来些许慰藉,更为重要的是,可以借此敦促更多的建设单位和管理单位谨慎而勤勉地履行法定义务,避免此类悲剧的再度上演,进而使本案获得积极而深远的社会意义。

因此,依据《最高人民法院关于确定民事侵权精神损害赔偿责任若干问题的解释》第十条规定,原告提出10万元的精神损害赔偿金数额合法、合理,恳请合议庭予以支持。

二、法院判决

青岛市市南区法院经审理认为,发生事故的古力井系被告中苑集团施工建设后由被告海上公司予以管理。被告所建古力井无盖,并且无任何安全防护设施和警示标志。近邻古力井的围墙长期有一缺口,无人看护管理,成为行人自由出入的通道。本案系地下工作物致人损害的特殊侵权案件,应适用过错推定原则,被告方应提供事发时设有警示标志的证据。显然,被告不能证明,应承担举证不能的责任。故此,被告对于原告的损害后果应承担全部赔偿责任。2014年1月30日,青岛市市南区法院对此案做出了一审判决:二被告连带赔偿原告医疗等费用56万余元、精神损害赔偿金4万元。对于原告主张的残后治疗费,应待事实发生后据实际支出另行主张。

[案例]

2012年5月,家住浙江湖州市织里镇公园路9幢商住楼内的沈水春等9位购房户,先后向湖州市消费者协会织里分会投诉:他们于2011年5月向织里某房地产开发公司所购的9套3层楼商住房,存在挑梁、墙体裂缝,屋内漏水等严重质量问题,要求退房或赔偿损失。

织里镇消协分会受理投诉后,及时进行了调查了解。购房户要求每户赔偿6万元自行修房,而开发公司只同意补偿5 000元,修复由公司负责。公司认为:"宁愿修房10万,不能多赔5 000元。"沈水春等人遂根据双方签订的《购房合同》第13条第3款"房屋发生严重质量问题,有权退房"的约定要求退房。开发公司认为该幢房屋经质监部门验收为合格工程,房屋渗水是通病,不存在严重质量问题,因此不同意退房。

6月2日,经消协分会委托,市质监部门两位工程师到现场目察,发现T轴挑梁混凝土疏松,多只挑梁有明显裂缝。工作人员对该楼30只挑梁进行了混凝土回弹及碳化测试,但回弹和碳化测试因混凝土浇制成型日期已超过1 000天,所测数据只能作为参考,而最精确的检测只能是钻孔取样。为了安全,必须对底层挑梁全部砌砖柱加固,购房户只同意对钻芯的挑梁做临时性加固。

6月16日,开发公司、设计单位、质监部门与购房户协商后,确定钻芯部位,于17至18日对5个挑梁实施了临时性加固。6月20日,市质监站对该楼底层阳台及2层阳台6个挑梁钻芯取样,检验结果显示6个挑梁抗压强度平均为15.77 MPa,最低只有12.1 MPa,均不能达到原设计强度等级C20,该楼1层、2层部分挑梁存在结构安全危险。7月7日,市房屋安全鉴定站对该房进行了全面鉴定,鉴定结果为:第一,2层阳台隔墙有由外向内、自上而下的斜裂缝;第二,阳台挑梁混凝土强度偏低,部分挑梁有斜向发丝裂缝;第三,室内预应力圆孔板间有纵向裂缝;第四,屋面渗水;第五,3层窗台处有水平裂缝;第六,楼面混凝土现浇层强度低,起砂、起粉;第七,2层阳台栏板处有斜裂缝2处。经鉴定认为该建筑各承重结构尚未达到其承载能力的极限状态或处于危险状态,可以安全使用;但由于挑梁有严重缺陷,存在一定的隐患,须立即采取加固措施。

8月6日,织里镇消协分会召集开发公司、购房户协商补偿问题。经调解达成协议:由开发公司补偿给每户购房者29 500元,共265 500元;挑梁由开发公司按设计单位出具的加固施工图并按质监部门认可的内容进行加固,费用由开发公司承担;如该房今后发现结构问题,严重影响安全使用,由开发公司负责;此次检测和鉴定的费用由开发公司承担。至此,这起房屋质量纠纷终于有了一个圆满的结果。

问题：

(1) 本案中的经济法律关系的三要素是什么？请分别指出。

(2) 市质监站和市房屋安全鉴定站的检测结果，从性质而言是何种法律事实？对沈水春等居民和开发公司产生怎样的影响？

(3) 消费者协会、市质监站和市房屋安全鉴定站这些主体在本案中是属于何种性质的主体？

案情分析：

(1) 法律关系的三要素是主体、客体和内容。本案中的主体是沈水春等9位购房户和织里镇某房地产开发公司，客体是那9套存在质量问题的商品房。本案法律关系的内容是主体双方各自应当享受的权利和应当承担的义务。具体而言是沈水春等9位购房户按照合同的约定，承担按时、足额支付购房款的义务；在按合同约定支付房款后，该9位购房人就有权要求开发商织里镇某房地产公司按时交付质量合格的商品房。开发商织里镇某房地产公司的权利是收取购房人的购房款；在享受该项权利之后，就应当承担义务，即按时交付合格的商品房给购房人，并协助购房人办理产权过户手续。

(2) 市质监站和市房屋安全鉴定站的检测结果证明开发公司的房屋存在质量问题，是属于法律事实中的行为，开发公司在履行与购房户签订的《购房合同》中，存在违约行为。正是开发公司的违约行为，使得在开发公司与沈水春等9位购房户之间产生了修理、修复和违约赔偿关系。

(3) 消费者协会在本案中属于第三人，是双方都认可的、调解双方纠纷的第三人。市质监站和市房屋安全鉴定站是属于为建筑业和房地产业服务的社会组织。在消费者协会的委托下，与消费者协会产生委托检测和鉴定的法律关系。

本 章 习 题

一、单选题

1. 《建筑法》规定，"国家推行监理制度"，该法条的规范作用具体是指法的（　　）作用。

   A. 指引　　　B. 评价　　　C. 教育　　　D. 预测

2. 建设法律的调整方式的特点主要体现为（　　）。

   A. 任意性　　B. 技术性　　C. 经济性　　D. 行政强制性

3. 建设部发布的《建筑业企业资质管理规定》属于（　　）。

   A. 法律　　　B. 行政法规　C. 部门规章　D. 规范性文件

4. 某建设单位委托某监理公司对厂房扩建工程实施监理，该监理合同的法律关系的客体是（　　）。

   A. 该扩建厂房　B. 监理行为　C. 监理费　　D. 施工企业

5. 某海外工程，施工期间工地遭到恐怖分子袭击，致使多名工人受伤，项目处于停工状态。该恐怖袭击的性质在建设法律关系中属于（　　）。
   A. 自然事件　　　B. 社会事件　　　C. 违法行为　　　D. 侵权行为

二、多选题

1. 以下可以成为建设法律关系客体的有（　　）。
   A. 50 吨钢材　　　　　　　B. 招标代理行为　　　　　C. 某钢筋工
   D. 工程项目部　　　　　　E. 预决算软件
2. 以下现象属于法律事实的有（　　）。
   A. 工地遇泥石流塌方　　　B. 物价上涨　　　　　　　C. 某工人受伤
   D. 工程师下令工程暂停　　E. 相关法律的修改
3. 以下属于建设法律关系客体的变更的有（　　）。
   A. 合同的土建工程分包　　B. 工程量的增加　　　　　C. 设计变更
   D. 工程款结算完毕　　　　E. 工期的顺延

三、是非题

1. 建设主管部门对某工程项目颁发《施工许可证》的行为，属于行政管理法律关系。（　　）
2. 建设法律关系以技术法律规范为主。（　　）
3. 某建筑公司的分公司可以与业主签订工程承包合同。（　　）
4. 建设部的规章的法律效力要高于地方性法规。（　　）

四、思考题

1. 在建设活动中，法的规范作用有哪些表现？
2. 在施工过程中，施工企业会遇到哪些法律事实？
3. 为什么在建设法律体系中建设主管部门的规章占有很大的比重？

参考答案

一、单选题

1. A　2. D　3. C　4. B　5. B

二、多选题

1. ABE　2. ACD　3. BC

三、是非题

1. √　2. ×　3. √　4. ×

2 建设企业法律制度

概　要：本章主要介绍建设活动相关主体的资质管理制度，包括勘察、设计、施工、监理企业以及房地产开发企业、招标代理和造价咨询等中介服务企业的资质管理的相关规定；并对与建设企业相关的公司法、劳动法和劳动合同法、安全生产法、保险与担保法等法律制度的主要内容进行阐述。

[章前案例]　2007年9月，某房产商把一项施工任务委托给不具有建筑施工企业资质的某农民工建筑队。初次完工后，出现部分墙皮脱落，每逢雨天有渗水现象，给业主带来很大不便。经验收建筑工程质量不合格。于是，房产商把该建筑队叫来进行修复。经过近半个月的日夜兼程施工，建筑队完工。经再次竣工检查验收，质量达标。然而，建筑队按照合同约定要求房产商支付50余万元工程款时，遭到房产商的拒绝。他们的理由是，农民工建筑队不具有施工资质，建筑工程施工合同无效，不需给建筑队工程款。

没有施工资质的农民工建筑队能拿到工程款吗？其与房产商之间的纠纷属于劳动纠纷，还是合同纠纷？

2.1　企业资质管理制度

2.1.1　概述

从事建设活动的企业资质管理制度，是指建设行政主管部门对从事建设活动的有关企业的人员素质、管理水平、资金数量、业务能力等进行审查，以确定其承担任务的范围，并发给相应的资质证书的一种制度。而企业资质管理的内容，主要是对企业的设立、定级、升级、降级、变更、终止等的资质审查或批准以及资质证书管理等。

建设活动不同于一般的经济活动，从业单位资质的高低直接影响着建设工程的质量和安全。因此，从事建设活动的单位必须符合严格的资质条件。企业资质等级反映了企业从事某项工作的资格和能力，是国家对建设市场准入管理的重要手段。

《中华人民共和国建筑法》对进入建筑市场有关单位的资质管理做出了明确规

定:"从事建筑活动的建筑施工企业、勘察单位、设计单位和工程监理单位,按照其拥有的注册资本、专业技术人员、技术装备和已完成的建筑工程业绩等资质条件,划分为不同的资质等级,经资质审查合格,取得相应等级的资质证书后,方可在其资质等级许可的范围内从事建筑活动"。

目前,我国已经建立了比较完善的企业资质管理制度,除《建筑法》从法律层面上对建设企业资质管理制度做出明确规定外,国务院建设行政主管部门以部门规章形式对企业资质管理做出了更为具体的规定,这些部门规章主要有《建设工程勘察设计企业资质管理规定》(建设部令第160号,2007年9月1日起施行)、《建筑业企业资质管理规定》(建设部令第22号,2015年3月1日起施行)、《工程监理企业资质管理规定》(建设部令第158号,2007年8月1日起施行)、《城市规划编制单位资质管理规定》(建设部令第84号,2001年3月1日起施行)、《房地产开发企业资质管理规定》已经《住房和城乡建设部关于修改〈房地产开发企业资质管理规定〉等部门规章的决定》进行修订(住房和城乡建设部令第24号修正,2015年5月4日起施行)、《工程建设项目招标代理机构资格认定办法》(建设部令第154号,2007年3月1日起施行)、《工程造价咨询单位管理办法》(建设部令第149号,2006年7月1日起施行)、《物业服务企业资质管理办法》(建设部令第164号,2007年11月26日起施行)等。

根据我国现行法规,从事工程建设活动的相关单位分为建筑业企业、房地产开发企业、工程招标代理机构、工程造价咨询企业、工程监理企业和工程勘察设计单位。

2.1.2 建筑业企业资质管理

这里所称建筑业企业,是指从事土木工程、建筑工程、线路管道设备安装工程、装修工程的新建、扩建、改建等活动的企业。

1) 资质序列、分类和等级

(1) 资质序列

建筑业企业资质分为施工总承包、专业承包和劳务分包三个序列。

取得施工总承包资质的企业(以下简称施工总承包企业),可以承接施工总承包工程。施工总承包企业可以对所承接的施工总承包工程内各专业工程全部自行施工,也可以将专业工程或劳务作业依法分包给具有相应资质的专业承包企业或劳务分包企业。

取得专业承包资质的企业(以下简称专业承包企业),可以承接施工总承包企业分包的专业工程和建设单位依法发包的专业工程。专业承包企业可以对所承接的专业工程全部自行施工,也可以将劳务作业依法分包给具有相应资质的劳务分包企业。

取得劳务分包资质的企业(以下简称劳务分包企业),可以承接施工总承包企业或专业承包企业分包的劳务作业。

(2) 资质分类和等级

施工总承包资质、专业承包资质按照工程性质和技术特点分别划分为若干资质类别,各资质类别按照规定的条件划分为若干资质等级。施工劳务资质不分类别与等级。

具体来说,施工总承包企业资质分为房屋建筑工程、公路工程、铁路工程、港口工程、水利水电工程、电力工程、矿山工程、冶炼工程、化工石油工程、市政公用工程、通信工程、机电安装工程等十二类。专业承包企业资质分为地基与基础工程、土石方工程、建筑装修装饰工程、建筑幕墙工程等三十六类。

各资质类别按照规定的条件划分为若干等级。如房屋建筑工程施工总承包企业资质分为特级、一级、二级、三级四个等级,施工专业承包企业资质分为三个等级,分别为一级、二级、三级。资质等级的划分主要是根据企业经营业绩、单位负责人和技术负责人及专业技术人员素质、企业注册资本、技术装备等资质要素。不同资质等级企业根据工程规范和复杂程度在不同范围内承包工程,如房屋建筑工程总承包企业承包工程范围如表2-1所示。

表2-1 房屋建筑工程总承包企业承包工程范围一览表

企业级别	单项建安合同额	房屋建筑工程	构筑物	住宅小区或建筑群体
特级企业	不受限制	不受限制	不受限制	不受限制
一级企业	3 000万以上	高度200米以下	高度240米以下	
二级企业	3 000万以下	高度100米以下、单跨跨度39米以下	高度120米以下	建筑面积4万平方米以下
三级企业		高度50米以下、单跨跨度27米以下	高度70米以下	建筑面积1.2万平方米以下

2) 资质许可

(1) 资质许可的实施

• 下列建筑业企业资质的许可,由国务院建设主管部门实施:

① 施工总承包资质序列特级资质、一级资质及铁路工程施工总承包二级资质;

② 专业承包资质序列公路、水运、水利、铁路、民航方面的专业承包一级资质及铁路、民航方面的专业承包二级资质;

③ 涉及多个专业的专业承包一级资质。

申请上述资质的,应当向企业工商注册所在地省、自治区、直辖市人民政府建设主管部门提出申请。其中,国务院国资委管理的企业及其下属一层级的企业,应当由国务院国资委管理的企业向国务院建设主管部门提出申请。

省、自治区、直辖市人民政府建设主管部门应当自受理申请之日起20日内初审完毕并将初审意见和申请材料报国务院建设主管部门。国务院建设主管部门应当自省、自治区、直辖市人民政府建设主管部门受理申请材料之日起60日内完成审查，公示审查意见，公示时间为10日。其中，涉及铁路、交通、水利、信息产业、民航等方面的建筑业企业资质，由国务院建设主管部门送国务院有关部门审核，国务院有关部门在20日内审核完毕，并将审核意见送国务院建设主管部门。

● 下列建筑业企业资质许可，由企业工商注册所在地的省、自治区、直辖市人民政府建设主管部门实施：

① 施工总承包资质序列二级资质及铁路、通信工程施工总承包三级资质；

② 专业承包序列一级资质（不含铁路、交通、水利、信息产业、民航方面的专业承包序列一级资质）；

③ 专业承包序列二级资质（不含民航、铁路方面的专业承包序列二级资质）；

④ 铁路方面专业承包三级资质；

⑤ 特种工程专业承包资质。

上述建筑业企业资质许可的实施程序由省、自治区、直辖市人民政府建设主管部门依法确定。省、自治区、直辖市人民政府建设主管部门应当自作出决定之日起30日内，将准予资质许可的决定报国务院建设主管部门备案。

● 下列建筑业企业资质许可，由企业工商注册所在地设区的市人民政府建设主管部门实施：

① 施工总承包资质序列三级资质（不含铁路、通信工程施工总承包三级资质）；

② 专业承包资质序列三级资质（不含铁路方面专业承包资质）及预拌混凝土、模板脚手架专业承包资质；

③ 施工劳务资质；

④ 燃气燃烧器具安装、维修企业资质。

上述建筑业企业资质许可的实施程序由省、自治区、直辖市人民政府建设主管部门依法确定。企业工商注册所在地设区的市人民政府建设主管部门应当自作出决定之日起30日内，将准予资质许可的决定通过省、自治区、直辖市人民政府建设主管部门，报国务院建设主管部门备案。

（2）资质申请

企业首次申请、增项申请建筑业企业资质，不考核企业工程业绩，其资质等级按照最低资质等级核定。

建筑业企业可以申请一项或多项建筑业企业资质；申请多项建筑业企业资质的，应当选择等级最高的一项资质为企业主项资质。

已取得工程设计资质的企业首次申请同类别或相近类别的建筑业企业资质的,可以将相应规模的工程总承包业绩作为工程业绩予以申报,但申请资质等级最高不超过其现有工程设计资质等级。

取得建筑业企业资质的企业,申请资质升级、资质增项,在申请之日起前一年内有下列情形之一的,资质许可机关不予批准企业的资质升级申请和增项申请:

① 超越本企业资质等级或以其他企业的名义承揽工程,或允许其他企业或个人以本企业的名义承揽工程的;

② 与建设单位或企业之间相互串通投标,或以行贿等不正当手段谋取中标的;

③ 未取得施工许可证擅自施工的;

④ 将承包的工程转包或违法分包的;

⑤ 违反国家工程建设强制性标准的;

⑥ 发生过较大生产安全事故或者发生过两起以上一般生产安全事故的;

⑦ 恶意拖欠分包企业工程款或者农民工工资的;

⑧ 隐瞒或谎报、拖延报告工程质量安全事故或破坏事故现场、阻碍对事故调查的;

⑨ 按照国家法律、法规和标准规定需要持证上岗的技术工种的作业人员未取得证书上岗,情节严重的;

⑩ 未依法履行工程质量保修义务或拖延履行保修义务,造成严重后果的;

⑪ 涂改、倒卖、出租、出借或者以其他形式非法转让建筑业企业资质证书的;

⑫ 其他违反法律、法规行为的。

(3) 资质证书和有效期

建筑业企业资质证书分为正本和副本,正本一份,副本若干份,由国务院建设主管部门统一印制,正、副本具备同等法律效力。资质证书有效期为5年。

资质有效期届满,企业需要延续资质证书有效期的,应当在资质证书有效期届满60日前,申请办理资质延续手续。对在资质有效期内遵守有关法律、法规、规章、技术标准,信用档案中无不良行为记录,且注册资本、专业技术人员满足资质标准要求的企业,经资质许可机关同意,有效期延续5年。

建筑业企业在资质证书有效期内名称、地址、注册资本、法定代表人等发生变更的,应当在工商行政管理部门办理变更手续后30日内办理资质证书变更手续。

(4) 企业合并与分立后的资质

企业合并的,合并后存续或者新设立的建筑业企业可以承继合并前各方中较高的资质等级,但应当符合相应的资质等级条件。

企业分立的,分立后企业的资质等级,根据实际达到的资质条件,按照建设部颁发的规定的审批程序核定。

3）监督管理

县级以上人民政府建设主管部门和其他有关部门应当依照有关法律、法规,加强对建筑业企业资质的监督管理。上级建设主管部门应当加强对下级建设主管部门资质管理工作的监督检查,及时纠正资质管理中的违法行为。

建筑业企业违法从事建筑活动的,违法行为发生地的县级以上地方人民政府建设主管部门或者其他有关部门应当依法查处,并将违法事实、处理结果或处理建议及时告知该建筑业企业的资质许可机关。

(1) 撤回资质

企业取得建筑业企业资质后不再符合相应资质条件的,建设主管部门、其他有关部门根据利害关系人的请求或者依据职权,可以责令其限期改正;逾期不改的,资质许可机关可以撤回其资质。被撤回建筑业企业资质的企业,可以申请资质许可机关按照其实际达到的资质标准,重新核定资质。

(2) 撤销资质

有下列情形之一的,资质许可机关或者其上级机关,根据利害关系人的请求或者依据职权,可以撤销建筑业企业资质:

① 资质许可机关工作人员滥用职权、玩忽职守作出准予建筑业企业资质许可的;

② 超越法定职权作出准予建筑业企业资质许可的;

③ 违反法定程序作出准予建筑业企业资质许可的;

④ 对不符合许可条件的申请人作出准予建筑业企业资质许可的;

⑤ 依法可以撤销资质证书的其他情形。

以欺骗、贿赂等不正当手段取得建筑业企业资质证书的,应当予以撤销。

(3) 注销资质

有下列情形之一的,资质许可机关应当依法注销建筑业企业资质,并公告其资质证书作废,建筑业企业应当及时将资质证书交回资质许可机关:

① 资质证书有效期届满,未依法申请延续的;

② 建筑业企业依法终止的;

③ 建筑业企业资质依法被撤销、撤回或吊销的;

④ 法律、法规规定的应当注销资质的其他情形。

2.1.3 房地产开发企业资质管理

1) 房地产开发企业资质等级标准

房地产开发企业资质分为一、二、三、四4个资质等级,各级资质标准如下。

(1) 一级资质

① 从事房地产开发经营5年以上;

② 近 3 年房屋建筑面积累计竣工 30 万平方米以上,或者累计完成与此相当的房地产开发投资额;

③ 连续 5 年建筑工程质量合格率达 100%;

④ 上一年房屋建筑施工面积 15 万平方米以上,或者完成与此相当的房地产开发投资额;

⑤ 有职称的建筑、结构、财务、房地产及有关经济类的专业管理人员不少于 40 人,其中具有中级以上职称的管理人员不少于 20 人,持有资格证书的专职会计人员不少于 4 人;

⑥ 工程技术、财务、统计等业务负责人具有相应专业中级以上职称;

⑦ 具有完善的质量保证体系,商品住宅销售中实行了《住宅质量保证书》和《住宅使用说明书》制度;

⑧ 未发生过重大工程质量事故。

(2) 二级资质

① 从事房地产开发经营 3 年以上;

② 近 3 年房屋建筑面积累计竣工 15 万平方米以上,或者累计完成与此相当的房地产开发投资额;

③ 连续 3 年建筑工程质量合格率达 100%;

④ 上一年房屋建筑施工面积 10 万平方米以上,或者完成与此相当的房地产开发投资额;

⑤ 有职称的建筑、结构、财务、房地产及有关经济类的专业管理人员不少于 20 人,其中具有中级以上职称的管理人员不少于 10 人,持有资格证书的专职会计人员不少于 3 人;

⑥ 工程技术、财务、统计等业务负责人具有相应专业中级以上职称;

⑦ 具有完善的质量保证体系,商品住宅销售中实行了《住宅质量保证书》和《住宅使用说明书》制度;

⑧ 未发生过重大工程质量事故。

(3) 三级资质

① 从事房地产开发经营 2 年以上;

② 房屋建筑面积累计竣工 5 万平方米以上,或者累计完成与此相当的房地产开发投资额;

③ 连续 2 年建筑工程质量合格率达 100%;

④ 有职称的建筑、结构、财务、房地产及有关经济类的专业管理人员不少于 10 人,其中具有中级以上职称的管理人员不少于 5 人,持有资格证书的专职会计人员不少于 2 人;

⑤ 工程技术、财务等业务负责人具有相应专业中级以上职称,统计等其他业

务负责人具有相应专业初级以上职称；

⑥ 具有完善的质量保证体系，商品住宅销售中实行了《住宅质量保证书》和《住宅使用说明书》制度；

⑦ 未发生过重大工程质量事故。

(4) 四级资质

① 从事房地产开发经营 1 年以上；

② 已竣工的建筑工程质量合格率达 100%；

③ 有职称的建筑、结构、财务、房地产及有关经济类的专业管理人员不少于 5 人，持有资格证书的专职会计人员不少于 2 人；

④ 工程技术负责人具有相应专业中级以上职称，财务负责人具有相应专业初级以上职称，配有专业统计人员；

⑤ 商品住宅销售中实行了《住宅质量保证书》和《住宅使用说明书》制度；

⑥ 未发生过重大工程质量事故。

2) 房地产开发企业业务范围

一级资质的房地产开发企业承担房地产项目的建设规模不受限制，可以在全国范围承揽房地产开发项目。

二级资质及二级资质以下的房地产开发企业可以承担建筑面积 25 万平方米以下的开发建设项目，承担业务的具体范围由省、自治区、直辖市人民政府建设行政主管部门确定。

各资质等级企业应当在规定的业务范围内从事房地产开发经营业务，不得越级承担任务。

2.1.4 工程建设项目招标代理机构的资质管理

1) 资格等级及条件

工程招标代理机构资格分为甲级、乙级和暂定级。除具备是依法设立的中介组织、具有独立法人资格、与行政机关和其他国家机关没有行政隶属关系或者其他利益关系、有固定的营业场所和开展工程招标代理业务所需设施及办公条件、有健全的组织机构和内部管理的规章制度、具备编制招标文件和组织评标的相应专业力量、具有可以作为评标委员会成员人选的技术和经济等方面的专家库等基本条件外，还应具备如下条件。

(1) 甲级

① 取得乙级工程招标代理资格满 3 年；

② 近 3 年内累计工程招标代理中标金额在 16 亿元人民币以上（以中标通知书为依据，下同）；

③ 具有中级以上职称的工程招标代理机构专职人员不少于 20 人，其中具有

工程建设类注册执业资格人员不少于10人(其中注册造价工程师不少于5人),从事工程招标代理业务3年以上的人员不少于10人;

④ 技术经济负责人为本机构专职人员,具有10年以上从事工程管理的经验,具有高级技术经济职称和工程建设类注册执业资格;

⑤ 注册资本不少于200万元。

(2) 乙级

① 取得暂定级工程招标代理资格满1年;

② 近3年内累计工程招标代理中标金额在8亿元人民币以上;

③ 具有中级以上职称的工程招标代理机构专职人员不少于12人,其中具有工程建设类注册执业资格人员不少于6人(其中注册造价工程师不少于3人),从事工程招标代理业务3年以上的人员不少于6人;

④ 技术经济负责人为本机构专职人员,具有8年以上从事工程管理的经验,具有高级技术经济职称和工程建设类注册执业资格;

⑤ 注册资本不少于100万元。

新设立的招标代理机构符合乙级资格标准第③④⑤项条件的,可以申请暂定级工程招标代理资格。

2) 业务范围

甲级工程招标代理机构可以承担各类工程的招标代理业务。乙级工程招标代理机构只能承担工程总投资1亿元人民币以下的工程招标代理业务。暂定级工程招标代理机构只能承担工程总投资6 000万元人民币以下的工程招标代理业务。

工程招标代理机构可以跨省、自治区、直辖市承担工程招标代理业务。任何单位和个人不得限制或者排斥工程招标代理机构依法开展工程招标代理业务。

2.1.5 工程造价咨询企业的资质管理

1) 资质等级与标准

工程造价咨询企业资质等级分为甲级、乙级。

(1) 甲级标准如下:

① 企业注册资金不少于100万元;

② 已取得乙级工程造价咨询企业资质证书满3年;

③ 企业出资人中,注册造价工程师人数不低于出资人总人数的60%,且其出资额不低于企业注册资本总额的60%;

④ 技术负责人已取得造价工程师注册证书,并具有工程或工程经济类高级专业技术职称,且从事工程造价专业工作15年以上;

⑤ 专职从事工程造价专业工作的人员(以下简称专职专业人员)不少于20人,其中,具有工程或者工程经济类中级以上专业技术职称的人员不少于16人;取得

造价工程师注册证书的人员不少于10人,其他人员具有从事工程造价专业工作的经历;

⑥ 企业与专职专业人员签订劳动合同,且专职专业人员符合国家规定的执业年龄(出资人除外);

⑦ 专职专业人员人事档案关系由国家认可的人事代理机构代为管理;

⑧ 企业近3年工程造价咨询营业收入累计不低于人民币500万元;

⑨ 具有固定的办公场所,人均办公建筑面积不少于10平方米;

⑩ 技术档案管理制度、质量控制制度、财务管理制度齐全;

⑪ 企业为本单位专职专业人员办理的社会基本养老保险手续齐全;

⑫ 在申请核定资质等级之日前3年内无《工程建设项目招标代理机构认定办法》第二十七条禁止的行为。

(2) 乙级标准如下:

① 企业出资人中,注册造价工程师人数不低于出资人总人数的60%,且其出资额不低于认缴出资总额的60%;

② 技术负责人已取得造价工程师注册证书,并具有工程或工程经济类高级专业技术职称,且从事工程造价专业工作10年以上;

③ 专职专业人员不少于12人,其中,具有工程或者工程经济类中级以上专业技术职称的人员不少于8人;取得造价工程师注册证书的人员不少于6人,其他人员具有从事工程造价专业工作的经历;

④ 企业与专职专业人员签订劳动合同,且专职专业人员符合国家规定的执业年龄(出资人除外);

⑤ 专职专业人员人事档案关系由国家认可的人事代理机构代为管理;

⑥ 企业注册资本不少于人民币50万元;

⑦ 具有固定的办公场所,人均办公建筑面积不少于10平方米;

⑧ 技术档案管理制度、质量控制制度、财务管理制度齐全;

⑨ 企业为本单位专职专业人员办理的社会基本养老保险手续齐全;

⑩ 暂定期内工程造价咨询营业收入累计不低于人民币50万元;

⑪ 在申请核定资质等级之日前无《工程建设项目招标代理机构认定办法》第二十七条禁止的行为。

2) 工程造价咨询资质管理

新申请工程造价咨询企业资质的,其资质等级按照所列乙级资质标准核定为乙级,设暂定期1年。暂定期届满需继续从事工程造价咨询活动的,应当在暂定期届满30日前,向资质许可机关申请换发资质证书。符合乙级资质条件的,由资质许可机关换发资质证书。

工程造价咨询企业资质证书由国务院建设主管部门统一印制,分正本和副本。

正本和副本具有同等的法律效力。工程造价咨询企业遗失资质证书的,应当在公众媒体上声明作废后,向资质许可机关申请补办。工程造价咨询企业资质有效期为3年。

甲级工程造价咨询企业可以从事各类建设项目的工程造价咨询业务。乙级工程造价咨询企业可以从事工程造价5 000万元人民币以下的各类建设项目的工程造价咨询业务。

有下列情形之一的,资质许可机关或者其上级机关,根据利害关系人的请求或者依据职权,可以撤销工程造价咨询企业资质:

① 资质许可机关工作人员滥用职权、玩忽职守作出准予工程造价咨询企业资质许可的;

② 超越法定职权作出准予工程造价咨询企业资质许可的;

③ 违反法定程序作出准予工程造价咨询企业资质许可的;

④ 对不具备行政许可条件的申请人作出准予工程造价咨询企业资质许可的;

⑤ 依法可以撤销工程造价咨询企业资质的其他情形。

工程造价咨询企业以欺骗、贿赂等不正当手段取得工程造价咨询企业资质的,应当予以撤销。

工程造价咨询企业取得工程造价咨询企业资质后,不再符合相应资质条件的,资质许可机关根据利害关系人的请求或者依据职权,可以责令其限期改正;逾期不改的,可以撤回其资质。

有下列情形之一的,资质许可机关应当依法注销工程造价咨询企业资质:

① 工程造价咨询企业资质有效期满,未申请延续的;

② 工程造价咨询企业资质被撤销、撤回的;

③ 工程造价咨询企业依法终止的;

④ 法律、法规规定的应当注销工程造价咨询企业资质的其他情形。

工程造价咨询企业应当按照有关规定,向资质许可机关提供真实、准确、完整的工程造价咨询企业信用档案信息。

工程造价咨询企业信用档案应当包括工程造价咨询企业的基本情况、业绩、良好行为、不良行为等内容。违法行为、被投诉举报处理、行政处罚等情况应当作为工程造价咨询企业的不良记录记入其信用档案,任何单位和个人有权查阅信用档案。

2.1.6 工程监理企业的资质管理

1) 资质等级与标准

工程监理企业资质分为综合资质、专业资质和事务所资质。其中,专业资质按照工程性质和技术特点划分为若干工程类别。综合资质、事务所资质不分级别。

专业资质分为甲级、乙级,其中房屋建筑、水利水电、公路和市政公用专业资质可设立丙级。

(1) 综合资质标准如下:

① 具有独立法人资格且注册资本不少于600万元。

② 企业技术负责人应为注册监理工程师,并具有15年以上从事工程建设工作的经历或者具有工程类高级职称。

③ 具有5个以上工程类别的专业甲级工程监理资质。

④ 注册监理工程师不少于60人,注册造价工程师不少于5人,一级注册建造师、一级注册建筑师、一级注册结构工程师或者其他勘察设计注册工程师合计不少于15人次。

⑤ 企业具有完善的组织结构和质量管理体系,有健全的技术、档案等管理制度。

⑥ 企业具有必要的工程试验检测设备。

⑦ 申请工程监理资质之日前一年内没有因本企业监理责任造成重大质量事故。

⑧ 申请工程监理资质之日前一年内没有因本企业监理责任发生三级以上工程建设重大安全事故或者发生两起以上四级工程建设安全事故。

(2) 专业资质标准

甲级:

① 具有独立法人资格且注册资本不少于300万元。

② 企业技术负责人应为注册监理工程师,并具有15年以上从事工程建设工作的经历或者具有工程类高级职称。

③ 注册监理工程师、注册造价工程师、一级注册建造师、一级注册建筑师、一级注册结构工程师或者其他勘察设计注册工程师合计不少于25人次。其中,相应专业注册监理工程师人数,不得少于《专业资质注册监理工程师人数配备表》中要求配备的人数,注册造价工程师不少于2人。

④ 企业近2年内独立监理过3个以上相应专业的二级工程项目,但是,具有甲级设计资质或一级及以上施工总承包资质的企业申请本专业工程类别甲级资质的除外。

⑤ 企业具有完善的组织结构和质量管理体系,有健全的技术、档案等管理制度。

⑥ 企业具有必要的工程试验检测设备。

⑦ 申请工程监理资质之日前一年内没有因本企业监理责任造成重大质量事故。

⑧ 申请工程监理资质之日前一年内没有因本企业监理责任发生三级以上工

程建设重大安全事故或者发生两起以上四级工程建设安全事故。

乙级：

① 具有独立法人资格且注册资本不少于100万元。

② 企业技术负责人应为注册监理工程师，并具有10年以上从事工程建设工作的经历。

③ 注册监理工程师、注册造价工程师、一级注册建造师、一级注册建筑师、一级注册结构工程师或者其他勘察设计注册工程师合计不少于15人次。其中，相应专业注册监理工程师人数，不得少于《专业资质注册监理工程师人数配备表》中要求配备的人数，注册造价工程师不少于1人。

④ 有较完善的组织结构和质量管理体系，有技术、档案等管理制度。

⑤ 有必要的工程试验检测设备。

⑥ 申请工程监理资质之日前一年内没有因本企业监理责任造成重大质量事故。

⑦ 申请工程监理资质之日前一年内没有因本企业监理责任发生三级以上工程建设重大安全事故或者发生两起以上四级工程建设安全事故。

丙级：

① 具有独立法人资格且注册资本不少于50万元。

② 企业技术负责人应为注册监理工程师，并具有8年以上从事工程建设工作的经历。

③ 相应专业的注册监理工程师不少于《专业资质注册监理工程师人数配备表》中要求配备的人数。

④ 有必要的质量管理体系和规章制度。

⑤ 有必要的工程试验检测设备。

(3) 事务所资质标准

① 取得合伙企业营业执照，具有书面合作协议书。

② 合伙人中有3名以上注册监理工程师，合伙人均有5年以上从事建设工程监理的工作经历。

③ 有固定的工作场所。

④ 有必要的质量管理体系和规章制度。

⑤ 有必要的工程试验检测设备。

2) 工程监理资质管理

工程监理企业资质证书分为正本和副本，每套资质证书包括一本正本，四本副本。正、副本具有同等法律效力。工程监理企业资质证书的有效期为5年。工程监理企业资质证书由国务院建设主管部门统一印制并发放。

2.2 建设企业相关法律制度

随着我国经济社会的快速发展,市场经济体制正逐步完善。从某种意义上说,市场经济是一种法制经济,竞争是市场经济的基本特征之一,它要求一切经济活动都要遵守市场规则。这就需要一方面要求加强立法,建立规范市场行为和市场主体的法律法规,依法管理,才能使市场经济得以规范发展;另一方面要求市场行为和市场主体必须符合法律法规,并受到其规范和约束。因此,了解和学习规范企业行为的法律制度具有重要意义。从企业的角度来讲,学法、知法、懂法,才能更好地守法,以保证在生产经营过程中依法办事,守法经营。同时,在合法权益受到侵害时,也可以利用法律武器,保护自身的合法权益。

与建设企业相关的法律制度,包括一切与企业的生产经营活动有关的法律规范,具有非常广泛的内容。本节仅对公司法、劳动与劳动合同法、安全生产法、担保法与工程担保、保险法与工程保险等五个方面做一些简单介绍。

2.2.1 公司法

1993年12月29日第八届全国人民代表大会常务委员会第五次会议通过了《中华人民共和国公司法》(以下简称《公司法》)。随后经过三次修正和一次修订,现行《公司法》是经2013年12月28日第十二届全国人民代表大会常务委员会第六次会议《关于修改〈中华人民共和国海洋环境保护法〉等七部法律的决定》修正,并于2014年3月1日起施行的。

《公司法》的立法目的在于规范公司的组织和行为,保护公司、股东和债权人的合法权益,维护社会经济秩序,促进社会主义市场经济的发展。《公司法》共十三章,二百一十八条。以下仅节选与建设企业密切相关的规定进行介绍。

1) 公司的类型

《公司法》中的公司,是指依照《公司法》在中国境内设立的有限责任公司和股份有限公司。公司是企业法人,有独立的法人财产,享有法人财产权。公司以其全部财产对公司的债务承担责任。

(1) 有限责任公司

有限责任公司是指由50个以下股东出资设立,股东以其所认缴的出资额为限对公司承担责任,公司以其全部资产对其债务承担责任。在这里,股东责任的有限性表现在:有限责任公司的股东,仅以其出资额为限对公司负责。此外,对公司及公司债权人不负任何财产责任,公司的债权人亦不得直接向股东主张债权或请求清偿。

（2）股份有限公司

股份有限公司是指其全部资本划分为等额股份，股东以其所持股份为限对公司承担责任，公司以其全部资产为限对公司的债务承担责任。在这里，股东责任的有限性表现在：一方面，股东仅对股份有限公司负责，这种责任在设立时表现为依法出资的责任，当公司亏损时仅以其出资对公司承担责任；另一方面，股东不对公司的债权人直接负清偿责任。

2）公司的设立、变更和注销登记

（1）设立登记

设立公司，应当依法向公司登记机关申请设立登记。符合《公司法》规定的设立条件的，由公司登记机关分别登记为有限责任公司或者股份有限公司。根据《公司法》第六条的规定，公众可以向公司登记机关申请查询公司登记事项，公司登记机关应当提供查询服务。

根据《公司法》的有关规定，依法设立的公司，由公司登记机关发给公司营业执照。公司营业执照签发日期为公司成立日期。公司营业执照应当载明公司的名称、住所、注册资本、经营范围、法定代表人姓名等事项。设立公司必须依法制定公司章程。公司章程对公司、股东、董事、监事、高级管理人员具有约束力。公司的经营范围由公司章程规定，并依法登记。

《公司法》第十三条规定，公司法定代表人依照公司章程的规定，由董事长、执行董事或者经理担任，并依法登记。公司可以设立分公司。设立分公司，应当向公司登记机关申请登记，领取营业执照。分公司不具有法人资格，其民事责任由公司承担。《公司法》第十四条还规定，公司可以设立子公司，子公司具有法人资格，依法独立承担民事责任。

（2）变更登记

根据《公司法》的有关规定，公司在设立后，发生如下变更事项的，应当依法办理变更登记：

① 公司营业执照记载的事项发生变更的，公司应当依法办理变更登记，由公司登记机关换发营业执照。

② 公司可以修改公司章程，改变经营范围，但是应当办理变更登记。

③ 公司法定代表人变更，应当办理变更登记。

④ 公司合并或者分立，登记事项发生变更的，应当依法向公司登记机关办理变更登记。

⑤ 公司增加或者减少注册资本，应当依法向公司登记机关办理变更登记。

（3）注销登记

根据《公司法》第一百八十条规定，公司解散的，应当依法办理公司注销登记。公司解散的原因包括：公司章程规定的营业期限届满或者公司章程规定的其他解散事由出现;股东会或者股东大会决议解散;因公司合并或者分立需要解散;依法被吊销营业执照、责令关闭或者被撤销;人民法院依照《公司法》第一百八十三条的规定予以解散。

除因公司合并或者分立需要解散外,公司因其他四种原因而解散的,应当在解散事由出现之日起十五日内成立清算组,开始清算。有限责任公司的清算组由股东组成,股份有限公司的清算组由董事会或者股东大会确定的人员组成。逾期不成立清算组进行清算的,债权人可以申请人民法院指定有关人员组成清算组进行清算。人民法院应当受理该申请,并及时组织清算组进行清算。

《公司法》第一百八十八条规定,公司清算结束后,清算组应当制作清算报告,报股东会、股东大会或者人民法院确认,并报送公司登记机关,申请注销公司登记,公告公司终止。

3）公司的组织机构和职权

（1）股东（大）会

有限责任公司设股东会,股份有限公司设股东大会,股东（大）会由全体股东组成,是公司的权力机构。

股东（大）会行使下列职权:决定公司的经营方针和投资计划;选举和更换非由职工代表担任的董事、监事,决定有关董事、监事的报酬事项;审议批准董事会的报告;审议批准监事会或者监事的报告;审议批准公司的年度财务预算方案、决算方案;审议批准公司的利润分配方案和弥补亏损方案;对公司增加或者减少注册资本作出决议;对发行公司债券作出决议;对公司合并、分立、变更公司形式、解散和清算等事项作出决议;修改公司章程;公司章程规定的其他职权。

（2）董事会

公司设董事会。董事会设董事长一人,可以设副董事长。有限责任公司的董事长、副董事长的产生办法由公司章程规定,股份有限公司的董事长和副董事长则由董事会以全体董事的过半数选举产生。董事任期由公司章程规定,但每届任期不得超过三年。董事任期届满,连选可以连任。

董事会对股东（大）会负责,行使下列职权:召集股东会会议,并向股东会报告工作;执行股东会的决议;决定公司的经营计划和投资方案;制订公司的年度财务预算方案、决算方案;制订公司的利润分配方案和弥补亏损方案;制订公司增加或者减少注册资本以及发行公司债券的方案;制订公司合并、分立、变更公司形式、解散的方案;决定公司内部管理机构的设置;决定聘任或者解聘公司经理及其报酬事项,并根据经理的提名决定聘任或者解聘公司副经理、财务负责人及其报酬事项;制定公司的基本管理制度;公司章程规定的其他职权。

股东人数较少或者规模较小的有限责任公司,可以设一名执行董事,而不设立董事会。执行董事的职权由公司章程规定。

(3) 经理

公司经理由董事会决定聘任或者解聘。经理对董事会负责,行使下列职权:主持公司的生产经营管理工作;组织实施董事会决议;组织实施公司年度经营计划和投资方案;拟订公司内部管理机构设置方案;拟订公司的基本管理制度;制定公司的具体规章;提请聘任或者解聘公司副经理、财务负责人;决定聘任或者解聘除应由董事会决定聘任或者解聘以外的负责管理人员;董事会授予的其他职权。

(4) 监事(会)

公司设监事会,其成员人数不得少于3人,但股东人数较少或者规模较小的有限责任公司,可以设一至两名监事,不设监事会。监事会应当包括股东代表和适当比例的公司职工代表,但董事、高级管理人员不得兼任监事。监事的任期每届为三年,任期届满,连选可以连任。

监事(会)行使下列职权:检查公司财务;对董事、高级管理人员执行公司职务的行为进行监督,对违反法律、行政法规、公司章程或者股东会决议的董事、高级管理人员提出罢免的建议;当董事、高级管理人员的行为损害公司的利益时,要求董事、高级管理人员予以纠正;提议召开临时股东会会议,在董事会不履行《公司法》规定的召集和主持股东会会议职责时,召集和主持股东会会议;向股东会会议提出提案;依照《公司法》第一百五十二条的规定,对董事、高级管理人员提起诉讼;公司章程规定的其他职权。

2.2.2 劳动法与劳动合同法

劳动法是调整劳动关系以及与劳动关系密切联系的其他社会关系的法律规范的总称。劳动法调整的劳动关系是狭义劳动关系,指劳动者与用人单位之间在实现劳动过程中发生的社会关系。劳动关系是基于劳动合同,在实现劳动过程中发生的既具有人身关系、经济关系,又具有平等性和从属性的社会关系。与劳动关系密切联系的其他社会关系表现为因管理劳动力、执行社会保险、组织工会和工作活动、处理劳动争议以及监督劳动法律法规的执行等而发生的社会关系。

我国现已出台的劳动法律主要有三部:一是《中华人民共和国劳动法》(以下简称《劳动法》),1994年7月5日第八届全国人民代表大会常务委员会第八次会议通过,自1995年1月1日起施行,并且于2009年8月27日第十一届全国人民代表大会常务委员会第十次会议通过《全国人民代表大会常务委员会关于修改部分法律的决定》,自公布之日起施行;二是《中华人民共和国劳动合同法》(以下简称《劳动合同法》),2007年6月29日第十届全国人民代表大会常务委员会第二十八次会议通过,自2008年1月1日起施行;三是《中华人民共和国劳动争议调解仲裁法》(以下简称《劳动争议调解仲裁法》),2007年12月29日第十届全国人民代表大会常务委员会第三十一次会议通过,自2008年5月1日起施行。现对其主要内容介绍如下。

1. 劳动法

1) 劳动法的立法目的、适用范围和主要内容

《劳动法》的立法目的在于为了保护劳动者的合法权益,调整劳动关系,建立和维护适应社会主义市场经济的劳动制度,促进经济发展和社会进步。

《劳动法》第二条规定:"在中华人民共和国境内的企业、个体经济组织(以下统称用人单位)和与之形成劳动关系的劳动者,适用本法。国家机关、事业组织、社会团体和与之建立劳动合同关系的劳动者,依照本法执行。"

《劳动法》分为十三章,共一百零七条,主要包括:总则、促进就业、劳动合同和集体合同、工作时间和休息休假、工资、劳动安全卫生、女职工和未成年工特殊保护、职业培训、社会保险和福利、劳动争议、监督检查、法律责任和附则。本书仅节选与建设企业密切相关的规定进行介绍。

2) 女职工和未成年工特殊保护

国家对女职工和未成年工实行特殊劳动保护。未成年工是指年满16周岁未满18周岁的劳动者。根据我国《劳动法》的有关规定,禁止用人单位招用未满16周岁的未成年人。文艺、体育和特种工艺单位招用未满16周岁的未成年人,必须依照国家有关规定,履行审批手续,并保障其接受义务教育的权利。《劳动法》对女职工和未成年工的特殊保护规定主要包括:

(1) 禁止安排女职工从事矿山井下、国家规定的第四级体力劳动强度的劳动和其他禁忌从事的劳动。

(2) 不得安排女职工在经期从事高处、低温、冷水作业和国家规定的第三级体力劳动强度的劳动。

(3) 不得安排女职工在怀孕期间从事国家规定的第三级体力劳动强度的劳动和孕期禁忌从事的劳动。对怀孕7个月以上的女职工,不得安排其延长工作时间和夜班劳动。

(4) 女职工生育享受不少于90天的产假。

(5) 不得安排女职工在哺乳未满一周岁的婴儿期间从事国家规定的第三级体力劳动强度的劳动和哺乳期禁忌从事的其他劳动,不得安排其延长工作时间和夜班劳动。

(6) 不得安排未成年工从事矿山井下、有毒有害、国家规定的第四级体力劳动强度的劳动和其他禁忌从事的劳动。

(7) 用人单位应当对未成年工定期进行健康检查。

2. 劳动合同法

1) 劳动合同的订立

(1) 劳动关系的建立

劳动关系是指劳动者与用人单位(包括各类企业、个体工商户、事业单位等)在

实现劳动过程中建立的社会经济关系。

用人单位自用工之日起即与劳动者建立劳动关系。用人单位与劳动者在用工前订立劳动合同的,劳动关系自用工之日起建立。

(2) 劳动合同的订立

《劳动合同法》规定,建立劳动关系,应当订立书面劳动合同。已建立劳动关系,未同时订立书面劳动合同的,应当自用工之日起一个月内订立书面劳动合同。

自用工之日起一个月内,经用人单位书面通知后,劳动者不与用人单位订立书面劳动合同的,用人单位应当书面通知劳动者终止劳动关系,无需向劳动者支付经济补偿,但是应当依法向劳动者支付其实际工作时间的劳动报酬。

用人单位自用工之日起超过一个月不满一年未与劳动者订立书面劳动合同的,应当依照劳动合同法第八十二条的规定向劳动者每月支付两倍的工资,并与劳动者补订书面劳动合同;劳动者不与用人单位订立书面劳动合同的,用人单位应当书面通知劳动者终止劳动关系,并依照劳动合同法第四十七条的规定支付经济补偿。

上述条款规定用人单位向劳动者每月支付两倍工资的起算时间规定为用工之日起满一个月的次日,截止时间为补订书面劳动合同的前一日。

用人单位自用工之日起满一年未与劳动者订立书面劳动合同的,自用工之日起满一个月的次日至满一年的前一日应当依照劳动合同法第八十二条的规定向劳动者每月支付两倍的工资,并视为自用工之日起满一年的当日已经与劳动者订立无固定期限劳动合同,应当立即与劳动者补订书面劳动合同。

(3) 劳动合同的类型

劳动合同分为固定期限劳动合同、无固定期限劳动合同和以完成一定工作任务为期限的劳动合同。

固定期限劳动合同,是指用人单位与劳动者约定合同终止时间的劳动合同。用人单位与劳动者协商一致,可以订立固定期限劳动合同。

无固定期限劳动合同,是指用人单位与劳动者约定无确定终止时间的劳动合同。

用人单位与劳动者协商一致,可以订立无固定期限劳动合同。有下列情形之一,劳动者提出或者同意续订、订立劳动合同的,除劳动者提出订立固定期限劳动合同外,应当订立无固定期限劳动合同:

① 劳动者在该用人单位连续工作满十年的;

② 用人单位初次实行劳动合同制度或者国有企业改制重新订立劳动合同时,劳动者在该用人单位连续工作满十年且距法定退休年龄不足十年的;

③ 连续订立两次固定期限劳动合同,且劳动者没有《劳动合同法》第三十九条和第四十条第一项、第二项规定的情形,续订劳动合同的。

用人单位自用工之日起满一年不与劳动者订立书面劳动合同的,视为用人单位与劳动者已订立无固定期限劳动合同。

以完成一定工作任务为期限的劳动合同,是指用人单位与劳动者约定以某项工作的完成为合同期限的劳动合同。用人单位与劳动者协商一致,可以订立以完成一定工作任务为期限的劳动合同。

(4) 劳动合同的生效和无效

劳动合同由用人单位与劳动者协商一致,并经用人单位与劳动者在劳动合同文本上签字或者盖章生效。劳动合同文本由用人单位和劳动者各执一份。

下列劳动合同无效或者部分无效:

① 以欺诈、胁迫的手段或者乘人之危,使对方在违背真实意思的情况下订立或者变更劳动合同的;

② 用人单位免除自己的法定责任、排除劳动者权利的;

③ 违反法律、行政法规强制性规定的。

对劳动合同的无效或者部分无效有争议的,由劳动争议仲裁机构或者人民法院确认。劳动合同部分无效,不影响其他部分效力的,其他部分仍然有效。劳动合同被确认无效,劳动者已付出劳动的,用人单位应当向劳动者支付劳动报酬。劳动报酬的数额,参照本单位相同或者相近岗位劳动者的劳动报酬确定。

2) 劳动合同的条款

(1) 应备条款

《劳动合同法》第十七条规定,劳动合同应当具备以下条款:

① 用人单位的名称、住所和法定代表人或者主要负责人;

② 劳动者的姓名、住址和居民身份证或者其他有效身份证件号码;

③ 劳动合同期限;

④ 工作内容和工作地点;

⑤ 工作时间和休息休假;

⑥ 劳动报酬;

⑦ 社会保险;

⑧ 劳动保护、劳动条件和职业危害防护;

⑨ 法律、法规规定应当纳入劳动合同的其他事项。

劳动合同除上述必备条款外,用人单位与劳动者可以约定试用期、培训、保守秘密、补充保险和福利待遇等其他事项。

(2) 试用期规定

劳动合同期限三个月以上不满一年的,试用期不得超过一个月;劳动合同期限一年以上不满三年的,试用期不得超过两个月;三年以上固定期限和无固定期限的劳动合同,试用期不得超过六个月。

同一用人单位与同一劳动者只能约定一次试用期。以完成一定工作任务为期限的劳动合同或者劳动合同期限不满三个月的,不得约定试用期。试用期包含在劳动合同期限内。劳动合同仅约定试用期的,试用期不成立,该期限为劳动合同期限。

劳动者在试用期的工资不得低于本单位相同岗位最低档工资或者劳动合同约定工资的百分之八十,并不得低于用人单位所在地的最低工资标准。

(3) 服务期规定

用人单位为劳动者提供专项培训费用,对其进行专业技术培训的,可以与该劳动者订立协议,约定服务期。劳动者违反服务期约定的,应当按照约定向用人单位支付违约金。违约金的数额不得超过用人单位提供的培训费用。用人单位要求劳动者支付的违约金不得超过服务期尚未履行部分所应分摊的培训费用。用人单位与劳动者约定服务期的,不影响按照正常的工资调整机制提高劳动者在服务期期间的劳动报酬。

3) 劳动合同的解除和终止

用人单位与劳动者协商一致,可以解除劳动合同。用人单位向劳动者提出解除劳动合同并与劳动者协商一致解除劳动合同的,用人单位应当向劳动者给予经济补偿。

(1) 劳动者可以解除劳动合同的情形

劳动者提前三十日以书面形式通知用人单位,可以解除劳动合同。劳动者在试用期内提前三日通知用人单位,可以解除劳动合同。

用人单位有下列情形之一的,劳动者可以解除劳动合同:

① 未按照劳动合同约定提供劳动保护或者劳动条件的;

② 未及时足额支付劳动报酬的;

③ 未依法为劳动者缴纳社会保险费的;

④ 用人单位的规章制度违反法律、法规的规定,损害劳动者权益的;

⑤ 因《劳动合同法》第二十六条第一款规定的情形(即:以欺诈、胁迫的手段或者乘人之危,使对方在违背真实意思的情况下订立或者变更劳动合同的)致使劳动合同无效的;

⑥ 法律、行政法规规定劳动者可以解除劳动合同的其他情形。

用人单位以暴力、威胁或者非法限制人身自由的手段强迫劳动者劳动的,或者用人单位违章指挥、强令冒险作业危及劳动者人身安全的,劳动者可以立即解除劳动合同,不需事先告知用人单位。

(2) 用人单位可以解除劳动合同的情形

劳动者有下列情形之一的,用人单位可以解除劳动合同:

① 在试用期间被证明不符合录用条件的;

② 严重违反用人单位的规章制度的；
③ 严重失职，营私舞弊，给用人单位造成重大损害的；
④ 劳动者同时与其他用人单位建立劳动关系，对完成本单位的工作任务造成严重影响，或者经用人单位提出，拒不改正的；
⑤ 因《劳动合同法》第二十六条第一款规定的情形（即：以欺诈、胁迫的手段或者乘人之危，使对方在违背真实意思的情况下订立或者变更劳动合同的）致使劳动合同无效的；
⑥ 被依法追究刑事责任的。

有下列情形之一的，用人单位提前三十日以书面形式通知劳动者本人或者额外支付劳动者一个月工资后，可以解除劳动合同：
① 劳动者患病或者非因工负伤，在规定的医疗期满后不能从事原工作，也不能从事由用人单位另行安排的工作的；
② 劳动者不能胜任工作，经过培训或者调整工作岗位，仍不能胜任工作的；
③ 劳动合同订立时所依据的客观情况发生重大变化，致使劳动合同无法履行，经用人单位与劳动者协商，未能就变更劳动合同内容达成协议的。

（3）用人单位不得解除劳动合同的情形

劳动者有下列情形之一的，用人单位不得依照《劳动合同法》第四十条、第四十一条的规定解除劳动合同：
① 从事接触职业病危害作业的劳动者未进行离岗前职业健康检查，或者疑似职业病病人在诊断或者医学观察期间的；
② 在本单位患职业病或者因工负伤并被确认丧失或者部分丧失劳动能力的；
③ 患病或者非因工负伤，在规定的医疗期内的；
④ 女职工在孕期、产期、哺乳期的；
⑤ 在本单位连续工作满十五年，且距法定退休年龄不足五年的；
⑥ 法律、行政法规规定的其他情形。

（4）劳动合同的终止

有下列情形之一的，劳动合同终止：
① 劳动合同期满的；
② 劳动者开始依法享受基本养老保险待遇的；
③ 劳动者死亡，或者被人民法院宣告死亡或者宣告失踪的；
④ 用人单位被依法宣告破产的；
⑤ 用人单位被吊销营业执照、责令关闭、撤销或者用人单位决定提前解散的；
⑥ 法律、行政法规规定的其他情形。

劳动合同终止后用人单位应按照《劳动合同法》的有关规定向劳动者支付经济补偿。经济补偿按劳动者在本单位工作的年限，每满1年支付1个月工资的标准向劳动者支付。6个月以上不满1年的,按1年计算;不满6个月的,向劳动者支付半个月工资的经济补偿。

3. 劳动争议调解仲裁法

劳动争议,又称劳动纠纷,是指劳动关系当事人之间关于劳动权利和义务的争议。劳动争议可以通过当事人协商、调解、仲裁和提起诉讼方式解决。《劳动争议调解仲裁法》第四条规定:"发生劳动争议,劳动者可以与用人单位协商,也可以请工会或者第三方共同与用人单位协商,达成和解协议。"第五条进一步规定:"发生劳动争议,当事人不愿协商、协商不成或者达成和解协议后不履行的,可以向调解组织申请调解;不愿调解、调解不成或者达成调解协议后不履行的,可以向劳动争议仲裁委员会申请仲裁;对仲裁裁决不服的,除本法另有规定的外,可以向人民法院提起诉讼。"本节主要对《劳动争议调解仲裁法》中有关调解和仲裁的主要内容介绍如下。

1) 劳动争议的调解

(1) 调解组织

发生劳动争议,当事人可以到下列调解组织申请调解:

① 企业劳动争议调解委员会;
② 依法设立的基层人民调解组织;
③ 在乡镇、街道设立的具有劳动争议调解职能的组织。

企业劳动争议调解委员会由职工代表和企业代表组成。职工代表由工会成员担任或者由全体职工推举产生,企业代表由企业负责人指定。企业劳动争议调解委员会主任由工会成员或者双方推举的人员担任。

当事人申请劳动争议调解可以书面申请,也可以口头申请。口头申请的,调解组织应当当场记录申请人基本情况,申请调解的争议事项、理由和时间。

(2) 调解协议书

经调解达成协议的,应当制作调解协议书。调解协议书由双方当事人签名或者盖章,经调解员签名并加盖调解组织印章后生效,对双方当事人具有约束力,当事人应当履行。

自劳动争议调解组织收到调解申请之日起十五日内未达成调解协议的,当事人可以依法申请仲裁。

(3) 调解协议的履行

达成调解协议后,一方当事人在协议约定期限内不履行调解协议的,另一方当事人可以依法申请仲裁。

因支付拖欠劳动报酬、工伤医疗费、经济补偿或者赔偿金事项达成调解协议,用人单位在协议约定期限内不履行的,劳动者可以持调解协议书依法向人民法院申请支付令。人民法院应当依法发出支付令。

2）劳动争议的仲裁

（1）劳动争议仲裁的特点和原则

与其他解决争议方式和《仲裁法》规定的相比,劳动争议仲裁有以下特点：

① 从仲裁主体上看,劳动争议仲裁委员会由劳动行政部门代表、工会代表和企业方面代表组成。劳动争议仲裁委员会是带有司法性质的行政执行机关,它不是一般的民间组织,也区别于司法机构、群众自治性组织和行政机构。

② 从解决对象看,劳动争议仲裁解决劳动争议,这是与《仲裁法》规定的方式的重大区别。

③ 从仲裁实行的原则看,劳动争议仲裁实行的法定管辖,由劳动合同履行地或者用人单位所在地的劳动争议仲裁委员会管辖。而《仲裁法》规定的是约定管辖。

④ 从与诉讼的关系看,当事人对劳动争议仲裁裁决不服的,可以向法院起诉。《仲裁法》规定的仲裁,则采用或裁或审的制度。

劳动争议仲裁遵循一次裁决原则、合议原则和强制原则。一次裁决原则即劳动争议仲裁实行一个裁级一次裁决制度,一次裁决即为终局裁决。合议原则是指仲裁裁决劳动争议案件,实行少数服从多数原则。强制原则主要体现在：当事人申请仲裁无须双方达成一致协议,只要一方申请,仲裁委员会即可受理；在仲裁庭对争议调解不成时,无须得到当事人的同意,可直接行使裁决权；对发生法律效力的仲裁文书,可申请人民法院强制执行。

（2）仲裁的申请和受理

根据《劳动争议调解仲裁法》第二十七条的规定："劳动争议申请仲裁的时效期间为一年。仲裁时效期间从当事人知道或者应当知道其权利被侵害之日起计算。"

申请人申请仲裁应当提交书面仲裁申请,并按照被申请人人数提交副本。仲裁申请书应当载明下列事项：

① 劳动者的姓名、性别、年龄、职业、工作单位和住所,用人单位的名称、住所和法定代表人或者主要负责人的姓名、职务；

② 仲裁请求和所根据的事实、理由；

③ 证据和证据来源、证人姓名和住所。

书写仲裁申请确有困难的,可以口头申请,由劳动争议仲裁委员会记入笔录,并告知对方当事人。

劳动争议仲裁委员会收到仲裁申请之日起五日内,认为符合受理条件的,应当受理,并通知申请人；认为不符合受理条件的,应当书面通知申请人不予受理,并说明理由。对劳动争议仲裁委员会不予受理或者逾期未作出决定的,申请人可以就该劳动争议事项向人民法院提起诉讼。

(3) 开庭和裁决

仲裁庭应当在开庭五日前,将开庭日期、地点书面通知双方当事人。当事人有正当理由的,可以在开庭三日前请求延期开庭。是否延期,由劳动争议仲裁委员会决定。

申请人收到书面通知,无正当理由拒不到庭或者未经仲裁庭同意中途退庭的,可以视为撤回仲裁申请。被申请人收到书面通知,无正当理由拒不到庭或者未经仲裁庭同意中途退庭的,可以缺席裁决。

当事人在仲裁过程中有权进行质证和辩论。质证和辩论终结时,首席仲裁员或者独任仲裁员应当征询当事人的最后意见。当事人提供的证据经查证属实的,仲裁庭应当将其作为认定事实的根据。劳动者无法提供由用人单位掌握管理的与仲裁请求有关的证据,仲裁庭可以要求用人单位在指定期限内提供。用人单位在指定期限内不提供的,应当承担不利后果。

当事人申请劳动争议仲裁后,可以自行和解。达成和解协议的,可以撤回仲裁申请。仲裁庭在作出裁决前,应当先行调解。调解达成协议的,仲裁庭应当制作调解书。调解书应当写明仲裁请求和当事人协议的结果。调解书由仲裁员签名,加盖劳动争议仲裁委员会印章,送达双方当事人。调解书经双方当事人签收后,发生法律效力。调解不成或者调解书送达前,一方当事人反悔的,仲裁庭应当及时作出裁决。

裁决应当按照多数仲裁员的意见作出,少数仲裁员的不同意见应当记入笔录。仲裁庭不能形成多数意见时,裁决应当按照首席仲裁员的意见作出。

仲裁庭裁决劳动争议案件,应当自劳动争议仲裁委员会受理仲裁申请之日起四十五日内结束。案情复杂需要延期的,经劳动争议仲裁委员会主任批准,可以延期并书面通知当事人,但是延长期限不得超过十五日。逾期未作出仲裁裁决的,当事人可以就该劳动争议事项向人民法院提起诉讼。

2.2.3 安全生产法

安全生产法有狭义和广义之分。狭义的安全生产法是指《中华人民共和国安全生产法》(以下简称《安全生产法》),由第九届全国人民代表大会常务委员会第二十八次会议于 2002 年 6 月 29 日通过,自 2002 年 11 月 1 日起实施,已于 2014 年 8 月 31 日第十二届全国人民代表大会常务委员会第十次会议通过了《关于修改〈中华人民共和国安全生产法〉的决定》,自 2014 年 12 月 1 日起施行。广义的安全生产法泛指安全生产方面的法律规范,除包括狭义的安全生产法之外,还包括与其配套实施的相关行政法规、部门规章以及地方性法规和规章。这里仅对与建设企业密切相关的有关法规制度作简单介绍。

1) 安全生产责任制度

《安全生产法》第四条规定,生产经营单位必须遵守本法和其他有关安全生产的法律、法规,加强安全生产管理,建立、健全安全生产责任制和安全生产规章制度,改善安全生产条件,推进安全生产标准化建设,提高安全生产水平,确保安全生产。

(1) 生产经营单位主要负责人的职责

生产经营单位的主要负责人和安全生产管理人员必须具备与本单位所从事的生产经营活动相应的安全生产知识和管理能力。危险物品的生产、经营、储存单位以及矿山、金属冶炼、建筑施工、道路运输单位的主要负责人和安全生产管理人员,应当由主管的负有安全生产监督管理职责的部门对其安全生产知识和管理能力考核合格后方可任职。考核不得收费。

生产经营单位的主要负责人对本单位安全生产工作负有下列职责:建立、健全本单位安全生产责任制;组织制定本单位安全生产规章制度和操作规程;组织制定并实施本单位安全生产教育和培训计划;保证本单位安全生产投入的有效实施;督促、检查本单位的安全生产工作,及时消除生产安全事故隐患;组织制定并实施本单位的生产安全事故应急救援预案;及时、如实报告生产安全事故。

同时,《安全生产法》第四十七条规定,生产经营单位发生生产安全事故时,单位的主要负责人应当立即组织抢救,并不得在事故调查处理期间擅离职守。

(2) 安全生产管理人员的职责

矿山、金属冶炼、建筑施工、道路运输单位和危险物品的生产、经营、储存单位,应当设置安全生产管理机构或者配备专职安全生产管理人员。其他生产经营单位,从业人员超过一百人的,应当设置安全生产管理机构或者配备专职安全生产管理人员;从业人员在一百人以下的,应当配备专职或者兼职的安全生产管理人员。

生产经营单位的安全生产管理人员应当根据本单位的生产经营特点,对安全生产状况进行经常性检查;对检查中发现的安全问题,应当立即处理;不能处理的,应当及时报告本单位有关负责人,有关负责人应当及时处理。检查及处理情况应当如实记录在案。

生产经营单位的安全生产管理人员在检查中发现重大事故隐患,依照《安全生产法》规定向本单位有关负责人报告,有关负责人不及时处理的,安全生产管理人员可以向主管的负有安全生产监督管理职责的部门报告,接到报告的部门应当依法及时处理。

2) 从业人员安全生产的权利和义务

生产经营单位的从业人员,是指该单位从事生产经营活动各项工作的所有人员,包括管理人员、技术人员和各岗位的工人,也包括生产经营单位临时聘用的人员。他们在从业过程中依法享有权利,承担义务。

(1) 安全生产中从业人员的权利

① 知情权。生产经营单位的从业人员有权了解其作业场所和工作岗位存在的危险因素、防范措施及事故应急措施,有权对本单位的安全生产工作提出建议。

② 批评权和检举控告权。从业人员有权对本单位安全生产工作中存在的问题提出批评、检举、控告。

③ 拒绝权。从业人员有权拒绝违章指挥和强令冒险作业。生产经营单位不得因从业人员对本单位安全生产工作提出批评、检举、控告或者拒绝违章指挥、强令冒险作业而降低其工资、福利等待遇或者解除与其订立的劳动合同。

④ 紧急避险权。从业人员发现直接危及人身安全的紧急情况时,有权停止作业或者在采取可能的应急措施后撤离作业场所,生产经营单位不得因此理由而降低其工资、福利等待遇或者解除与其订立的劳动合同。

⑤ 请求赔偿权。因生产安全事故受到损害的从业人员,除依法享有工伤保险外,依照有关民事法律尚有获得赔偿的权利的,有权向本单位提出赔偿要求。

生产经营单位必须依法参加工伤保险,为从业人员缴纳保险费。国家鼓励生产经营单位投保安全生产责任保险。

生产经营单位与从业人员订立的劳动合同,应当载明有关保障从业人员劳动安全、防止职业危害的事项,以及依法为从业人员办理工伤保险的事项。生产经营单位不得以任何形式与从业人员订立协议,以免除或者减轻其对从业人员因生产安全事故伤亡依法应承担的责任。

(2) 安全生产中从业人员的义务

① 自律遵规的义务。从业人员在作业过程中,应当严格遵守本单位的安全生产规章制度和操作规程,服从管理,正确佩戴和使用劳动防护用品。

② 自觉学习安全生产知识的义务。从业人员应当接受安全生产教育和培训,掌握本职工作所需的安全生产知识,提高安全生产技能,增强事故预防和应急处理能力。

③ 危险报告义务。从业人员发现事故隐患或者其他不安全因素,应当立即向现场安全生产管理人员或者本单位负责人报告;接到报告的人员应当及时予以处理。

3) 生产安全事故的应急救援与处理

(1) 生产安全事故的应急救援

县级以上地方各级人民政府应当组织有关部门制定本行政区域内生产安全事故应急救援预案,建立应急救援体系。生产经营单位应当制定本单位生产安全事故应急救援预案,与所在地县级以上地方人民政府组织制定的生产安全事故应急救援预案相衔接,并定期组织演练。

危险物品的生产、经营、储存单位以及矿山、金属冶炼、城市轨道交通运营、建筑施工单位应当建立应急救援组织；生产经营规模较小的，可以不建立应急救援组织，但应当指定兼职的应急救援人员。危险物品的生产、经营、储存、运输单位以及矿山、金属冶炼、城市轨道交通运营、建筑施工单位应当配备必要的应急救援器材、设备和物资，并进行经常性维护、保养，保证正常运转。

（2）生产安全事故报告

生产经营单位发生生产安全事故后，事故现场有关人员应当立即报告本单位负责人。单位负责人接到事故报告后，应当迅速采取有效措施，组织抢救，防止事故扩大，减少人员伤亡和财产损失，并按照国家有关规定立即如实报告当地负有安全生产监督管理职责的部门，不得隐瞒不报、谎报或者迟报，不得故意破坏事故现场、毁灭有关证据。

负有安全生产监督管理职责的部门接到事故报告后，应当立即按照国家有关规定上报事故情况。负有安全生产监督管理职责的部门和有关地方人民政府对事故情况不得隐瞒不报、谎报或者迟报。

有关地方人民政府和负有安全生产监督管理职责的部门的负责人接到生产安全事故报告后，应当按照生产安全事故应急救援预案的要求立即赶到事故现场，组织事故抢救。

（3）生产安全事故调查处理

参与事故抢救的部门和单位应当服从统一指挥，加强协同联动，采取有效的应急救援措施，并根据事故救援的需要采取警戒、疏散等措施，防止事故扩大和次生灾害的发生，减少人员伤亡和财产损失。事故抢救过程中应当采取必要措施，避免或者减少对环境造成的危害。

事故调查处理应当按照科学严谨、依法依规、实事求是、注重实效的原则，及时、准确地查清事故原因，查明事故性质和责任，总结事故教训，提出整改措施，并对事故责任者提出处理意见。事故调查报告应当依法及时向社会公布。事故调查和处理的具体办法由国务院制定。事故发生单位应当及时全面落实整改措施，负有安全生产监督管理职责的部门应当加强监督检查。

生产经营单位发生生产安全事故，经调查确定为责任事故的，除了应当查明事故单位的责任并依法予以追究外，还应当查明对安全生产的有关事项负有审查批准和监督职责的行政部门的责任，对有失职、渎职行为的，追究法律责任。

任何单位和个人不得阻挠和干涉对事故的依法调查处理。

4）安全生产许可证制度

《安全生产许可证条例》由中华人民共和国国务院于 2004 年 1 月 13 日首次发布，2014 年 7 月 29 日进行修订，自 2004 年 1 月 13 日起正式施行。

《安全生产许可证条例》第二条规定："国家对矿山企业、建筑施工企业和危险化学品、烟花爆竹、民用爆炸物品生产企业（以下统称企业）实行安全生产许可制度。企业未取得安全生产许可证的,不得从事生产活动。"

依据《安全生产许可证条例》,建设部于2004年7月5日发布施行了《建筑施工企业安全生产许可证管理规定》,其适用范围为建筑施工企业,包括从事土木工程、建筑工程、线路管道和设备安装工程及装修工程的新建、扩建、改建和拆除等有关活动的企业。

(1) 安全生产许可证的取得条件

根据《安全生产许可证条例》第六条规定,企业领取安全生产许可证应当具备一系列安全生产条件。在此规定基础上,结合建筑施工企业的自身特点,《建筑施工企业安全生产许可证管理规定》第四条,将建筑施工企业取得安全生产许可证应当具备的条件规定为:

① 建立、健全安全生产责任制,制定完备的安全生产规章制度和操作规程;

② 保证本单位安全生产条件所需资金的投入;

③ 设置安全生产管理机构,按照国家有关规定配备专职安全生产管理人员;

④ 主要负责人、项目负责人、专职安全生产管理人员经建设主管部门或者其他有关部门考核合格;

⑤ 特种作业人员经有关业务主管部门考核合格,取得特种作业操作资格证书;

⑥ 管理人员和作业人员每年至少进行一次安全生产教育培训并考核合格;

⑦ 依法参加工伤保险,依法为施工现场从事危险作业的人员办理意外伤害保险,为从业人员交纳保险费;

⑧ 施工现场的办公、生活区及作业场所和安全防护用具、机械设备、施工机具及配件符合有关安全生产法律、法规、标准和规程的要求;

⑨ 有职业危害防治措施,并为作业人员配备符合国家标准或者行业标准的安全防护用具和安全防护服装;

⑩ 有对危险性较大的分部分项工程及施工现场易发生重大事故的部位、环节的预防、监控措施和应急预案;

⑪ 有生产安全事故应急救援预案、应急救援组织或者应急救援人员,配备必要的应急救援器材、设备;

⑫ 法律、法规规定的其他条件。

(2) 安全生产许可证的申请和有效期

建筑施工企业从事建筑施工活动前,应当依照本规定向省级以上建设主管部门申请领取安全生产许可证。中央管理的建筑施工企业(集团公司、总公司)应当向国务院建设主管部门申请领取安全生产许可证。其他建筑施工企业,包括中央管理的建筑施工企业(集团公司、总公司)下属的建筑施工企业,应当向企业注册所在地省、自治区、直辖市人民政府建设主管部门申请领取安全生产许可证。

安全生产许可证的有效期为3年。安全生产许可证有效期满需要延期的,企业应当于期满前3个月向原安全生产许可证颁发管理机关申请办理延期手续。企业在安全生产许可证有效期内,严格遵守有关安全生产的法律法规,未发生死亡事故的,安全生产许可证有效期届满时,经原安全生产许可证颁发管理机关同意,不再审查,安全生产许可证有效期延期3年。

建筑施工企业变更名称、地址、法定代表人等,应当在变更后10日内,到原安全生产许可证颁发管理机关办理安全生产许可证变更手续。

(3) 安全生产许可证的监督管理

县级以上人民政府建设主管部门应当加强对建筑施工企业安全生产许可证的监督管理。建设主管部门在审核发放施工许可证时,应当对已经确定的建筑施工企业是否有安全生产许可证进行审查,对没有取得安全生产许可证的,不得颁发施工许可证。

建筑施工企业取得安全生产许可证后,不得降低安全生产条件,并应当加强日常安全生产管理,接受建设主管部门的监督检查。安全生产许可证颁发管理机关发现企业不再具备安全生产条件的,应当暂扣或者吊销安全生产许可证。

建筑施工企业不得转让、冒用安全生产许可证或者使用伪造的安全生产许可证。

2.2.4 担保法与工程担保

1) 担保法

《中华人民共和国担保法》(以下简称《担保法》)于1995年6月30日第八届全国人民代表大会常务委员会第十四次会议通过,于1995年10月1日起施行。《担保法》第二条规定:"在借贷、买卖、货物运输、加工承揽等经济活动中,债权人需要以担保方式保障其债权实现的,可以依照本法规定设定担保。本法规定的担保方式为保证、抵押、质押、留置和定金。"担保活动应当遵循平等、自愿、公平、诚实信用的原则。担保合同是主合同的从合同,主合同无效,担保合同无效。

(1) 保证

保证,是指保证人和债权人约定,当债务人不履行债务时,保证人按照约定履行债务或者承担责任的行为。具有代为清偿债务能力的法人、其他组织或者公民,可以作保证人。但国家机关和学校、幼儿园、医院等以公益为目的的事业单位、社会团体以及企业法人的分支机构、职能部门不得为保证人。企业法人的分支机构有法人书面授权的,可以在授权范围内提供保证。

保证方式分为一般保证和连带责任保证。当事人对保证方式没有约定或者约定不明确的,按照连带责任保证承担保证责任。一般保证的保证人在主合同纠纷未经审判或者仲裁,并就债务人财产依法强制执行仍不能履行债务前,对债权人可以拒绝承担保证责任。连带责任保证的债务人在主合同规定的债务履行期届满没有履行债务的,债权人可以要求债务人履行债务,也可以要求保证人在其保证范围内承担保证责任。

(2) 抵押

抵押,是指债务人或者第三人不转移对财产的占有,将该财产作为债权的担保。债务人不履行债务时,债权人有权依照《担保法》规定以该财产折价或者以拍卖、变卖该财产的价款优先受偿。其中的债务人或者第三人为抵押人,债权人为抵押权人,提供担保的财产为抵押物。

抵押人和抵押权人应当以书面形式订立抵押合同。法律规定当事人以土地使用权、城市房地产和乡村厂房等建筑物、林木、船舶、航空器、车辆等财产为抵押物的,应当办理抵押物登记,抵押合同自登记之日起生效。当事人以其他财产抵押的,可以自愿办理抵押物登记,抵押合同自签订之日起生效。

抵押期间,抵押人转让已办理登记的抵押物的,应当通知抵押权人并告知受让人转让物已经抵押的情况;抵押人未通知抵押权人或者未告知受让人的,转让行为无效。

债务履行期届满抵押权人未受清偿的,可以与抵押人协议以抵押物折价或者以拍卖、变卖该抵押物所得的价款受偿;协议不成的,抵押权人可以向人民法院提起诉讼。抵押物折价或者拍卖、变卖后,其价款超过债权数额的部分归抵押人所有,不足部分由债务人清偿。

(3) 质押

质押,是指债务人或者第三人将其动产或权利移交债权人占有,作为债权的担保。债务人不履行债务时,债权人有权依照《担保法》规定以该动产折价或者以拍卖、变卖该动产的价款优先受偿。其中的债务人或者第三人为出质人,债权人为质权人,移交的动产或权利为质物。根据质物的不同,质押分为动产质押和权利质押。

出质人和质权人应当以书面形式订立质押合同。质押合同自质物或权利凭证移交于质权人占有时生效。质权人负有妥善保管质物的义务。因保管不善致使质物灭失或者毁损的,质权人应当承担民事责任。

债务履行期届满债务人履行债务的,或者出质人提前清偿所担保的债权的,质权人应当返还质物。债务履行期届满质权人未受清偿的,可以与出质人协议以质物折价,也可以依法拍卖、变卖质物。质物折价或者拍卖、变卖后,其价款超过债权数额的部分归出质人所有,不足部分由债务人清偿。

(4) 留置

留置,是指债权人按照合同约定占有债务人的动产,债务人不按照合同约定的期限履行债务的,债权人有权依照《担保法》规定留置该财产,以该财产折价或者以拍卖、变卖该财产的价款优先受偿。因保管合同、运输合同、加工承揽合同发生的债权,债务人不履行债务的,债权人有留置权。

留置债权人负有妥善保管留置物的义务。因保管不善致使留置物灭失或者毁损的,留置债权人应当承担民事责任。债权人与债务人应当在合同中约定,债权人留置财产后,债务人应当在不少于两个月的期限内履行债务。债权人与债务人在合同中未约定的,债权人留置债务人财产后,应当确定两个月以上的期限,通知债务人在该期限内履行债务。债务人逾期仍不履行的,债权人可以与债务人协议以留置物折价,也可以依法拍卖、变卖留置物。留置物折价或者拍卖、变卖后,其价款超过债权数额的部分归债务人所有,不足部分由债务人清偿。

(5) 定金

定金,是债务人提交给债权人一定数额的金钱作为担保的方式。《担保法》规定,当事人可以约定一方向对方给付定金作为债权的担保。债务人履行债务后,定金应当抵作价款或者收回。给付定金的一方不履行约定的债务的,无权要求返还定金;收受定金的一方不履行约定的债务的,应当双倍返还定金。定金应当以书面形式约定。当事人在定金合同中应当约定交付定金的期限。定金合同从实际交付定金之日起生效。定金的数额由当事人约定,但不得超过主合同标的额的百分之二十。

当事人双方既约定违约金,又约定定金的,一方违约时,对方可以选择适用违约金或者定金条款。

2) 工程担保

工程担保制度是一种维护建设市场秩序、保证参与工程各方守信履约的风险管理机制。许多国家政府都在法规中规定要求进行工程担保,在标准合同中也含有关于工程担保的条款。我国目前实行的工程担保主要包括:投标担保、履约担保和支付担保、预付款担保以及工程保修担保等。

(1) 投标担保

投标担保,或投标保证金,是为防止投标人不谨慎投标而由招标人在招标文件中设定的一种担保形式,保证投标人中标后履行签订合同的义务,否则,招标人将没收投标保证金。

《工程建设项目施工招标投标办法》第三十七条规定,招标人可以在招标文件中要求投标人提交投标保证金。投标保证金除现金外,可以是银行出具的银行保函、保兑支票、银行汇票或现金支票。投标保证金一般不得超过投标总价的2%,但最高不得超过80万元人民币。投标保证金有效期应当超出投标有效期三十天。投标人不按招标文件要求提交投标保证金的,该投标文件将被拒绝,作废标处理。

《工程建设项目勘察设计招标投标办法》规定,招标文件要求投标人提交投标保证金的,保证金数额一般不超过勘察设计费投标报价的2%,最多不超过10万元人民币。

(2) 履约担保和支付担保

履约担保,是指招标人在招标文件中规定的要求中标人提交的保证履行合同义务和责任的担保。《工程建设项目施工招标投标办法》第六十二条规定,招标文件要求中标人提交履约保证金的,中标人应当提交。拒绝提交的,视为放弃中标项目。

履约担保除履约保证金外,还可以采用银行保函或者履约担保书的形式。银行保函是由商业银行开具的担保证明,通常为合同金额的10%左右。履约担保书由担保公司或者保险公司等开具的担保证明。履约担保的有效期始于工程开工之日,终止日期则可以约定为工程竣工交付之日或者质量保修期满之日。

支付担保,是指中标人要求招标人提供的保证履行合同中约定的工程款支付义务的担保。《工程建设项目施工招标投标办法》第六十二条同时规定,招标人要求中标人提供履约保证金或其他形式履约担保的,招标人应当同时向中标人提供工程款支付担保。

支付担保可采用银行保函、履约保证金和担保公司担保等形式。发包人的支付担保是金额担保,额度为工程合同总额的20%~25%。

履约担保可以在很大程度上保证承包人按合同规定进行施工,支付担保可以在很大程度上保证发包人按合同约定支付工程款。这两项担保对促进合同履行,保证合同当事人诚信守约具有积极意义。

(3) 预付款担保

预付款担保是指承包人与发包人签订合同后承包人领取预付款之前,为保证正确、合理使用发包人支付的预付款而提供的一种担保。预付款担保可采用银行保函形式或者发包人与承包约定的其他形式。我国《建设工程施工合同条件》以及国外很多标准合同条件中都含有预付款担保的条款。

(4) 工程保修担保

工程保修担保是为保证工程在质量保修期内承包商负责承担保修义务而设的一种担保。保修担保可以包含在履约担保内,也可以单列。实践中,保修担保常采用保留金方式,即发包人(工程师)根据合同约定,每次支付工程进度款时扣除一定数目的保留金,作为承包人完成其修补缺陷义务的保证。保留金一般为每次工程进度款的10%,但总额一般不超过合同总价的5%。一般在工程移交时,业主将保留金的一半支付给承包人。当承包人承担了保修义务后,在质量保修期满时,业主将剩下的一半支付给承包人。

2.2.5 保险法与工程保险

1) 保险法

《中华人民共和国保险法》(以下简称《保险法》)于1995年6月30日第八届全

国人民代表大会常务委员会第十四次会议通过,2015年4月24日第四次修订,中华人民共和国主席令第26号公布,自公布之日起施行。《保险法》的立法目的在于规范保险活动,保护保险活动当事人的合法权益,加强对保险业的监督管理,促进保险事业的健康发展。《保险法》第三条规定:"在中华人民共和国境内从事保险活动,适用本法"。

(1) 保险合同的概念和分类

《保险法》第十条第一款规定:"保险合同是投保人与保险人约定保险权利义务关系的协议。"根据该规定,保险合同的当事人为保险人和投保人。其中,保险人是指与投保人订立保险合同,承担赔偿或者给付保险金责任的保险公司。投保人是指与保险人订立保险合同,并按照合同约定负有支付保险费义务的人。

根据保险标的的不同,保险合同分为财产保险合同与人身保险合同。财产保险合同是指以财产及其有关利益为保险标的的保险合同,包括财产损失保险合同和责任保险合同等。人身保险合同是以人的寿命和身体为保险标的的保险合同,可分为人寿保险合同、健康保险合同和伤害保险合同。

(2) 投保人的主要权利和义务

① 支付保险费义务。按约定支付保险费,是投保人最基本的义务。

② 通知义务。《保险法》第二十一条规定:"投保人、被保险人或者受益人知道保险事故发生后,应当及时通知保险人。"

③ 协助义务。保险事故发生后,按照保险合同请求保险人赔偿或者给付保险金时,投保人、被保险人或者受益人应当向保险人提供其所能提供的与确认保险事故的性质、原因、损失程度等有关的证明和资料。

④ 维护保险标的安全义务。被保险人应当遵守国家有关消防、安全、生产操作、劳动保护等方面的规定,维护保险标的的安全。保险人可以按照合同约定对保险标的的安全状况进行检查,及时向投保人、被保险人列出消除不安全因素和隐患的书面建议。

⑤ 防止或减少损失责任。对于财产保险合同,根据《保险法》第五十七条规定,保险事故发生时,被保险人应当尽力采取必要的措施,防止或者减少损失。保险事故发生后,被保险人为防止或者减少保险标的的损失所支付的必要的、合理的费用,由保险人承担;保险人所承担的费用数额在保险标的损失赔偿金额以外另行计算,最高不超过保险金额的数额。

(3) 保险人的主要权利和义务

① 给付保险金义务。给付保险金,是保险人最基本的义务。

② 除保险金外应由保险人负担的费用。保险人还应支付包括查勘、定损费用以及责任保险中的其他费用。

③ 保险人的代位求偿权。因第三者对保险标的的损害而造成保险事故的,保

险人自向被保险人赔偿保险金之日起,在赔偿金额范围内代位行使被保险人对第三者请求赔偿的权利。在财产保险中,当保险标的发生保险责任范围内的损失,且该损失应当由第三人负赔偿责任时,投保人既可以要求该第三人赔偿,也可以要求保险人赔偿。如果投保人选择向保险人要求赔偿,则保险人承担了保险金赔付责任后,便取得了对第三人的追偿权利。

2) 工程保险

工程保险是承保建筑、安装工程在建筑安装过程中因遭受自然灾害或意外事故的损失给予补偿的保险。工程保险属于财产和人身保险的范畴,是业主和承包商转移风险的一种重要手段。目前,我国已开办的工程保险包括建筑工程一切险、安装工程一切险和建筑意外伤害保险;正在逐步推行勘察设计、工程监理及其他工程咨询机构的职业责任险、工程质量保修保险等。

(1) 建筑工程一切险

建筑工程一切险是承保以土木建筑为主体的工程项目在整个建筑期间因自然灾害或意外事故造成的物质损失,以及依法应承担的第三者责任的保险。建筑工程一切险的投保人可以是业主或者承包商,保险项目包括物质损失部分、第三者责任及附加险三部分,保险期限自投保工程动工日或自被保险项目被卸至建筑工地时起生效,直至建筑工程完毕经验收合格时终止。建筑工程一切险的保险费率依各个工程的具体情况分别确定。

(2) 安装工程一切险

安装工程一切险是以设备的购货合同价和安装合同价加各种费用或以安装工程的最后建成价格为保额,以重置基础进行赔偿的,专门承保机器、设备或钢结构建筑物在安装、调试期间,由于保险责任范围内的风险造成的保险财产的物质损失和列明的费用的保险。与建筑工程一切险相比,安装工程一切险的标的一开始就存放于工地,保险公司一开始就承担着全部货价的风险,因此风险较大,且在机器安装好之后,试车、考核和保证阶段的风险非常集中,保险费率一般高于建筑工程一切险。

一般来说,在全部承包方式下,由承包商作为投保人投保整个工程的安装工程保险,同时把有关利益方列为共同保险人。如非全部承包方式,最好由业主投保。

(3) 建筑意外伤害保险

建筑意外伤害保险是指建筑企业为施工现场从事施工作业和管理的人员,向保险公司办理建筑意外伤害保险、支付保险费,保险公司对于在施工活动过程中发生的人身意外伤亡事故、对遭受意外伤害的人员实施赔付的保险。

建筑意外伤害保险,是我国《建筑法》和《建设工程安全生产管理条例》强制要求施工单位必须投保的险种,是保护建筑业从业人员合法权益,转移企业事故风险,促进企业安全生产的重要手段。《建设工程安全生产管理条例》第三十八条规定:"施工单位应当为施工现场从事危险作业的人员办理意外伤害保险。意外伤害保险费由施工单位支付。实行施工总承包的,由总承包单位支付意外伤害保险费。意外伤害保险期限自建设工程开工之日起至竣工验收合格止。"

2.3 案例分析

[章前案例分析]
案件结果:

农民工建筑队在索要工程款未果的情况下,向施工地所属的区劳动争议仲裁委员会提起仲裁,仲裁委员会以该案为建设工程施工合同纠纷案件,而非劳动争议纠纷案件为由,做出不予受理的裁定。之后,农民工建筑队起诉至区人民法院。法院依据《中华人民共和国合同法》和《最高人民法院关于审理建设工程施工合同纠纷案件适用法律问题的解释》(以下简称《解释》)的相关规定,最后支持了建筑队要求房产商支付50余万元工程款的请求。

案情分析:

法律分析一:劳动争议仲裁委员会缘何不受理农民工建筑队的请求?

从本案来看,主要存在一个法律关系——建设工程施工合同法律关系,也就是由承包人农民工建筑队进行工程建设,发包人房产商支付价款的建筑工程合同。而不存在劳动合同法律关系,更不存在事实劳动关系,而仅仅存在一个合同之债。依据我国劳动法律相关知识,不属于劳动争议,所以,当农民工建筑队向区劳动争议仲裁委员会提起仲裁时,仲裁委员会做出不予受理的裁定是正确的。

法律分析二:房产商认为农民工建筑队不具有施工资质而不需给建筑队工程款的理由成立吗?

依据我国《合同法》和《解释》以及《招标投标法》的相关规定,建设工程承包人在未取得建筑施工企业资质或者超越资质等级情形下,订立的建设工程施工合同是无效的,具有过错的一方应赔偿对方相应的损失。结合本案,该建筑队由于不具有相应的施工资质,因此与开发商所签合同无效,由此给业主造成的损失,开发商也有一定过错,也应承担相应的民事责任。

《解释》第二条同时规定,建设工程施工合同无效,但建设工程经竣工验收合格,承包人请求参照合同约定支付工程价款的,应予支持。第三条规定,建设工程施工合同无效,且建设工程经竣工验收不合格的,按照以下情形分别处理:(一)修复后的建设工程经竣工验收合格,发包人请求承包人承担修复费用的,应予支持……结合本案,建设工程施工合同无效,且验收不合格,但经过修复后已达到了验收标准,发包人房产商应参照施工合同的约定支付农民工施工队50余万元的工程款。当然,在修复费用承担的问题上,依据上述规定,如果开发商要求施工队承担的,法院会予以支持的。

所以,房产商的抗辩理由是不成立的,法院的判决是正确的。

农民工自我维权提示:鉴于建筑工程施工的特殊性,法律在建筑工程施工行为问题方面作了较普通的民事行为更为严格的规定,特别是在施工资质问题上有相应的规定。作为农民工建筑队,在签订建筑施工合同时,要充分了解自己的施工资质,以免发生不必要的纠纷。在纠纷发生后,要依法律途径,比如调解、仲裁、诉讼或者向有关行政机关投诉等方式维护自己的权益,切忌意气用事,以免造成社会负面影响。

[案例]

刘某被某建筑公司聘为合同工,从事高空建筑作业。一次在施工中不慎从高楼坠下,当场死亡。刘某家属多次找建筑公司交涉,要求享受工亡待遇。但公司声称,双方订有劳动合同,其中明确约定,工伤及工亡由工人自己承担责任,公司概不负责,且建筑公司也没有参加工伤保险,因此,一切后果只能由刘某自己承担。

刘某与建筑公司签订的合同中"工伤及工亡责任自负"条款是否有效?建筑公司是否需要承担责任?

案情分析:

刘某与建筑公司签订的劳动合同中的"工伤及工亡概不负责"条款即所谓"生死条款"违反了法律法规的强制性规定,应为无效条款。刘某家属在交涉没有结果的情况下,可向劳动争议仲裁机构提起劳动争议仲裁申请。

根据有关工伤事故的劳动保护法规,该建筑公司虽未参加工伤保险,但也应参照企业职工工伤保险有关办法支付工伤待遇。据此,该建筑公司应支付刘某医疗费、丧葬补助金、一次性供养亲属抚恤金及工亡补助金。

劳动合同中的"工伤概不负责""伤亡概由本人负责"等条款,往往被称作"生死条款"。在我国,由于劳动力众多,就业市场上供大于求,用人单位经常利用劳动者求职心切的急迫心情,包办劳动合同的签订,强行约定一些不利于劳动者的条款。"生死条款"常见于建筑行业,尤其是一些私营或乡镇企业性质的建筑公司,在招用临时工时常签订"生死条款"。一方面,这些临时工多为农民,他们离乡背井靠出卖体力为生,只要给钱就行,并不十分注重劳动条件和劳动保险待遇问题;另一方面,此类建筑行业规模小,劳动条件差,劳动保护措施不健全,企图以"生死条款"逃避工伤责任。实践中,在此类建筑企业中工作的临时工经常发生工伤,并因"生死条款"而产生纠纷。

根据有关法律规定,此类免责条款即所谓的"生死条款"无效的理由有三点:(1)免责条款侵犯了劳动者依宪法所享有的受劳动保护的宪法性权利。(2)免责条款违反了雇主依宪法和有关劳动法规应给予雇员劳动保护的义务。企业必须执行国家有关劳动保护的规定,建立必要的规章制度,提供劳动安全、卫生设施,保障职工的安全和健康。(3)免责条款违背了社会公德。劳动合同由当事人平等协商,自订立之日起发生法律效力。但并非所有当事人自主订立的合同都能产生法律效力。根据《劳动法》第十八条的规定,违反法律、行政法规的劳动合同或劳动合同条款,从订立之时起,就没有法律约束力。

综上所述,该建筑公司与劳动者在签订的劳动合同中约定的"生死条款"无效,必须按有关规定向因工死亡劳动者家属支付各种待遇及赔偿。此外,该建筑公司未按有关社会保险规定为劳动者办理社会保险,应由劳动及社会保障部门责令其补缴,并予以相应处罚。

本章习题

一、单选题

1. 以欺骗、贿赂等不正当手段取得建筑业企业资质证书的,应当予以(　　)。
   A. 撤销　　　　B. 撤回　　　　C. 注销　　　　D. 吊销
2. 监理综合资质标准之一是具有(　　)个以上工程类别的专业甲级工程监理资质。
   A. 3　　　　　B. 4　　　　　C. 5　　　　　D. 6
3. 房屋建筑工程专业甲级和乙级监理资质要求企业拥有的注册监理工程师人数分别不得少于(　　)。
   A. 10人和5人　　　　　　　　B. 15人和10人
   C. 25人和15人　　　　　　　D. 25人和10人
4. 建造师王某与某建筑公司于2006年2月20日签订了一个三年期的劳动合同,合同中约定了试用期,则试用期最长截至2006年(　　)。
   A. 3月20日　B. 5月20日　C. 8月20日　D. 12月20日
5. 劳动合同应当具备的条款不包括(　　)。
   A. 社会保险　B. 劳动保护　C. 劳动条件　D. 试用期
6. 下面行为中没有违反《安全生产法》的是(　　)。
   A. 某甲是班组长,发现安全事故隐患后,立即通知了本班组工人,但由于急着要去看病,因此没有来得及向项目经理报告
   B. 某乙发现脚手架即将倒塌,在没有采取任何措施的情况下迅速逃离现场
   C. 某丙患有"恐高症",经班组长耐心说服教育后进行高空作业
   D. 某丁没有按照本单位的规定在施工现场戴安全帽

7. 《工程建设项目施工招标投标办法》规定,投标保证金一般不得超过投标总价的( ),但最高不得超过( )万元人民币。
   A. 2‰,50   B. 2‰,80   C. 5‰,50   D. 5‰,80

8. 以下属于我国强制保险的险种是( )。
   A. 建筑工程一切险   B. 安装工程一切险
   C. 职业责任险   D. 意外伤害险

9. 某建设单位通过招标将工程发包给某施工总包单位,施工总包单位对部分专业工程分别分包给甲、乙两个分包单位。则该工程的意外伤害保险应( )。
   A. 由施工总承包单位办理,并支付保险费
   B. 由施工总承包单位办理,总承包单位和分包单位分别支付保险费
   C. 由建设单位办理,并支付保险费
   D. 由建设单位办理,总承包单位和分包单位分别支付保险费

10. 甲与乙订立了一份水泥购销合同,约定:甲向乙交付200吨水泥,货款为40万元,乙向甲支付定金4万元,如任何一方违约应支付违约金6万元。后发现水泥过期,但乙因处理及时未遭受实际损失,则乙除拒付货款外,还应向甲主张( )。
    A. 请求甲双倍返还定金8万元
    B. 请求甲支付违约金6万元
    C. 请求甲双倍返还定金8万元,同时请求甲支付违约金6万元
    D. 请求甲支付违约金6万元,同时请求返还支付的定金4万元

二、多选题

1. 《建筑法》规定,从事建筑活动的建筑施工企业、勘察单位、设计单位和工程监理单位,按照其拥有的( )等资质条件,划分为不同的资质等级,经资质审查合格,取得相应等级的资质证书后,方可在其资质等级许可的范围内从事建筑活动。
   A. 注册资本   B. 专业技术人员   C. 技术装备
   D. 已完的建筑工程业绩   E. 市场信誉

2. 根据《建设工程勘察设计企业资质管理规定》,工程设计资质分为( )。
   A. 工程设计综合资质
   B. 工程设计行业资质
   C. 工程设计专业资质
   D. 工程设计专项资质
   E. 工程设计劳务资质

3. 建筑业企业资质分为( )三个序列。
   A. 施工总承包 B. 专业承包 C. 行业承包
   D. 专项承包 E. 劳务分包

4. 《劳动法》规定,用人单位应当对( )定期进行健康检查。
   A. 从事特种作业的劳动者
   B. 未成年工
   C. 女职工
   D. 从事矿山井下作业的女职工
   E. 从事有职业危害作业的劳动者

5. 无效的劳动合同,从订立的时候起,就没有法律约束力。下列合同属于无效的劳动合同的是( )。
   A. 报酬过低的劳动合同
   B. 违反法律、行政法规的劳动合同
   C. 采用欺诈、威胁等手段订立的劳动合同
   D. 未规定明确合同期限的
   E. 用人单位免除自己的法定责任、排除劳动者权利的

6. 以下关于劳动争议仲裁的说法正确的是( )。
   A. 劳动争议仲裁委员会是带有司法性质的行政执行机关
   B. 劳动争议仲裁实行的法定管辖,由劳动合同履行地或者用人单位所在地的劳动争议仲裁委员会管辖
   C. 当事人对劳动争议仲裁裁决不服的,可以向法院起诉
   D. 对发生法律效力的仲裁文书,当事人一方不履行,另一方可申请仲裁委员会强制执行
   E. 劳动争议仲裁实行一个裁级一次裁决制度,一次裁决即为终局裁决

7. 生产安全事故调查处理应当按照实事求是、尊重科学的原则,( )。
   A. 及时、准确地查清事故原因
   B. 查明事故性质和责任
   C. 总结事故教训,提出整改措施
   D. 对事故责任者及时做出处理
   E. 公布事故处理结果

8. 在《担保法》规定的担保方式中,既允许债务人用自己的财产也可以用第三人财产向债权人提供担保的方式有( )。
   A. 保证 B. 抵押 C. 动产质押
   D. 留置 E. 定金

9. 目前我国已开办的工程保险包括（　　）。
   A. 建筑工程一切险
   B. 安装工程一切险
   C. 建筑意外伤害保险
   D. 职业责任险
   E. 工程质量保修保险

三、是非题
1. 工程勘察综合资质和工程设计综合资质都只设甲级。（　　）
2. 已取得工程设计资质的企业不得申请建筑业企业资质。（　　）
3. 监理事务所资质要求企业具有独立法人资格，但没有注册资本的要求。（　　）
4. 工程招标代理机构资格分为甲级和乙级两个等级。（　　）
5. 用人单位自用工之日起即与劳动者建立劳动关系。用人单位与劳动者在用工前订立劳动合同的，劳动关系自订立劳动合同之日起建立。（　　）
6. 《公司法》规定，公司可以设立分公司。设立分公司，应当向公司登记机关申请登记，领取营业执照。分公司不具有法人资格，其民事责任由公司承担。（　　）
7. 建筑施工企业从事建筑施工活动前，应当依照《安全生产许可证条例》向县级以上建设主管部门申请领取安全生产许可证。（　　）
8. 保证方式分为一般保证和连带责任保证。当事人对保证方式没有约定或者约定不明确的，按照连带责任保证承担保证责任。（　　）
9. 安装工程一切险风险较大，保险费率一般高于建筑工程一切险。（　　）
10. 建筑施工单位从业人员超过 300 人的，应当设置安全生产管理机构或者配备专职安全生产管理人员；从业人员在 300 人以下的，可不设置安全生产管理机构，但应当配备专职或者兼职的安全生产管理人员。（　　）

四、思考题
1. 企业资质管理的含义是什么？为什么要建立企业资质管理制度？
2. 建筑业企业资质是如何分类的？建筑业企业资质如何申请？
3. 简述勘察设计企业、工程监理企业、房地产开发企业、工程造价咨询企业如何开展资质管理。
4. 简述工程建设项目招标代理机构分类条件与业务范围。
5. 劳动合同有哪些类型？劳动合同主要含有哪些条款？
6. 劳动合同对试用期有哪些规定？
7. 劳动争议仲裁有哪些特点和原则？
8. 安全生产责任制度的内容有哪些？什么是安全生产许可证制度？
9. 目前我国的工程担保主要包含哪些内容？

参考答案

一、单选题

1. A 2. C 3. B 4. C 5. D
6. B 7. B 8. D 9. A 10. D

二、多选题

1. ABCD 2. ABCD 3. ABE 4. BE 5. BCE
6. ABCE 7. ABC 8. BC 9. ABC

三、是非题

1. ✓ 2. ✗ 3. ✗ 4. ✗ 5. ✗
6. ✓ 7. ✗ 8. ✓ 9. ✓ 10. ✓

3 城乡规划法律制度

概　要：本章主要介绍城乡规划和城乡规划管理的概念、城乡规划法律体系的构成和相关规定（包括城乡规划的层次内容、组织编制和审批）；阐述了实施城乡规划的基本要求、"一书两证"制度以及违反城乡规划法的法律责任、城乡规划的修改条件以及修改程序；同时也对历史文化名城保护方面的法规做了简单介绍。

[章前案例]　据北京市朝阳区西坝河西里3号楼居民介绍，2000年5月，由北京柳芳苑房地产开发有限公司建设的公寓住宅楼——国展家园破土动工，从那天起，伴随着空压机、搅拌机、振捣棒等机械不间断的轰鸣，3号楼终无宁日，不少人甚至有家难回，居民们找过信访、环保等许多部门，但无济于事。更让他们难以忍受的是，大楼一旦建成，比他们居住的3号楼几乎高出一倍的柳芳苑公寓1号楼及3号楼，将把居民们西侧的光线全部挡住。为了阳光、绿地，北京市居民屡次把规划委员会推上被告席。2001年5月17日，北京西城区法院就这样一起朝阳区西坝河西里3号楼92户居民状告北京市规划委员会案，作出一审判决，结果原告败诉。为什么原告会败诉？城乡规划法有哪些规定？

3.1　城乡规划管理概述

3.1.1　城乡规划和城乡规划管理

1）城乡规划

城乡规划是指为了实现一定时期内城乡经济和社会发展目标，确定城乡规模和发展方向，合理利用土地，协调城乡空间布局和各项建设的综合部署和具体安排。

城乡规划是城乡建设和管理的基本依据，是保证城乡土地合理利用和开发的基础，是提高城市、集镇和村庄综合效益的前提，是实现城乡经济和社会全面可持续发展的重要手段。国内外的实践经验证明，要把城市、集镇和乡村建设好、管理好，首先必须规划好，以城乡规划为依据指导建设和管理。要使城乡得以合理发展，首先必须通过科学的预测和规划，明确城市、集镇和村庄的发展方向和发展格局，在规划的引导和控制下，逐步实现发展目标。在城乡建设和发展进程中，城乡规划处于重要的"龙头"地位。因此,城乡规划是一项战略性、综合性很强的工作,是国家指导城乡合理发展、加强城乡建设管理的重要手段。

2) 城乡规划管理

城乡规划管理是指城乡规划行政主管部门依据城乡规划法律法规以及依法编制、审批的城乡规划,通过法律、行政、经济和社会等管理手段,对城乡土地的使用和各项建设活动进行引导、控制和监督,使之纳入城乡规划的轨道,促进城乡经济、社会和环境协调可持续发展。

城乡规划管理的主要内容包括城乡规划的编制与审批、城乡规划的实施、城乡规划的监督检查以及城乡规划行业管理等。通过科学完善的城乡规划管理,可以保证科学合理制定城乡规划,稳定有效实施城乡规划,从而推动城乡经济、社会和环境的协调发展。

3.1.2 城乡规划法

1) 城乡规划法的概念

城乡规划法有狭义和广义之分,狭义的城乡规划法是指《中华人民共和国城乡规划法》(以下简称《城乡规划法》),该法是对 1989 年 12 月 26 日通过、1990 年 4 月 1 日起施行的原《中华人民共和国城市规划法》扩充和修改基础上而重新制定的,共 7 章 70 条,于 2007 年 10 月 28 日由中华人民共和国第十届全国人民代表大会常务委员会第三十次会议通过,自 2008 年 1 月 1 日起施行,2015 年 4 月 24 日,第十二届全国人民代表大会常务委员会第十四次会议通过对《中华人民共和国城乡规划法》作出修改。

广义的城乡规划法除包括狭义的城乡规划法之外,还包括与其配套的行政法规、部门规章以及地方性法规和规章等。由于《城乡规划法》出台不久,与其配套的相关法规和规章还有待完善。目前有效的法规规章主要包括《村庄和集镇规划建设管理条例》(1993 年 6 月 29 日国务院令第 116 号)、《城市规划编制办法》(2006 年 2 月 13 日发布,建设部令第 146 号)、《城市规划编制单位资质管理规定》(2012 年 7 月 2 日,中华人民共和国住房和城乡建设部令第 12 号令发布)、《城市绿线管理办法》(2002 年 9 月 13 日发布,建设部令第 112 号)、《城市紫线管理办法》(2003 年 12 月 17 日发布,建设部令第 119 号)、《城市黄线管理办法》(2006 年 2 月 10 日发布建设部令第 144 号)、《城市蓝线管理办法》(2006 年 2 月 13 日发布,建设部令第 145 号)等。

2) 城乡规划法的立法目的和适用范围

(1) 立法目的

《城乡规划法》第一条规定:"为了加强城乡规划管理,协调城乡空间布局,改善人居环境,促进城乡经济社会全面协调可持续发展,制定本法。"

我国城乡规划工作是从20世纪50年代初,为适应大规模工业建设的需要开展起来的。20世纪80年代后,随着改革开放、经济发展和大规模的城乡建设,城乡规划工作得到进一步全面的发展。与此同时,我国城乡规划的法律制度也经历了一个从无到有、从单一到配套的逐步完善的过程。1989年12月26日,第七届全国人民代表大会常务委员会表决通过了《城市规划法》,它标志着我国城市规划法律制度的建设迈上了一个新的台阶。1993年,国务院颁布施行《村庄和集镇规划建设管理条例》,对村庄和集镇的规划和建设提出了明确的要求。依据这"一法一条例",我国建立了城市规划、村庄和集镇规划的编制、审批和实施机制,明确了建设工程在选址、取得土地和实施建设的环节必须取得规划许可的制度。

《城乡规划法》是在总结十几年来《城市规划法》和《村庄和集镇规划建设管理条例》施行的基础上,以及在总结改革开放以来,特别是近十年来我国城乡规划管理工作经验的基础上,以科学发展观为指导所制定的法律。其立法目的是加强城乡规划管理,协调城乡空间布局,改善人居环境,最终目的是促进城乡经济社会全面协调可持续发展。

(2)适用范围

《城乡规划法》第二条规定:"制定和实施城乡规划,在规划区内进行建设活动,必须遵守本法。本法所称城乡规划,包括城镇体系规划、城市规划、镇规划、乡规划和村庄规划。城市规划、镇规划分为总体规划和详细规划。详细规划分为控制性详细规划和修建性详细规划。"由此可见《城乡规划法》的适用范围包括如下两个方面:

一是地域适用范围,即规划区,凡在规划区内进行的各项建设活动,必须遵守《城乡规划法》。《城乡规划法》第二条同时规定:"本法所称规划区,是指城市、镇和村庄的建成区以及因城乡建设和发展需要,必须实行规划控制的区域。规划区的具体范围由有关人民政府在组织编制的城市总体规划、镇总体规划、乡规划和村庄规划中,根据城乡经济社会发展水平和统筹城乡发展的需要划定。"

二是人的适用范围,即凡与城乡规划的制定、实施活动有关的单位和个人,包括负责编制、审批、管理的各级人民政府及其城乡规划主管部门和其他有关主管部门,同规划编制工作有关的各生产、科研、教学、规划设计单位,进行建设活动的建设单位、设计单位、施工单位及其他单位。

3)城乡规划法的主要特点

(1)加强城乡统筹发展,建立城乡一体规划制度

从城市规划法到城乡规划法,一字之差,意义深远。改革开放以来,中国经历了沧海桑田般的巨变。来自国家统计局的统计数字显示,到2014年年底,中国城镇人口已从改革开放之初的1.7亿人达到7.49亿人,城市化水平也从不到18%增长到近55%。加强规划管理不仅仅是城市发展的需要,也是集镇、村庄发展的需

要,城乡统筹发展是中国未来一段时间的重要战略。《城乡规划法》的出台,标志着中国正在打破建立在城乡二元结构上的规划管理制度,进入城乡一体规划时代。该法将统筹城乡的建设和发展,确立科学的规划体系和严格的规划实施制度。

(2) 注重保护自然和历史文化遗产

根据《城乡规划法》,制定和实施城乡规划,应当保护自然资源和历史文化遗产,保持地方特色、民族特色和传统风貌。法律还将自然与历史文化遗产保护作为城市总体规划、镇总体规划的强制性内容,以及乡规划和村庄规划的内容。关于城乡规划的实施,法律也作出明确规定:在城市新区的开发和建设中,严格保护自然资源和生态环境,体现地方特色;在旧城区改建中,保护历史文化遗产和传统风貌;在城乡建设和发展中,依法保护和合理利用风景名胜资源。

(3) 乡村规划得到加强

《城乡规划法》对乡规划和村庄规划的制定、实施、修改作出了明确规定,乡村规划管理有望得到加强。《城乡规划法》规定,乡、镇人民政府组织编制乡规划、村庄规划,报上一级人民政府审批。根据《城乡规划法》,乡、村庄的建设和发展,应当因地制宜、节约用地,发挥村民自治组织的作用,引导村民合理进行建设,改善农村生产、生活条件。为加强耕地保护,《城乡规划法》规定,在乡、村庄规划区内进行乡镇企业、乡村公共设施和公益事业建设以及农村村民住宅建设,不得占用农用地。

(4) 加强城乡规划实施的监督管理,完善相关法律责任

《城乡规划法》特别强调规划公开,特别重视民权民意的落实与表达,增强了人大监督和民众参与的环节。城乡规划报批前应向社会公告,一经批准,任何单位和个人必须遵守。修改城乡规划必须符合法定条件和程序,并向原审批机关报告经同意后,方可编制修改方案。《城乡规划法》还进一步完善了相关各方的法律责任,对违法编制规划、违法建设行为等制定了严厉的处罚措施,为城乡规划的顺利实施提供了强有力的保障。

3.1.3 城乡规划制定、实施的原则

1) 制定和实施城乡规划的范围

(1) 城市和镇应当依照本法制定城市规划和镇规划。城市、镇规划区内的建设活动应当符合规划要求。

(2) 县级以上地方人民政府根据本地农村经济社会发展水平,按照因地制宜、切实可行的原则,确定应当制定乡、村庄规划的区域。在确定区域内的乡、村庄,应当依照本法制定规划,规划区内的乡、村庄建设应当符合规划要求。

(3) 县级以上地方人民政府鼓励并指导上述规划区以外的乡、村庄制定和实施乡、村庄规划。

2）制定和实施城乡规划的原则

《城乡规划法》第四条规定："制定和实施城乡规划，应当遵循城乡统筹、合理布局、节约土地、集约发展和先规划后建设的原则，改善生态环境，促进资源、能源节约和综合利用，保护耕地等自然资源和历史文化遗产，保持地方特色、民族特色和传统风貌，防止污染和其他公害，并符合区域人口发展、国防建设、防灾减灾和公共卫生、公共安全的需要。"

建设部《关于贯彻实施〈城乡规划法〉的指导意义》（建规〔2008〕21号）又具体明确提出了城乡规划应遵循的五项原则。

（1）坚持城乡统筹。《城乡规划法》体现了党的十七大提出的"城乡、区域协调互动发展机制基本形成"的目标要求。各地在制定城乡规划的过程中应统筹考虑城市、镇、乡和村庄发展，根据各类规划的内容要求和特点，编制好相关规划。实施城乡规划时，要根据城乡特点，强化对乡村规划建设的管理，完善乡村规划的许可制度，坚持便民利民和以人为本。

（2）节约资源、保护环境，坚持可持续发展。必须充分认识我国人口众多、人均资源短缺和环境容量压力大的基本国情。在制定城乡规划时，认真分析城乡建设发展的资源环境条件，明确为保护环境、资源需要严格控制的区域，合理确定发展规模、建设步骤和建设标准，推进城乡建设发展方式从粗放型向集约型转变，增强可持续发展能力。

（3）关注民生。要按照《城乡规划法》的有关要求，落实党的十七大提出的加快推进以改善民生为重点的社会建设的重要战略部署，在制定和实施城乡规划时进一步重视社会公正和改善民生。要有效配置公共资源，合理安排城市基础设施和公共服务设施，改善人居环境，方便群众生活。要关注中低收入阶层的住房问题，做好住房建设规划。要加强对公共安全的研究，提高城乡居民点的综合防灾减灾能力。

（4）提高规划的科学性和严格依法实施规划。要进一步改进规划编制方法，充实规划内容，落实规划"四线"等强制性内容。要坚持"政府组织、专家领衔、部门合作、公众参与、科学决策"的规划编制组织方式。严格执行规划编制、审批、修改、备案的程序性要求。要按照《城乡规划法》的规定和要求，建立完善规划公开和公众参与的程序和制度。要依法作好城乡规划实施效果的评估和总结。规划的实施要严格按法定程序要求进行，保证规划许可内容和程序的合法性。

（5）先规划后建设。要按照《城乡规划法》的要求，依法编制城乡规划，包括近期建设规划、控制性详细规划、乡和村庄规划。坚持以经依法批准的上位规划为依据，编制下位规划不得违背上位规划的要求，编制城乡规划不得违背国家有关的技术标准、规范。各地及城乡规划主管部门必须依据经法定程序批准的规划实施规划管理。县级以上人民政府及其城乡规划主管部门应当按照《城乡规划法》规定的事权进行监督检查，查处、纠正违法行为。

3.2 城乡规划的制定

3.2.1 城镇体系规划的制定

城镇体系规划一般划分为全国城镇体系规划、省域（或自治区域）城镇体系规划两个层次，城镇体系规划的期限一般为二十年。

《城乡规划法》第十二条规定："国务院城乡规划主管部门会同国务院有关部门组织编制全国城镇体系规划，用于指导省域城镇体系规划、城市总体规划的编制。全国城镇体系规划由国务院城乡规划主管部门报国务院审批。"

《城乡规划法》第十三条规定："省、自治区人民政府组织编制省域城镇体系规划，报国务院审批。省域城镇体系规划的内容应当包括：城镇空间布局和规模控制，重大基础设施的布局，为保护生态环境、资源等需要严格控制的区域。"

城镇体系规划的任务是：综合评价城镇发展条件；制定区域城镇发展战略；预测区域人口增长和城市化水平；拟定各相关城镇的发展方向与规模；协调城镇发展与产业配置的时空关系；统筹安排区域基础设施和社会设施；引导和控制区域城镇的合理发展与布局；指导城市总体规划的编制。

城镇体系规划一般应当包括如下内容：

① 综合评价区域与城市的发展和开发建设条件；
② 预测区域人口增长，确定城市化目标；
③ 确定本区域的城镇发展战略，划分城市经济区；
④ 提出城镇体系的功能结构和城镇分工；
⑤ 确定城镇体系的等级和规模结构；
⑥ 确定城镇体系的空间布局；
⑦ 统筹安排区域基础设施、社会设施；
⑧ 确定保护区域生态环境、自然和人文景观以及历史文化遗产的原则和措施；
⑨ 确定各时期重点发展的城镇，提出近期重点发展城镇的规划建议；
⑩ 提出实施规划的政策和措施。

3.2.2 城市规划和镇规划的制定

1）城市和镇的总体规划
（1）编制和审批部门
城市人民政府组织编制城市总体规划。

直辖市的城市总体规划由直辖市人民政府报国务院审批。省、自治区人民政府所在地的城市以及国务院确定的城市的总体规划,由省、自治区人民政府审查同意后,报国务院审批。其他城市的总体规划,由城市人民政府报省、自治区人民政府审批。

县人民政府组织编制县人民政府所在地镇的总体规划,报上一级人民政府审批。其他镇的总体规划由镇人民政府组织编制,报上一级人民政府审批。

省、自治区人民政府组织编制的省域城镇体系规划,城市、县人民政府组织编制的总体规划,在报上一级人民政府审批前,应当先经本级人民代表大会常务委员会审议,常务委员会组成人员的审议意见交由本级人民政府研究处理。

镇人民政府组织编制的镇总体规划,在报上一级人民政府审批前,应当先经镇人民代表大会审议,代表的审议意见交由本级人民政府研究处理。

规划的组织编制机关报送审批省域城镇体系规划、城市总体规划或者镇总体规划,应当将本级人民代表大会常务委员会组成人员或者镇人民代表大会代表的审议意见和根据审议意见修改规划的情况一并报送。

(2) 总体规划的内容

城市总体规划、镇总体规划的内容应当包括:城市、镇的发展布局,功能分区,用地布局,综合交通体系,禁止、限制和适宜建设的地域范围,各类专项规划等。

城市总体规划、镇总体规划的强制性内容:规划区范围、规划区内建设用地规模、基础设施和公共服务设施用地、水源地和水系、基本农田和绿化用地、环境保护、自然与历史文化遗产保护以及防灾减灾等内容。

(3) 总体规划的期限

根据《城乡规划法》规定,城市总体规划、镇总体规划的规划期限一般为二十年。城市总体规划还应当对城市更长远的发展作出预测性安排。

2) 城市和镇的详细规划

城市和镇在总体规划的基础上,编制详细规划。详细规划是以总体规划为依据,详细规定建设用地的各项控制指标和其他规划管理要求,或者直接对建设作出具体的安排和规划设计。

详细规划分为控制性详细规划和修建性详细规划。控制性详细规划以城市总体规划或分区规划为依据,确定建设地区的土地使用性质和使用强度的控制指标、道路和工程管线控制性位置以及空间环境控制的规划要求。根据《城市规划编制办法》有关规定,根据城市规划的深化和管理的需要,一般应当编制控制性详细规划,以控制建设用地性质、使用强度和空间环境,作为城市规划管理的依据,并指导修建性详细规划的编制。对于当前要进行建设的地区,应当编制修建性详细规划,用以指导各项建筑和工程设施的设计和施工。

《城乡规划法》对城市和镇详细规划的制定作出了如下规定:

（1）城市人民政府城乡规划主管部门根据城市总体规划的要求，组织编制城市的控制性详细规划，经本级人民政府批准后，报本级人民代表大会常务委员会和上一级人民政府备案。

（2）镇人民政府根据镇总体规划的要求，组织编制镇的控制性详细规划，报上一级人民政府审批。县人民政府所在地镇的控制性详细规划，由县人民政府城乡规划主管部门根据镇总体规划的要求组织编制，经县人民政府批准后，报本级人民代表大会常务委员会和上一级人民政府备案。

（3）城市、县人民政府城乡规划主管部门和镇人民政府可以组织编制重要地块的修建性详细规划。修建性详细规划应当符合控制性详细规划。

为了统一城市规划技术文件的内容和深度，建设部曾于1995年6月8日发布了《城市规划编制办法实施细则》，与《城市规划编制办法》配套使用，对城市规划技术文件（一般包括规划文本、规划图纸和附件三部分城市规划设计成果）的内容和深度作出了具体规范。

3.2.3 其他规划的制定

（1）首都的总体规划、详细规划应当统筹考虑中央国家机关用地布局和空间安排的需要。

（2）城乡规划组织编制机关应当委托具有相应资质等级的单位承担城乡规划的具体编制工作。从事城乡规划编制工作应当具备下列条件，并经国务院城乡规划主管部门或者省、自治区、直辖市人民政府城乡规划主管部门依法审查合格，取得相应等级的资质证书后，方可在资质等级许可的范围内从事城乡规划编制工作：① 有法人资格；② 有规定数量的经国务院城乡规划主管部门注册的规划师；③ 有规定数量的相关专业技术人员；④ 有相应的技术装备；⑤ 有健全的技术、质量、财务管理制度。

规划师执业资格管理办法，由国务院城乡规划主管部门会同国务院人事行政部门制定。编制城乡规划必须遵守国家有关标准。

（3）编制城乡规划，应当具备国家规定的勘察、测绘、气象、地震、水文、环境等基础资料。县级以上地方人民政府有关主管部门应当根据编制城乡规划的需要，及时提供有关基础资料。

（4）城乡规划报送审批前，组织编制机关应当依法将城乡规划草案予以公告，并采取论证会、听证会或者其他方式征求专家和公众的意见。公告的时间不得少于三十日。组织编制机关应当充分考虑专家和公众的意见，并在报送审批的材料中附具意见采纳情况及理由。

（5）省域城镇体系规划、城市总体规划、镇总体规划批准前，审批机关应当组织专家和有关部门进行审查。

3.3 城乡规划的实施

城乡规划的实施是指按照国家和地方人民政府颁发的城乡规划法规和规定,采取行政的、社会的、法制的、经济的、科学的管理方法,对城乡的各项建设用地和建设活动进行统一安排和控制,引导和调节城乡的各项建设事业有计划、有秩序、有步骤地协调发展,使经批准的城乡规划设想变为现实。《城乡规划法》第二十八条规定:"地方各级人民政府应当根据当地经济社会发展水平,量力而行,尊重群众意愿,有计划、分步骤地组织实施城乡规划。"

3.3.1 城乡规划实施的基本要求

1)城乡建设和发展

(1)一般要求

① 城市的建设和发展,应当优先安排基础设施以及公共服务设施的建设,妥善处理新区开发与旧区改建的关系,统筹兼顾进城务工人员生活和周边农村经济社会发展、村民生产与生活的需要。

② 镇的建设和发展,应当结合农村经济社会发展和产业结构调整,优先安排供水、排水、供电、供气、道路、通信、广播电视等基础设施和学校、卫生院、文化站、幼儿园、福利院等公共服务设施的建设,为周边农村提供服务。

③ 乡、村庄的建设和发展,应当因地制宜、节约用地,发挥村民自治组织的作用,引导村民合理进行建设,改善农村生产、生活条件。

(2)城乡建设和发展,应当依法保护和合理利用风景名胜资源,统筹安排风景名胜区及周边乡、镇、村庄的建设。风景名胜区的规划、建设和管理,应当遵守有关法律法规。

(3)城市地下空间的开发和利用,应当与经济和技术发展水平相适应,遵循统筹安排、综合开发、合理利用的原则,充分考虑防灾减灾、人民防空和通信等需要,并符合城市规划,履行规划审批手续。

(4)城乡规划确定的铁路、公路、港口、机场、道路、绿地、输配电设施及输电线路走廊、通信设施、广播电视设施、管道设施、河道、水库、水源地、自然保护区、防汛通道、消防通道、核电站、垃圾填埋场及焚烧厂、污水处理厂和公共服务设施的用地,以及其他需要依法保护的用地,禁止擅自改变用途。

2)新城区开发建设与旧城区改建

(1)新区开发

新区开发是指按照城市总体规划的部署,在城市现有建成区以外的一定地段,进行集中成片、综合配套的开发建设活动。新区开发是随着城市经济与社会的发展、城市规模的扩大，为了满足城市生产、生活日益增长的需要，逐步实现城市预期的发展目标而进行的，是城市建设和发展的重要组成部分。

《城乡规划法》第三十条规定："城市新区的开发和建设，应当合理确定建设规模和时序，充分利用现有市政基础设施和公共服务设施，严格保护自然资源和生态环境，体现地方特色。在城市总体规划、镇总体规划确定的建设用地范围以外，不得设立各类开发区和城市新区。"

（2）旧区改建

城市旧区是城市在长期历史发展和演变过程中逐步形成的进行各项政治、经济、文化、社会活动的居民集聚区。城市旧区的形成，显示了各个不同历史阶段发展的轨迹，也集中地积累了历史遗留下来的种种矛盾和弊端。因此，我国不少城市的旧区都或多或少地存在布局混乱、房屋破旧、居住拥挤、交通阻塞、环境污染、市政和公共设施短缺等问题，不能适应城市经济、社会发展和改革开放的需要。这就要求按照统一的规划，保护好优秀的历史文化遗产的传统风貌，充分利用并发挥现有各项设施的潜力，根据各城市的实际情况和存在的主要矛盾，有计划、有步骤、有重点地对旧区进行充实和更新。所以，保护、利用、充实和更新构成了旧区改建的完整概念。

《城乡规划法》第三十一条规定："旧城区的改建，应当保护历史文化遗产和传统风貌，合理确定拆迁和建设规模，有计划地对危房集中、基础设施落后等地段进行改建。历史文化名城、名镇、名村的保护以及受保护建筑物的维护和使用，应当遵守有关法律、行政法规和国务院的规定。"

3）近期建设规划

城市、县、镇人民政府应当根据城市总体规划、镇总体规划、土地利用总体规划和年度计划以及国民经济和社会发展规划，制定近期建设规划，报总体规划审批机关备案。

近期建设规划应当以重要基础设施、公共服务设施和中低收入居民住房建设以及生态环境保护为重点内容，明确近期建设的时序、发展方向和空间布局。近期建设规划的规划期限为五年。

3.3.2 城乡规划实施的"一书两证"制度

城乡规划实施的"一书两证"是指选址意见书、建设用地规划许可证和建设工程规划许可证。对在规划区内的建设项目实施"一书两证"制度，有利于保证各类建设活动符合城乡规划，是城乡规划实施的重要内容。

1）选址意见书制度

（1）选址意见书的概念

选址意见书是指建设工程（主要指新建大、中型工业与民用项目）在立项过程中,上报可行性研究报告必须有由城市规划行政主管部门提出的关于建设项目选在哪个城市或者选在哪个方位的意见等具有法律效力的文件。

《城乡规划法》第三十六条规定:"按照国家规定需要有关部门批准或者核准的建设项目,以划拨方式提供国有土地使用权的,建设单位在报送有关部门批准或者核准前,应当向城乡规划主管部门申请核发选址意见书。除《城乡规划法》规定以外的建设项目不需要申请选址意见书。"

(2) 选址意见书的内容

为了选址工作能更好地进行,根据原《城市规划法》有关规定,1991年8月23日建设部、国家计委又联合发布了《建设项目选址规划管理办法》,该办法对建设项目选址意见书的内容及审批权限作了详细规定。建设项目选址意见书的内容包括三个方面:

① 建设项目的基本情况,主要是指建设项目的名称、性质、用地与建设规模,供水与能源的需求量、采取的运输方式与运输量,以及废水、废气、废渣的排放方式和排放量。

② 建设项目规划选址的依据,主要有:经批准的项目建议书;建设项目与城市规划布局是否协调;建设项目与城市交通、通信、能源、市政、防灾规划是否衔接与协调;建设项目配套的生活设施与城市生活居住及供应设施规划是否衔接与协调;建设项目对于城市环境可能造成的污染影响;以及与城市环境保护规划和风景名胜、文物古迹保护规划是否协调。

③ 建设项目选址、用地范围和具体规划要求

建设项目选址意见书的审批实行分级规划管理:县级计划主管部门审批的项目,由县人民政府城市规划行政主管部门核发选址意见书;地级、县级市人民政府计划行政主管部门审批的建设项目,由该市人民政府城市规划行政主管部门核发选址意见书;直辖市、计划单列市人民政府计划行政主管部门审批的建设项目,由直辖市、计划单列市人民政府城市规划行政主管部门核发选址意见书;省、自治区人民政府计划行政主管部门审批的建设项目,由项目所在地县、市人民政府城市规划行政主管部门提出审查意见,报省、自治区人民政府城市规划行政主管部门核发选址意见书;中央各部门、公司审批的小型和限额以下的建设项目,由项目所在县、市人民政府城市规划行政主管部门核发选址意见书;国家审批的大中型和限额以上的建设项目,由项目所在地县、市人民政府城市规划行政主管部门提出审查意见,报省、自治区、直辖市、计划单列市人民政府城市规划行政主管部门核发选址意见书,并报国务院城市规划行政主管部门备案。

(3) 选址意见书制度的意义

国家对建设项目,特别是大、中型建设项目的建设管理,主要通过计划管理与规划管理来实现。选址意见书制度将计划管理与规划管理有机地结合起来,有利

于保证各项工程的建设有计划地按照规划进行,以取得良好的经济效益、社会效益和环境效益。

2) 建设用地规划许可证制度

(1) 建设用地规划许可证的概念

建设用地规划许可证是建设单位在向土地管理行政主管部门申请征用、划拨土地前,经城乡规划行政主管部门确认建设项目位置和范围是否符合城乡规划的法定凭证。核发建设用地规划许可证的目的在于确保土地利用符合城乡规划,维护建设单位按照规划使用土地的合法权益,为土地管理部门在城市规划区内行使权属管理职能提供必要的法律依据。

(2) 划拨土地使用权的建设用地规划许可

《城乡规划法》第三十七条规定:"在城市、镇规划区内以划拨方式提供国有土地使用权的建设项目,经有关部门批准、核准、备案后,建设单位应当向城市、县人民政府城乡规划主管部门提出建设用地规划许可申请,由城市、县人民政府城乡规划主管部门依据控制性详细规划核定建设用地的位置、面积、允许建设的范围,核发建设用地规划许可证。建设单位在取得建设用地规划许可证后,方可向县级以上地方人民政府土地主管部门申请用地,经县级以上人民政府审批后,由土地主管部门划拨土地。"

城乡规划行政主管部门受理建设项目的选址申请后,便进入了建设用地审批阶段。建设用地的审批程序一般分为以下六个步骤:

① 现场踏勘。城乡规划行政主管部门受理了建设单位建设用地申请后,应当与建设单位会同有关部门到选址地点进行现场调查和踏勘。这是一项直观的、感性的审查工作,可以及时发现问题,提出问题,避免纸上谈兵可能带来的弊病。

② 征求意见。在城乡规划区安排建设项目,占用城市土地,涉及许多部门。为了使建设项目的安排更趋于合理,城乡规划行政主管部门应当在审批建设用地前,征求环境保护、消防安全、文物保护、土地管理等部门的意见。

③ 提供设计条件。城乡规划行政主管部门初审通过后,可向建设单位提供建设用地地址与范围的红线图,在红线图上应当标明现状和规划道路,并提出用地规划设计条件和要求。建设单位可以依据城乡规划主管部门下达的红线图委托方案设计,同时委托征地部门与被征地单位预联系。

④ 审查总平面图。主要审查用地性质、规模和布局方式、运输方式等是否符合城市规划的要求,建筑与工程设施是否符合合理用地、节约用地的原则。

⑤ 核定用地面积。主要根据城市规划设计用地定额指标和该地块具体情况,核审用地面积,防止浪费土地。

⑥ 核发建设用地规划许可证。城乡规划行政主管部门按照建设用地审批程序批准后,核发建设用地规划许可证。

（3）出让土地使用权的建设用地规划许可

在城市、镇规划区内以出让方式提供国有土地使用权的，在国有土地使用权出让前，城市、县人民政府城乡规划主管部门应当依据控制性详细规划，提出出让地块的位置、使用性质、开发强度等规划条件，作为国有土地使用权出让合同的组成部分。未确定规划条件的地块，不得出让国有土地使用权。

以出让方式取得国有土地使用权的建设项目，在签订国有土地使用权出让合同后，建设单位应当持建设项目的批准、核准、备案文件和国有土地使用权出让合同，向城市、县人民政府城乡规划主管部门领取建设用地规划许可证。城市、县人民政府城乡规划主管部门不得在建设用地规划许可证中，擅自改变作为国有土地使用权出让合同组成部分的规划条件。

规划条件未纳入国有土地使用权出让合同的，该国有土地使用权出让合同无效；对未取得建设用地规划许可证的建设单位批准用地的，由县级以上人民政府撤销有关批准文件；占用土地的，应当及时退回；给当事人造成损失的，应当依法给予赔偿。

3）建设工程规划许可证制度

（1）建设工程规划许可证的概念

建设工程规划许可证是有关建设工程是否符合城乡规划的法律凭证。建设工程许可证的作用主要表现在以下三个方面：

① 确认有关建设活动的合法地位，保证建设单位和个人的合法权益；

② 作为建设活动进行过程中接受监督检查时的法定依据；

③ 作为规划主管部门有关城市建设活动的重要历史资料和城市建设档案的重要内容。

《城乡规划法》第四十条规定："在城市、镇规划区内进行建筑物、构筑物、道路、管线和其他工程建设的，建设单位或者个人应当向城市、县人民政府城乡规划主管部门或者省、自治区、直辖市人民政府确定的镇人民政府申请办理建设工程规划许可证。"同时，《城乡规划法》第四十一条规定："在乡、村庄规划区内进行乡镇企业、乡村公共设施和公益事业建设的，建设单位或者个人应当向乡、镇人民政府提出申请，由乡、镇人民政府报城市、县人民政府城乡规划主管部门核发乡村建设规划许可证。"

（2）建设工程规划审批程序

建设单位或者个人在取得建设用地规划许可证后，应当向土地管理部门办理土地划拨或者出让手续，领取土地使用权证等有关批准文件；然后，向规划主管部门提出建设申请。

规划主管部门受理建设申请后,便进入了建设工程规划审批阶段。建设工程规划审批程序分为以下四个步骤:

① 建设申请。建设单位应当持批准的计划投资文件、上级主管部门批准建设的批件和建设用地规划许可证,向规划主管部门申请建设。规划行政主管部门对建设申请进行审查,确定建设工程的性质、规模等是否符合城乡规划的布局和发展要求;对于建设工程涉及相关行政主管部门的,则应根据实际情况和需要,征求有关主管部门的意见,进行综合协调。

② 确定规划设计要求。规划主管部门对建设申请进行审查后,根据建设工程所在地段详细规划的要求,提出规划设计要求,核发规划设计要点通知书。建设单位按照规划设计要点通知书的要求,委托设计部门进行方案设计工作。

③ 方案审查。建设单位提出设计方案(报审设计方案应不少于2个)、文件、图纸后,规划主管部门对各规划方案的总平面布置、交通组织情况、工程周围环境关系和个体设计体量、层次、造型等进行审查比较,确定规划设计方案,提出规划修改意义,核发设计方案通知书。建设单位据此委托设计单位进行施工图设计。

④ 核发建设工程规划许可证。建设单位持注明勘察设计证号的总平面图、个体建筑设计的平、立、剖面图,基础图,地下室平、剖面图等施工图纸,交规划主管部门进行审查,经审查批准后,发给建设工程规划许可证。

(3) 临时建设管理

临时建设是指企事业单位或者个人因生产、生活的需要临时搭建的结构简易并在规定期限内必须拆除的建设工程或者设施。临时建设应当办理批准手续,临时建设期限由各地规划行政主管部门根据实际情况确定,一般不得超过两年。

《城乡规划法》第四十四条规定:"在城市、镇规划区内进行临时建设的,应当经城市、县人民政府城乡规划主管部门批准。临时建设影响近期建设规划或者控制性详细规划的实施以及交通、市容、安全等的,不得批准。临时建设应当在批准的使用期限内自行拆除。临时建设和临时用地规划管理的具体办法,由省、自治区、直辖市人民政府制定。"

(4) 竣工验收管理

《城乡规划法》第四十五条规定:"县级以上地方人民政府城乡规划主管部门按照国务院规定对建设工程是否符合规划条件予以核实。未经核实或者经核实不符合规划条件的,建设单位不得组织竣工验收。建设单位应当在竣工验收后六个月内向城乡规划主管部门报送有关竣工验收资料。"

3.4 城乡规划的修改

依法批准的城乡规划是城乡建设和管理的依据所在,未经法定的程序,是不得修改的。但是,省域城镇体系规划、城市总体规划、镇总体规划都具有长期性的特点,对于城乡而言是一个长远性的安排,根据建设部《城镇体系规划编制审批办法》第六条规定:"城镇体系规划的期限一般为二十年",如果在经济社会发生重大变化而不对规划进行调整就会严重影响到城市的建设、城镇化的发展等问题。

《城乡规划法》第四十六条规定:"省域城镇体系规划、城市总体规划、镇总体规划的组织编制机关,应当组织有关部门和专家定期对规划实施情况进行评估,并采取论证会、听证会或者其他方式征求公众意见。组织编制机关应当向本级人民代表大会常务委员会、镇人民代表大会和原审批机关提出评估报告并附具征求意见的情况。"

3.4.1 规划的修改条件

省域城镇体系规划、城市总体规划、镇总体规划有以下情况的,可按有关规定进行修改:

1) 上级人民政府制定的城乡规划发生变更,提出修改规划要求的

这一个条件是省域城镇体系规划、城市总体规划、镇总体规划修改的一个法定条件。如全国城镇体系规划发生变更,并且对某省的省域城镇体系规划或某城市的城市总体规划提出修改规划要求的,该省域城镇体系规划或者城市总体规划应当修改。

2) 行政区划调整确需修改规划的

国发〔2002〕13号文发布的《国务院关于加强城乡规划监督管理的通知》明确提出,行政区调整的城市,应当及时修编城市总体规划和近期建设规划。因此,行政区划调整确实需要修改规划的,也是省域城镇体系规划、城市总体规划、镇总体规划修改的一个法定条件。

3) 因国务院批准重大建设工程确需修改规划的

像铁路工程、水电工程等经国务院批准的重大建设工程,往往都是跟国民经济和社会的发展息息相关的重大项目,常常会影响工程所在地的规划。比如三峡工程的建设,就牵涉到城镇的拆迁,公路、码头、电力设施、广播电视等基础设施和一些文物的淹没等。因此,因国务院批准重大建设工程确需修改规划的,也是省域城镇体系规划、城市总体规划、镇总体规划修改的一个法定条件。

4）经评估确需修改规划的

省域城镇体系规划、城市总体规划、镇总体规划的组织编制机关,应当定期组织有关部门和专家对规划实施情况进行评估,分析和评价规划的实施情况,并向本级人民代表大会常务委员会、镇人民代表大会和原审批机关提出评估报告。经过评估确认,在实施中存在的问题,不是在执行中的问题,而是属于规划本身存在不足而形成的,应当及时修改,防止不及时而带来更多问题或问题难以解决。因此,经评估确需修改规划的,也是省域城镇体系规划、城市总体规划、镇总体规划修改的一个法定条件。

此外,城乡规划的审批机关认为应当修改规划的其他情形,也可按有关规定进行修改。

3.4.2 规划的修改程序

省域城镇体系规划、城市总体规划、镇总体规划的组织编制机关,应当组织有关部门和专家定期对规划实施情况进行评估,并采取论证会、听证会或者其他方式征求公众意见。组织编制机关应当向本级人民代表大会常务委员会、镇人民代表大会和原审批机关提出评估报告并附具征求意见的情况。

修改省域城镇体系规划、城市总体规划、镇总体规划前,组织编制机关应当对原规划的实施情况进行总结,并向原审批机关报告;修改涉及城市总体规划、镇总体规划强制性内容的,应当先向原审批机关提出专题报告,经同意后,方可编制修改方案。

修改省域城镇体系规划、城市总体规划、镇总体规划按照原审批程序报批。城市、县、镇人民政府修改近期建设规划的,应当将修改后的近期建设规划报总体规划审批机关备案。在选址意见书、建设用地规划许可证、建设工程规划许可证或者乡村建设规划许可证发放后,因依法修改城乡规划给被许可人合法权益造成损失的,应当依法给予补偿。

经依法审定的修建性详细规划、建设工程设计方案的总平面图不得随意修改;确需修改的,城乡规划主管部门应当采取听证会等形式,听取利害关系人的意见;因修改给利害关系人合法权益造成损失的,应当依法给予补偿。

3.5 历史文化名城保护

改革开放以来,中国经济得到快速增长,城乡面貌日新月异。但同时,一些历史文化名城也受到相当程度的损毁。《城乡规划法》在很多条款中都体现出保护历史文化遗产的精神,并规定将自然与历史文化遗产保护作为城市总体规划、镇总体规划的强制性内容。《新周刊》曾认为：国外1970年代旧城改造破坏的文物建筑比二战炮火摧毁的还要多；中国改革开放30年以来对旧城的破坏超过以往100年。如何正确处理经济社会发展和历史文化遗产保护的关系，保护中国的历史文化名城显得非常紧迫。

3.5.1 概述

1) 历史文化名城的概念

《中华人民共和国文物保护法》（以下简称《文物保护法》）第十四条确定的历史文化名城的法律科学概念是："保存文物特别丰富并且具有重大历史价值或者革命纪念意义的城市，由国务院核定公布为历史文化名城。"据此，历史文化名城必须具备下列要素：(1) 保存文物特别丰富；(2) 具有重大历史价值或革命纪念意义；(3) 是一座正在延续使用的城市；(4) 经过中华人民共和国国务院核准并公布。

历史文化名城把历史、文化和名城三个概念连在一起，首先是说它有相当长的历史，丰富的文化内涵，名城显然是说它的品质是很高的。因此历史文化名城是指具有很高品质、很丰富的文化内涵和相当久远历史的城市。

1981年，由国家建委、国家文物局几家部门联合上报，1982年国务院公布了第一批24座历史文化名城。同年《中华人民共和国文物保护法》颁布，其中有一条是对历史文化名城概念的解释，这也是第一次在法律中提出历史文化名城的概念。目前，国务院已审批公布的历史文化名城共有99个，其中：

1982年经国务院批准的首批历史文化名城有24个，包括：北京、承德、大同、南京、苏州、扬州、杭州、绍兴、泉州、景德镇、曲阜、洛阳、开封、江陵、长沙、广州、桂林、成都、遵义、昆明、大理、拉萨、西安、延安。

1986年经国务院批准的第二批历史文化名城有38个，包括：上海、天津、沈阳、武汉、南昌、重庆、保定、平遥、呼和浩特、镇江、常熟、徐州、淮安、宁波、歙县、寿县、亳州、福州、漳州、济南、安阳、南阳、商丘、襄樊、潮州、阆中、宜宾、自贡、镇远、丽江、日喀则、韩城、榆林、武威、张掖、敦煌、银川、喀什。

1994年经国务院批准的第三批历史文化名城有37个：正定、邯郸、新绛、代县、祁县、哈尔滨、吉林、集安、衢州、临海、长汀、赣州、青岛、聊城、邹城、临淄、郑州、浚县、随州、钟祥、岳阳、肇庆、佛山、梅州、海康、柳州、琼山、乐山、都江堰、泸州、建水、巍山、江孜、咸阳、汉中、天水、同仁。

自1982年开始，随着国务院先后公布了三批（共99个）历史文化名城之后，"历史文化名城"的概念才逐渐为人们所认识。在全国范围近700个城市中，"历史文化名城之"形成了一个响亮的城市品牌，既扩大了这些城市的知名度，也为这些城市的发展带来了勃勃生机。因此，历史文化名城的保护，也成为这些城市建设、发展中一个不可忽略的要素，受到当地政府及社会各方面的重视和支持。

2) 历史文化名城保护的意义

城市是人类走出岩洞后最伟大的文化创造。城市的历史文化遗产是一个城市文化的传承,文化价值是城市得以延续、发展的决定性因素。一个王朝的兴衰荣落,乃至一代文明的缔造和泯没,多见诸于城市文化的兴衰历史。世界上许多历史文化名城之所以能经久不衰地延续并发展下来,一个内在的核心要素是这些城市始终代表着它们民族的传统文化,并把其最富有生命力的部分留传给后代。

我国绵延五千年的悠久历史,造就了许多闻名遐迩的历史文化古城,作为人类文明的一个重要组成部分,它们不仅是属于中华民族的,也是属于世界人民的。

历史文化名城保护有利于城市历史文脉的见证。其历史特色、地方特色、文化特色和民族、民俗特色都反映了该城市的发展历程、城市文化、城市的时空连续等过程。对于历史文化名城来说,好的保护和利用其历史遗迹,可使子孙后代对居住城市的历史渊源有更深刻的认识和了解。

历史文化名城保护有利于旅游资源的开发。人文旅游资源多与古街区、古建筑结合在一起。中国是有五千年历史的文明古国,近年来已成为世界最大的旅游目的地之一。历史文化名城、历史遗存和文化传统也必然成为发展旅游业最好的资源。但在中国的历史文化名城中,目前只有丽江和平遥被列入世界文化遗产名录。

历史文化名城保护有利于城市建设的有序发展。中国历史文化名城内的建筑、城市布局等都具有历史文化传统和民族特色,了解它们就等于了解该城市,有利于城市建设的有序发展。

历史文化名城保护制度具有必然性。城市既是经济社会发展的载体,又是历史文化的象征。城市历史文化保护首要的是对城市中的传统街区和历史建筑实施保护,它们既是城市历史文化的物质载体,属不可再生资源,同时也是区位最好、商业价值最高的城市地段。保护既然涉及城市历史文脉的延续,也涉及城市土地的有效利用和房地产开发商的长久利益,制定一系列历史文化名城保护法规就具有特别重要的意义。这主要在于:历史文化名城的保护是一项综合文物保护、历史地段保护、历史遗址等保护的工作,只有强化其法制意识,纳入法制化管理,才能收到应有的保护效果。据此,许多国家为了保护本国的历史文化遗产,制定了一系列国家法规,这对文物古迹与历史古城的保护、恢复及利用发挥了积极的作用。

3.5.2 历史文化名城保护的立法情况

1982年颁布的《中华人民共和国文物保护法》第一次在法律中提出历史文化名城的概念。《文物保护法》之所以提出历史文化名城这一概念,是基于我们对保护文物的认识上有了一个发展:承认对历史文化名城的保护是文物保护。过去搞文物保护只针对两项:可移动文物和不可移动文物(即保护单位),保护单位一般是一个建筑个体或完整的建筑组群，面积很小。而此前各方面的国际公约对于保护文物的认识早已不再局限于个体文物，还要保存环境、保持成片的街区，由此提出保护历史文化名城的问题。因而历史文化名城保护的性质还不是城市建设的性质，是文物保护性质的发展。但是名城保护与城市建设是密不可分的，因此历史文化名城保护由文物部门和建设部门共同负责。

历史文化名城保护问题受到了社会各界人士的广泛关注，但由于管理体制、保护范围和深度、保护方法等种种方面的问题难以统一确定，总体上关于历史文化名城保护的立法还不完善。虽然《文物保护法》提出了历史文化名城的概念，但只是从原则上讲到了历史文化名城的保护，并没有确定相应的具体措施。

2013年新修订的《文物保护法》第十四条规定："保存文物特别丰富并且具有重大历史价值或者革命纪念意义的城市，由国务院核定公布为历史文化名城。保存文物特别丰富并且具有重大历史价值或者革命纪念意义的城镇、街道、村庄，由省、自治区、直辖市人民政府核定公布为历史文化街区、村镇，并报国务院备案。历史文化名城和历史文化街区、村镇所在地的县级以上地方人民政府应当组织编制专门的历史文化名城和历史文化街区、村镇保护规划，并纳入城市总体规划。历史文化名城和历史文化街区、村镇的保护办法，由国务院制定。"

国务院于2008年4月2日颁布《历史文化名城名镇名村保护条例》，自2008年7月1日起施行。这是我国目前级别效力较高且内容比较具体完善的一部行政法规，是关于历史文化名城保护最重要的法律规范。此外，很多与历史文化名城保护相关的一些部门规章以及地方性法规和规章陆续颁布实施，成为历史文化名城保护最主要的法规和规范性文件。如：《江苏省历史文化名城名镇保护条例》《浙江省历史文化名城保护条例》《山东省历史文化名城保护条例》《北京市历史文化名城保护条例（草案）》《新疆维吾尔自治区历史文化名城街区建筑保护条例》《广州市历史文化名城保护条例》《西安市历史文化名城保护条例》《福州市历史文化名城保护条例》《长沙市历史文化名城保护条例》《昆明市历史文化名城保护条例》《湘西土家族苗族自治州凤凰历史文化名城保护条例》，等等。

3.5.3　历史文化名城名镇名村保护条例

1）申报与批准
（1）申报条件
具备下列条件的城市、镇、村庄，可以申报历史文化名城、名镇、名村：
① 保存文物特别丰富；
② 历史建筑集中成片；
③ 保留着传统格局和历史风貌；
④ 历史上曾经作为政治、经济、文化、交通中心或者军事要地，或者发生过重

要历史事件,或者其传统产业、历史上建设的重大工程对本地区的发展产生过重要影响,或者能够集中反映本地区建筑的文化特色、民族特色的。

申报历史文化名城的,在所申报的历史文化名城保护范围内还应当有2个以上的历史文化街区。所谓历史文化街区,是指经省、自治区、直辖市人民政府核定公布的保存文物特别丰富、历史建筑集中成片、能够较完整和真实地体现传统格局和历史风貌,并具有一定规模的区域。

(2) 申报与审批部门

申报历史文化名城,由省、自治区、直辖市人民政府提出申请,经国务院建设主管部门会同国务院文物主管部门组织有关部门、专家进行论证,提出审查意见,报国务院批准公布。申报历史文化名镇、名村,由所在地县级人民政府提出申请,经省、自治区、直辖市人民政府确定的保护主管部门会同同级文物主管部门组织有关部门、专家进行论证,提出审查意见,报省、自治区、直辖市人民政府批准公布。

对符合规定的条件而没有申报历史文化名城的城市,国务院建设主管部门会同国务院文物主管部门可以向该城市所在地的省、自治区人民政府提出申报建议;仍不申报的,可以直接向国务院提出确定该城市为历史文化名城的建议。对符合规定的条件而没有申报历史文化名镇、名村的镇、村庄,省、自治区、直辖市人民政府确定的保护主管部门会同同级文物主管部门可以向该镇、村庄所在地的县级人民政府提出申报建议;仍不申报的,可以直接向省、自治区、直辖市人民政府提出确定该镇、村庄为历史文化名镇、名村的建议。

已批准公布的历史文化名城、名镇、名村,因保护不力使其历史文化价值受到严重影响的,批准机关应当将其列入濒危名单,予以公布,并责成所在地城市、县人民政府限期采取补救措施,防止情况继续恶化,并完善保护制度,加强保护工作。

2) 保护规划

(1) 保护规划的编制与审批

历史文化名城批准公布后,历史文化名城人民政府应当组织编制历史文化名城保护规划。历史文化名镇、名村批准公布后,所在地县级人民政府应当组织编制历史文化名镇、名村保护规划。保护规划应当自历史文化名城、名镇、名村批准公布之日起1年内编制完成。

历史文化名城、名镇保护规划的规划期限应当与城市、镇总体规划的规划期限相一致;历史文化名村保护规划的规划期限应当与村庄规划的规划期限相一致。保护规划报送审批前,保护规划的组织编制机关应当广泛征求有关部门、专家和公众的意见;必要时,可以举行听证。保护规划报送审批文件中应当附具意见采纳情况及理由;经听证的,还应当附具听证笔录。

保护规划由省、自治区、直辖市人民政府审批。保护规划的组织编制机关应当将经依法批准的历史文化名城保护规划和中国历史文化名镇、名村保护规划,报国务院建设主管部门和国务院文物主管部门备案。保护规划的组织编制机关应当及时公布经依法批准的保护规划。

经依法批准的保护规划,不得擅自修改;确需修改的,保护规划的组织编制机关应当向原审批机关提出专题报告,经同意后,方可编制修改方案。修改后的保护规划,应当按照原审批程序报送审批。

(2) 保护规划的内容

保护规划应当包括下列内容:

① 保护原则、保护内容和保护范围;
② 保护措施、开发强度和建设控制要求;
③ 传统格局和历史风貌保护要求;
④ 历史文化街区、名镇、名村的核心保护范围和建设控制地带;
⑤ 保护规划分期实施方案。

3) 保护措施

(1) 历史文化名城、名镇、名村应当整体保护,保持传统格局、历史风貌和空间尺度,不得改变与其相互依存的自然景观和环境。

(2) 历史文化名城、名镇、名村所在地县级以上地方人民政府应当根据当地经济社会发展水平,按照保护规划,控制历史文化名城、名镇、名村的人口数量,改善历史文化名城、名镇、名村的基础设施、公共服务设施和居住环境。

(3) 在历史文化名城、名镇、名村保护范围内从事建设活动,应当符合保护规划的要求,不得损害历史文化遗产的真实性和完整性,不得对其传统格局和历史风貌构成破坏性影响。在历史文化名城、名镇、名村保护范围内禁止进行下列活动:

① 开山、采石、开矿等破坏传统格局和历史风貌的活动;
② 占用保护规划确定保留的园林绿地、河湖水系、道路等;
③ 修建生产、储存爆炸性、易燃性、放射性、毒害性、腐蚀性物品的工厂、仓库等;
④ 在历史建筑上刻划、涂污。

所谓历史建筑,是指经城市、县人民政府确定公布的具有一定保护价值,能够反映历史风貌和地方特色,未公布为文物保护单位,也未登记为不可移动文物的建筑物、构筑物。

(4) 在历史文化名城、名镇、名村保护范围内进行下列活动,应当保护其传统格局、历史风貌和历史建筑;制订保护方案,经城市、县人民政府城乡规划主管部门会同同级文物主管部门批准,并依照有关法律、法规的规定办理相关手续:

① 改变园林绿地、河湖水系等自然状态的活动。
② 在核心保护范围内进行影视摄制、举办大型群众性活动。
③ 其他影响传统格局、历史风貌或者历史建筑的活动。

④ 历史文化街区、名镇、名村建设控制地带内的新建建筑物、构筑物,应当符合保护规划确定的建设控制要求。对历史文化街区、名镇、名村核心保护范围内的建筑物、构筑物,应当区分不同情况,采取相应措施,实行分类保护。历史文化街区、名镇、名村核心保护范围内的历史建筑,应当保持原有的高度、体量、外观形象及色彩等。

(5) 在历史文化街区、名镇、名村核心保护范围内,不得进行新建、扩建活动。但是,新建、扩建必要的基础设施和公共服务设施除外。

在历史文化街区、名镇、名村核心保护范围内,新建、扩建必要的基础设施和公共服务设施的,城市、县人民政府城乡规划主管部门核发建设工程规划许可证、乡村建设规划许可证前,应当征求同级文物主管部门的意见。

在历史文化街区、名镇、名村核心保护范围内,拆除历史建筑以外的建筑物、构筑物或者其他设施的,应当经城市、县人民政府城乡规划主管部门会同同级文物主管部门批准。

(6) 审批上述第(5)条规定的建设活动,审批机关应当组织专家论证,并将审批事项予以公示,征求公众意见,告知利害关系人有要求举行听证的权利。公示时间不得少于20日。利害关系人要求听证的,应当在公示期间提出,审批机关应当在公示期满后及时举行听证。

(7) 城市、县人民政府应当在历史文化街区、名镇、名村核心保护范围的主要出入口设置标志牌。任何单位和个人不得擅自设置、移动、涂改或者损毁标志牌。

(8) 历史文化街区、名镇、名村核心保护范围内的消防设施、消防通道,应当按照有关的消防技术标准和规范设置。确因历史文化街区、名镇、名村的保护需要,无法按照标准和规范设置的,由城市、县人民政府公安机关消防机构会同同级城乡规划主管部门制订相应的防火安全保障方案。

(9) 城市、县人民政府应当对历史建筑设置保护标志,建立历史建筑档案。历史建筑档案应当包括下列内容:

① 建筑艺术特征、历史特征、建设年代及稀有程度;
② 建筑的有关技术资料;
③ 建筑的使用现状和权属变化情况;
④ 建筑的修缮、装饰装修过程中形成的文字、图纸、图片、影像等资料;
⑤ 建筑的测绘信息记录和相关资料。

(10) 历史建筑的所有权人应当按照保护规划的要求,负责历史建筑的维护和修缮。县级以上地方人民政府可以从保护资金中对历史建筑的维护和修缮给予补助。历史建筑有损毁危险,所有权人不具备维护和修缮能力的,当地人民政府应当采取措施进行保护。任何单位或者个人不得损坏或者擅自迁移、拆除历史建筑。

(11) 建设工程选址,应当尽可能避开历史建筑;因特殊情况不能避开的,应当尽可能实施原址保护。对历史建筑实施原址保护的,建设单位应当事先确定保护措施,报城市、县人民政府城乡规划主管部门会同同级文物主管部门批准。

因公共利益需要进行建设活动,对历史建筑无法实施原址保护、必须迁移异地保护或者拆除的,应当由城市、县人民政府城乡规划主管部门会同同级文物主管部门,报省、自治区、直辖市人民政府确定的保护主管部门会同同级文物主管部门批准。

（12）对历史建筑进行外部修缮装饰、添加设施以及改变历史建筑的结构或者使用性质的,应当经城市、县人民政府城乡规划主管部门会同同级文物主管部门批准,并依照有关法律、法规的规定办理相关手续。

（13）在历史文化名城、名镇、名村保护范围内涉及文物保护的,应当执行文物保护法律、法规的规定。

3.6 违反《城乡规划法》的法律责任

制定和实施城乡规划,在规划区内进行建设活动,必须遵守《城乡规划法》,有关部门和任何单位及个人都应自觉遵守,否则应承担相应的法律责任。《城乡规划法》的法律责任主要表现为行政责任,但不排除民事责任和刑事责任。《城乡规划法》第六十九条规定:"违反本法规定,构成犯罪的,依法追究刑事责任。"不同主体的违法行为需要承担的法律责任介绍如下。

3.6.1 有关行政部门的法律责任

（1）对依法应当编制城乡规划而未组织编制,或者未按法定程序编制、审批、修改城乡规划的,由上级人民政府责令改正,通报批评;对有关人民政府负责人和其他直接责任人员依法给予处分。

（2）城乡规划组织编制机关委托不具有相应资质等级的单位编制城乡规划的,由上级人民政府责令改正,通报批评;对有关人民政府负责人和其他直接责任人员依法给予处分。

（3）镇人民政府或者县级以上人民政府城乡规划主管部门有下列行为之一的,由本级人民政府、上级人民政府城乡规划主管部门或者监察机关依据职权责令改正,通报批评;对直接负责的主管人员和其他直接责任人员依法给予处分:

① 未依法组织编制城市的控制性详细规划、县人民政府所在地镇的控制性详细规划的;

② 超越职权或者对不符合法定条件的申请人核发选址意见书、建设用地规划许可证、建设工程规划许可证、乡村建设规划许可证的;

③ 对符合法定条件的申请人未在法定期限内核发选址意见书、建设用地规划许可证、建设工程规划许可证、乡村建设规划许可证的;

④ 未依法对经审定的修建性详细规划、建设工程设计方案的总平面图予以公布的;

⑤ 同意修改修建性详细规划、建设工程设计方案的总平面图前未采取听证会等形式听取利害关系人的意见的;

⑥ 发现未依法取得规划许可或者违反规划许可的规定在规划区内进行建设的行为,而不予查处或者接到举报后不依法处理的。

(4) 县级以上人民政府有关部门有下列行为之一的,由本级人民政府或者上级人民政府有关部门责令改正,通报批评;对直接负责的主管人员和其他直接责任人员依法给予处分:

① 对未依法取得选址意见书的建设项目核发建设项目批准文件的;

② 未依法在国有土地使用权出让合同中确定规划条件或者改变国有土地使用权出让合同中依法确定的规划条件的;

③ 对未依法取得建设用地规划许可证的建设单位划拨国有土地使用权的。

3.6.2 城乡规划编制单位的法律责任

(1) 城乡规划编制单位有下列行为之一的,由所在地城市、县人民政府城乡规划主管部门责令限期改正,处合同约定的规划编制费一倍以上两倍以下的罚款;情节严重的,责令停业整顿,由原发证机关降低资质等级或者吊销资质证书;造成损失的,依法承担赔偿责任:

① 超越资质等级许可的范围承揽城乡规划编制工作的;

② 违反国家有关标准编制城乡规划的。

(2) 未依法取得资质证书承揽城乡规划编制工作的,由县级以上地方人民政府城乡规划主管部门责令停止违法行为,依照上述规定处以罚款;造成损失的,依法承担赔偿责任。以欺骗手段取得资质证书承揽城乡规划编制工作的,由原发证机关吊销资质证书,处合同约定的规划编制费一倍以上两倍以下的罚款;造成损失的,依法承担赔偿责任。

(3) 城乡规划编制单位取得资质证书后,不再符合相应的资质条件的,由原发证机关责令限期改正;逾期不改正的,降低资质等级或者吊销资质证书。

3.6.3 在规划区违法建设的法律责任

(1) 未取得建设工程规划许可证或者未按照建设工程规划许可证的规定进行建设的,由县级以上地方人民政府城乡规划主管部门责令停止建设;尚可采取改正措施消除对规划实施的影响的,限期改正,处建设工程造价百分之五以上百分之十以下的罚款;无法采取改正措施消除影响的,限期拆除,不能拆除的,没收实物或者违法收入,可以并处建设工程造价百分之十以下的罚款。

（2）在乡、村庄规划区内未依法取得乡村建设规划许可证或者未按照乡村建设规划许可证的规定进行建设的,由乡、镇人民政府责令停止建设、限期改正;逾期不改正的,可以拆除。

（3）建设单位或者个人有下列行为之一的,由所在地城市、县人民政府城乡规划主管部门责令限期拆除,可以并处临时建设工程造价一倍以下的罚款:

① 未经批准进行临时建设的;

② 未按照批准内容进行临时建设的;

③ 临时建筑物、构筑物超过批准期限不拆除的。

（4）建设单位未在建设工程竣工验收后六个月内向城乡规划主管部门报送有关竣工验收资料的,由所在地城市、县人民政府城乡规划主管部门责令限期补报;逾期不补报的,处一万元以上五万元以下的罚款。

（5）城乡规划主管部门作出责令停止建设或者限期拆除的决定后,当事人不停止建设或者逾期不拆除的,建设工程所在地县级以上地方人民政府可以责成有关部门采取查封施工现场、强制拆除等措施。

3.7 案例分析

[章前案例分析]

西坝河西里3号楼是一栋16层高塔楼,在其西北侧便是柳芳苑公寓1号楼,它的设计高度为84.25米,地上26层;在居民楼的西侧是设计为13层的柳芳苑公寓2号楼。据丈量,两栋楼和居民楼的间距分别是22米、21米。居民查阅了北京市规划委员会颁发的《城市建设规划管理法规文件汇编》,其中规定,三环路以内再建建筑的高度不得超过18层。居民对《北京市生活居住建筑暂行规定》中有关两楼的间距规定是这样理解的,5层左右的多层建筑间距不小于18米。而对于塔楼则单有一章规定,间距应远远大于18米。居民认为,柳芳苑公寓1号、2号楼,违反了北京市关于建筑高度及严格控制高层住宅建设和生活居住建筑的有关规定,北京市规划委员会颁发的规划许可证侵犯了居民的合法权益。于是,92户居民组成原告团,联名上告北京市规划委员会,请求法院判令被告撤销《建设工程规划许可证》,并要求施工方在本案审理期间暂停施工,否则后果由其自负。

北京市规划委员会就此案表态:此项目的许可证符合北京市总体规划要求,亦符合《北京市生活建筑间距暂行规定》。关于楼层,则是经首都规划委员会批准的,程序合法。鉴于国展家园公寓楼与居民的塔楼为东西侧排列,两建筑的间距已超过18米,符合《北京市生活建筑间距暂行规定》的要求。

法院认为,在《北京市区建筑高度控制方案》及《北京市人民政府关于严格控制高层楼层住宅建设的规定》中,虽然对3号楼居住地区的建筑高度及楼层层数作出了规定,但是上述两个规定均有专款说明,即:由于城市规划的需要,个别建筑物的高度、层数超过所在分区的控制高度、层数时,应报首都规划建设委员会批准,而北京市规划委员会批准的国展家园的建筑高度、层数,是经首都规划委员会批准的,并未违反北京市的有关规定。法院同时认定,柳芳苑公寓与3号楼之间的距离符合规定,故判决:维持该项目的《建设工程规划许可证》,驳回原告的诉讼请求。

3号楼的居民不服此判决,他们坚称,北京市规划委员会提供的证据无法证明此规划许可证是合法的,如:首都规划委员会出示的证明是其办公室开出的,办公室无行文资格,他们要把上诉进行到底。

据介绍,一段时间以来,北京市西城法院受理的状告北京市规划委的案子不下200起。但是,耐人寻味的是,所有这类案件最后都以居民败诉而告终。清华大学建筑与城市研究所一位不愿透露姓名的专家说,这类案件的增多,反映出人们对城市规划意识及维权意识有所增强,如果全民都参与监督规划法的实施,相信引起纠纷的建筑会越来越少。

案例来源:《生活时报》2001年5月22日

[案例1] 南京紫金山顶建"怪物",两教师状告市规划局

2001年,南京市中山陵园管理局于中山陵风景管理区内紫金山最高峰头陀岭兴建了"南京紫金山观景台",此事经媒体披露后,引起南京社会各界的强烈关注。据了解,早在70多年前修建紫金山天文台时,就因为考虑到建在头陀岭会破坏紫金山的整体风貌,才将天文台建在了现在的位置上。周恩来总理生前曾百般叮嘱"中山陵不仅仅是你们南京人的",也显示了国家领导人对紫金山环境保护的关注。

施先生、顾先生既是东南大学法律系的两位老师,也是有多年从业经验的律师。据两位老师称,他们几乎每天都要去紫金山,紫金山甚至成为他们生活中不可或缺的内容。可是突然有一天他们发现紫金山竟然多了一个这样的"怪物",他们在感情上和责任感上都难以忍受。回去翻阅了相关法规后,他们决定将批准这一项目的南京市规划局告上法庭。两位老师表示,希望通过这次诉讼能引起人们对公共利益的维护,也希望推进对环境保护及人文方面的依法行政的监督。

2001年10月17日下午,东南大学两名教师向南京市中级人民法院提起行政诉讼,要求南京市规划局撤销对紫金山观景台的规划许可。

诉称:第三人南京市中山陵园管理局于中山陵风景管理区内紫金山最高峰头陀岭兴建"南京紫金山观景台"。该建筑整个结构为"框筒七层、地下二层",建筑面积为2000平方米。该七层钢筋水泥建筑兀立于连绵起伏、绿意盎然的紫金山脉最

高处,极大地破坏了南京市民引以为荣并享誉海内外的紫金山自然景观,同时也极大地影响了凭票入园游客的游兴。根据《南京市中山陵园风景区管理条例》第七条有关"保持自然景观和人文景观的原有风貌,维护风景区的生态平衡,各项建设设施应当与风景区环境相协调"规划原则,原告认为,被告作为南京市规划许可行政职能部门,对第三人实施该项建设的规划许可中未依法行政。根据《中华人民共和国行政诉讼法》第二条"公民、法人或者其他组织认为行政机关和行政机关工作人员的行政行为侵犯其合法权益,有权依照本法向人民法院提起诉讼"的规定、最高人民法院关于执行《中华人民共和国行政诉讼法》若干问题的解释第十二条"公民、法人或者其他组织对行政机关不依法履行、未按照约定履行协议提起诉讼"的规定,以及《中华人民共和国环境保护法》第六条"一切单位和个人都有保护环境的义务,地方各级人民政府应当对本行政区域的环境质量负责,企业事业单位和其他经营生产者,应当防止减少环境污染和生态破坏,对所造成的损害依法承担责任"的规定,原告通过购买、使用中山陵园风景区优惠年票行为,与被告对第三人建造紫金山观景台的规划许可具体行政行为形成了法律上的利害关系,因此,原告依法有权就被告该规划许可行为向贵院提起行政诉讼,诉请判令撤销被告对第三人作出的"南京紫金山观景台"规划许可,判令被告承担诉讼费用。

17日下午,对待媒体的采访,中山陵园管理局有关部门负责人就"观景台"问题较为细致地向记者介绍了情况:这座建筑名为"观景台",实则是"气象观测台"。因其建设的出发点是江苏省气象局为更准确地预测南京地区的气象而要建一个高水平的气象观测站,为确保观测预报效果,才选在了最高峰。在设计上当时进行了国际性招标,共有韩国及中国的几家单位参与竞标,最终由华南理工大学设计院中标。当记者问,当初在选址于头陀岭上时有没有考虑到会破坏紫金山的自然风貌时,这位负责人回答说,当时主要是考虑到气象观测效果,对这一点就没作太多的考虑,也没想到市民们会有这么大的意见。最后,该负责人表示,由于诸多因素,"观景台"已经停工。

社会各界对此案极为关注,南京大学一位从事风景和城市规划研究的教授指出,现在不是观景台好看不好看的问题,而是依照相关法律法规是否合法的问题。目前相关法律法规有《国家风景名胜区建设管理条例》《南京市中山陵园风景区管理条例》和《南京市总体规划》,三部法规的精神一致表明这一地方不能再建任何其他建筑,特别是不能改变山的轮廓线,而观景台所在的山顶又恰恰是轮廓线的交点。该教授还表示,对紫金山头陀岭观景台的批准,南京市规划局未能依法行政。现在各方面都在要求城市化,但风景区一定要风景化,坚决反对城市化,千万不要把这一自然性很强的地方搞成新街口、夫子庙。南京建筑工程学院的一位从事建筑研究的老师也对观景台进行质疑。这位老师说,从建筑学角度讲在山顶上建房子也不合理,从古到今建筑都是依山傍水,才有整体感,才能与自然山水融为一体,现在在钟山风景区顶峰建此建筑,毋庸置疑将打破这一地区风景的和谐、统一。

据南京2001年10月29日媒体报道,南京市有关部门作出决定,对最近在南京紫金山最高峰头陀岭上冒出的所谓"观景台"进行拆除。至此,这桩令南京众多百姓关注的行政诉讼案终于有了一个结果。

[案例2] 哭泣的名城——十年破坏历史文化名城事件备忘

1992年,宁夏商业快讯社在银川市的区级文物保护单位鼓楼西侧建起了大型彩色电子广告屏。而1991年国务院刚刚批准《银川市历史文化名城保护规划》,直到1997年这座违法建筑才被依法全部拆除!

1993年,四川省宜宾市为建设四川省轮船客运站大楼等工程,拆除一段百余米长的元明时期的古城墙。此前,在公布为国家级历史文化名城之后,城墙巷的一段完好的元明古城墙也因建住宅而被拆毁。

1993年,青海省机械厅擅自在西宁市市级文物保护单位——明代城墙处多次施工,挖毁城墙65米,破坏墙体1万立方米。

1993年,全国历史文化名城遵义市在旧城改造过程中,将全国重点文物保护单位、遵义会址前的大面积历史街区建筑拆除殆尽。

1995年,成都市建筑机械化公司连续三天通夜施工,将长达100米的明蜀王府皇城城墙及城门遗存以及大型冶铸遗存,总面积约4 000平方米,全部挖毁铲除。

1997年,宣化市蔬菜公司为新建蔬菜交易大厅,拆毁了宣化古城200多米的古城墙,占用了城墙基址3 000多平方米。宣化古城城墙在明代是北方军事重镇,为河北省重点文物保护单位、省级历史文化名城,城池规模比现在的西安城还要大。

1997年,安徽桐城市荣军康复医院将市级文物保护单位"相府账房楼"拆除。

1998年,无锡市文物遗迹控制保护单位"许氏既畬堂"被无锡市检察院拆除改建办公大楼。

1998年,无锡市市级文物保护单位"秦氏章庆堂、景福楼",被无锡市中级人民法院拆除兴建高层办公大楼。

1999年11月,襄樊市为了"名城形象工程"——汉江大道的建设和房地产开发,将樊城古城墙58米强行拆毁,这是樊城仅存的宋明时期古城墙。

2000年,无锡市级文物保护单位"秦氏对照厅"因无锡市公安局要在附近兴建大型地下车库,将面临被异地"保护"的命运。

2000年,福州市仅存的历史街区——朱紫坊和"三坊七巷"街区格局,前者被规划拆除,后者被开膛破肚改造为商业街。同年5月,在房地产开发商授意下,福州市市级文物保护单位——三通桥,被正在进行中亭街改造工程的施工队炸毁。

2000年,本来不在平安大道拆迁范围内的北京美术馆后街22号四合院,房地产商借口此院非"文物保护单位",没有保护价值,企图强行拆除。年初小院主人赵景心将东城区文物局和东城区房管局告上法庭,4月份一审,9月份二审均败诉。

1997—2000年,舟山市政府以"旧城改造"为名,大面积破坏定海古城的传统历史街区和古居老宅,晚清典型建筑傅家大院、丁家楼、孙家店铺、胡家店铺、蓝府东厢房、忻家大院相继被毁。这种对历史文化名城的破坏已达到登峰造极的程度。虽然1999年浙江省已制定颁布了《浙江省历史文化名城保护条例》,从1999年8月开始,定海民众依法状告市政府,但是一审败诉,二审仍然败诉……

案例来源:2004年10月11日《中国文物报》,作者:何洪、孙秀丽

本章习题

一、单选题

1. 在规划区内进行建设活动,应当遵守(　　)等法律、法规的规定。
    A. 土地管理、自然资源和环境保护
    B. 土地管理、水源保护和环境保护
    C. 土地管理、耕地保护和环境保护
    D. 土地管理、生态保护和环境保护

2. 城市总体规划在报上一级人民政府审批前,应当先经(　　)审议。
    A. 本级党委   B. 本级人民代表大会
    C. 本级人大常委会   D. 本级人民政协

3. 城市总体规划、镇总体规划的规划期限一般为(　　)年。近期建设规划的规划期限为(　　)年。
    A. 10　5   B. 15　10   C. 20　5   D. 20　10

4. 建设单位应当在竣工验收后(　　)个月内向城乡规划主管部门报送有关竣工验收资料。
    A. 3   B. 5   C. 6   D. 8

5. 城乡规划报送审批前,组织编制机关应当依法将城乡规划草案予以公告,公告时间不得少于(　　)日。
    A. 10   B. 15   C. 30   D. 60

6. 按照国家规定需要有关部门批准或者核准的建设项目,以划拨方式提供国有土地使用权的,建设单位在报送有关部门批准或者核准前,应当向城乡规划主管部门申请核发(　　)。
    A. 选址意见书   B. 建设用地规划许可证
    C. 建设工程规划许可证   D. 规划条件通知书

7. 在乡、村庄规划区内进行乡镇企业、乡村公共设施和公益事业建设的,建设单位或个人应当向乡镇人民政府提出申请,由乡镇人民政府报市、县人民

政府城乡规划主管部门核发( )。
A. 建设用地规划许可证 B. 建设工程规划许可证
C. 规划条件通知书 D. 乡村建设规划许可证

8. 在乡村规划区内进行乡镇企业、乡村公共设施和公益事业及农村村民住宅建设（两层以上建筑），确需占用农用地的，在①办理农用地转用审批程序手续；②取得乡村建设规划许可证；③办理用地审批手续；④取得建筑施工许可证中，合法的程序是( )。
A. ①②③④ B. ①③②④ C. ③①②④ D. ②①③④

9. 市人民政府城乡规划部门根据城市总体规划的要求，组织编制城市的( )详细规划，经本级人民政府批准后，报本级人民代表大会常务委员会和上一级人民政府( )。
A. 修建性核准 B. 修建性备案 C. 控制性核准 D. 控制性备案

10. 城市规划区的具体范围，应在( )中划定。
A. 城镇体系规划 B. 城市总体规划
C. 城市分区规划 D. 近期建设规划

二、多选题

1. 《城乡规划法》所称城乡规划，包括( )。
A. 城镇体系规划 B. 城市规划 C. 镇规划
D. 乡规划和村庄规划 E. 总体规划和详细规划

2. 下列选项属城市总体规划、镇总体规划的强制性内容的有( )。
A. 规划区范围、规划区内建设用地规模
B. 基础设施和公共服务设施用地、水源地和水系
C. 基本农田和绿化用地、环境保护
D. 自然与历史文化遗产保护、防灾减灾等
E. 住宅建设规模和标准

3. 城市总体规划的编制依据包括( )。
A. 国民经济和社会发展计划
B. 全国城镇体系规划
C. 省域城镇体系规划
D. 土地利用总体规划
E. 控制性详细规划

4. 实施城乡规划的"一书二证"制度是指( )。
A. 项目建议书
B. 选址意见书
C. 建设用地规划许可证

D. 建设工程规划许可证

E. 施工许可证

5. 近期建设规划应当以( )为重点内容,明确近期建设的时序、发展方向和空间布局。

   A. 生态环境保护

   B. 重要基础设施

   C. 公共服务设施

   D. 防灾减灾

   E. 中低收入居民住房建设

6. 《城乡规划法》规定,有下列( )情形,组织编制机关方可按照规定的权限和程序修改省域城镇体系规划、城市总体规划、镇总体规划。

   A. 上级人民政府制定的城乡规划发生变更,提出修改规划要求的

   B. 行政区划调整确需修改规划的

   C. 因国务院批准重大建设工程确需修改规划的

   D. 经评估确需修改规划的

   E. 因政府换届领导变更,提出修改规划要求的

7. 根据《城乡规划法》规定,在乡、村庄规划区内进行( )建设的,不得占用农用地;确需占用农用地的,应当依照有关规定办理农用地转用审批手续后,由市、县人民政府城乡规划主管部门核发乡村建设规划许可证。

   A. 乡镇企业

   B. 乡村公共设施

   C. 乡村公益事业

   D. 农村村民住宅建设

   E. 村民福利设施

8. 修改控制性详细规划的,组织编制机关应当( ),方可编制修改方案。

   A. 对修改的必要性进行论证

   B. 征求规划地段内利害关系人的意见

   C. 向原审批机关提出专题报告

   D. 召开听证会

   E. 经原审批机关同意

9. 在规划内未取得建设工程规划许可证或者未按照建设工程规划许可证的规定进行建设的,( )。

   A. 由县级以上地方人民政府城乡规划主管部门责令停止建设

   B. 尚可采取改正措施消除对规划实施的影响的,限期改正,处建设工程造价百分之五以上百分之十以下的罚款

C. 无法采取改正措施消除影响的,限期拆除
D. 不能拆除的,没收实物或者违法收入,可以并处建设工程造价百分之十以下的罚款
E. 责成有关部门采取查封施工现场、强制拆除

10. 历史文化名城名镇名村保护规划应当包括的内容有(　　)。
A. 保护价值、保护费用和目前存在的主要问题
B. 保护措施、开发强度和建设控制要求
C. 传统格局和历史风貌保护要求
D. 核心保护范围和建设控制地带
E. 保护规划分期实施方案

三、是非题

1. 规划区范围、规划区内建设用地规模,以及涉及资源利用、生态环境保护、自然与历史文化遗产保护、保障城市公共安全和公众利益等方面重点内容,一并作为城市总体规划的强制性内容。(　　)

2. 乡规划和村规划划分为总体规划和详细规划。(　　)

3. 城市规划的组织编制机关认为应当修改城市总体规划的,该机关可以按照法定的权限和程序修改城市总体规划。(　　)

4. 规划区内的临时建筑在批准期限届满后未自行拆除的,县级以上地方人民政府可以责成有关部门采取强制拆除措施。(　　)

5. 核发乡村建设规划许可证仅限于在乡、村庄规划区内进行的乡镇企业、乡村公共设施和公益事业建设。(　　)

6. 所有工程建设项目在办理用地手续前,均需向城乡规划主管部门申请核发选址意见书。(　　)

7. 任何单位和个人都有权向城乡规划主管部门或者其他有关部门举报或者控告违反城乡规划的行为。(　　)

8. 规划条件未纳入国有土地使用权出让合同的,该国有土地使用权出让合同无效。(　　)

9. 城乡规划主管部门作出责令停止建设或者限期拆除的决定后,当事人不停止建设或者逾期不拆除的,建设工程所在地县级以上地方人民政府可以责成有关部门采取查封施工现场、强制拆除等措施。(　　)

10. 对符合规定的条件而没有申报历史文化名城的城市,国务院建设主管部门会同国务院文物主管部门可以向该城市所在地的省、自治区人民政府提出申报建议;仍不申报的,今后5年内不予受理。(　　)

参考答案

一、单选题
1. A 2. C 3. C 4. C 5. C
6. A 7. D 8. A 9. D 10. B

二、多选题
1. ABCD 2. ABCD 3. AC 4. BCD 5. ABCE
6. ABCD 7. ABCD 8. ABCE 9. ABCD 10. BCDE

三、是非题
1. ✗ 2. ✗ 3. ✗ 4. ✗ 5. ✓
6. ✗ 7. ✓ 8. ✓ 9. ✓ 10. ✗

4 建设用地法律制度

概　要：本章先介绍了我国土地管理制度的概况，然后介绍了国有土地使用权有偿出让、划拨、转让方面的法律法规，接着介绍了土地使用权出租、抵押、终止方面的法律法规，阐述了违反《土地管理法》等法律法规应承担的法律责任，最后还进行了案例的分析。

[章前案例]　某区两村于2000年合并新建成桥林镇兰花塘村，建村后村委会一直无办公场所。2005年村党支部研究决定建设村委会办公楼，经反复考证，选择了本村七组一块约2.86亩地块。为顾及农民利益，村委会与村民七组签订协议并进行了补偿。但在尚未取得合法用地手续的前提下，村委会于2005年9月擅自开工建设。至2006年年底，已建有房屋基础建筑约200平方米及近百米围墙，实际占用本村七组基本农田面积约1 904.8平方米。试问村委会的行为合理吗？为什么？

4.1　土地管理制度的概况

土地是一切生产和生活的源泉。人类的生产、生活资料的交换，文化知识的传授、交流等各项活动都离不开土地。没有土地就没有人类。但是，土地资源的稀缺性和人类生活需求的无限性造成了土地供求与利用关系中的巨大矛盾，这也是我国目前经济运行中最突出的问题之一。因此，如何从法律的角度有效地规范和调整土地关系，保护与合理利用土地资源，成为现阶段的重要问题。土地是有限的，不可再生的，为此我们要珍惜土地。严格保护和合理利用每一寸土地，对于我国来说更具有特别重要的意义。

4.1.1　土地管理法概述

1) 土地管理法的概念

土地管理法是指调整人们在开发、利用和保护土地过程中所形成的权利和义务关系的法律规范的总称。土地管理法有狭义和广义之分。

狭义的土地管理法是指1986年6月第六届全国人民代表大会常务委员会第十六次会议通过的，1988年12月第七届全国人民代表大会常务委员会第五次会议和1988年8月第九届全国人民代表大会常务委员会第四次会议及2004年8月第十届全国人民代表大会常务委员会第十一次会议修正的《中华人民共和国土地管理法》(以下简称《土地管理法》)。

广义的土地管理法是除了《土地管理法》外,还包括1992年颁布的《划拨土地使用权管理暂行办法》、1994年颁布的《基本农田保护条例》、1995年颁布的《确定土地所有权和使用权的若干规定》、1995年颁布的《土地权属争议处理暂行办法》、1995年颁布的《土地监察暂行规定》、1996年颁布的《建设用地计划管理办法》、1997年颁布的《土地利用总体规划编制审批规定》、1998年颁布的《中华人民共和国土地管理法实施条例》等与土地相关的法律、法规。

不论是狭义的还是广义的土地管理法,其法律效力虽然因为制定的机关、规定的内容有所不同,但它对任何组织和个人来说都是具有普遍约束力的,其主要目的都是合理开发利用和保护改善每寸土地,加强国家对土地的监管。

2) 土地管理法的立法目的

《土地管理法》第一条规定:"为了加强土地管理,维护土地的社会主义公有制,保护、开发土地资源,合理利用土地,切实保护耕地,促进社会经济的可持续发展,根据宪法,制定本法。"这条明确了土地管理法的立法目的。具体来讲,主要有以下内容:

(1) 加强土地管理

随着社会经济的发展和市场经济体制的建立,我国的土地管理工作中出现了很多新的问题,如:建设用地大量增加,土地浪费问题十分严重;违法用地情况严重,查处不力;缺乏建设用地的约束机制等。因此,土地管理法是保证规范地管理土地的前提与基础,能够推进建立并强化土地管理的法律秩序,促进人们在保护、利用、管理土地过程中遵循自然规律和经济规律。

(2) 维护土地的社会主义公有制

我国的经济制度是社会主义公有制,而土地作为重要的生产资料也必然实行公有制。实行公有制的目的就是为了让社会和广大公众占有、支配、合理利用土地,使土地的经济性达到最优化。由于诸多原因,国有土地长期被部门和单位无偿、无期限地使用,不仅使土地的国家所有权在经济上无法实现,也不能合理利用土地。因此国家立法对土地的所有权和使用权分离,实行国有土地使用权出让转让制度,明确土地所有者和使用者之间的租赁关系,使土地所有者的所有权在经济上的表现通过收取土地出让金、土地使用费得以实现,从而使国家对土地有了名符其实的所有权,土地的社会主义公有制得到了巩固。

(3) 保护、开发土地资源,合理利用土地

土地是一种宝贵的自然资源,是人类生存和生活的基本物质资料。我国宪法第十条明确规定:"一切使用土地的组织和个人必须合理利用土地。"有效地保护土地资源,合理地利用土地,是制定土地管理法的首要任务。

（4）切实保护耕地

耕地是人类赖以生存的基本条件，是农业最基本的生产资料。十分珍惜和合理利用每寸土地，切实保护耕地是我国的基本国策。在人均耕地数量少，总体质量水平较低，后备资源不丰富的情况下，只有严格保护耕地，不断提高耕地质量，才能扭转人口不断增长，耕地大量减少的失衡趋势。

（5）促进社会经济的可持续发展

土地作为一种自然资源，它的存在是非人力所能创造的，人类对它的依赖和永续利用程度的增加也是不可逆转的。土地管理法正是通过加强对土地的宏观管理，严格建设用地审批管理，严格控制城市建设用地规模，加强农村集体土地管理，加强对国有土地资产管理，加强土地的执法监督检查，真正达到管好土地、用好土地的目的。只有这样，才能促进社会经济的可持续发展。可持续发展维护了人类社会整体的、长远的利益，促进人们尊重自然规律，更切实地按照自然规律的要求去保护土地、开发利用土地。

3）土地管理法的基本原则

（1）土地公有原则。土地公有制是我国土地制度的基础和核心，一切土地立法必须遵循这一基本原则。

（2）合理利用和保护土地原则。我国宪法规定："一切使用土地的组织和个人必须合理利用土地。"《土地管理法》第三十八条规定："国家鼓励单位和个人按照土地利用总体规划，在保护和改善生态环境、防止水土流失和土地荒漠化的前提下，开发未利用的土地；适宜开发为农用地的，应当优先开发成农用地。"合理开发利用土地对于提高土地利用率和产出率，增加土地产品的有效供给具有重要作用。

（3）耕地特殊保护原则。《土地管理法》第四条规定："对耕地实行特殊保护。"第四章单列一章耕地保护，保护耕地是我国土地管理政策的首选目标。

（4）土地用途管制原则。即国家为保证土地资源的合理利用，通过编制土地利用规划，划定土地用途区，确定土地使用条件，要求土地的所有者和土地的使用者严格按照国家确定的土地用途使用和利用土地的制度。《土地管理法》第四条规定："国家实行土地用途管制制度。国家编制土地利用总体规划，规定土地用途，将土地分为农用地、建设用地和未利用地。严格限制农用地转为建设用地，控制建设用地总量，对耕地实行特殊保护。"

（5）土地有偿使用原则。《土地管理法》第二条规定："国家依法实行国有土地有偿使用制度。但是，国家在法律规定的范围内划拨国有土地使用权的除外。"在计划经济条件下，土地实行无偿划拨使用，从而造成国有土地资产严重流失、土地资源浪费、土地使用效益低下等问题。在社会主义市场经济条件下，实行土地的有偿使用，是经济体制改革和产权理论的要求，有利于理顺土地所有者和土地使用者之间的经济关系，有利于合理利用土地，促进土地资源的优化配置。

(6) 国家对土地统一管理原则。由各级人民政府及其土地管理部门代表国家统一行使土地管理的职权。既要对国家所有土地进行管理,也要对集体所有土地进行管理;既要对城市土地进行管理,也要对农村土地进行管理;既要管理农用地,也要管理建设用地。总之,各级人民政府及其土地管理部门要对所辖区域的土地依法实施全面管理。

(7) 保护土地所有者和土地使用者合法权益的原则。在我国,土地财产权主要包括土地所有权、土地使用权和土地承包经营权等。土地财产权一经依法取得,其合法权益就应受法律保护。这是我国宪法和民法基本原则在土地管理中的具体体现。

4) 土地管理法的调整对象

土地管理法有它自己的特定的调整对象,其调整的对象就是土地关系。根据土地关系性质的不同可以分为以下两类:

(1) 土地民事法律关系

土地民事法律关系主要是指平等主体之间就土地的开发、利用、交易所发生的财产性的社会关系。如土地所有权制度,土地使用权出让、出租、抵押等制度。

(2) 土地行政法律关系

土地行政法律关系是指国家土地行政管理部门依法履行土地监督管理职责时与个人、组织之间发生的社会关系。这是一种不平等主体之间纵向的、管理与被管理的土地行政管理关系,如土地利用规划制度、土地权属等级制度、土地用途管制制度、土地划拨制度、土地征用制度、土地行政执法制度等。

4.1.2 我国土地管理体制的改革

伴随着我国社会主义市场经济的发展,经济高速增长,对土地的需求与管理提出了新的要求。为此我国的土地管理体制面临着适应时代发展潮流的历史转变,这些转变归纳起来可以概括为以下四个方面。

(1) 从以土地资源管理为主向以土地资源管理与资产管理并重的方向转变

随着中国社会主义市场经济体制的建立与完善,土地这一生产要素也直接参与了整个市场经济体系循环,土地的商品化、土地的资产属性已经远远不是土地资源属性所能容纳的。我们必须转变观念,从以土地资源管理为主转向以土地资源管理和资产管理并重。之所以强调资产管理的重要性,是因为土地资产管理是我们面临的新课题,需要我们去解决。同时从另外一个方面来看,土地资源是土地资产的基础,无资源就不会有资产,土地资产管理有赖于土地资源管理。合理的、高效的土地资源利用与配置结构,是规范化土地资产管理的基础。抓住资产管理,实质上就是将资源管理凝结于其内。

(2) 从封闭型的计划管理体制向开放型的市场管理体制转化

社会主义市场经济对于土地管理来说,就是打破原有的封闭型的计划经济管理体制模式,建立开放型的市场管理体制新模式——建设统一开放,竞争有序,有利于促进我国经济发展,提高我国综合国力,符合国际惯例的土地市场体系。开放型土地市场管理体系的基本内容是要将土地市场管理体制建设成为统一的而不是分割的,开放的而不是封闭的,竞争的而不是垄断的,有序的而不是混乱无序的市场。

(3) 从城乡土地分离管理向全国城乡土地统一管理方向转化

在计划经济体制下,城市土地由房管局管理,郊县和农村土地由土地局管理,管理土地职能无法统一。随着改革的深入,经济高速发展,土地有偿使用的改革全面开展,土地市场逐步形成,并成为市场经济的重要组成部分。为了提高土地利用率,防止投机行为,应实行全国土地统一管理。统一管理就是坚持全国土地政策、法律制度的统一性和协调性。土地资源调查、土地登记、土地出让、土地资产评估、土地价格、土地市场等都实行全国统一管理。实现了统一管理,才能使土地资源管理配置更加合理与有效,从而减少占用农村耕地,提高城市土地利用率,使城市与农村的土地管理与使用处于良性循环状态。当然这项工作的推广是土地管理体制改革的难点,需认真研究。

(4) 从落后的管理方式向现代化管理方式转化

中国土地管理无论从资源到资产的转化,从计划经济模式到市场经济模式的转换,都离不开管理现代化。管理现代化具体包括:

① 管理工具现代化。即充分利用现代化通信、办公设备提高工作效率。

② 管理方式现代化。即按市场经济的要求,对资产管理实行现代市场配置与重组,提高配置效益。

③ 管理技术现代化。即借助于现代技术,为土地管理提供更加精确、更加全面和系统的数据,为决策服务。

④ 管理人员现代化。国内外实践证明,管理人员现代化是一切社会经济发展的动力,现代化经济一时一刻都离不开人的现代化。所以必须提高我国土地管理人员素质,培养他们的市场经济观念和现代化的创新精神。从落后的管理方式向现代化的管理方式转化,是中国土地管理体制改革的关键和基础,是适应社会主义市场经济发展和建立符合中国国情的现代化土地市场管理体制的基本保证。

4.1.3 保护好耕地

党的十八届五中全会首次把"绿色"作为"十三五"规划五大发展理念之一,将生态环境质量总体改善列入全面建成小康社会的新目标,这既与党的十八大将生态文明纳入"五位一体"总体布局一脉相承,也标志着生态文明建设被提高到了前所未有的高度,表明了中国未来的发展将通过绿色理念引领走向可持续。因此,在土地的开发和利用的过程中也应该坚持绿色理念,合理利用土地并切实保护耕地,实现"绿色用地"。

1) 土地保护

土地是民生之本。俗话说："手中有粮，心中不慌。"没有粮食吃饱肚子，哪有精力搞建设。我国本来就面临着人多地少的矛盾。从1996年到2003年，全国耕地面积从19.51亿亩减少到18.51亿亩，7年减少1亿亩。我国人均耕地面积仅有1.43亩，不到世界平均水平的一半。耕地后备资源也严重不足，60%以上分布在水资源缺乏或者水土流失、沙化、盐碱化严重地区。为此国家十分重视耕地保护。土地管理法中明确规定，国家实行占有耕地补偿制度，非农业建设经批准占用耕地，按照"占多少，垦多少"的原则，由占用耕地的单位负责开垦与所占用耕地的数量和质量相当的耕地；没有条件开垦者或者开垦的耕地不符合要求的，应当按照省、自治区、直辖市的规定缴纳耕地开垦费，专款用于开垦新的耕地。

国家实行基本农田保护制度。《土地管理法》明确规定，下列耕地应当根据土地利用总体规划划入基本农田保护区，严格管理：

(1) 经国务院有关主管部门或者县级以上地方人民政府批准确定的粮、棉、油生产基地内的耕地；

(2) 有良好的水利与水土保持设施的耕地，正在实施改造计划以及可以改造的中、低产田；

(3) 蔬菜生产基地；

(4) 农业科研、教学试验田；

(5) 国务院规定应当划入基本农田保护区的其他耕地。

2) 农村土地征用补偿

2004年3月新修改的《宪法》第十条明确规定："国家为了公共利益的需要，可以依照法律规定对土地实行征收或者征用并给予补偿。"把原来宪法里的征用扩充为征收或征用，并明确给予补偿，反映了国家对财产权利的尊重。在"征收或征用"和"给予补偿"之间用了"并"字，这意味着不再是过去的附带性、象征性补偿，而是并列的，也就是征地与补偿应互为前提。尤其对农民土地征用更要考虑除了土地以外的农民生活出路以及生存条件问题。根据《土地管理法》规定，征用耕地的补偿费用包括土地补偿费、安置补助费以及地上附着物和青苗补偿费。

(1) 土地补偿费和标准

土地补偿费是征地费的主要部分。国家建设征用土地，由用地单位支付土地补偿费。土地补偿费的标准是：

① 征用耕地的补偿费，为该耕地被征用前3年平均年产值的6~10倍（特殊地区可根据实际情况超越此范围）。

② 征用其他土地的补偿费标准由省、自治区、直辖市参照征用耕地的补偿费标准规定。

(2) 安置补助费

国家建设征用土地，用地单位除支付补偿费外，还应当支付安置补助费。安置补助费是安置因征地造成的农村剩余劳动力的补助费。

安置补助费,按照需要安置的农业人口数计算。需要安置的农业人口数,按照被征用的耕地数量除以征地前被征地单位平均每人占有耕地的数量计算。每一个需要安置的农业人口的安置补助费标准,为被征地单位平均每人占有耕地被征用前3年平均年产值的4~6倍。但每公顷被征用耕地安置补助费,最高不得超过被征用前3年平均年产值的15倍。

征用其他土地的安置补助费,由省、自治区、直辖市参照征用耕地的安置补助费标准规定。在人均耕地特别少的地区,按前述标准支付的土地补偿费和安置费,尚不能使需要安置的农民保持原有生活水平的,经省级人民政府批准,可以增加安置补助费。但土地补偿和安置补助费之和不得超过土地被征用前3年平均年产值的30倍。

(3) 地上附着物和青苗补偿费等

被征用土地上的附着物和青苗的补偿标准,由省、自治区、直辖市规定,地上附着物是依附于土地上的各类地上、地下建筑物和构筑物,如房屋、水井、地上(下)管线等。青苗是指被征用土地上正处于生长阶段的农作物。

征用城市郊区的菜地,用地单位应当按照国家有关规定缴纳新菜地开发基金。城市郊区菜地是指连续3年以上常年种菜的商品菜地和养殖鱼、虾的精养鱼塘。

(4) 临时用地补偿

经批准的临时用地,应同农业集体经济组织签订临时用地协议,并按该土地前3年平均年产值逐年给予补偿。但临时用地逐年累计的补偿费最高不得超过按征用该土地标准计算的土地补偿费和安置补助费的总和。

(5) 合理使用土地补偿费、安置补助费

土地补偿费归农村集体组织所有,地上附着物和青苗补偿费归地上附着物和青苗的所有者所有。由农村集体组织安置的人员,安置补助费由农村集体经济组织管理和使用;由其他单位组织安置的人员,安置补助费支付给安置单位;不需要统一安置的人员,补助费发放给个人。

4.2 我国城镇土地使用权有偿出让

4.2.1 城镇国有土地使用权出让的法律含义

根据1990年5月19日国务院发布的《中华人民共和国城镇国有土地使用权出让和转让暂行条例》(简称第55号令)第八条规定,土地使用权出让是国家以土地所有者的身份将土地使用权在一定年限内让与土地使用者,并由土地使用者向国家支付土地使用权出让金的行为。具体来讲它具有以下法律特征:

1) 从主体来看

土地使用权的出让方是土地所有者——国家,土地使用权的受让方是中华人民共和国境内外的公司、企业、其他组织和个人,法律有特别规定者除外。可见出让方是唯一的,即中华人民共和国。受让方则范围广大,他们可以是中国人,也可以是外国人,可以是自然人,也可以是公司、企业等法人。但是国家是一个抽象的主体,在具体行使权利时,一般是由土地所在地方政府及其下属国家土地管理局作为代表。

2) 从内容来看

由土地使用权的出让方出让土地交给受让方使用,而受让方则需支付相应的土地使用权出让金。关于土地使用权的出让,一般理解为土地使用权转让的一种方式。在1988年通过的《宪法》修正案和《土地管理法》修改决定中,将土地使用权转移的行为统称为"转让",而第55号令沿用了已在全国各地实践中被广泛应用的"土地使用权出让"和"土地使用权转让"提法,并作为并列规定。根据第55号令规定,土地使用权出让是国家将土地使用权从土地所有权中分离出来,转移给受让人。而土地使用权的转让则是指受让人取得土地使用权再转移给新的受让人,转让双方的法律地位平等,全过程可以用下式表示。

国家(土地所有者) 一级市场(出让) 二级市场(转让)
地方政府(代表国家) —————→ 受让方(第一受让方) —————→ 第二受让方
　　　　　　　　　　政府垄断　　　　　　　　　　　　　平等交换

3) 从客体来看

土地使用权出让的是国有土地,主要是指市、县、建制镇、工矿区范围内属于全民所有的土地。对于集体土地,《中华人民共和国城市房地产管理法》第八条作了明确规定,城市规划区内的集体所有土地,经依法征用转为国有土地后,该国有土地使用权方可有偿出让和转让。

4.2.2 土地使用权出让所遵循的原则

为了更好地利用土地,更好地执行第55号令中土地使用权出让的有关规定,应遵循以下三项原则。

1) 规划原则

土地使用权的出让是为了最大限度地有效利用国有土地,而国有土地的具体使用涉及城镇的土地使用统一规划管理问题。如果盲目出让土地使用权,必然打乱整个城镇规划,从而导致整个规划失控,直接影响城镇的整个建设规划。《中华人民共和国城市房地产管理法》第十条规定,土地使用权出让,必须符合土地利用总体规划、城市规划和年度建设用地规划。《土地管理法》第三条规定,各级人民政府必须贯彻执行珍惜和合理利用土地的方针,全面规划,加强管理……第55号令

第九条规定,土地使用权的出让,由市、县人民政府负责,有计划、有步骤地进行。第十条规定,土地使用权出让的地块、用途、年限和其他条件,由市、县人民政府土地管理部门会同城市规划部门和建设部门、房产管理部门共同拟订方案……

2) 严格审批、登记原则

出让土地使用权不是任何政府部门都有权代表国家进行,每一块土地使用权的出让必须由市、县人民政府土地管理部门会同城市规划和建设管理部门、房产管理部门共同拟订方案,按照国家规定的批准权限报经批准后,由土地管理部门实施。当土地使用者支付了全部土地使用权出让金后,才应按规定办理登记,取得土地使用证,从而取得土地使用权。对土地使用权出让实行严格审批、登记程序,目的是为了便于国家土地管理部门对土地使用者使用土地实行监督、管理。

3) 平等、自愿、有偿原则

土地使用权出让是以签订土地使用权出让合同为基础的。根据第 55 号令第十一条规定,土地使用权出让合同应当按照平等、自愿、有偿的原则,由市、县人民政府土地管理部门与土地使用者签订。由于土地使用权出让合同不同于一般民事合同,所以这里讲的平等、自愿、有偿原则与民法基本原则中所规定的平等、自愿、有偿有所不同。首先我们来对比平等原则。在民事合同关系中,当事人之间法律地位是完全平等的,而土地使用权出让合同中,双方地位并不完全平等,很明显作为出让方——代表国家的一方占有绝对优势。其次是自愿原则。土地使用权出让具有一定条件,如不符合有关条件要求,就不可能成为土地使用权的受让方,所以这里的自愿是符合条件下的自愿。再次是有偿原则。土地使用权出让的有偿性与民事法律中要求的等价有偿不同。随着我国土地使用权出让市场的开放与完善,其出让中的平等、自愿、有偿原则将日趋接近民法中所要求的平等、自愿、有偿原则。

4.2.3 国家实行土地有偿有限期使用制度

除了国家核准的划拨土地以外,凡新增土地和原使用的土地改变用途或使用条件、进行市场交易等,均实行有偿有限期使用。国家相关法律明确各类土地出让年限如下:

居住用地 70 年;

工业用地 50 年;

教育、科技、文化、卫生、体育用地 50 年;

商业、旅游、娱乐用地 40 年；

综合用地、其他用地 50 年。

4.2.4　我国城镇土地使用权出让的方式

出让方式是指国有土地的代表通过一定形式或程序将国有土地使用权出让给一定的使用者。因此，出让方式不涉及出让土地的实质内容，而只表明以什么形式取得土地使用权。

按照 2007 年 8 月 30 日中华人民共和国第十届全国人民代表大会常务委员会第二十九次会议新修改的《中华人民共和国城市房地产管理法》第十三条规定："土地使用权出让，可以采取拍卖、招标或者双方协议的方式。"一块具体土地，到底采取上述三种方式中的哪一种方式出让使用权，由土地使用者或其代表根据所出让土地具体情况和土地用途确定。该条规定对此也有相应说明：商业、旅游、娱乐和豪华住宅用地，有条件的，必须采取拍卖、招标方式；没有条件，不能采取拍卖、招标方式的，可以采取双方协议的方式。

1) 拍卖

(1) 拍卖的含义

拍卖又称竞投，有些地方也叫"拍让"。它是指土地所有者代表在指定的时间、地点，组织符合条件的土地使用权有意受让人到场，就所出让使用权的土地公开叫价竞投，按"价高者得"的原则确定土地使用权受让人的一种出让方式。

(2) 拍卖程序

土地使用权公开拍卖的一般程序是：

① 发布公告，由土地所有权代表发出土地使用权拍卖公告；

② 应征；

③ 公开拍卖；

④ 签订合同；

⑤ 领取土地使用证书。

例如，深圳市于 1987 年 12 月 1 日率先试点，第一次以公开拍卖方式出让一块 8 588 平方米的住宅用地，土地使用期 50 年。公开拍卖前三天，正式领取牌子准备参加竞标的企业有 44 家，其中外商 9 家。拍卖时，主持人宣布拍卖，开口价为 200 万元人民币，经过激烈竞争，最后深圳房地产公司叫价 525 万元，取得该土地的使用权。如图 4-1 为深圳经济特区公开拍卖出让土地使用权的程序。

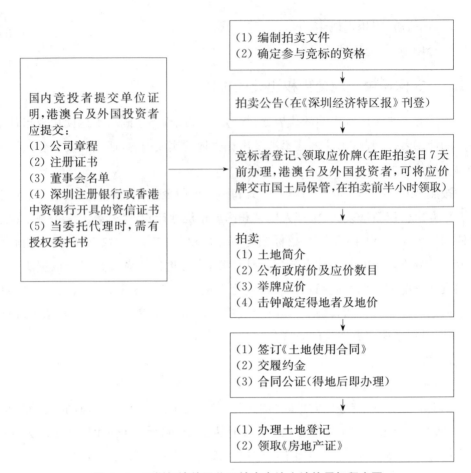

图 4-1 深圳经济特区公开拍卖出让土地使用权程序图

2）招标

（1）招标的含义

招标是指在指定的期限内,由符合条件的单位或者个人以书面投标形式竞投某地段土地使用权,选择出让人和收取出让金的土地使用权的出让方式。招标出让土地使用权,引入市场机制,体现了商品的等价交换原则。但获得土地使用权的,并不一定是出价最高者。

（2）招标程序

土地招标一般按以下程序进行：

① 编制招标文件。

② 确定参与投标的资格范围。

③ 发出招标公告。

④ 招标企业购买招标文件。

⑤ 招标小组解答投标者提出的问题。

⑥ 投标密封投入标箱,并按规定缴纳保证金。

⑦ 公开开标、验标。不符合规定的标书当众宣布无效;对符合规定的标书进行评标和决标。开标、评标和决标工作由评标委员会主持。评标委员会只对有效标书进行评审,决定中标者。

⑧ 向中标者发出中标通知书;对没有中标者,也应书面通知。

⑨ 中标者接到中标通知书后,在规定时间内与政府签订合同。

⑩ 中标者按规定办理有关手续,领取土地使用证书。

例如,深圳市于1987年11月25日第一次以招标形式出让面积为46 355平方米的地块,用途为商品住宅,土地使用期限50年。当时共有9家企业参与投标,其中出标价最高为1 891.28万元,即每平方米地价为408元;最低是1 500万元,即每平方米地价为324元;市政府内定标底为1 539万元,即每平方米地价332元。最后根据评标结果,深圳深华工程开发公司得最高分94分,以标价1 705.88万元,即每平方米地价368元中标,并当即发出中标通知书。中标通知书要求中标者持中标通知书在15天内到市政府签约,签约后30天内一次性付讫地价款。对未中标者按规定退还保证金。如图4-2为深圳经济特区招标出让土地使用权程序。

3) 协议

(1) 协议的含义

协议有时又称为私下协议。协议出让土地使用权的受让方直接向国有土地所有者代表机关提出有偿使用土地的要求,国有土地所有者代表机关通过与受让者进行协商,并就有关出让的土地价格、用途、期限、价金的支付、违约责任等内容进行商讨,最终达成土地使用权出让协议的过程。

2010年12月24日深圳市第五届人民代表大会常务委员会第五次会议第四次修正的《深圳经济特区土地使用权出让条例》,第三十九条规定了以协议方式出让土地使用权的范围:

① 高新技术项目用地;

② 市、区政府建设的微利商品房用地;

③ 市、区政府建设的福利商品房用地;

④ 市、区财政全额投资的机关、文化、教育、卫生、体育、科研和市政设施等公益性、非营利性用地。

以上所列项目以外的用地一般应当以招标、拍卖方式出让土地使用权。下列项目用地,经市政府批准,也可以采取协议出让方式出让土地使用权,但必须按公告的市场价格出让:

① 属特区急需或特别鼓励发展的项目用地;

② 成片开发区用地;

③ 市政府以土地入股合作的项目用地；
④ 旧城改造用地。

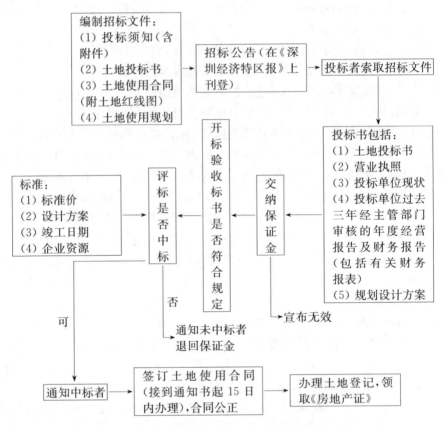

图 4-2　深圳经济特区招标出让土地使用权程序图

《中华人民共和国城市房地产管理法》第十三条规定："采取双方协议方式出让土地使用权的出让金不得低于按国家规定所确定的最低价。"

(2) 协议的程序

① 申请阶段；

② 审查阶段；

③ 协商阶段；

④ 签约阶段。

在各种出让方式中，协议出让使受让方在出让过程中对合同主要条款有比较大的发言权，特别对出让金有直接讨价还价的余地。例如，1987年9月9日，深圳市政府第一次采取协议方式将一块编号为 B211-1，面积 5 321 平方米的土地，有偿出让给中国航空进出口公司深圳工业贸易中心建造职工宿舍。该土地的地价,政府按一般地价计算方法每平方米为400元,而贸易中心的期望地价则是100元。经双方多次协商,最后于同年9月达成了每平方米200元的协议,总价为106万元成交,价款一次付清。如图4-3为深圳经济特区协议出让土地使用权的程序。

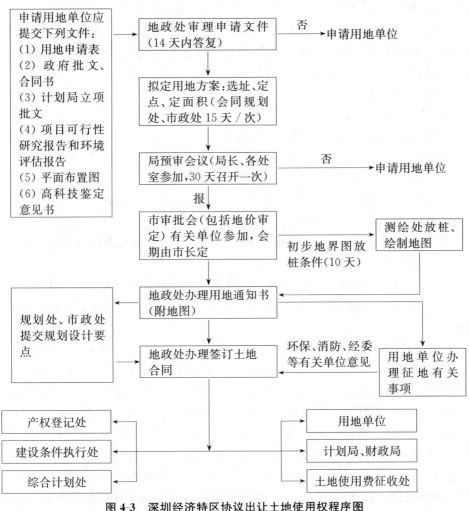

图4-3 深圳经济特区协议出让土地使用权程序图

4) 挂牌交易

(1) 挂牌交易的意义

1988年4月,全国人民代表大会正式修改了宪法有关条款,规定了土地使用权可以依照法律的规定转让,《土地管理法》也随之作了相应修改,从而为我国土地使用制度的改革提供了法律保证。

这些年来,全国土地批租领域中的腐败行为时有发生,相关制度不健全,程序不规范和缺少必要的监督成了隐形地产市场滋生的温床,一些利欲熏心的干部乘机贪污受贿。据有关统计,土地批租方面发案率高,成了贪污腐败的重灾区。2000年1月6日,国土资源部发布了《关于建立土地有形市场促进土地使用权规范交易的通知》,明确指出,建立土地有形市场是通过设立固定场所,健全交易规则,提供相关服务,形成土地使用权公开、公平、公正交易的市场环境。

2001年3月6日深圳市政府以第100号令正式颁布实施《深圳市土地交易市场管理规定》,这是我国第一部关于土地交易的地方性规章。为了防止腐败孳生,为了形成公开、公平、公正的交易市场环境,明确规定土地交易采取三种方式:招标、拍卖和挂牌交易。

(2) 挂牌交易的做法

首先,由政府在土地交易机构进行公告。对土地面积、用途、最低交易价格在交易机构公开,并规定一定时间内,欢迎符合条件的购买者来登记。

其次,由购买者根据公开的交易底价进行认价和公示。

再次,如果超过两家以上购买者,都可以在规定时间内提出自己的交易价格,自由地变换自己的交易价格,继续公示。

最后,在规定时间结束后,凡购买者中谁的交易价格最高谁获得土地使用权。

(3) 挂牌交易的特点

① 土地最低交易价透明。挂牌交易首先公示土地使用权最低交易价,不像招标、拍卖不透明底价,而是通过双方协商,达成一致意见而决定的土地使用权交易价格。

② 容许思考,竞争平和。在招标、拍卖的活动中,竞争异常激烈,拍卖举牌随着主持人的声音,在几秒钟内做好快速决策,否则就可能失去机会;而招投标竞争不知底价,竞争者之间的报价往往相差很大。南京有块土地招标,竞争者的报价之差达到一千万。而挂牌交易过程相对平和,不需要在几秒钟之内做出决定,可以仔细测算,认真思考,提出交易价格。

③ 稳定地价起到一定作用。当今商品房开发中,土地资源的成本是一项重要的成本开支。由于一些房地产开发商急于拿到土地,往往会出现哄抬地价的局面,这样会影响整个城市的房地产开发、城市化建设。政府采取挂牌交易形式,就能起到稳定地价的作用,对土地有效出让也起到了保证作用。

4.3 国有土地使用权划拨

4.3.1 土地使用权划拨的含义

根据1990年5月19日国务院发布的《中华人民共和国城镇国有土地使用权出让和转让暂行条例》(简称第55号令)第四十三条规定:"划拨土地使用权是指土地使用者通过各种方式依法无偿取得的土地使用权。"

2007年8月30日修改并通过的《中华人民共和国城市房地产管理法》第二十三条规定:"土地使用权划拨,是指县级以上人民政府依法批准,在土地使用者缴纳补偿、安置等费用后将该幅土地交付其使用,或者将土地使用权无偿交付给土地使用者使用的行为。"

划拨土地使用权有以下含义:

(1) 划拨土地使用权有两种形式。《城市房地产管理法》中提出了两种土地使用权划拨的方式,一种是将土地使用权无偿交付给使用者使用;另一种是附条件的使用,是土地使用者缴纳补偿、安置等费用后,才能获取土地使用权。

(2) 划拨土地使用权没有期限限制。《城市房地产管理法》第二十三条规定:"依照本法规定以划拨方式取得土地使用权的,除法律、行政法规另有规定外,没有使用期限的限制"。

(3) 取得划拨土地使用权,必须经有批准权的人民政府核准并按法定的程序办理手续。

4.3.2 划拨土地使用权的适用范围

2004年8月28日修改并通过的《中华人民共和国土地管理法》第五十四条规定:"建设单位使用国有土地,应当以出让等有偿使用方式取得;但是,下列建设用地,经县级以上人民政府依法批准,可以以划拨方式取得:

(1) 国家机关用地和军事用地;
(2) 城市基础设施用地和公益事业用地;
(3) 国家扶持的能源、交通、水利等基础设施用地;
(4) 法律、行政法规规定的其他用地。"

2007年8月30日修改并通过的《中华人民共和国城市房地产管理法》第二十四条作了更明确的规定:

国家机关,是指国家权力机关、行政机关、军事机关、审判机关和检察机关,但是作为土地划拨的范围,也包括了中国共产党各级机关、各级政协、民主党派、共青团、妇联等党团政治组织。

军事用地，一般应包括军队营区、国防工程设施、后勤基地、军事训练和试验基地用地、军用机场、港口等军事交通用地，但不应包括军队用于房地产开发的用地。

城市基础设施用地，一般指城市供水、排水、污水处理、供电、通信、煤气、热力、道路、桥梁、涵洞、市内公共交通、园林绿化、环境卫生以及消防、路灯、路标等设施用地。

国家重点扶持的能源、交通、水利等基础设施用地，指中央投资、中央与地方共同投资和中央、地方共同引进外资以及其他投资者投资的，国家采取各种优惠政策重点扶持的煤炭、石油、天然气、电力等能源项目用地；铁路、港口码头等交通项目用地；水库、防洪和防潮工程项目用地以及城市、工业输水工程等水利项目用地。

4.3.3 划拨土地使用权的转让、出租、抵押

1) 转让、出租、抵押的定义

(1) 划拨土地使用权转让

《划拨土地使用权管理暂行办法》第七条明确规定："土地使用权转让，是指土地使用者将土地使用权单独或者随同地上建筑物、其他附着物转移给他人的行为，原拥有土地使用权的一方称为转让人，接受土地使用权的一方称为受让人。"

同时第八条又明确规定："土地使用权转让的方式包括出售、交换和赠与等。出售是指转让人以土地使用权作为交易条件，取得一定收益的行为，交换是指土地使用者之间互相转移土地使用权的行为，赠与是指转让人将土地使用权无偿转移给受让人的行为。"

在办理土地使用权出让的情况下，所谓划拨使用权转让，实质上不过是一种权利更新，即原有的划拨国有土地使用权的终止和新的出让国有土地使用权的设立。

(2) 划拨土地使用权出租

划拨土地使用权出租，是指土地使用者将土地使用权单独或者随同地上建筑物、其他附着物租赁给他人使用，由他人向其支付租金的行为，原拥有土地使用权的一方称为出租人，承租土地使用权的一方称为承租人。

划拨土地使用权出租是出租人将权力租给承租人使用一定年限，出租人并不因此失去土地使用权。这不同于划拨国有土地使用权转让。在转让的情况下，土地使用权人将权利彻底让与受让人，由受让人取代原土地使用权人的地位。

(3) 划拨土地使用权抵押

划拨土地使用权抵押，是指土地使用者提供可供抵押的土地使用权作为按期清偿债务的担保行为，原拥有土地使用权的一方称为抵押人，抵押债权人称为抵押权人。

《划拨土地使用权管理暂行办法》第十一条还明确规定："转让、抵押土地使用

权,其地上建筑物、其他附着物所有权随之转让、抵押;转让、抵押地上建筑物、其他附着物所有权,其使用范围内的土地使用权随之转让、抵押。但地上建筑物、其他附着物作为动产转让的除外。出租土地使用权,其地上建筑物、其他附着物使用权随之出租;出租地上建筑物、其他附着物使用权,其使用范围内的土地使用权随之出租。"

设定抵押权时,法律将房屋所有权和土地使用权视为一个整体。也就是说,在设定抵押权时,实行"地随房走"或"房随地走"的原则。以划拨方式取得国有土地使用权,只有在地上有合法的房屋等建筑物或其他附着物时,才能与房屋一起设定抵押权。在划拨国有土地使用权抵押的情况下,一旦发生抵押权实现,即产生同划拨国有土地使用权转让一样的效果。因此,抵押权实现后,原有的划拨国有土地使用权存在着两种可能:① 按照国有土地出让程序转变为出让国有土地使用权;② 继续保持为划拨国有土地使用权。

2) 转让、出租、抵押的范围

1990年5月19日国务院发布的《中华人民共和国城镇国有土地使用权出让和转让暂行条例》(简称第55号令)第四十五条规定:"符合下列条件的,经市、县人民政府土地管理部门和房产管理部门批准,其划拨土地使用权和地上建筑物、其他附着物所有权可以转让、出租、抵押:

(1) 土地使用者为公司、企业、其他经济组织和个人;

(2) 领有国有土地使用证;

(3) 具有地上建筑物、其他附着物合法的产权证明;

(4) 依照本条例第二章的规定签订土地使用权出让合同,向当地市、县人民政府补交土地使用权出让金或者以转让、出租、抵押所获效益抵交土地使用权出让金。"

1992年3月8日起施行的《划拨土地使用权管理暂行办法》第六条也作了同样的规定。

3) 以划拨土地取得土地使用权房地产的转让、出租、抵押

2007年8月30日修改并通过的《中华人民共和国城市房地产管理法》第四十条明确规定:"以划拨方式取得土地使用权的,转让房地产时,应当按照国务院规定,报有批准权的人民政府审批。有批准权的人民政府准予转让的,应当由受让方办理土地使用权出让手续,并按照国家有关规定缴纳土地使用权出让金。以划拨方式取得土地使用权的,转让房地产报批时,有批准权的人民政府按照国务院规定决定可以不办理土地使用权出让手续的,转让方应当按照国务院规定将转让房地产所获收益中的土地收益上缴国家或者作其他处理。"

同时第五十一条还规定:"设定房地产抵押权的土地使用权是以划拨方式取得的,依法拍卖该房地产后,应当从拍卖所得的价款中缴纳相当于应缴纳的土地使用

权出让金的款项后,抵押权人方可优先受偿。"第五十六条规定:"以营利为目的,房屋所有权人将以划拨方式取得使用权的国有土地上建成的房屋出租的,应当将租金中所含土地收益上缴国家。"

4) 划拨土地使用权的收回

1990年5月19日国务院发布的《中华人民共和国城镇国有土地使用权出让和转让暂行条例》(简称第55号令)第四十七条规定:"无偿取得划拨土地使用权的土地使用者,因迁移、解散、撤销、破产或者其他原因而停止使用土地的,市、县人民政府应当无偿收回其划拨土地使用权,并可依照本条例的规定予以出让。对划拨土地使用权,市、县人民政府根据城市建设发展需要和城市规划的要求,可以无偿收回,并可依照本条例的规定予以出让。无偿收回划拨土地使用权时,对其地上建筑物、其他附着物,市、县人民政府应当根据实际情况予以补偿。"

1992年3月8日起施行的《划拨土地使用权管理暂行办法》第二十八条明确规定:"土地使用权出让期届满,土地使用者必须在出让期满之日起十五日内持国有土地使用证和土地使用权出让合同,到原登记机关办理注销出让登记手续。"

同时《划拨土地使用权管理暂行办法》第二十九条还规定:"土地使用权出让期满后,土地使用者再转让、出租、抵押土地使用权时,须按本办法规定重新签订土地使用权出让合同,支付土地使用权出让金,并办理变更土地登记手续。"第三十条规定:"土地使用权出让期间,国家在特殊情况下根据社会公共利益的需要,可以依照法律程序收回土地使用权,并根据土地使用者已使用的年限和开发、利用土地的实际情况给予相应的补偿。"

4.4 国有土地使用权转让

土地使用权转让是指土地使用者将土地使用权再转移的行为,包括出售、交换和赠与。换言之,土地使用权转让就是原受让方对已经获得土地使用权的土地按规定投入一定资金进行开发后,通过有偿出售、交换和无偿赠与等方式,把土地使用权连同地上附着物转让给新的受让者。新的受让者则承袭原受让者与当地政府建立的土地使用权让受双方的经济关系及相应的权利和义务。土地使用权转让是土地使用权作为商品经营的二级市场。

4.4.1 土地使用权转让条件

国家容许土地使用权转让,但为防范"炒卖地皮"现象的发生及限制土地投机,我国的立法对土地使用权转让规定了附加条件作为限制。这是因为作为土地所有者,就要关注土地带来的其他收益,国家对土地使用权的转让自然要做出一些限制,于国家无益的,就不容许转让;作为土地资源的管理者,就要考虑土地的社会效益,考虑土地的利用结构,使之尽可能地符合社会发展需要,符合全民利益。从这几点来看,国家不容许土地使用权无条件转让,也是必然的。

实行土地使用权转让制度的目的就是提高土地利用率,发挥土地最佳效益。国家只有对土地使用权实行有条件转让,才能保证土地的合理、充分利用,才能实现土地的合理配置和优化,发挥土地的最佳效益。如果容许土地使用权实行自由转让,一些土地使用者就会利用国家经济发展的契机,大搞土地投机,炒卖地皮,牟取暴利。这不仅会扰乱土地市场,而且会对土地开发、利用带来消极影响。

土地使用权转让的条件概括起来,主要有:

1) 必须是出让的土地使用权才能进行转让

通过出让方式取得的土地使用权是一种具有独立意义的"物权性使用权",它包括了所有权中一定程度的占有、使用、收益和处分权能。这些权能又表现为在出让期届满之前,对土地拥有使用、转让、出租和抵押的权利。相反,划拨土地使用权是无偿、无限期取得,是一种"债权性使用权",原则上不容许转让、出租、抵押,但通过划拨取得土地使用权的公司、企业、其他经济组织和个人,在与土地管理部门签订土地出让合同并补交出让金后,可以进行转让、出租、抵押。具备这样的条件,实际上原来划拨的土地使用权已经变为出让的土地使用权,具有物权性质。

2) 必须依照土地使用权出让合同规定的期限和条件对土地进行投资、开发、利用

这里的期限不是指土地使用权出让期限,而是指使土地达到出让合同规定的开发、利用状态所需的时间,也就是说土地使用者必须在规定的期限内在该地块投资多少或将该地块开发成为什么规模。规定一定的期限,其目的在于保证土地的投资速度,以便与整个城市建设发展规划和经济发展要求相协调,并且加快对土地的开发利用。所谓的条件,是多种要求的综合:其一,一般的出让合同都规定出让地块的用途,土地使用者不得擅自改变用途,否则,土地使用权不得转让,还必须限期纠正;其二,建筑物的占地面积,出让合同中一般也有规定,土地使用者既不得越界建筑,也不应当缩小建筑物的占地面积;其三,建筑物的高度和层次,出让合同中一般规定建筑物不得超过一定高度,不得超过多少层,目的是与城市规划相协调;其四,建筑物的配套设施也可因出让合同的规定而成为土地使用权转让的条件;其五,转让土地使用权所需达到的投资额度。此外,还有的出让合同明确规定出让地块可供建造的建筑物的遮阳比、容积率等。土地使用者如果违反出让合同中的任何一个转让条件,均不得转让土地使用权。

3) 土地使用权转让必须办理过户登记

过户登记是依法取得土地使用权或地上建筑物、附着物所有权的受让人凭有效土地使用权转让合同及其他合法文件到法定机关办理土地使用权或地上建筑

物、其他附着物所有权变更登记手续，依法确定土地使用权或地上建筑物、其他附着物所有权的行为。过户登记有两类，一类是土地使用权过户登记，另一类是房产过户登记。一般来讲，前一类过户登记应由市、县土地管理部门负责办理，后一类过户登记由市、县房产管理部门负责办理。

4.4.2 土地使用权转让方式

土地使用权转让有三种方式，即出售、交换和赠予。

1）出售

出售也称之为买卖。土地使用权的出售是指从国家手中取得土地使用权的受让者将经过一定程度开发的土地或者具有土地使用权的地上建筑物、设施出卖给第三人，而由此将土地使用权转移给第三人的行为。这种出售贯彻平等、自愿、等价的原则，由双方当事人通过协商、招标或者拍卖成交。土地使用权的出售只转移使用权，所有权仍属于国家。因为这种出售是在有限期的土地使用权出让前提下发生的，因而当依据土地使用权出让合同所确定的土地使用期限到期时，买方（即土地使用权受让人）将失去土地使用权和地上建筑物及其附着物的使用权。因此，土地使用权的出售与一般买卖行为有着本质区别。

2）交换

交换，也称之为"交易"。土地使用权的交换是指当事人双方约定互相转移土地使用权或一方转移土地使用权，另一方转移金钱以外标的物的行为。它是双方当事人都需要支配对方的物为前提的，是双方当事人的合意，以物易物是其基本特征，可以是土地使用权与其他物的交易，也可以是土地使用权之间互易，但有时也表现为混合交易。

3）赠予

赠予是指赠予人自愿把自己的土地使用权无偿转移给受赠人一方的行为。它一方面需要赠予人有把自己拥有的土地使用权无偿转给受赠人的意思表示，另一方面又需要受赠人接受赠予，其基本特征是无偿。在赠与物交付之后，除特殊情况下，赠予人不得随意撤回。土地使用权的赠予是赠予人将土地使用权无偿转移给受赠人的行为，受赠人成为土地使用权的新的受让人。与出售一样，赠予的只是土地使用权，土地所有权仍归国家。

从《中华人民共和国城镇国有土地使用权出让和转让暂行条例》（以下简称《国有土地出让和转让条例》）及各地的土地使用权出让、转让规定来看，土地使用权的转让应坚持下列几项原则：

（1）认地不认人原则。即土地使用者转让土地使用权时，土地使用权出让合同和登记文件中所载明的权利、义务随之转移。土地使用权可以多次转移，但无论转移到谁手中，国家和使用者的关系将不受影响。登记文件主要是指土地使用权出让时的协议书、招标文件、出让公告以及与房产管理部门签订的地上建筑物使用、管理、维修公约等。与土地使用权一并转移的权利和相应的义务主要有：

① 取得规划用地的使用权的权利和按照规定的货币种类支付用地价款及土地使用税费的义务。

② 要求提供的有关资料、规定的权利和尊重资料、遵守规定的义务。

③ 投资、开发、利用土地的权利和依照规定条件投资、开发、利用土地，并使之符合城市规划、建筑设计、城市建设、市政基础设施建设之要求，做到合理利用、节约保护土地的义务。

④ 使用地上建筑物和其他附着物的权利和管理维修的义务。

⑤ 处分土地使用权（转让、出租、抵押、继承）的权利和依法履行有关手续，不得损害土地及地上建筑物、其他附着物的经济效益，并依法交纳土地使用权转让金的义务。

⑥ 续用土地使用权的权利与补交续期用地价款的义务。

⑦ 对国家依法提前收回土地使用权要求给予补偿的权利和土地使用期满，将土地使用权及地上建筑物、其他附着物无偿交给国家的义务。

（2）房产、地产一致的原则。即土地使用权转让，其地上建筑物必须转让；地上建筑物转让，土地使用权同时转让。《国有土地出让和转让条例》第二十三条规定："土地使用权转让时，其地上建筑物、其他附着物所有权随之转让。"第二十四条规定："土地使用者转让地上建筑物、其他附着物的所有权时，其使用范围内的土地使用权随之转让，但地上建筑物、其他附着物作为动产转让的除外。"

（3）效益不可损原则。即无论土地使用权的转让，还是地上建筑物、其他附着物的转让都不得损害土地及其地上建筑物的经济效益。这是土地使用权或地上建筑物、其他附着物转让时，尤其是在分割转让时所必须遵守的一个原则。一般来说，凡是无损于土地及地上建筑物、其他附着物经济效益的转让，都应依法予以批准，凡是有损于土地及地上建筑物、其他附着物经济效益的转让，则不予批准。

4.4.3 土地使用权转让程序

土地使用权转让除必须符合规定的条件外，还必须经过一定的程序，以利于国家对土地经营市场管理。《国有土地出让和转让条例》除对土地使用权和地上建筑物、其他附着物所有权的分割转让规定了应当经过批准的内容外，没有对转让程序再作程序性规定，但各省、市的出让、转让规定均有程序化内容。

从各省、市规定的程序看，土地使用权转让的程序基本上可以分为以下几个阶段。

（1）申请。即由原受让人向出让人提出批准转让土地使用权的请求；但对转让土地使用权是否必须经过申请，各地规定不一。

(2) 批准(或同意)。即由原受让人向出让人提出转让的申请,由出让人批准或者同意。对此各地规定不尽相同。

根据《国有土地出让和转让条例》的有关规定,主要符合规定转让条件,一般情况下当事人即可自由决定转让,转让之前不必经出让人允许(土地使用权分割转让时除外)。当然,如果转让合同有不符合出让合同及法律、法规规定的,出让人仍可能进行干预。

(3) 签约。原受让人通过招标、拍卖或者协议确定新的受让人后与新的受让人订立转让合同。《国有土地出让和转让条例》第二十条规定:"土地使用权转让应当签订转让合同。"依法签订的土地使用权转让合同,对当事人具有法律效力,双方必须全面履行合同条款中规定的各自应承担的义务,任何一方不得擅自变更或解除。

(4) 公证。土地使用权转让合同必须经过公证,虽然《国有土地出让和转让条例》没有就此作出规定,但各地出让、转让的规定中基本上都把公证作为合同生效的条件。

公证是国家公证机关按照公民、机关、团体事业单位的申请,对法律行为或者有法律意义的文书、事实,证明它的真实性与合法性的非诉讼活动。转让合同公证具有以下效力:① 转让合同经过公证,即具有法律上作为证据的效力,但有相反证据足以推翻该公证证明的除外;② 公证是转让合同生效的必要条件;③ 转让合同经过公证具有强制执行的效力。

(5) 过户登记。土地使用权转让,双方凭转让合同、公证、认证等文件向土地管理机关办理登记过户手续,地上建筑物、其他附着物所有权的转让必须向房产管理部门办理过户登记。

4.5 土地使用权出租

4.5.1 土地使用权出租的含义

土地使用权出租是指土地使用者作为出租人将土地使用权随同地上建筑物、其他附着物租赁给承租人使用,由承租人向出租人支付租金的行为。

从法律关系上来看,土地使用权的转让和土地使用权的出租有不同的性质。土地使用权的转让是权利的让与,意味着将土地使用权买断,土地使用人(即转让人)与国有土地所有者或者其他代表所确定的在土地上的权利和义务完全转移给新的土地使用权受让人,即转让是一次性终结行为;而土地使用权出租则是出租人在保持自己对土地使用权的前提下,把自己具有使用权的土地租赁给他人使用,并收取租金。而相对土地所有者来讲,出租人需继续履行出让合同规定的义务。《国有土地出让和转让条例》第三十条规定："土地使用权出租后，出租人必须继续履行土地使用权的出让合同。"出租人和承租人的关系在不违背国家法律、法规和土地使用权出让合同的前提下，由双方通过订立租赁合同加以确定。因此，出租是一种继续性行为，在整个租赁期内，当事人双方继续存在权利和义务的关系。

土地使用权出租和土地使用权出让也具有不同性质。土地使用权出让是土地所有者将土地使用权有限期地让给受让人，因此，在出让关系中，在主体上出让人是土地所有人——国家或其代表；出租是土地使用权受让人将土地使用权有限期地让与承租人，因此，在出租关系中，在主体上出租人是通过出让或者转让而取得土地使用权的土地使用权受让人。

根据以上认识，我国的立法中明确了出租不同于出让和转让，是一种独立的地产经营行为，从而对土地使用权的出租做了专门规定。

土地使用权出租的标的具有复杂性，即不仅包括土地使用权，还包括土地上的建筑物及其他附着物。出租人出租土地使用权的同时，也将该土地的建筑物和其他附着物出租给承租人使用了。因而实际上在土地使用权出租中存在两种租赁关系：一种是土地使用权的出租，在这一租赁关系中，出租人作为土地的使用者将土地使用权交给承租人；另一种是建筑物及其他附着物的出租，在这一租赁关系中，出租人是作为建筑物及其他附着物的所有者，将建筑物及其他附着物交给承租人使用。

土地使用权同地上建筑物及其他附着物同时出租，体现了房产、地产一致的原则，是由房地不可分割所决定的。房屋是盖在地上的，没有土地作为基础，房屋就成了空中楼阁。享有房屋的使用权，就必然享有土地的使用权。这就决定了在土地使用权出租时要贯彻房地产一致的原则，在出租土地使用权的同时一并出租地上建筑物及其他附着物。

土地使用权出租，承租人以支付租金为代价取得了对土地及其地上建筑物、其他附着物的使用的权利。出租人应该按照合同规定的时间和标准，将出租的土地使用权及其地上建筑物、其他附着物交给承租方使用。由此，承租方取得土地使用权，其内容只是对土地的占有、使用，而不包括对土地一定程度的处分，即不能将土地再交给别人使用。承租人取得的仅是按照土地及其地上建筑物、其他附着物的本来用途而使用的权利，不能将承租权转让或转租。这与土地使用权出让中受让人取得的以对土地的使用、转让、出租、抵押等为内容的具有独立意义的土地使用权有很大不同。

土地使用权出租是将土地使用权有限期地租给别人使用，租期届满后可以收回该使用权。出租行为并没有使出租人完全丧失土地使用权。出租人作为受让人同国家订立的出让合同的权利义务并没有转移给承租人，出租人同国家的权利义务关系不变，仍需履行出让合同规定的权利和义务。

4.5.2 土地使用权出租的条件

由于土地使用权的出租也是地产经营的一种方式,是地产经营二级市场的重要组成部分,因而出租应具备一定条件,以实现出让人出让土地使用权的目的。

(1) 出租土地使用权是国家有偿出让具有物权性质的土地使用权。只有通过有偿出让取得的土地使用权,才是一项独立的财产权利,才可以作为商品进行出租;而通过划拨取得的土地使用权,不是一项独立的财产权利,不得任意出租。可见,土地使用权出让是出租的必然前提条件,要出租土地使用权首先要进行土地使用权的出让。

(2) 按照土地使用权出让合同规定的期限和条件对土地必须进行投资开发、利用。土地使用权出让的目的是开发、利用土地,未依照土地使用权出让合同规定的期限和条件开发、利用土地的,不得出租土地使用权。对期限和条件,法律未做一般规定,因而要针对具体地块状况,在具体出让合同中加以明确。

(3) 出租人和承租人应当签订租赁合同。土地使用权租赁合同是当事人约定一方将土地连同地上建筑物、其他附着物交于他方使用,他方支付租金。土地使用权出租是通过签订土地使用权出租合同来确定出租方与承租方的权利和义务关系的。土地使用权租赁合同的签订和履行过程,即土地使用权出租的实现过程。租赁合同不得违背国家法律、法规和土地使用权出让合同的规定,否则,租赁合同无效。

(4) 土地使用权和地上建筑物、其他附着物出租,出租人应当按照规定办理登记。出租登记是指依法取得土地使用权和地上建筑物、其他附着物所有权的受让人、承租人,凭土地使用权租赁合同及其他合法文件到法定机关办理土地使用权或地上建筑物、其他附着物出租手续,以依法确定土地使用权或地上建筑物、其他附着物租赁关系的行为。一般来说,土地使用权出租登记,由市、县人民政府土地管理部门负责办理,地上建筑物、其他附着物出租登记,由市、县房产管理部门负责办理。

4.5.3 土地使用权出租的程序

与土地使用权转让一样,土地使用权出租除必须符合一定的条件外,还必须符合一定的程序。由于土地使用权出租是在出租人继续保持与土地所有者或其代表所订立的出让合同关系基础上将土地使用权让予承租方的行为,因而在程序上亦不同于出让合同所确定的全部权利和义务关系都转移给新的土地使用权受让人的转让行为,因而出租程序较为简单。

一般来说,出租程序主要包括两个阶段:签约和登记。

1) 签约

《国有土地出让和转让条例》第二十九条规定:"土地使用权出租,出租人与承租人应当签订租赁合同。"

土地使用权出租合同是指土地使用人(出租人)将土地使用权随同地上建筑物和其他附着物一并交给他人(承租人)使用,承租人向出租人支付租金,并在租赁关系终止时返还所租土地使用权的协议。

(1) 出租合同主要内容

① 出租土地的位置、面积、四至范围,一般称为土地使用权出租的标的。

② 租期,即土地使用期限。这个期限不得超过出让合同规定的出让期限减去出让合同生效后有关土地使用权受让人已经使用年限的余额。地上建筑物和其他附着物的出租期限与土地使用期限相同。

③ 建设(或建筑)条件。建设条件是出让合同的转移条款,即出租合同的建设条件必须符合出让合同规定的建设条件和土地使用规划。如需改变,只能按照土地使用权出让的有关规定,由出租人向土地所有者或其代表提出申请。出租合同无权改变出让合同规定的建设条件和土地使用规划。

(2) 出租人的权利和义务

出租人享有以下权利:

① 收取租金。这是出租人获取土地使用权和地上建筑物、其他附着物所有权的收益,是出租方最主要的权利。

② 监督承租人合理使用租赁物。

出租人应当承担以下义务:

① 交付土地和地上建筑物、其他附着物及保持义务。出租人应按照合同规定的时间和标准,将出租的财产交付承租人使用,并在租赁关系存续中,保持其处于合理使用的状态。所谓交付,对不动产来说,即转移占有。

② 修缮义务。出租人在租赁关系存续期间,为使承租人正常使用标的物,要对租赁财产进行必要的修缮,从租金中扣除修缮费用,或请求解除合同。

③ 除去妨害义务。当承租人的正常使用受到妨害或妨害的危险时,不论是由于出租人还是由于第三人的原因所致,出租人均有除去或防止妨害的义务。

此外,如果承租人在订立合同时提供了担保物,出租人则负有妥善保管担保物并在合同期满时将担保物返还承租人的义务。

(3) 承租人的权利和义务

承租人享有以下权利:

① 按照合同规定使用土地和适宜于使用的地上建筑物及其他附着物。

② 合同期满后取得提供的担保物。

承租人应当承担以下义务：

① 支付租金的义务。租金是承租人按照规定有偿使用租赁物所支付的代价，支付租金是承租人最主要的义务。承租人应当按照合同规定的时间、地点、数额交付租金。

② 合理使用租赁物义务。承租人对租赁物使用应当符合出让合同中对土地用途开发建设要求的规定，不得擅自改变租赁物的用途。另外，非经出租人同意，承租人不得擅自转让、转租所租赁的土地使用权及地上建筑物，不得擅自拆毁、改装租赁物。

③ 保管义务。承租人应注意保管租赁物。承租人违反保管义务致租赁物受到损坏的应负损坏赔偿责任。

④ 返还租赁标的物的义务。承租人在租赁关系终止后，应返还土地使用权及地上建筑物、其他附着物。所谓返还，亦即转移占有。逾期不返还的，承租人应交纳延期租金，给出租人造成损失的，承租人还应进行赔偿。

2) 登记

登记即由出租人分别向土地管理部门和房产管理部门办理土地使用权和地上建筑物、其他附着物出租登记的行为，不经登记的出租行为无法律效力。《国有土地出让和转让条例》第三十一条规定："土地使用权和地上建筑物、其他附着物出租，出租人应当按照规定办理登记。"

4.6 土地使用权抵押

4.6.1 土地使用权抵押的含义

土地使用权抵押是指土地使用者将其依法取得的土地使用权作为清偿债务的担保的法律行为。具体地讲，就是债权人对享有土地使用权的债务人或第三人的土地不移转占有，继续由债务人或第三人使用并获得收益，而在债务不履行时，处分债务人或第三人提供的土地使用权（担保物），并从处分的抵押物所得价款中优先受偿。这里，债权人的权利即抵押权。

土地使用权抵押具有以下特性：

（1）抵押权具有从属性。抵押权是为担保债权而设立的，它与所担保的债权形成主从关系，对其具有从属性。抵押权的这种从属性表现在其效力决定于债权，随债权的成立而成立，随债权的转移而转移，随债权的消灭而消灭。

（2）抵押权具有特定性。抵押权的特定性表现在两个方面：一是抵押标的特定性；二是被担保债权的特定性，即抵押权只能为担保特定的债权而设立，因而抵押权所担保的债权必须是明确的、具体的。

(3) 抵押权的价值性。抵押权以取得抵押物的交换价值为目的,而不以取得抵押物的使用价值为目的。因而,为使抵押权与以取得物的使用价值为目的的用益物权相区别,称抵押权为价值权。

(4) 抵押权的不可分性。抵押权的不可分性表现为:土地使用权分割转让时,抵押权人仍然可就全部债权,对全部土地使用权行使权利;土地部分灭失时,剩余部分仍然担保债权的全部;已设定担保的债权,如进行分割或转让其中一部分,其抵押权不受影响;清偿一部分债务,不发生抵押权部分灭失的效力。

土地使用权抵押的标的物不仅包括土地使用权,还包括地上建筑物和其他附着物。抵押人抵押土地使用权时,其地上建筑物和其他附着物随之抵押。地上建筑物和其他附着物抵押时,其使用范围内的土地使用权也随之抵押。

(5) 抵押权具有物上代位性。如果抵押物毁损或灭失,抵押权人有权代替抵押人直接向负有赔偿责任的第三人请求赔偿。

(6) 抵押权具有优先受偿性。抵押人到期未履行债务或者在抵押合同期间宣布解散、破产的,抵押权人有权依照国家法律、法规和抵押合同的规定处分抵押物。处分抵押物所得,抵押人有优先受偿权。

4.6.2 土地使用权抵押的条件

土地使用权抵押的设置,要受到一定条件的限制:

(1) 只有经过出让和转让方式取得的土地使用权,才能抵押。土地使用权抵押的期限不得超过土地使用权出让和转让的年限。

(2) 土地使用权抵押时,其地上建筑物、其他附着物随之抵押。地上建筑物、其他附着物抵押时,其范围内的土地使用权随之抵押。

(3) 土地使用权抵押不得违背国家法律、法规和土地使用权出让合同的规定。

4.6.3 土地使用权抵押的程序

(1) 抵押双方当事人签订土地使用权抵押合同,抵押合同不得违背国家法律、法规和土地使用权出让合同的规定。

(2) 由公证机关对双方签订的合同给予公证。

(3) 土地使用权抵押双方凭抵押合同、公证、认证等文件向土地管理部门办理抵押登记。

登记是抵押权成立的必要条件。登记的内容应包括:①被担保金额;②抵押人姓名或名称;③债权。

(4) 抵押合同终止后,抵押权人应在规定的时间内向土地管理部门办理抵押登记的注销手续。

4.7 土地使用权的终止

4.7.1 土地使用权终止的含义

土地使用权的终止是指国有土地使用权出让合同规定的使用期限届满而国家收回土地使用权,或者在土地使用权期满前国家因社会公共利益需要提前收回土地使用权。《国有土地出让和转让条例》第三十九条对此做了明确规定。各地有关出让、转让的规定也对土地使用权的终止做了类似规定。除此之外,土地使用权也可以由于其他原因而被国家强制收回。

土地使用权终止的发生根源主要在于下述三个方面:

(1) 土地使用权因土地使用权出让合同规定的使用期限届满而终止,即当土地使用权出让合同规定的土地使用期限届满时,土地所有者或其代表将依土地使用权出让合同的规定收回土地使用权,土地使用权受让人从此不再拥有该土地使用权。由于土地使用权的出让是在不改变土地所有者前提下的有限期的使用权,而使用期限届满之日起土地使用权受让人理应返还给土地所有者。这是土地为国家所有的最终体现——所有者的权利。这是土地使用权终止的最主要原因。

(2) 土地使用权期满前,国家因社会公共利益的需要而提前收回土地使用权。在一般情况下,土地所有者应严格按照土地使用权出让合同的规定由土地使用权受让人在出让合同规定的使用期限内充分行使使用权,直至合同规定的土地使用权期限届满。因此,中央和地方的有关出让和转让的立法均规定土地使用权出让期未满的土地使用权不得收回。但也不能排除在特殊情况下,土地所有者为维护公共利益的需要而提前收回土地使用权。

(3) 因土地灭失而导致使用人实际不再享有土地使用权。但土地灭失不同于一般物品的灭失,它的灭失并不失去原土地在地球表面上所占的位置。土地的灭失主要是指由于非人力和自然力量原因造成原土地性质的彻底改变或原土地面貌的彻底改变,如因地震而使原土地变成湖泊或河流等。由于土地灭失已经完全改变了原土地的社会意义,丧失了原使用的性质,因而国家应据此而收回土地使用权,对原土地所占空间根据实际存在意义做出新的设计和安排。

由于土地使用权受让人严重违反城市规划或土地使用权出让合同规定而被国家强制收回使用权的终止,不同于上述三种情况的终止。因严重违反城市规划和土地使用权出让合同而终止的,是一种对土地使用者的行政处罚措施。《国有土地出让和转让条例》第十七条第二款规定:"未按合同规定的期限和条件开发、利用土地的,市、县人民政府土地管理部门应当予以纠正,并根据情节可以给予警告、罚款直至无偿收回土地使用权的处罚。"各地有关出让、转让的规定也大多数明确了此项行政责任。

4.7.2 土地使用权终止的法律后果

自土地使用权终止之日起,土地使用者即丧失该土地使用权。土地使用权的终止产生下列几个方面的法律后果:

(1) 土地使用者不再享有该土地使用权,土地使用权受让人与土地所有者或其代表之间关于该土地上的权利和义务随之解除。

(2) 地上建筑物和其他附着物随土地使用权终止而由国家无偿取得。土地使用权受让人不得以任何理由提出地上建筑物和其他附着物的所有权请求,亦不得擅自损坏。

(3) 土地使用权出让合同规定必须拆除的设备等,土地使用权受让人必须在规定期限内拆除。除土地使用权出让合同另有规定者外,非通用建筑物等必须由土地受让人按规定的期限拆除和清理,或者由土地使用权受让人支付拆除费用和清理费用。

4.7.3 土地使用权提前终止

一般情况下,在土地使用权出让合同规定的使用期限内,土地使用权受让人可以依据法律和出让合同的规定充分行使使用权,土地所有者不得随意收回土地使用权,这是一个普遍的原则。为此,《国有土地出让和转让条例》作了明确规定:"国家对土地使用者依法取得的土地使用权不得提前收回。"但在特殊情况下,国家亦可根据公共利益的需要,依法定程序收回土地使用权。《国有土地出让和转让条例》第四十二条在规定不提前收回的同时,又规定:"在特殊情况下,根据社会公共利益的需要,国家依照法律程序提前收回,并根据土地使用者已使用的年限和开发、利用土地的实际情况给予相应的补偿。"

国家因公共利益需要提前收回土地使用权,一般要经过较严格的程序。《国有土地出让和转让条例》对此未作具体规定,但在一些地方关于出让、转让的规定,一般情况下,土地所有者代表或者政府土地管理部门即可直接做出提前收回土地使用权的决定,但必须向土地使用权受让人说明提前收回的理由,并在收回土地使用权日期前六个月将拟收回的地块的坐落、地块四至范围、收回日期、土地新用途等通知土地使用权受让人,同时在将收回土地使用权所涉及的范围内公告,以晓民众。

提前终止土地使用权,地上建筑物和其他附着物一并收归国有,除土地使用权出让合同规定必须拆除的技术设备等以外,土地使用权受让人不得损坏一切地上建筑物及其他附着物和其他非通用性建筑物,并免除土地使用权出让合同规定的拆除和清理的义务。

对提前收回土地使用权的,立法规定由国家根据土地使用的年限和开发、利用土地的实际情况以及地上建筑物和其他附着物的现存价值等情况,给土地使用权受让人以合理补偿。

各地关于出让、转让的规定中普遍规定对提前收回土地使用权的补偿有争议的,双方当事人可以向人民法院起诉。但诉讼期间不停止公告期限实施收回行为,收回行为的实施不影响补偿额的最后确定。

4.7.4 土地使用权期满后的续期

土地使用权期满后的续期是指土地使用权出让合同规定的使用期届满后,依照土地使用权出让的有关规定同意原土地使用权受让人继续使用该块土地。《国有土地出让和转让条例》第四十一条规定:"土地使用权期满,土地使用者可以申请续期。需要续期的,应当依照本条例第二章的规定重新签订合同,支付土地使用权出让金,并办理登记。"

土地使用权的续期必须是当该块土地用途与期满时的城市规划不矛盾时方得允许。反之,如果在土地使用权期满时该块土地与城市规划相矛盾,或不符合期满时城市规划要求时,则不得续期。

一般情况下,土地使用权期满后土地使用权受让人要续期的,由土地使用权受让人在期满前六个月向土地所有者或其代表提出申请,经土地所有者或其代表审查同意后,依照土地使用权有偿出让的有关规定重新签订土地使用权出让合同,由土地使用权受让人根据重新签订的土地使用权出让合同的规定交付土地使用权出让金,并按规定重新办理有关登记手续,领取土地使用证,土地使用权受让人方能继续取得土地使用权。

4.8 违反《土地管理法》的法律责任

我国在土地管理方面制定了一系列的法律法规对土地所有权和使用权、征用和占用、审批权限和审批程序等,都有比较明确的规定。现在突出的问题是一些地区有法不依、执法不严、违法不究和滥用行政权力。加强土地管理首先要增强法制意识,自觉遵守土地管理法律法规。国家加强了对违法的查处,违反法律法规的必须承担法律责任。

4.8.1 违反《土地管理法》的法律责任

(1) 买卖或者以其他形式非法转让土地的,由县级以上人民政府土地行政主管部门没收违法所得;对违反土地利用总体规划擅自将农用地改为建设用地的,限期拆除在非法转让的土地上新建的建筑物和其他设施,恢复土地原状,对符合土地利用总体规划的,没收在非法转让的土地上新建的建筑物和其他设施;可以并处罚款;对直接负责的主管人员和其他直接责任人员,依法给予行政处分;构成犯罪的,依法追究刑事责任。

（2）违反本法规定,占用耕地建窑、建坟或者擅自在耕地上建房、挖砂、采石、采矿、取土等,破坏种植条件的,或者因开发土地造成土地荒漠化、盐渍化的,由县级以上人民政府土地行政主管部门责令限期改正或者治理,可以并处罚款;构成犯罪的,依法追究刑事责任。

（3）未经批准或者采取欺骗手段骗取批准,非法占用土地的,由县级以上人民政府土地行政主管部门责令退还非法占用的土地,对违反土地利用总体规划擅自将农用地改为建设用地的,限期拆除在非法占用的土地上新建的建筑物和其他设施,恢复土地原状,对符合土地利用总体规划的,没收在非法占用的土地上新建的建筑物和其他设施,可以并处罚款;对非法占用土地单位的直接负责的主管人员和其他直接责任人员,依法给予行政处分;构成犯罪的,依法追究刑事责任。

超过批准的数量占用土地,多占的土地以非法占用土地论处。

（4）无权批准征收、使用土地的单位或者个人非法批准占用土地的,超越批准权限非法批准占用土地的,不按照土地利用总体规划确定的用途批准用地的,或者违反法律规定的程序批准占用、征收土地的,其批准文件无效,对非法批准征收、使用土地的直接负责的主管人员和其他直接责任人员,依法给予行政处分;构成犯罪的,依法追究刑事责任。非法批准、使用的土地应当收回,有关当事人拒不归还的,以非法占用土地论处。

非法批准征收、使用土地,对当事人造成损失的,依法应当承担赔偿责任。

（5）依照本法规定,责令限期拆除在非法占用的土地上新建的建筑物和其他设施的,建设单位或者个人必须立即停止施工,自行拆除;对继续施工的,作出处罚决定的机关有权制止。建设单位或者个人对责令限期拆除的行政处罚决定不服的,可以在接到责令限期拆除决定之日起十五日内,向人民法院起诉;期满不起诉又不自行拆除的,由作出处罚决定的机关依法申请人民法院强制执行,费用由违法者承担。

（6）土地行政主管部门的工作人员玩忽职守、滥用职权、徇私舞弊,构成犯罪的,依法追究刑事责任;尚不构成犯罪的,依法给予行政处分。

4.8.2 《刑法》中增加了保护土地资源的新内容

我国在《刑法》中增加了对破坏土地资源的行为追究刑事责任的内容。

（1）在分则第三章破坏社会主义市场经济秩序罪的第八节扰乱市场经济秩序罪第二百二十八条中增加了新内容:

"以牟利为目的,违反土地管理法规,非法转让、倒卖土地使用权,情节严重的,处三年以下有期徒刑或者拘役,并处或单处非法转让、倒卖土地使用权价额百分之五以上百分之二十以下罚金;情节特别严重的,处三年以上七年以下有期徒刑,并处非法转让、倒卖土地使用权价额百分之五以上百分之二十以下罚金。"

(2) 在分则第六章妨害社会管理秩序罪第六节破坏环境资源保护罪第三百四十二条增加了新内容:

"违反土地管理法规,非法占用耕地、林地等农用地,改变被占用土地用途,数量较大,造成耕地、林地等农用地大量毁坏的处五年以下有期徒刑或者拘役,并处或者单处罚金。"

(3) 在分则第九章渎职罪第四百一十条中规定:"国家机关工作人员徇私舞弊,违反土地管理法规,滥用职权,非法批准征收、征用、占用土地,或者非法低价出让国有土地使用权,情节严重的,处三年以下有期徒刑或者拘役;致使国家或者集体遭受特别重大损失的,处三年以上七年以下有期徒刑。"

4.9 案例分析

[章前案例分析]
基本农田保护历来是国土资源管理部门的一项重要工作,对占用、破坏基本农田的行为也是土地执法监察部门重点打击的对象。本案中村委会为了建造固定办公场所,以便更好地开展日常工作,为村民服务,其初衷是好的。同时也及时对农民进行了补偿,未引发任何社会不稳定。但是,在未经依法批准的前提下,擅自开工占用基本农田建设,破坏了原有种植条件,必须依法进行处罚。

处理:该行为违反了《基本农田保护条例》第十五条、第十七条之规定,属非法占用基本农田行为。市国土资源局依据《基本农田保护条例》第三十三条之规定,决定责令该村村委会立即改正该地块土地违法行为,恢复原种植条件。同时,对相关责任人兰花塘村党支部书记王某,由相关部门依法做出了免去村党支部书记的行政处分。

案例来源:南京市国土资源局

[案例]

深圳市春风路文星楼小区居民诉深圳市规划国土局用地行政纠纷案
原告:杨天明等深圳市春风路文星楼小区居民
被告:深圳市规划国土局
文星楼小区是经被告深圳市规划国土局批准,由深圳联城(文锦渡)合作发展有限公司(下称联城公司)负责规划发展的住宅区。按该公司1990年制定的小区规划,现嘉宾变电站的用地准备建高层建筑物。被告根据城市建设发展需要和城市规划要求,收回联城公司尚未建设的38 804.9平方米土地使用权,并与联城公司就征地补偿问题达成协议。此后,被告经深圳市人民政府批准,将其位于新安路以西、春风路以南、文星楼以北的2 900平方米用地,交由深圳市供电局建设11万伏嘉宾变电站,该站的选址先后经深圳市环保局和深圳市公安局消防支队审核同意。经广东省电力实验研究所对类似变电站的实际检测,认为此类变电站的电磁场强度对周围环境的影响几乎为零。但原告向法院起诉称深圳市规划国土局将文星楼住宅小区原绿化用地改为高层变电站用地,侵犯了原告的土地使用权;高压变电站危害居民的生命安全,被告认为变电站电磁波对周围环境的影响为零没有科学和法律依据,请求法院依法判令被告停止侵权并赔偿损失。

处理结果:

此案呈深圳市中级人民法院,一审判决认为,深圳市规划国土局根据城市发展的需要,依照法律、法规,将原属于深圳市联城公司使用的土地有偿收回并重新规划建设,是合法行政行为。在规划建设变电站时,经过严格科学论证,并对文星楼居民提出担心的问题给予充分的注意和解决。变电站的建设通过了环境保护部门和消防部门以及城市规划部门的评定,符合国家法定标准。依照《中华人民共和国行政诉讼法》第五十四条第(1)项的规定,驳回原告起诉,判决维持深圳市国土规划管理局规划建设嘉宾变电站的行政行为。原告不服一审判决,上诉至广东省高级人民法院。省高院驳回上诉,维持原判。

评析:

本案关键有以下几点:第一点是原告对本案中规划建设变电站的土地有没有使用权?第二点是被告将该土地使用权收回并重新规划是不是合法行政行为?第三点是变电站是否危害居民的生命安全?根据深圳经济特区房地产登记条例第六条规定:"房地产登记以一宗土地为单位进行登记。"一宗土地,是指以权属界限组成的封闭地块。根据本案中原告所持有的"房地产证",嘉宾变电站用地不属于原告共有使用权的宗地范围内,原告主张拥有该土地的使用权,缺乏事实和法律依据。关于第二点,根据《中华人民共和国城镇国有土地使用权出让和转让暂行条例》第四十七条规定:"对划拨土地使用权,市、县人民政府根据城市建设发展需要和城市规划的要求,可以无偿收回……无偿收回划拨土地使用权时,对其地上建筑物、其他附着物,市、县人民政府应当根据实际情况给予适当补偿。"在本案中,该地使用权属联城公司,被告根据城市发展需要,经深圳市人民政府同意,收回该地使用权,并对联城公司给予补偿,完全符合上述条例规定,是合法行政行为,因此被告胜诉。关于第三点,案中被告在批准变电站规划时得到了环保、消防部门的同意,并经科学测试电磁波影响并不存在,较好地处理了公共利益关系和相邻关系。在行政方面,程序合法。

本章习题

一、单选题

1. 土地使用权出让方的主体是（   ）。
   A. 企业   B. 其他组织   C. 个人   D. 国家

2. 从客体来看，土地使用权出让的是（   ）。
   A. 农村土地   B. 集体土地   C. 国有土地   D. 城市土地

3. 在土地使用权出让过程中，既体现市场竞争又富于理性操作的土地出让方式是（   ）。
   A. 拍卖   B. 招标   C. 挂牌交易   D. 协议

4. 土地使用权转让条件是（   ）。
   A. 国有土地
   B. 集体土地
   C. 已划拨的土地使用权的土地
   D. 已出让的土地使用权的土地

5. 土地使用权出租是一种（   ）行为。
   A. 土地使用权买断   B. 土地使用权转让
   C. 地产经营   D. 土地权利和义务完全转移

6. 土地使用权最基本抵押条件是（   ）。
   A. 经过出让和转让方式取得土地使用权
   B. 国有土地
   C. 集体土地
   D. 承租土地

7. 土地使用权期满后，土地使用权受让人要续期，应由土地使用权受让人在期满前（   ）向土地所有者提出申请。
   A. 1年   B. 6个月   C. 3个月   D. 1个月

8. 国家实行土地有偿有限期使用制度，规定居住用地时间为（   ）年。
   A. 30   B. 40   C. 50   D. 70

9. 国家实行土地有偿有限期使用制度，规定商住用地时间为（   ）年。
   A. 30   B. 40   C. 50   D. 70

10. 《土地管理法》明确规定，下列（   ）不属于划拨土地。
    A. 国家机关和军事用地   B. 居住商品房和办公用房土地
    C. 基础设施用地   D. 国家扶持能源、交通等用地

二、多选题

1. 土地管理现代化具体包括（　　）。
   A. 管理工具现代化　　B. 管理方式现代化　　C. 统计决策电脑化
   D. 管理技术现代化　　E. 管理人员现代化

2. 《土地管理法》规定,征用耕地补偿费用主要包括（　　）。
   A. 土地补偿费
   B. 安置补助费
   C. 地上附着物补偿费
   D. 临时用地补偿费
   E. 青苗补偿费

3. 土地使用权受让方主要包括（　　）。
   A. 境内外公司　　B. 企业　　C. 各类组织
   D. 法人　　E. 个人

4. 土地使用权出让所遵循的原则是（　　）。
   A. 规划原则　　B. 严格审批原则　　C. 平等自愿原则
   D. 有偿原则　　E. 土地登记原则

5. 我国土地使用权出让方式有（　　）。
   A. 拍卖　　B. 招标　　C. 协议
   D. 挂牌交易　　E. 转让

6. 我国土地使用权出租程序主要有（　　）阶段。
   A. 准备　　B. 招标　　C. 谈判
   D. 签约　　E. 登记

7. 我国土地使用权转让方式有（　　）。
   A. 出售　　B. 交换　　C. 协议
   D. 招标　　E. 赠予

8. 土地使用权抵押具有以下特性,即（　　）。
   A. 从属性　　B. 特定性　　C. 价值性
   D. 不可分性　　E. 优先受偿性

9. 土地使用权终止主要体现为以下几个方面（　　）。
   A. 出让合同到期
   B. 国家因社会利益提前收回土地使用权
   C. 土地灭失
   D. 违反城市规划
   E. 地震使土地灭失终止

10. 下列( )用地,可以通过划拨方式取得土地使用权。
  A. 国家机关 B. 军事 C. 城市基础设施
  D. 公益事业 E. 居住与商业

三、是非题

1. 马克思认为:"地租的占有是土地所有权借以实现的经济形式"。( )
2. 我国土地制度改革原则之一就是"实现两权分离、使土地使用权商品化"。( )
3. 在土地使用权出让过程中,土地使用者与国家之间仍然存在着不平等的上下级关系。( )
4. 土地管理现代化就是要采用计算机管理方式提高效率。( )
5. 土地使用权出让方是唯一的,同样土地使用权受让方也是唯一的。( )
6. 土地使用权出让的是国有土地和集体土地。( )
7. 居住用地有偿出让期为50年。( )
8. 土地使用权出让方式除了拍卖、招标之外,还有挂牌交易方式。( )
9. 划拨土地使用权抵押是指土地使用者提供可供抵押的土地使用权作为按期清偿债务的担保行为。( )
10. 土地使用权转让方式有:拍卖、招标、交换等。( )

四、思考题

1. 社会主义市场经济下,为何实行土地有偿使用制度?
2. 我国土地管理体制将如何转变?
3. 土地使用权出让应遵循哪些原则?
4. 简述我国实行土地有偿有限期使用各类土地的年限时间。
5. 我国城镇土地使用权出让方式有哪些?各有什么特点?
6. 什么是土地挂牌交易?挂牌交易如何操作?有何特点?
7. 何谓土地使用权划拨?简述划拨土地使用权适用范围。
8. 土地使用权转让应具备哪些条件?其转让有哪些方式?
9. 什么是土地使用权出租?土地使用权出租应具备哪些条件?
10. 土地使用权出租的租赁合同有哪些内容?
11. 土地使用权抵押具有哪些特性?简述土地使用权抵押程序。
12. 土地使用权终止是发生在什么情况下?
13. 《中华人民共和国刑法》增加了哪些条款保护土地资源?

参考答案

一、单选题
1. D   2. C   3. C   4. D   5. C
6. A   7. B   8. D   9. C   10. B

二、多选题
1. ABDE   2. ABCE   3. ABCE   4. ABCDE   5. ABCD
6. DE   7. ABE   8. ABCDE   9. ABCD   10. ABCD

三、是非题
1. ✓   2. ✓   3. ✗   4. ✗   5. ✗
6. ✗   7. ✗   8. ✓   9. ✓   10. ✗

5 建设工程招标投标法律制度

概　要：本章主要介绍工程招标投标的概念和工程建设招标的范围、招标方式、招标程序方面的有关法规；简单介绍标准施工招标文件、房屋建筑和市政工程标准施工招标文件；阐述了建设工程招标投标管理和违反《招标投标法》的法律责任，通过本章的学习，学生应具备利用工程招标投标法律制度进行相关案例分析的能力。

[章前案例5-1]　有一省重点工程项目由于工程复杂、技术难度高，一般施工队伍难以胜任，建设单位便自行决定采取邀请招标方式，于2016年8月28日向通过资格预审的甲、乙、丙、丁、戊等5家施工企业发出了投标邀请书。这5家施工企业均接受了邀请，并于规定时间购买了招标文件。招标文件规定，9月18日下午4时为提交投标文件的截止时间，9月21日下午2时在建设单位办公大楼第2会议室开标。甲、乙、丁、戊施工企业均在此截止时间之前提交了投标文件，但丙施工企业因中途堵车，于9月18日下午5时才将投标文件送达。9月21日下午2时，当地招投标监管机构在该建设单位办公大楼第2会议室主持了开标。试问，该建设单位自行决定采取邀请招标的做法是否合法？建设单位是否可以接收丙施工企业的投标文件？开标应当由谁主持？开标时间是否合适？

5.1　招标投标的概述

招标投标是由交易活动的发起方在一定范围内公布标的特征和部分交易条件，按照依法确定的规则和程序，对多个响应方提交的报价及方案进行评审，择优选择交易主体并确定全部交易条件的一种交易方式。招标人发出招标公告（邀请）和招标文件，公布招标采购或出售标的内容范围、技术标准、投标资格、合同条件；满足条件的潜在投标人按招标文件要求进行公平竞争，编制投标文件，密封投标；招标人依法组建的评标委员会根据招标文件规定的评标标准和办法，公正评价，推荐中标候选人，招标人依法确定中标人，公布中标结果，并与中标人签订合同。

招标投标法律制度是国家用来规范招标投标活动、调整在招标投标过程中产生的各种关系的法律规范的总称。按照法律效力的不同，我国的招标投标法律规范分为3个层次：第一层次是由全国人民代表大会及其常务委员会颁发的招标投标法律;第二层次是由国务院颁发的招标投标行政法规以及有立法权的地方人民代表大会颁发的地方性招标投标法规;第三层次是由国务院有关部门颁发的有关招标投标的部门规章以及有立法权的地方人民政府颁发的地方性招标投标规章。

5.1.1 工程招标投标的概念

依据《建筑法》的规定,建设工程发包与承包有两种方式:招标投标和直接发包。

工程招标,是指招标人用招标文件将委托的工作内容和要求告之有意向参与竞争的投标人,让他们按规定条件提出实施计划和价格,然后通过评审、比较,选出信誉可靠、技术能力强、管理水平高、报价合理的可信赖单位(设计单位、监理单位、施工单位、供货单位),以合同形式委托其完成工程。工程投标,是指各投标人依据自身能力和管理水平,按照招标文件规定的统一要求递交投标文件,争取获得实施资格。招标人与中标人应签订明确双方权利义务的合同。建设工程直接发包是发包方与承包方直接进行协商,以约定工程建设的价格、工期和其他条件的交易方式。

我国提倡招投标发包方式,对直接发包则加以限制。《中华人民共和国招标投标法》(以下简称《招标投标法》)(1999年21号主席令,2000年1月1日起施行)规定:所有大型基础设施、公用事业等关系社会公共利益、公众安全的项目,全部或部分使用国有资金投资或国家融资的项目,以及使用国际组织或者外国政府贷款、援助资金的项目,实行强制招投标制。这些项目必须采用招标投标方式来发包工程,否则将不批准其开工建设,有关单位和直接责任人还将受到法律的惩罚。只有涉及国家安全、国家秘密、抢险救灾或者属于利用扶贫资金实行以工代赈、需要使用农民工等特殊情况及规模太小的工程,才可以不进行招投标而采用直接发包的方式。

《招标投标法》共有六章六十八条,将招标与投标活动纳入法制管理的轨道,其基本宗旨是,招标和投标活动属于当事人在法律规定范围内自主进行的市场行为,但必须接受政府行政主管部门的监督。

5.1.2 工程招标投标制度的发展历程

改革开放后,伴随着体制改革、法律制度建设和投资体制的变化,我国政府投资项目施工招标投标经历了探索改革、初步建立和逐步完善三个发展阶段。

1)探索改革阶段(1980—1991)

这一阶段的主要特点有:

(1)招标投标法规建设开始起步。围绕国家计委和城乡建设环境保护部联合制定的《建设工程招标投标暂行规定》,开始探索我国政府投资项目的招标投标管理和操作程序,相继出台了一系列地方、部门性的工程招标投标管理办法。

(2) 招标范围初步确定。提出列入国家、部门和地方计划的建设工程,除某些不适宜招标的特殊工程外,均按《建设工程招标投标暂行规定》进行招标,但没有制定强制性要求,招标投标只在国家部分重点项目上进行,项目的招标投标率不是很高。

(3) 招标方式主要以"议标"为主。招标投标多为自行组织招标,很大程度上还流于形式,公开招标较少,招标方式大多采用"邀请招标"和"议标"方式。在纳入招标管理项目当中约90%采用"议标"方式发包,竞争不够充分。招标工程设定标底,由招标单位在预算内自行设定。

(4) 招标投标管理机构陆续成立。20世纪80年代中期开始,各级政府指定相关部门(计委、建委、建设厅)负责和监督建设工程的招标投标工作。

2) 初步建立阶段(1992—2000)

这一阶段的主要特点是:

(1) 招标投标法规建设步入正轨。从1992年建设部第23号令到1998年正式施行《建筑法》,各省、市、自治区和各部门普遍加强了对招标投标的管理和规范工作,也相继出台了一系列法规和规章。

(2) 招标范围扩大。招标范围由原来列入国家、部门和地区建设计划的工程,扩大到政府和公有制企、事业单位投资的新建、扩建和技术改造工程项目。

(3) 招标方式以"邀请招标"为主。招标方式从以"议标"为主转变到以"邀请招标"为主。

(4) 招标投标管理体系基本形成。全国各省、自治区、直辖市、地级以上城市和大部分县级市都相继成立了招标投标监督管理机构,全国已初步形成招标投标监督管理网络。

(5) 招标服务机构开始建立。自1995年起在全国各地陆续开始建立建设工程交易中心。

(6) 从1996年起,一些地区开展政府采购试点工作,财政部颁布了《政府采购管理暂行办法》等部门规章,以推动和规范政府采购试点工作。实践表明,推行政府采购制度在提高财政支出管理水平、节约财政资金、规范政府采购行为、促进廉政建设等方面效果比较显著。

3) 逐步完善阶段(2000年至今)

我国引进招标投标制度以后,经过近20年的发展,一方面积累了丰富的经验,为国家层面的统一立法奠定了实践基础;另一方面,招标投标活动中暴露的问题也越来越多,如招标程序不规范、做法不统一、虚假招标、泄漏标底、串通投标、行贿受贿等问题较为突出,特别是政企不分问题仍然没有得到有效解决。针对上述问题,第九届全国人大常委会于1999年8月30日审议通过了《招标投标法》,2000年1

月1日正式施行,这是我国第一部规范公共采购和招标投标活动的专门法律,标志着我国招标投标制度进入了一个新的发展阶段。

2002年6月29日由全国人大常委会审议通过了《政府采购法》,自2003年1月1日起施行。这部法律的颁布施行,对于规范政府采购行为,提高政府采购资金的使用效益,维护国家利益和社会公共利益,保护政府采购当事人的合法权益,促进廉政建设,有着重要意义。《政府采购法》在2014年进行了修订。

《招标投标法》和《政府采购法》是规范我国境内招标采购活动的两大基本法律,在总结我国招标采购实践经验和借鉴国际经验的基础上,《招标投标法实施条例》(国务院令〔2011〕第613号,2012年2月1日起施行)和《政府采购法实施条例》(国务院令〔2014〕第658号,2015年3月1日起施行)作为两大法律的配套行政法规,对招标投标制度做了补充、细化和完善,进一步健全和完善了我国招标投标制度。国务院各相关部门结合本部门、本行业的特点和实际情况相应制订了专门的招投标管理的部门规章、规范性文件及政策性文件(据不完全统计有近40多个法规,可查国家相关部门网站)。地方人大及其常委会、人民政府及其有关部门也结合本地区的特点和需要,相继制定了招标投标方面的地方性法规、规章和规范性文件。随着招标投标法律体系和行政监督、社会监督体制的建立健全以及市场主体诚信自律机制的逐步完善,招标投标制度必将获得更加广阔的运用和健康、持续的发展。

5.1.3　工程建设招标范围和规模标准

依法必须招标制度也称强制招标制度,是指在法律规定范围内的某些类型的采购项目,达到规定的规模标准的,必须通过招标方式进行,否则采购单位要承担法律责任。依法必须招标制度是《招标投标法》的核心内容之一,也是最能体现《招标投标法》立法目的的条款之一。

1) 依法必须招标的范围

在《招标投标法》中,强制招标的范围着眼于"工程建设项目"。《招标投标法》第三条规定,在中华人民共和国境内进行下列工程建设项目包括项目的勘察、设计、施工、监理以及与工程建设有关的重要设备、材料等的采购,必须进行招标。对于工程建设项目的定义,《招标投标法实施条例》第二条规定,工程建设项目是指工程以及与工程建设有关的货物、服务。基于项目性质和资金来源两个方面,《招标投标法》和《工程建设项目招标范围和规模标准规定》,将必须进行招标的工程建设项目范围界定为以下五类:

(1) 关系社会公共利益、公众安全的基础设施项目

具体范围包括:煤炭、石油、天然气、电力、新能源等能源项目;铁路、公路、管道、水运、航空以及其他交通运输业等交通运输项目;邮政、电信枢纽、通信、信息网络等邮电通信项目;防洪、灌溉、排涝、引(供)水、滩涂治理、水土保持、水利枢纽等

水利项目;道路、桥梁、地铁和轻轨交通、污水排放及处理、垃圾处理、地下管道、公共停车场等城市设施项目;生态环境保护项目;其他基础设施项目。

(2) 关系社会公共利益、公众安全的公用事业项目

具体范围包括:供水、供电、供气、供热等市政工程项目;科技、教育、文化等项目;体育、旅游等项目;卫生、社会福利等项目;商品住宅,包括经济适用住房;其他公用事业项目。

(3) 使用国有资金投资项目

国有资金,是指国家财政性资金,国家机关、国有企事业单位和社会团体的自有资金及借贷资金。其中,国有企业是指全民所有制企业、国有独资公司及国有控股企业,国有控股企业包括国有资本占企业资本总额50%以上的企业以及虽不足50%,但国有资产投资者实质上拥有控制权的企业。全部或部分使用国有资金投资的项目,是指一切使用国有资金进行的建设项目。具体范围包括:使用各级财政预算资金的项目;使用纳入财政管理的各种政府性专项建设基金的项目;使用国有企业事业单位自有资金,并且国有资产投资者实际拥有控制权的项目。

(4) 国家融资项目

具体范围包括:使用国家发行债券所筹资金的项目;使用国家对外借款或者担保所筹资金的项目;使用国家政策性贷款的项目;国家授权投资主体融资的项目;国家特许的融资项目。

(5) 使用国际组织或者外国政府资金的项目

具体范围包括:使用世界银行、亚洲开发银行等国际组织贷款资金的项目;使用外国政府及其机构贷款资金的项目;使用国际组织或者外国政府援助资金的项目。如世界银行、亚洲开发银行等国际金融组织的贷款资金。

对于依法必须招标的政府采购项目,按照《政府采购法》规定,政府采购项目是指各级国家机关、事业单位和团体组织,使用财政性资金采购依法制定的集中采购目录以内的或者采购限额标准以上的货物、工程和服务。根据我国宪法规定,国家机关包括国家权力机关、国家行政机关、国家审判机关、国家检察机关、军事机关等。事业单位是指政府为实现特定目的而批准设立的事业法人。团体组织是指各党派及政府批准的社会团体。这里所称使用财政性资金采购是指采购人全部使用或部分使用财政性资金进行的采购。关于集中采购目录和采购限额标准的确定方法,《政府采购法》明确规定为,属于中央预算的政府采购项目,由国务院确定并公布;属于地方预算的政府采购预算项目,由省、自治区和直辖市人民政府或者其授权的机构确定并公布。

2) 工程建设项目招标规模标准

规定范围内的各类工程建设项目,包括项目的勘察、设计、施工、监理以及与工程建设有关的重要设备、材料等的采购,达到下列标准之一的,必须进行招标:

（1）施工单项合同估算价在 200 万元以上的；

（2）重要设备、材料等货物的采购，单项合同估算价在 100 万元以上的；

（3）勘察、设计、监理等服务的单项合同估算价在 50 万元以上的；

（4）单项合同估算价低于前三项规定的标准，但项目总投资额在 3 000 万元以上的。

依法必须进行招标的项目，全部使用国有资金投资或者国有资金投资占控股或者主导地位的，应当公开招标。建设项目的勘察、设计，采用特定专利或者专有技术的，或者其建筑艺术造型有特殊要求的，经项目主管部门批准，可以不进行招标。省、自治区、直辖市人民政府根据实际情况，可以规定本地区必须进行招标的具体范围的规模标准，但不得缩小本规定确定的必须进行招标的范围。招标投标活动不受地区、部门的限制，不得对潜在投标人实行歧视待遇。

根据《政府采购法》规定，采购人采购货物或者服务应当采用公开招标方式的，其具体数额标准，属于中央预算的政府采购项目，由国务院规定；属于地方预算的政府采购项目，由省、自治区、直辖市人民政府规定。

在执行上述这些规模标准时，无论何种类型的招标项目，任何单位和个人不得将依法必须进行招标的项目化整为零或以其他任何方式规避招标。

3）依法必须招标的特殊情形

《招标投标法》第六十六条规定，涉及国家安全、国家秘密、抢险救灾或者属于利用扶贫资金实行以工代赈、需要使用农民工等特殊情况，不适宜进行招标的项目，按照国家有关规定（全国人民代表大会及其常委会制定的法律、决议，国务院制定的行政法规、决定、规范性文件以及国务院有关部门制定的规章等）可以不进行招标。

《招标投标法实施条例》规定以下五种情形可以不进行招标：

① 需要采用不可替代的专利或者专有技术；

② 采购人依法能够自行建设、生产或者提供；

③ 已通过招标方式选定的特许经营项目投资人依法能够自行建设生产或者提供；

④ 需要向原中标人采购工程、货物或者服务，否则将影响施工或者功能配套要求；

⑤ 国家规定的其他特殊情形。

5.1.4 招标方式

按照不同的分类，可以划分为不同的招标方式。实践中比较常见的分类有按竞争开放程度和按竞争开放地域两种。

1）按竞争开放程度分类。按照竞争开放程度，招标方式分为公开招标和邀请招标方式。招标项目应依据法律规定条件、项目的规模、技术、管理特点要求以及投标人的选择空间等因素选择合适的招标方式。国有资金占控股或者主导地位的依法必须进行招标的项目一般应采用公开招标,如符合条件、确实需要采用邀请招标方式的,须经有关部门核准、备案或认定。

(1) 公开招标

招标人通过报刊、信息网络或其他媒介等新闻媒体发布招标公告,凡具备相应资质、符合招标条件的法人或其他组织不受地域和行业限制均可申请投标。公开招标的优点是,招标人可以在较广的范围内选择中标人,投标竞争激烈,有利于将工程项目的建设交予可靠的中标人实施并取得有竞争性的报价。其缺点是,由于申请投标人较多,一般设置资格预审程序,评标的工作量也较大,所需招标时间长、费用高。

(2) 邀请招标

招标人向预先选择的若干家具备承担招标项目能力、资信良好的特定法人或其他组织发出投标邀请函,将招标工程的概况、工作范围和实施条件等做出简要说明,请他们参加投标竞争。邀请对象的数目以5~7家为宜,不应少于3家。被邀请人同意参加投标后,从招标人处获取招标文件,按规定要求进行投标报价。邀请招标的优点是,不需要发布招标公告和设置资格预审程序,节约招标费用和节省时间;由于对投标人以往的业绩和履约能力比较了解,减小了合同履行过程中承包方违约的风险,一般进行资格后审。邀请招标的缺点是,由于邀请范围较小,选择面窄,可能失去了某些在技术或报价上有竞争实力的潜在投标人,因此投标竞争的激烈程度相对较差。国务院发展计划部门确定的国家重点项目和省、自治区、直辖市人民政府确定的地方重点项目不适宜公开招标时,经国务院发展计划部门或省、自治区、直辖市人民政府批准可以进行邀请招标。

2) 按竞争开放地域分类。按照竞争开放的地域范围可以将招标划分为国内招标和国际招标。

(1) 国内招标。国内招标是指在采购国范围内的招标。国内招标可分为国内公开招标和国内邀请招标。前者邀请不特定的对象参与投标竞争,后者邀请特定的对象参与投标竞争,并按照规定程序从中选择交易对象的一种市场交易行为。

(2) 国际招标。国际招标可分为国际公开招标和国际邀请招标,国际招标指在国际应用领域范围内公开货物、工程或服务采购的条件和要求,前者邀请众多不特定的,后者邀请特定的投标人参加投标,并按照规定程序从中选择交易对象的一种市场交易行为。

国际公开招标须通过面向国内外的公开媒介和网络发布招标公告。国际招标文件的编制应遵循国际贸易准则、惯例,适用于国内难以达到要求或国外投融资组织规定需要在全球范围内选择合适的投标人,或需要引进先进的工艺、技术和管理的工程、货物或服务的项目招标。

使用国际组织或者外国政府贷款、援助资金的项目进行招标,贷款方、资金提供方对招标投标的具体条件和程序有不同规定的,可以适用其规定,但违背中华人民共和国社会公共利益的除外。

5.2 招标程序

招标是招标人选择中标人并与其签订合同的过程,而投标则是投标人力争获得实施合同的竞争的过程,招标人和投标人均须遵循招标投标法律和法规的规定进行招标投标活动。公开招标程序如图5.1所示,邀请招标可以参照实行。按照招标人和投标人参与程序,可将招标过程概括划分成招标准备阶段、招标投标阶段和决标成交阶段。

5.2.1 招标准备阶段

1) 招标项目应具备的条件

按照《招标投标法》第九条规定,招标项目按照国家有关规定需要履行项目审批手续的,应当先履行审批手续,取得批准。招标人应当有进行招标项目的相应资金或者资金来源已经落实,即履行项目审批手续和落实资金来源是招标项目进行招标前必须具备的两项基本条件。

按照《招标投标法实施条例》第七条规定,按照国家有关规定需要履行项目审批、核准手续的依法必须进行招标的项目,其招标范围、招标方式、招标组织形式应当报项目审批、核准部门审批、核准。项目审批、核准部门应当及时将审批、核准确定的招标范围、招标方式、招标组织形式通报有关行政监督部门。

(1) 依法必须招标项目进行招标的基本条件

① 需要履行项目审批手续的,应当先履行审批手续,取得批准。对依法必须进行招标项目需要履行审批的规定,包括两个方面:

a. 建设项目本身是否按现行项目审批管理制度规定办理了审批、核准或备案手续,取得批准。

关于现行项目审批管理制度,从2004年《国务院关于投资体制改革的决定》发布以后,国家对原有项目审批管理制度已作了重大改革。国家发展改革委制定发布了《国家发展改革委关于改进和完善报请国务院审批或核准的投资项目管理办法》《企业投资项目核准暂行办法》《外商投资项目核准暂行管理办法》《国家发展改革委关于实行企业投资项目备案制指导意见的通知》《国家发展改革委关于审批地方政府投资项目的有关规定》等一系列文件,对项目审批、核准和备案的内容、程序

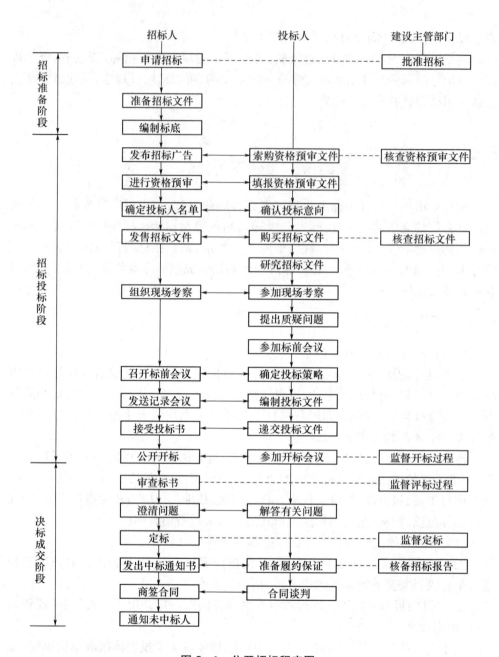

图 5-1 公开招标程序图

以及核准的审核机关等作出了详细的规定。

b. 招标项目是否按规定申报了招标事项的审批、核准手续,取得批准。

关于招标项目需申报招标事项的核准手续,应按《招标投标法实施条例》《国务院办公厅印发国务院有关部门实施招标投标活动行政监督的职责分工意见的通知》《工程建设项目可行性研究报告增加招标内容和核准招标事项暂行规定》和《工程建设项目自行招标试行办法》的规定进行。依法必须招标的工程建设项目,按照工程建设项目审批管理规定,凡应报送项目审批部门审批的,必须在报送项目可行性报告中增加有关招标的内容,主要有以下四项:

• 建设项目的勘察、设计、施工、监理以及重要设备、材料等采购活动的具体范围(全部或部分招标);

• 拟招标的组织形式(委托招标或自行招标);拟自行招标的,应按《工程建设项目自行招标试行办法》规定报送书面材料;

• 拟采用的招标方式(公开招标或者邀请招标),拟邀请招标的,应对其理由作出说明;

• 其他有关内容。

应报送国家发展改革委和由其核报国务院审批的建设项目,由国家发展改革委核准招标事项;应报送国务院行业主管部门审批的建设项目由国务院行业主管部门核准招标事项;应报送省、自治区、直辖市政府发展改革部门和由其核报省、自治区、直辖市政府审批的建设项目,由省、自治区、直辖市政府发展改革部门核准招标事项。

② 资金或资金来源已经落实。招标人应当有进行招标项目的相应的资金或者资金来源已经落实,并在招标文件中如实载明。其中资金来源已经落实,是指资金虽然没有到位,但其来源已经落实,如银行已经承诺贷款,在招标文件中如实载明,是为了让投标人了解掌握这方面的真实情况,作为其是否参加投标的决策依据。

(2) 工程建设项目施工招标应具备的条件

按照《工程建设项目施工招标投标办法》第八条规定,依法必须招标的工程建设项目,应当具备下列条件才能进行施工招标:

① 招标人已经依法成立;

② 初步设计及概算应当履行审批手续的,已经批准;

③ 有相应资金或资金来源已经落实;

④ 有招标所需的设计图纸及技术资料。

(3) 工程建设项目货物招标应具备的条件

按照《工程建设项目货物招标投标办法》第八条规定,依法必须招标的工程建设项目,应当具备下列条件才能进行货物招标:

① 招标人已经依法成立;

② 初步设计及概算应当履行审批手续的,已经批准;

③ 有相应资金或者资金来源已经落实;

④ 有招标所需的设计图纸及技术资料。

2) 选择招标方式

选择招标方式应根据以下几方面考虑：

(1) 根据工程特点和招标人的管理能力确定发包范围。

(2) 依据工程建设总进度计划确定项目建设过程中的招标次数和每次招标的工作内容,如监理招标、设计招标、施工招标、设备供应招标等。

(3) 按每次招标前准备工作的完成情况,选择合同计价方式。如施工招标时,已完成施工图设计的中小型工程,可采用总价合同;若为初步设计完成后的大型复杂工程,则应采用单价合同。

(4) 依据工程项目的特点、招标前准备工作的完成情况、合同类型等因素的影响程序,最终确定招标方式。

3) 自行招标或者委托招标代理机构

(1) 自行招标管理

1992年建设部颁发的《工程建设施工招标投标管理办法》规定,建设单位自行招标应当具备下列条件：

① 具有法人资格或是依法成立的其他组织；

② 有与招标工程相适应的经济、技术管理人员；

③ 有组织编制招标文件的能力；

④ 有审查投标单位资质的能力；

⑤ 有组织开标、评标、定标的能力。

最近,国家计委发布了适用于经国家计委批准的工程建设项目自行招标的《工程项目自行招标试行办法》,并规定,招标人自行办理招标事宜,应当具有编制招标文件和组织评标的能力,具体包括：

① 具有项目法人资格(或者法人资格)；

② 具有与招标项目规模和复杂程度相适应的工程技术、概预算、财务和工程管理等方面专业技术力量；

③ 有从事同类工程建设项目招标的经验；

④ 设有专门的招标机构或者拥有3名以上专职招标业务人员；

⑤ 熟悉和掌握招标投标法及有关法规规章。

具备上述条件的建设单位,可组织相应的招标机构负责招标事宜,《招标投标法》还规定："任何单位和个人不得强制其委托招标代理机构办理招标事宜。"但是,不具备上述条件的建设单位和个人,就必须委托招标代理机构来进行招标。

(2) 招标代理管理

招标代理机构是指依法设立,从事招标代理业务并提供相关服务的社会中介组织。根据《招标投标法》及建设部2000年6月发布的《工程建设项目招标代理机构资格认定办法》,2007年1月经修改后重新发布,招标代理机构必须具备下列条件：
  ① 是依法设立的中介组织；
  ② 与行政机关和其他国家机关没有行政隶属关系或者其他利益关系；
  ③ 有固定的营业场所和开展工程招标代理业务所需设施及办公条件；
  ④ 有健全的组织机构和内部管理的规章制度；
  ⑤ 具备编制招标文件和组织评标的相应专业力量；
  ⑥ 具有可以作为评标委员会成员人选的技术、经济等方面的专家库。

  《招标投标法》规定，评标委员会必须有技术、经济、法律等方面的专家参加，且其人数不少于评标委员会总人数的三分之二，参加评标的专家采取随机抽取的方式从专家库中产生。

  招标代理机构还必须具备相应的从业资格，对其实行设立条件和从业资格双重限定。从事建设工程招标代理业务的从业资格分甲、乙两级。

  《招标投标法实施条例》规定，招标代理机构在其资格许可和招标人委托的范围内开展招标代理业务，任何单位和个人不得非法干涉。招标代理机构不得在所代理的招标项目中投标或者代理投标，也不得为所代理的招标项目的投标人提供咨询。

  4）编制招标文件及标底

  《招标投标法》规定，招标人应当根据招标项目的特点和需要编制招标文件。招标文件应当包括招标项目的技术要求、对投标人资格审查的标准、投标报价要求和评标标准等所有实质性要求和条件以及拟签订合同的主要条款。国家对招标项目的技术、标准有规定的，招标人应当按照其规定在招标文件中提出相应要求。

  招标人可以自行决定是否编制标底。一个招标项目只能有一个标底，标底必须保密。接受委托编制标底的中介机构不得参加受托编制标底项目的投标，也不得为该项目的投标人编制投标文件或者提供咨询。招标人设有最高投标限价的，应当在招标文件中明确最高投标限价或者最高投标限价的计算方法。招标人不得规定最低投标限价。

  5）申请招标

  招标人向建设行政主管部门办理申请招标手续。申请招标文件应包含：招标工作范围、招标方式、计划工期、对投标人的资质要求、招标项目的前期准备工作的完成情况、自行招标还是委托代理招标等内容。

5.2.2 招标投标阶段

  公开招标时，从发布招标公告开始（若为邀请招标，则从发出投标邀请函开始），到投标截止日期为止的期间称为招标投标阶段。在此阶段，招标人应做好招标的组织工作，投标人则按招标有关文件的规定程序和具体要求进行投标报价竞争。《招标投标法》第二十四条规定:"招标人应当确定投标人编制投标文件所需要的合理时间,依法必须进行招标的项目,自招标文件开始发出之日起到投标截止日止,最短不得少于20日。如招标人要对已发出的招标文件进行必要的修改与澄清的,至晚也必须在投标截止日期15日前,以书面形式通知所有投标文件的收受人。"

1) 发布招标公告

(1) 公告公示的内容

招标公告的作用是让潜在投标人获得招标信息,以便进行项目筛选,确定是否参与竞争。对于工程建设项目招标需要公告公示的内容、范围、要求及法律责任,按照《招标投标法》《招标投标法实施条例》和《招标公告发布暂行办法》相关规定,招标人采用公开招标方式的,应当公告公示的内容有招标公告、资格预审公告、评标结果公示等。招标人采用公开招标方式的应当发布招标公告;采用资格预审办法对潜在投标人进行资格审查的,应当发布资格预审公告;依法必须进行招标的项目自收到评标报告之日起3日内招标人应当发布评标结果公示,公示中标候选人。采用邀请招标方式的,应当发出投标邀请书,其内容与上述招标公告的要求一样。受到邀请的投标人不得少于3个,且都应具备承担招标项目的能力。招标公告或投标邀请函的具体格式可由招标人自定。

(2) 公告公示的媒介

按照《招标投标法》《招标投标法实施条例》和《招标公告发布暂行办法》规定,依法必须进行招标的项目的招标公告、资格预审公告,应当在国家指定的报刊、信息网络或者其他媒介发布。按照《招标公告发布暂行办法》规定,国家发展改革委(原国家计委)经国务院授权,指定《中国日报》、《中国经济导报》、《中国建设报》、"中国采购与招标网"为依法必须招标项目的招标公告的发布媒介。其中依法必须招标的国际招标项目的招标公告应在《中国日报》发布。

(3) 公告公示的监督管理

对于工程建设项目发布公告的媒介由国务院发展改革部门指定。招标公告的发布应当充分公开,任何单位和个人不得非法限制招标公告的发布地点和发布范围。招标人或招标代理机构应至少在一家指定的媒介发布招标公告,两个以上媒介发布同一招标项目的招标公告的内容应相同。指定媒介发布依法招标项目的境内资格预审公告、招标公告,不得收取费用,但发布国际招标公告的除外。对招标人或招标代理机构违反《招标投标法》和《招标投标法实施条例》的行为,构成限制排斥潜在投标人或规避招标的法律责任,有关行政监督部门视情节予以处罚,根据情节轻重给予责令改正、罚款、暂停项目执行或者暂停资金拨付及处分等。

2) 资格预审

资格审查分为资格预审和资格后审。

招标时设置资格预审程序,一是保证参与投标的法人或其他组织在资质和能力等方面能够满足完成招标工作的要求;二是通过评审,选出综合实力较强的一批申请投标人,再请他们参加投标竞争,以减小评标的工作量。

为保证建设工程的顺利完成,《招标投标法》第二十六条规定:"国家有关规定对投标人资格条件或者招标文件对投标人资格条件有规定的,投标人应当具备规定的资格条件。"《招标投标法实施条例》规定,招标人采用资格预审办法对潜在投标人进行资格审查的,应当发布资格预审公告、编制资格预审文件。招标人应当合理确定提交资格预审申请文件的时间。依法必须进行招标的项目提交资格预审申请文件的时间,自资格预审文件停止发售之日起不得少于5日。

资格预审应当按照资格预审文件载明的标准和方法进行。国有资金占控股或者主导地位的依法必须进行招标的项目,招标人应当组建资格审查委员会审查资格预审申请文件。资格审查委员会及其成员应当遵守招标投标法和《招标投标法实施条例》有关评标委员会及其成员的规定。资格预审结束后,招标人应当及时向资格预审申请人发出资格预审结果通知书。未通过资格预审的申请人不具有投标资格。通过资格预审的申请人少于3个的,应当重新招标。

投标人在向招标人提出投标申请时,应附带有关投标资格的资料,以供招标人审查,这些资料应表明自己存在的合法地位、资质等级、技术与装备水平、资金与财务状况、近期经营状况及以前所完成的与招标工程项目有关的业绩。《工程建设施工招标投标管理办法》规定,投标单位应向招标单位提供以下材料:

(1) 企业营业执照和资质证书;
(2) 企业简历;
(3) 自有资金情况;
(4) 全员职工人数(包括技术人员、技术工人数量及技术等级情况等);
(5) 近三年承建的主要工程及其质量情况;
(6) 现有主要施工任务,包括在建的和尚未开工的工程一览表。

投标人必须满足的基本资格条件可分为一般资格条件和强制性条件两类。

一般资格条件的内容通常包括:法人地位、资质等级、财务状况、企业信誉、分包计划等具体要求,是潜在投标人应满足的最低标准。

是否附加强制性条件,视招标项目对潜在投标人有无特殊要求而定。普通工程项目一般承包人均可完成,可不设置强制性条件。对于大型复杂项目尤其是需要有专门技术、设备或经验的投标人才能完成时,则应设置此类条件。强制性条件是为了保证承包工程能够保质、保量、保工期完成,按照项目特点设定而不是针对外地区或外系统投标人,因此不违背招标投标法的有关规定。

潜在投标人或者其他利害关系人对资格预审文件有异议的,应当在提交资格预审申请文件截止时间2日前提出。招标人应当自收到异议之日起3日内作出答复;作出答复前,应当暂停招标投标活动。招标人编制资格预审文件的内容违反法律、行政法规的强制性规定,违反公开、公平、公正和诚实信用原则,影响资格预审结果的,依法必须进行招标的项目的招标人应当在修改资格预审文件后重新招标。

3) 发售招标文件

《招标投标法》规定:"招标人应当根据招标项目的特点和需要编制招标文件。招标文件应当包括招标项目的技术要求、对投标人资格审查的标准、投标报价要求和评标标准等所有实质性要求和条件以及拟签订合同的主要条款。国家对招标项目的技术、标准有规定的,招标人应当按照其规定在招标文件中提出相应要求。"

招标项目需要划分标段、确定工期的,招标人应当合理划分标段、确定工期,并在招标文件中载明。招标文件通常分为投标须知、合同条件、技术规范、图纸和技术资料、工程量清单等几部分内容。

《招标投标法实施条例》进一步规定,招标人应当按照资格预审公告、招标公告或者投标邀请书规定的时间、地点发售资格预审文件或者招标文件。资格预审文件或者招标文件的发售期不得少于5日。招标人发售资格预审文件、招标文件收取的费用应当限于补偿印刷、邮寄的成本支出,不得以营利为目的。

4) 现场考察

招标人在投标须知规定的时间组织投标人自费进行现场考察。设置此程序的目的,一方面让投标人了解工程项目的现场情况、自然条件、施工条件以及周围环境条件,以便于编制投标书;另一方面要求投标人通过自己的实地考察确定投标的原则和策略,避免合同履行过程中投标人以不了解现场情况为理由推卸应承担的合同责任。

5) 标前会议

投标人研究招标文件和现场考察后会以书面形式提出某些质疑问题,招标人可以及时给予书面解答,也可以留待标前会议上解答。如果对某一投标人提出的问题给予书面解答时,所回答的问题必须发送给每一位投标人以保证招标的公开和公平,但不必说明问题的来源。

标前会议上招标单位负责人除了介绍工程概况外,还可对招标文件中的某些内容加以修改(需报经招标投标管理机构核准)或予以补充说明,并对投标人书面提出的问题和会议上即席提出的问题给予解答。会议结束后,招标人应将会议记录用书面通知的形式发给每一位投标人。补充文件作为招标文件的组成部分,具有同等的法律效力。

6) 接受投标文件

《招标投标法》第二十七条规定:"投标文件应当对招标文件提出的实质性要求和条件做出响应。"实质性要求和条件,是指招标项目的价格、项目进度计划、技术规范、合同的主要条款等,投标文件必须对之做出响应,不得遗漏、回避,更不能对招标文件进行修改或提出任何附带条件。对于建设工程施工招标,投标文件还应包括拟派出的项目负责人与主要技术人员简历、业绩和拟用于完成工程项目的机械设备等内容。投标人拟在中标后将中标项目的部分非主体、非关键性工作进行分包的应在投标文件中载明。

投标文件应在招标文件中规定的截止时间前送达投标地点。在截止时间后送达的投标文件,投标人应拒收。因此,以邮寄方式送交投标文件的,投标人应留出足够的邮寄时间,以保证投标文件在截止时间前送达。另外,如发生地点方面的错送、误送,其后果皆由投标人自行承担。

根据契约自由原则,我国法律也规定,投标文件送交后,投标人可以进行补充、修改或撤回,但必须以书面形式通知招标人。补充、修改的内容亦为投标文件的组成部分。

投标人对投标文件的补充、修改、撤回通知,也必须在所规定的投标文件的截止时间前,送达规定地点。投标文件及其修改、补充的内容都必须以密封的形式送达,招标人签收后必须原样保存,不得开启。对于标底和潜在投标人的名称、数量以及可能影响公平竞争的其他有关招投标的情况,招标人都必须保密,不得向他人透露。

《招标投标法》还规定:"投标人不得以低于成本的价格报价竞标。"投标人以低于成本的价格报价,是一种不正当的竞争行为。如其中标,必然会采取偷工减料、以次充好等非法手段来避免亏损,以求得生存。这将严重破坏社会主义市场经济秩序,给社会带来隐患,必须予以禁止。

《招标投标法实施条例》规定,招标人可以对已发出的资格预审文件或者招标文件进行必要的澄清或者修改。澄清或者修改的内容可能影响资格预审申请文件或者投标文件编制的,招标人应当在提交资格预审申请文件截止时间至少3日前,或者投标截止时间至少15日前,以书面形式通知所有获取资格预审文件或者招标文件的潜在投标人;不足3日或者15日的,招标人应当顺延提交资格预审申请文件或者投标文件的截止时间。

潜在投标人或者其他利害关系人对招标文件有异议的,应当在投标截止时间10日前提出。招标人应当自收到异议之日起3日内作出答复;作出答复前,应当暂停招标投标活动。招标人编制招标文件的内容违反法律、行政法规的强制性规定,违反公开、公平、公正和诚实信用原则,影响潜在投标人投标的,依法必须进行招标的项目的招标人应当在修改招标文件后重新招标。

5.2.3 决标成交阶段的主要工作内容

从开标到签订合同这一期间称为决标成交阶段,是对各投标书进行评审比较,最终确定中标人的过程。

1) 开标

公开招标和邀请招标均应举行开标会议,体现招标的公开、公平、公正的原则。《招标投标法》第三十四条规定:"开标应当在招标文件确定的提交投标文件截止时间的同一时间公开进行,开标地点应当为招标文件中预先确定的地点。"所有投标人均可参加开标会议,邀请项目有关主管部门、当地计划部门、经办银行等代表出席,招标投标管理机构派人监督开标活动。开标时,由投标人或其推选的代表检验投标文件的密封情况。确认无误后,如果有标底应首先公布,然后由工作人员当众拆封,宣读投标人名称、投标价格和投标文件的其他主要内容。所有在投标致函中提出的附加条件、补充声明、优惠条件、替代方案等均应宣读。开标过程应当记录,并存档备查。开标后,任何投标人都不允许更改投标书的内容和报价,也不允许再增加优惠条件。如果招标文件中没有说明评标、定标的原则和方法,则在开标会议上应予以说明,投标书经启封后不得再更改评标、定标办法。

2) 评标

评标是对各投标书优劣进行比较,以便最终确定中标人。由评标委员会负责评标工作。

(1) 评标委员会

评标委员会由招标人的代表和有关技术、经济等方面的专家组成,成员人数为5人以上单数,其中招标人以外的专家不得少于成员总数的三分之二。评标专家是指在各类技术、经济、法律及相关专业方面有较高理论水平和实践经验,符合法定条件并经行政主管部门聘用评标的专业人员。按照《招标投标法》规定,评标专家应当从事相关领域工作满八年并具有高级职称或者具有同等专业水平,由招标人从国务院有关部门或者省、自治区、直辖市人民政府有关部门提供的专家名册或者招标代理机构的专家库内的相关专业的专家名单中确定;一般招标项目可以采取随机抽取方式,特殊招标项目可以由招标人直接确定。与投标人有利害关系的人不得进入评标委员会,已经进入的应当更换,以保证评标的公平和公正。评标委员会成员的名单在中标结果确定前应当保密。

(2) 评标工作程序

内容较为简单、合同金额不大的小型工程项目可以采用即开、即评、即定的方式由评标委员会及时确定中标人。大型工程项目的评标因评审内容复杂、涉及面宽,通常分成初评和详评两个阶段进行。

详评通常分为两个步骤进行。首先对各投标书进行技术和商务方面的审查,评定其合理性,以及若将合同授予该投标人在履行过程中可能给招标人带来的风险。其次,评标委员会认为必要时可以单独约请投标人对标书中含义不明确的内容作必要的澄清或说明,但澄清或说明不得超出投标文件的范围或改变投标文件的实质性内容。澄清或说明内容也要整理成文字材料,作为投标书的组成部分。

在对标书审查的基础上,评标委员会比较各投标书的优劣,并编写评标报告。

(3) 评标报告

《招标投标法实施条例》规定:"评标完成后,评标委员会应当向招标人提交书面评标报告和中标候选人名单。"评标报告,是评标委员会经过对各投标书评审后向招标人提出的结论性报告,作为定标的主要依据。评标报告应包括评标情况说明、对各个合格投标书的评价、推荐合格的(1~3个)中标候选人等内容。如果评标委员会经过评审,认为所有投标都不符合招标文件的要求,可以否决所有投标。出现这种情况时,招标人应当重新进行招标。

3) 定标

(1) 定标原则

《招标投标法》规定:"中标人的投标应当符合下列条件之一:能够最大限度地满足招标文件中规定的各项综合评价标准;能够满足招标文件的实质性要求,并且经评审的投标价格最低;但是投标价格低于成本的除外。"

(2) 确定中标人

确定中标人前,招标人不得与投标人就投标价格、投标方案等实质性内容进行谈判。招标人应该根据评标委员会提出的评标报告和推荐的中标候选人确定中标人,也可以授权评标委员会直接确定中标人。中标人确定后,招标人向中标人发出中标通知书,同时将中标结果通知所有未中标的投标人并退还他们的投标保证金或保函。中标通知书对招标人和中标人具有法律效力,招标人改变中标结果或中标人拒绝签订承包合同均要承担相应的法律责任。

(3) 签订承包合同

中标通知书发出后的30天内,双方应按照招标文件和投标文件订立书面合同,不得作实质性修改。招标人不得向中标人提出任何不合理要求作为订立合同的条件,双方也不得私下订立背离合同实质性内容的协议。

(4) 递交书面报告

确定中标人后15天内,招标人应向有关行政监督部门递交招标投标情况的书面报告。这是国家对招投标活动所进行的监督活动之一。

5.3 加强建设工程招标投标管理

5.3.1 管理机构及其职责

1) 住房与城乡建设部负责全国工程建设施工招标投标的管理工作,其主要职责是:

(1) 贯彻执行国家有关工程建设招标投标的法律、法规和方针、政策,制定施工招标投标的规定和办法；

（2）指导、检查各地区和各部门招标投标工作；

（3）总结、交流招标投标工作的经验，提供服务；

（4）维护国家利益，监督重大工程的招标投标活动；

（5）审批跨省的施工招标投标代理机构。

2）省、自治区、直辖市人民政府建设行政主管部门，负责管理本行政区域内的施工招标投标工作，其主要职责是：

（1）贯彻执行国家有关工程建设招标投标的法规和方针、政策，制定施工招标投标实施办法；

（2）监督、检查有关施工招标投标活动，总结、交流工作经验；

（3）审批咨询、监理等单位代理施工招标投标业务的资格；

（4）调解施工招标投标纠纷；

（5）否决违反招标投标规定的定标结果。

根据同级人民政府建设行政主管部门的授权，各级施工招标投标办事机构具体负责本行政区域内施工招标投标的管理工作。主要职责是：审查招标单位的资质、招标申请书和招标文件；审定标底，监督开标、评标、定标和议标；调解招标投标活动中的纠纷；否决违反招标投标规定的定标结果；处罚违反招标投标规定的行为；监督承发包合同的签订、履行。建设工程的招标投标，由县以上各级人民政府建设行政主管部门或其授权机构负责管理与监督。

3）国务院工业、交通等部门要会同地方建设行政主管部门，做好本部门直接投资和相关投资公司投资的重大建设项目施工招标管理工作。其主要职责是：

（1）贯彻国家有关工程建设招标投标的法规和方针、政策；

（2）指导、组织本部门直接投资和相关投资公司投资的重大工程建设项目的施工招标工作和本部门直属施工企业的投标工作；

（3）监督、检查本部门有关单位从事施工招标投标活动；

（4）会同项目所在地的省、自治区、直辖市建设行政主管部门办理招标等有关事宜。

5.3.2 招标投标的监督体系

《招标投标法》第七条规定招标投标活动及其当事人应当接受依法实施的监督。国务院办公厅印发《关于国务院有关部门实施招标投标行政监督的职责分工的意见》，确立了国家发展改革委总体指导协调、各行业和专业部门分工协作的行政监管体制。《招标投标法实施条例》进一步明确规定，国务院发展改革部门指导和协调全国招标投标工作，对国家重大建设项目的工程招标投标活动实施监督检查。国务院工业和信息化、住房城乡建设、交通运输、铁道、水利、商务等部门，按照规定的职责分工对有关招标投标活动实施监督。县级以上地方人民政府发展改革部门指导和协调本行政区域的招标投标工作。县级以上地方人民政府有关部门按照规定的职责分工，对招标投标活动实施监督，依法查处招标投标活动中的违法行为。财政部门依法对实行招标投标的政府采购工程建设项目的预算执行情况和政府采购政策执行情况实施监督。监察机关依法对与招标投标活动有关的监察对象实施监察。审计部门可以对政府投资和以政府投资为主的建设项目、国际组织和外国政府援助、贷款项目进行审计监督。

在招标投标法规体系中，对于当事人监督、社会监督、行政监督、司法监督都有具体规定，构成了招标投标活动的行政监督与行业自律相结合的监督体系。

1）当事人监督

当事人监督是指招标投标活动当事人的监督。招标投标活动当事人包括招标人、投标人、招标代理机构等，由于当事人直接参与，并且与招标投标活动有直接利害关系，因此，当事人监督往往最积极和最深切，是行政监督和司法监督的重要基础。

国家发展改革委等七部委联合制定的《工程建设项目招标投标活动投诉处理办法》具体规定了投标人和其他利害关系人投诉以及有关行政监督部门处理投诉的要求，这种投诉就是当事人监督的重要方式。建立招投标投诉制度的目的是为了保护国家利益、社会公共利益和招标投标当事人的合法权益，公平、公正处理招投标投诉的基本要求。

《招标投标法》第六十五条规定，投标人和其他利害关系人认为招标投标活动不符合本法有关规定的，有权向招标人提出异议。《招标投标法实施条例》第二十二、四十四、五十四条规定，投标人对资格预审文件、招标文件、开标以及评标结果有不同意见的，应当先向招标人提出异议。该规定表明前述三个事项的投诉，提出异议是其前置程序，必须先提出异议，然后才能投诉。

2）社会监督

社会监督是指除招标投标活动当事人以外的社会公众的监督。常见的社会监督方式有社会公众监督、社会舆论监督和新闻媒体监督等。

招标投标的公开原则要求依法必须进行招标项目的招标投标活动主要信息应当向社会依法公开。《招标投标法实施条例》第五十四条规定了中标候选人公示制度，公示中标候选人的项目范围限于依法必须进行招标的项目。第七十九条规定了招投标违法行为公告制度，建立违法行为记录公告制度是健全招投标失信惩戒机制，促进招投标市场信用体系建设的重要举措。招标投标相关行政监督管理部门和当事人应当向社会公开相关法律法规、政策规定、行政监督规定，招标项目与相关主体、招标主要流程与结果、争议处理结果等相关信息。任何单位和个人认为招标投标活动违反招投标法律法规和规章，可以向有关行政监督部门举报反映，有关行政监督部门应当依法受理举报,履行行政监督职责。

(1) 信息公开服务平台

国家发展改革委等部委制定并于2013年5月1日实施的《电子招标投标办法》要求各地推动建立统一的电子招标投标公共服务平台,以此打破行业和地方分割界限,推动市场信息一体化建设,为电子招标投标交易平台、招标投标当事人、社会公众、行政监督部门、监察机关等各方提供市场信息集中公开、动态共享服务,依法规范招标投标市场秩序。

(2) 信息公开的环节和内容

招标投标信息公开环节一般包括信息采集、信息加工、信息审查、信息传输发布等几个环节。信息采集是指信息发布平台和机构通过各种渠道和方式主动收集和交换相关信息。招标投标采集的信息应该通过判别、筛选、分类、排序、分析等流程加工处理,使之能够满足公开发布需要;同时,发布信息应当经过信息审查、网管等相关责任人员审查验证,确保公开信息的正确、规范、安全并与保密要求不发生冲突。电子招标投标系统平台对依法必须公开的招标投标市场信息,应当及时规范交换和无偿提供动态公开共享服务;国家指定媒介发布招标公告、公示不得收取任何费用。

招标投标公开发布的主要信息有:招标投标有关法律、法规、规章及规范性文件;招标投标的行政许可、行政处理决定;依法必须招标项目的公告和资格预审公告、依法可以公布的开标和评标结果、中标候选人公示、中标公告等信息;招标投标相关主体和从业人员的资格能力、信用等市场公共信息。

3) 行政监督

行政机关对招标投标活动的监督,是招投标活动监督体系的重要组成部分。《招标投标法》规定,招标投标活动及其当事人应当接受依法实施的监督,有关行政监督部门依法查处招标投标活动中的违法行为。投标人和其他利害关系人认为招标投标活动不符合本法有关规定的,有权向招标人提出异议或者依法向有关行政监督部门投诉。

(1) 行政监督的基本原则

政府对招标投标活动实施行政监督是一种行政行为,必须要遵循依法行政的基本要求及职权法定原则。任何政府部门、机构和个人都不能超越法定权限,直接参与或干预招标投标活动。

(2) 行政监督的职责分工

《招标投标法实施条例》第四条规定,国务院发展改革部门指导和协调全国招标投标工作,对国家重大建设项目的工程招标投标活动实施监督检查。国务院工业和信息化、住房城乡建设、交通运输、铁道、水利、商务等部门,按照规定的职责分工对有关招标投标活动实施监督。县级以上地方人民政府发展改革部门指导和协调本行政区域的招标投标工作。县级以上地方人民政府有关部门按照规定的职责分工,对招标投标活动实施监督,依法查处招标投标活动中的违法行为。财政部门依法对实行招标投标的政府采购工程建设项目的预算执行情况和政府采购政策执行情况实施监督。监察机关依法对与招标投标活动有关的监察对象实施监察。依照法律及行政法规加强对招标投标活动的监督管理,依法查处招标投标活动中的违法行为,规范招标投标活动,维护公平竞争的市场秩序,是各级行政监督部门的权利,同时也是各级行政监督部门的重要职责。

(3)行政监督的内容

从监督内容看,政府针对招标投标活动实施行政监督分为程序监督和实体监督。程序监督,是指政府针对招标投标活动是否严格执行法定程序实施的监督;实体监督,是指政府针对招标投标活动是否符合《招标投标法》及有关配套规定的实体性要求实施的监督。

(4)行政监督的方式

按照《招标投标法》的相关规定,政府有关部门主要通过核准招标方案和自行招标备案,受理投诉举报、违法行为记录公告、检查、稽查、审计、查处违法行为以及招标投标情况书面报告等方式对招标投标过程和结果进行监督。另外一方面,也可以通过网上监督来实现,即政府有关部门利用网络技术对招标投标活动实施监督管理。如商务部就是通过"中国国际招标网"对机电产品国际招标投标活动实施过程监督的,机电产品国际招标的各项程序都需要在"中国国际招标网"上进行。

4)行业自律

《招标投标法实施条例》第八十三条规定了行业自律制度,招标投标协会按照依法制定的章程开展活动,加强行业自律和服务。建立和完善行业自律管理体制,提高行业自律水平,是完善社会主义市场经济体制的必然要求,也是维护公平竞争的市场秩序,推动政府职能转变的迫切需要。招标投标协会是由从事招标投标活动的企事业单位,社会中介组织,进行招标投标理论研究的机构、团体、专家学者,以及招标投标从业人员自愿组成的非营利性的招标投标行业组织,是经过政府批准、民政部门注册登记、具有法人资格的社会团体。

5)司法监督

司法监督指国家司法机关对招标投标活动的监督。《招标投标法》及其实施条例具体规定了招标投标活动当事人的权利和义务,同时也规定了有关违法行为的法律责任。如当事人认为招标投标活动存在违反法律、法规、规章规定的行为,可以向有管辖权的人民法院起诉,由法院依法追究有关责任人的法律责任。

招标投标活动当事人有行贿、串通投标等触犯刑法的行为,或者国家工作人员有利用职务之便接受贿赂、滥用职权、渎职侵权等职务犯罪行为,应当由司法机关依法追究其刑事责任。

6）公共资源交易平台

《招标投标法实施条例》明确了设区的市级以上地方人民政府可以根据实际需要，建立统一规范的招标投标交易场所。《国务院办公厅关于实施〈国务院机构改革和职能转变方案〉任务分工的通知》（国办发〔2013〕22号），提出了统一整合规范公共资源交易平台的要求。

5.4 违法行为应当承担的法律责任

5.4.1 招标人的责任

《招标投标法》规定：

（1）必须进行招标的项目不招标，将项目化整为零或以其他任何方式规避招标的，责令限期改正，可以处项目合同金额5‰以上10‰以下的罚款；对全部或部分使用国有资金的项目，可以暂停执行或者暂停资金拨付；对单位直接负责的主管人员和其他直接责任人员依法给予处分。

（2）向他人透露已获取招标文件潜在投标人的名称、数量或者可能影响公平竞争的有关其他情况，或者泄露标底的，给予警告，可以并处1万元以上10万元以下的罚款；对单位直接负责的主管人员和其他直接责任人员依法给予处分；构成犯罪的，依法追究其刑事责任。如果影响中标结果，则中标无效。

（3）以不合理条件限制或排斥潜在投标人，对潜在投标人实行歧视性待遇，强制投标人组成联合体共同投标，或者限制投标人之间竞争的，责令改正，可处1万元以上5万元以下的罚款。

（4）在评标委员会依法推荐的中标候选人之外确定中标人，或依法必须进行招标的项目在所有投标均被评标委员会否决后自行确定中标人的，中标无效，责令改正，可以处中标项目金额5‰以上10‰以下的罚款。

（5）违反招标投标法规定的定标程序，与投标人就投标价格、投标方案等实质性内容进行谈判的，给予警告，对单位直接负责的主管人员和其他直接责任人员依法给予处分。如果影响中标结果的，中标无效。

（6）投标单位投标后，由于招标（建设）单位的原因而中止招标或招标失败的，招标（建设）单位应向各投标单位赔偿一定的经济损失。

《招标投标法实施条例》规定：

（1）招标人有下列限制或者排斥潜在投标人行为之一的，由有关行政监督部门依照招标投标法第五十一条的规定处罚（即责令改正，可以处1万元以上5万元以下的罚款）：①依法应当公开招标的项目不按照规定在指定媒介发布资格预审公告或者招标公告;② 在不同媒介发布的同一招标项目的资格预审公告或者招标公告的内容不一致,影响潜在投标人申请资格预审或者投标。依法必须进行招标的项目的招标人不按照规定发布资格预审公告或者招标公告,构成规避招标的,依照招标投标法第四十九条的规定处罚(即责令限期改正,可以处项目合同金额5‰以上10‰以下的罚款;对全部或者部分使用国有资金的项目,可以暂停项目执行或者暂停资金拨付;对单位直接负责的主管人员和其他直接责任人员依法给予处分)。

(2) 招标人有下列情形之一的,由有关行政监督部门责令改正,可以处10万元以下的罚款:① 依法应当公开招标而采用邀请招标;② 招标文件、资格预审文件的发售、澄清、修改的时限,或者确定的提交资格预审申请文件、投标文件的时限不符合招标投标法和本条例规定;③ 接受未通过资格预审的单位或者个人参加投标;④ 接受应当拒收的投标文件。招标人有以上第①、③、④所列行为之一的,对单位直接负责的主管人员和其他直接责任人员依法给予处分。

(3) 依法必须进行招标的项目的招标人不按照规定组建评标委员会,或者确定、更换评标委员会成员违反招标投标法和本条例规定的,由有关行政监督部门责令改正,可以处10万元以下的罚款,对单位直接负责的主管人员和其他直接责任人员依法给予处分;违法确定或者更换的评标委员会成员作出的评审结论无效,依法重新进行评审。

(4) 招标人超过本条例规定的比例收取投标保证金、履约保证金或者不按照规定退还投标保证金及银行同期存款利息的,由有关行政监督部门责令改正,可以处5万元以下的罚款;给他人造成损失的,依法承担赔偿责任。

(5) 依法必须进行招标的项目的招标人有下列情形之一的,由有关行政监督部门责令改正,可以处中标项目金额10‰以下的罚款;给他人造成损失的,依法承担赔偿责任;对单位直接负责的主管人员和其他直接责任人员依法给予处分:① 无正当理由不发出中标通知书;② 不按照规定确定中标人;③ 中标通知书发出后无正当理由改变中标结果;④ 无正当理由不与中标人订立合同;⑤ 在订立合同时向中标人提出附加条件。

(6) 招标人和中标人不按照招标文件和中标人的投标文件订立合同,合同的主要条款与招标文件、中标人的投标文件的内容不一致,或者招标人、中标人订立背离合同实质性内容的协议的,由有关行政监督部门责令改正,可以处中标项目金额5‰以上10‰以下的罚款。

(7) 招标人不按照规定对异议作出答复,继续进行招标投标活动的,由有关行政监督部门责令改正,拒不改正或者不能改正并影响中标结果的,依照本条例第八十二条的规定处理(即招标、投标、中标无效,应当依法重新招标或者评标)。

5.4.2 投标人的责任

《招标投标法》规定:

(1) 投标人相互串通投标或与招标人串通投标,投标人以向招标人或评标委员会成员行贿的手段谋取中标的,以他人名义投标或以其他方式弄虚作假骗取中标的,中标无效。处中标项目金额5‰以上10‰以下的罚款,对单位直接负责的主管人员和其他直接责任人员处单位罚款数额5%以上10%以下的罚款;有违法所得的,并处没收违法所得;情节严重的,取消其1~3年内参加依法必须进行招标项目的投标资格并予以公告,直至由工商行政管理机关吊销营业执照;构成犯罪的,依法追究刑事责任。给他人造成损失的,依法承担赔偿责任。

(2) 将中标项目转让给他人,将中标项目肢解后分别转让给他人,将中标项目的部分主体、关键性工作分包给他人,或分包人再次分包的,转让、分包无效,处转让、分包项目金额5‰以上10‰以下的罚款;有违法所得的,并处没收违法所得;可以责令停业整顿;情节严重的,由工商行政管理机关吊销营业执照。

(3) 中标人不履行与招标人订立的合同,履约保证金不予退还,给招标人造成的损失超过履约保证金数额的,还应当对超过部分予以赔偿;没有提供履约保证金的,应当对招标人的损失承担赔偿责任。不按照与招标人订立的合同履行义务的,情节严重的,取消其2~5年内参加依法必须进行招标项目的投标资格并予以公告,直至由工商行政管理机关吊销营业执照。

《招标投标法实施条例》规定:

(1) 投标人未中标的,对单位的罚款金额按照招标项目合同金额依照招标投标法规定的比例计算。投标人有下列行为之一的,属于招标投标法第五十三条规定的情节严重行为,由有关行政监督部门取消其1年至2年内参加依法必须进行招标的项目的投标资格:①以行贿谋取中标;②3年内2次以上串通投标;③串通投标行为损害招标人、其他投标人或者国家、集体、公民的合法利益,造成直接经济损失30万元以上;④其他串通投标情节严重的行为。投标人自以上规定的处罚执行期限届满之日起3年内又有以上所列违法行为之一的,或者串通投标、以行贿谋取中标情节特别严重的,由工商行政管理机关吊销营业执照。

(2) 投标人以他人名义投标或者以其他方式弄虚作假骗取中标的,中标无效;构成犯罪的,依法追究刑事责任;尚不构成犯罪的,依照招标投标法第五十四条的规定处罚(即中标无效,给招标人造成损失的,依法承担赔偿责任;构成犯罪的,依法追究刑事责任。依法必须进行招标的项目的投标人有弄虚作假骗取中标尚未构成犯罪的,处中标项目金额5‰以上10‰以下的罚款,对单位直接负责的主管人员和其他直接责任人员处单位罚款数额5%以上10%以下的罚款;有违法所得的,并处没收违法所得;情节严重的,取消其1年至3年内参加依法必须进行招标的项目的投标资格并予以公告,直至由工商行政管理机关吊销营业执照)。依法必须进行招标的项目的投标人未中标的,对单位的罚款金额按照招标项目合同金额和招标投标法规定的比例计算。投标人有下列行为之一的,属于招标投标法第五十四条规定的情节严重行为,由有关行政监督部门取消其1年至3年内参加依法必须进行招标的项目的投标资格:①伪造、变造资格、资质证书或者其他许可证件骗取中标;②3年内2次以上使用他人名义投标;③弄虚作假骗取中标给招标人造成直接经济损失30万元以上;④其他弄虚作假骗取中标情节严重的行为。投标人自以上规定的处罚执行期限届满之日起3年内又有以上所列违法行为之一的,或者弄虚作假骗取中标情节特别严重的,由工商行政管理机关吊销营业执照。

(3)出让或者出租资格、资质证书供他人投标的,依照法律、行政法规的规定给予行政处罚;构成犯罪的,依法追究刑事责任。投标人或者其他利害关系人捏造事实、伪造材料或者以非法手段取得证明材料进行投诉,给他人造成损失的,依法承担赔偿责任。

5.4.3　中标人违法行为应承担的法律责任

《招标投标法》规定,中标人将中标项目转让给他人的,将中标项目肢解后分别转让给他人的,违反本法规定将中标项目的部分主体、关键性工作分包给他人的,或者分包人再次分包的,转让、分包无效,处转让、分包项目金额5‰以上10‰以下的罚款;有违法所得的,并处没收违法所得;可以责令停业整顿;情节严重的,由工商行政管理机关吊销营业执照。

中标人不履行与招标人订立的合同的,履约保证金不予退还,给招标人造成的损失超过履约保证金数额的,还应当对超过部分予以赔偿;没有提交履约保证金的,应当对招标人的损失承担赔偿责任。中标人不按照与招标人订立的合同履行义务,情节严重的,取消其2年至5年内参加依法必须进行招标的项目的投标资格并予以公告,直至由工商行政管理机关吊销营业执照。因不可抗力不能履行合同的,不适用以上规定。

《招标投标法实施条例》规定,中标人无正当理由不与招标人订立合同,在签订合同时向招标人提出附加条件,或者不按照招标文件要求提交履约保证金的,取消其中标资格,投标保证金不予退还。对依法必须进行招标的项目的中标人,由有关行政监督部门责令改正,可以处中标项目金额10‰以下的罚款。

5.4.4　其他相关人的责任

1)招标代理机构违法行为应承担的法律责任

《招标投标法》规定,招标代理机构违反规定,泄露应当保密的与招标投标活动有关的情况和资料的,或者与招标人、投标人串通损害国家利益、社会公共利益或者他人合法权益的,处5万元以上25万元以下的罚款,对单位直接负责的主管人员和其他直接责任人员处单位罚款数额5%以上10%以下的罚款;有违法所得的,并处没收违法所得;情节严重的,暂停直至取消招标代理资格;构成犯罪的,依法追究刑事责任。给他人造成损失的,依法承担赔偿责任。影响中标结果的,中标无效。

《招标投标法实施条例》规定,招标代理机构在所代理的招标项目中投标、代理投标或者向该项目投标人提供咨询的,接受委托编制标底的中介机构参加受托编制标底项目的投标或者为该项目的投标人编制投标文件、提供咨询的,依照招标投标法第五十条的规定追究法律责任(即处5万元以上25万元以下的罚款,对单位直接负责的主管人员和其他直接责任人员处单位罚款数额5%以上10%以下的罚款;有违法所得的,并处没收违法所得;情节严重的,暂停直至取消招标代理资格;构成犯罪的,依法追究刑事责任。给他人造成损失的,依法承担赔偿责任)。

2)评标委员会成员违法行为应承担的法律责任

《招标投标法》规定,评标委员会成员收受投标人的财物或者其他好处的,评标委员会成员或者参加评标的有关工作人员向他人透露对投标文件的评审和比较、中标候选人的推荐以及与评标有关的其他情况的,给予警告,没收收受的财物,可以并处3 000元以上5万元以下的罚款,对有所列违法行为的评标委员会成员取消担任评标委员会成员的资格,不得再参加任何依法必须进行招标的项目的评标;构成犯罪的,依法追究刑事责任。

《招标投标法实施条例》规定,评标委员会成员有下列行为之一的,由有关行政监督部门责令改正;情节严重的,禁止其在一定期限内参加依法必须进行招标的项目的评标;情节特别严重的,取消其担任评标委员会成员的资格:(1)应当回避而不回避;(2)擅离职守;(3)不按照招标文件规定的评标标准和方法评标;(4)私下接触投标人;(5)向招标人征询确定中标人的意向或者接受任何单位或者个人明示或者暗示提出的倾向或者排斥特定投标人的要求;(6)对依法应当否决的投标不提出否决意见;(7)暗示或者诱导投标人作出澄清、说明或者接受投标人主动提出的澄清、说明;(8)其他不客观、不公正履行职务的行为。

评标委员会成员收受投标人的财物或者其他好处的,没收收受的财物,处3 000元以上5万元以下的罚款,取消担任评标委员会成员的资格,不得再参加依法必须进行招标的项目的评标;构成犯罪的,依法追究刑事责任。

2008年11月发布的《最高人民法院、最高人民检察院关于办理商业贿赂刑事案件适用法律若干问题的意见》第六条规定,依法组建的评标委员会的组成人员,在招标等事项的评标活动中,索取他人财物或者非法收受他人财物,为他人谋取利益,数额较大的,依照刑法第一百六十三条的规定,以非国家工作人员受贿罪定罪处罚。依法组建的评标委员会中国家机关或者其他国有单位的代表有以上行为的,依照刑法第三百八十五条的规定,以受贿罪定罪处罚。

3) 政府主管部门和国家工作人员违法行为应承担的法律责任

《招标投标法》规定,对招标投标活动依法负有行政监督职责的国家机关工作人员徇私舞弊、滥用职权或者玩忽职守,构成犯罪的,依法追究刑事责任;不构成犯罪的,依法给予行政处分。

《招标投标法实施条例》规定,项目审批、核准部门不依法审批、核准项目招标范围、招标方式、招标组织形式的,对单位直接负责的主管人员和其他直接责任人员依法给予处分。有关行政监督部门不依法履行职责,对违反招标投标法和本条例规定的行为不依法查处,或者不按照规定处理投诉、不依法公告对招标投标当事人违法行为的行政处理决定的,对直接负责的主管人员和其他直接责任人员依法给予处分。项目审批、核准部门和有关行政监督部门的工作人员徇私舞弊、滥用职权、玩忽职守,构成犯罪的,依法追究刑事责任。

国家工作人员利用职务便利,以直接或者间接、明示或者暗示等任何方式非法干涉招标投标活动,有下列情形之一的,依法给予记过或者记大过处分;情节严重的,依法给予降级或者撤职处分;情节特别严重的,依法给予开除处分;构成犯罪的,依法追究刑事责任:(1)要求对依法必须进行招标的项目不招标,或者要求对依法应当公开招标的项目不公开招标;(2)要求评标委员会成员或者招标人以其指定的投标人作为中标候选人或者中标人,或者以其他方式非法干涉评标活动,影响中标结果;(3)以其他方式非法干涉招标投标活动。

5.4.5 其他法律责任

《招标投标法》规定,任何单位违反本法规定,限制或者排斥本地区、本系统以外的法人或者其他组织参加投标的,为招标人指定招标代理机构的,强制招标人委托招标代理机构办理招标事宜的,或者以其他方式干涉招标投标活动的,责令改正;对单位直接负责的主管人员和其他直接责任人员依法给予警告、记过、记大过的处分,情节较重的,依法给予降级、撤职、开除的处分。个人利用职权进行以上违法行为的,依照以上规定追究责任。

依法必须进行招标的项目违反本法规定,中标无效的,应当依照本法规定的中标条件从其余投标人中重新确定中标人或者依照本法重新进行招标。

《招标投标法实施条例》规定,依法必须进行招标的项目的招标投标活动违反招标投标法和本条例的规定,对中标结果造成实质性影响,且不能采取补救措施予以纠正的,招标、投标、中标无效,应当依法重新招标或者评标。

根据2011年2月颁布的《刑法修正案(八)》,《刑法》第二百二十六条规定,以暴力、威胁手段,实施下列行为之一,情节严重的,处3年以下有期徒刑或者拘役,并处或者单处罚金;情节特别严重的,处3年以上7年以下有期徒刑,并处罚金……

5.4.6 招标投标违法行为记录公告暂行办法

为贯彻《国务院办公厅关于进一步规范招投标活动的若干意见》(国办发〔2004〕56号),促进招标投标信用体系建设,健全招标投标失信惩戒机制,规范招标投标当事人行为,根据《招标投标法》等相关法律规定,发展改革委等九部委于2008年6月18日颁布《招标投标违法行为记录公告暂行办法》,于2009年1月1日实施。主要内容如下:

(1) 国务院有关行政主管部门和省级人民政府有关行政主管部门(以下简称"公告部门")应自招标投标违法行为行政处理决定做出之日起20个工作日内对外进行记录公告。

省级人民政府有关行政主管部门公告的招标投标违法行为行政处理决定应同时抄报相应国务院行政主管部门。

(2) 对招标投标违法行为所作出公告的行政处理决定包括:警告;罚款;没收违法所得;暂停或者取消招标代理资格;取消在一定时期内参加依法必须进行招标项目的投标资格;取消担任评标委员会成员的资格;暂停项目执行或追回已拨付资金;暂停安排国家建设资金;暂停建设项目的审查批准;行政主管部门依法作出的其他行政处理决定。

(3) 违法行为记录公告的基本内容为:被处理的招标投标当事人名称(或姓名)、违法行为、处理依据、处理决定、处理时间和处理机关等。公告部门可将招标投标违法行为行政处理决定书直接进行公告。

(4) 违法行为记录公告期限为6个月。公告期满后,转入后台保存。依法限制招标投标当事人资质(资格)等方面的行政处理决定所认定的限制期限长于6个月的,公告期限从其决定。

(5) 公告部门负责建立公告平台信息系统,对记录信息数据进行追加、修改、更新,并保证公告的违法行为记录与行政处理决定的相关内容一致。公告平台信息系统应具备历史公告记录查询功能。

(6) 公告部门应对公告记录所依据的招标投标违法行为行政处理决定书等材料妥善保管、留档备查。

(7) 被公告的招标投标当事人认为公告记录与行政处理决定的相关内容不符的,可向公告部门提出书面更正申请,并提供相关证据。

(8) 公告部门接到书面申请后,应在5个工作日内进行核对。公告的记录与行政处理决定的相关内容不一致的,应当给予更正并告知申请人;公告的记录与行政处理决定的相关内容一致的,应当告知申请人。公告部门在作出答复前不停止对违法行为记录的公告。

(9) 行政处理决定在被行政复议或行政诉讼期间,公告部门依法不停止对违法行为记录的公告,但行政处理决定被依法停止执行的除外。

(10) 原行政处理决定被依法变更或撤销的,公告部门应当及时对公告记录予以变更或撤销,并在公告平台上予以声明。

5.5 标准文件及行业标准施工招标文件简介

为了规范施工招标资格预审文件、招标文件编制活动,提高资格预审文件、招标文件编制质量,促进招标投标活动的公开、公平和公正,国家发展和改革委员会、财政部、建设部、铁道部、交通部、信息产业部、水利部、民用航空总局、广播电影电视总局联合编制了《标准施工招标资格预审文件》和《标准施工招标文件》(以下如无特别说明,统一简称为《标准文件》),自 2008 年 5 月 1 日起试行。2013 年 3 月国家发展和改革委员会、住房和城乡建设部等九部门联合发布了《关于废止和修改部分招标投标规章和规范性文件的决定》,将〈标准施工招标资格预审文件〉和〈标准施工招标文件〉试行规定》修改为〈标准施工招标资格预审文件〉和〈标准施工招标文件〉暂行规定》,但对其《标准施工招标文件》未作任何修改。

(1)《标准文件》适用于依法必须招标的工程建设项目。

(2) 国务院有关行业主管部门可根据《标准施工招标文件》并结合本行业施工招标特点和管理需要,编制行业标准施工招标文件。行业标准施工招标文件重点对"专用合同条款""工程量清单""图纸""技术标准和要求"作出具体规定。招标人应根据《标准文件》和行业标准施工招标文件(如有),结合招标项目具体特点和实际需要,按照公开、公平、公正和诚实信用原则编写施工招标资格预审文件或施工招标文件,并按规定执行政府采购政策。

(3) 行业标准施工招标文件和招标人编制的施工招标资格预审文件、施工招标文件,应不加修改地引用《标准施工招标资格预审文件》中的"申请人须知"(申请人须知前附表除外)、"资格审查办法"(资格审查办法前附表除外),以及《标准施工招标文件》中的"投标人须知"(投标人须知前附表和其他附表除外)、"评标办法"(评标办法前附表除外)、"通用合同条款"。《标准文件》中的其他内容,供招标人参考。

(4) 行业标准施工招标文件中的"专用合同条款"可对《标准施工招标文件》中的"通用合同条款"进行补充、细化,除"通用合同条款"明确"专用合同条款"可作出不同约定外,补充和细化的内容不得与"通用合同条款"强制性规定相抵触,否则抵触内容无效。

(5) "申请人须知前附表"和"投标人须知前附表"用于进一步明确"申请人须知"和"投标人须知"正文中的未尽事宜,招标人应结合招标项目具体特点和实际需要编制和填写,但不得与"申请人须知"和"投标人须知"正文内容相抵触,否则抵触内容无效。

(6)"资格审查办法前附表"和"评标办法前附表"用于明确资格审查和评标的方法、因素、标准和程序。招标人应根据招标项目具体特点和实际需要,详细列明全部审查或评审因素、标准,没有列明的因素和标准不得作为资格审查或评标的依据。

(7)招标人编制招标文件中的"专用合同条款"可根据招标项目的具体特点和实际需要,对《标准施工招标文件》中的"通用合同条款"进行补充、细化和修改,但不得违反法律、行政法规的强制性规定和平等、自愿、公平和诚实信用原则。招标人编制的资格预审文件和招标文件不得违反公开、公平、公正、平等、自愿和诚实信用原则。

5.6 案例分析

[章前案例分析]

(1)《招标投标法》第十一条规定:"国务院发展计划部门确定的国家重点项目和省、自治区、直辖市人民政府确定的地方重点项目不适宜公开招标的,经国务院发展计划部门或者省、自治区、直辖市人民政府批准,可以进行邀请招标。"因此,本案中的建设单位擅自决定对省重点工程项目采取邀请招标的做法,违反了《招标投标法》的有关规定,是不合法的。

(2)《招标投标法》第二十八条第二款规定:"在招标文件要求提交投标文件的截止时间后送达的投标文件,招标人应当拒收。"《招标投标法实施条例》第三十六条第一款规定:"未通过资格预审的申请人提交的投标文件,以及逾期送达或者不按照招标文件要求密封的投标文件,招标人应当拒收。"据此,建设单位应当对丙施工企业逾期送达的投标文件予以拒收。如果未依法拒收而接受的,按照《招标投标法实施条例》第六十四条的规定:"招标人有下列情形之一的,由有关行政监督部门责令改正,可以处10万元以下的罚款……(四)接受应当拒收的投标文件。招标人有前款……第四项所列行为之一的,对单位直接负责的主管人员和其他直接责任人员依法给予处分。"

(3)《招标投标法》第三十五条规定:"开标由招标人主持,邀请所有投标人参加。"据此,本案中由当地招投标监管机构主持开标是不合法的。开标时间不合适,《招标投标法》第三十四条规定:"开标应当在招标文件确定的提交投标文件截止时间的同一时间公开进行。"

【案例 1】

某高校自筹资金组织教学楼工程建设,由 C 建筑公司承建,距工程竣工还有 4 个月时间。为更进一步发挥该教学楼的功能,该高校拟在教学楼电化教室西侧加建二层小楼,建筑面积 216 m^2,将教学楼中的一些配套设施,如电化教学设备、录像设备以及教师课间休息室等移至该二层小楼。该附属工程已经得到计划、规划、建设等管理部门批准。设计单位也已经按照校方这些需求,对原教学楼设计中的一些管线、设备进行了调整,同时也完成了该附属工程的设计工作,资金能够满足工程发包需要。

问题:

(1)《招标投标法》规定的招标方式有几种?其招标适用条件是什么?

(2)工程施工项目招标应具备哪些条件?本附属工程是否具备施工招标条件,为什么?

(3)该工程是否可以不招标而直接发包,为什么?

(4)该工程是否可以采用招标方式确定施工单位?此时应注意哪些问题?

案情分析:

《招标投标法》规定了依法必须进行招标项目的招标条件、招标方式及招标程序等,《招标投标法实施条例》第九条(四)中明确规定,需要向原中标人采购工程、货物、服务,否则将影响施工或功能配套要求的,可以不招标。此外,《工程建设项目施工招标投标办法》(30 号令)第八条规定了施工招标项目需要具备的条件;同时第十二条规定,需要审批或核准的工程建设项目,有下列情形之一的,经有关部门批准,可以不进行施工招标:① 涉及国家安全、国家秘密或者抢险救灾而不适宜招标的;② 属于利用扶贫资金实行以工代赈需要使用农民工的;③ 施工主要技术采用特定的专利或者专有技术的;④ 施工企业自建自用的工程,且该施工企业资质等级符合工程要求的;⑤ 在建工程追加的附属小型工程或者主体加层工程,原中标人仍具备承包能力的;⑥ 法律、行政法规规定的其他情形。本项目属于上述规定中的第五种情形,即在建工程追加的附属小型工程或者主体加层工程,原中标人仍具备承包能力的情形,可以不进行施工招标。不同类型的合同,对应的合同管理有一定的区别,是招标人组织招标采购需要事先熟悉的。

基本结论:

(1)《招标投标法》规定,招标分为公开招标和邀请招标。公开招标,是指招标人以招标公告的方式邀请不特定的法人或者其他组织投标。邀请招标,是指招标人以投标邀请书的方式邀请特定的法人或者其他组织投标。

公开招标:适用于法律法规明令不得组织公开招标项目外的所有招标采购项目。

邀请招标:国务院发展改革部门确定的国家重点建设项目和各省、自治区、直辖市人民政府确定的地方重点建设项目,以及全部使用国有资金投资或者国有资金投资占控股或者主导地位的工程建设项目应当公开招标,有下列情形之一的,经批准可以进行邀请招标:① 项目技术复杂或有特殊要求,只有少量几家潜在投标人可供选择的;② 受自然地域环境限制的;③ 涉及国家安全、国家秘密或者抢险救灾,适宜招标但不宜公开招标的;④ 拟公开招标的费用与项目的价值相比,不值得的;⑤ 法律、法规规定不宜公开招标的。

(2) 工程施工项目招标应具备以下 5 个条件:① 招标人已经依法成立;② 初步设计及概算应当履行审批手续的,已经批准;③ 招标范围、招标方式和招标组织形式等应当履行核准手续的,已经核准;④ 有相应资金或资金来源已经落实;⑤ 有招标所需的设计图纸及技术资料。

依据背景材料,该附属工程已经取得了建设前的合法手续,满足上述 5 个条件,故可以采用招标方式确定承包人。

(3) 该附属工程可以不招标而直接发包,但须履行相应的审批程序。

(4) 该附属工程也可以进行招标采购,重新选择一个施工企业签订施工合同,但有以下几点需要注意:① 处理好两个承包人之间工作界面及管理界面,落实相应责任;② 两个承包人与一个承包人延续施工相比,涉及第二个承包人大型机械、设备进出场、现场临时设施的设置等施工准备事项,合同价格较之原承包人延续施工可能会有所增加;③ 施工组织过程中,如进度、材料运输、施工场地安排等争议调解量加大;④ 合同结算工作量加大等。所以,除非发生了特殊情况,一般不宜就该附属工程重新选择承包人。

【案例 2】

某 G 招标代理机构受某招标人委托,对某城市供热工程施工项目进行公开招标。按照有关程序,在当地建设工程发承包交易中心发布招标公告,并按照招标文件中规定的开标时间在当地建设工程发承包交易中心举行开标会议。评标专家从政府有关部门组建的专家库中抽取,评标专家根据招标文件载明的评标办法对各投标人进行评审。评标过程中,招标人将各投标人在过去三年内受到的违法违规处罚情况提供给了评标委员会作为评标材料。投标人 1 得 94.64 分,排名第一;投标人 2 得 93.5 分,排名第二;投标人 3 得 92.07,排名第三。评标委员会依次推荐了投标人 1、2 和 3 为中标候选人。评标结果当场由当地公证处出具公证书证明。

评标工作结束后,有投标人向招标人反映投标人 1 有不良记录,按照评标办法的规定应扣分。招标人经复核,确认投标人 1 年初被住房和城乡建设部通报批评过,其处罚通报曾提供给了评标委员会,在评标结束的第五日向当地建设局招标投标管理办公室递交了投诉书及相应的证明材料,要求按照评标办法中的规定扣减投标人 1 的得分。

一周后,当地建设局招标投标管理办公室召开此项目二次定标会,参加会议的有当地建设局、招标办、交易中心、招标人和G招标代理机构,会议由建设局某副局长主持,会议最后决定依据评标办法中"投标人每有一项工程项目因违法违规被省级以上建设行政主管部门查处的,自查处之日起,在12个月招投标活动中,每次对投标人扣1.5分"的规定,对被住房和城乡建设部通报批评过的投标人1的得分扣1.5分。这样,投标人1的得分变为93.14分,根据最终各投标人的得分,确定投标人2为中标人。

问题:
(1) 当地建设局是否有权利通过召开会议的形式确定投标人2为中标人?
(2) 经过公证的中标结果能否更改?为什么?
(3) 招标人投诉是否有效?投诉对象为谁?为什么?

案情分析:
招标投标活动是在《招标投标法》约束下的一种民事缔约行为,在这一个过程中,招标人、投标人为招标投标活动的当事人,而地方建设局为行政监督部门,开标评标时公证部门进行公证,只是证明评标过程是按照相关要求和程序进行的,无法证明评标结果的正确与否。《招标投标法》第六十五条规定,投标人和其他利害关系人认为招标投标活动不符合法律规定的,有权向招标人提出异议或者向有关行政监督部门投诉,招标人属于本项目中其他"利害关系人",依法可以向有关行政监督部门投诉。《工程建设项目招标投标活动投诉处理办法》(11号令)第九条规定的投诉时效,投诉人应当在其知道或者应当知道其权益受到侵害之日起十日内提出书面投诉,本案招标人在评标结束后第五日提起投诉,符合投诉有效期的规定。

基本结论:
(1) 地方建设局仅有权对招标投标活动进行监督,其职责是查处招标投标活动当事人的违法违规行为,而无权替代招标人确定中标人。本案地方建设局的行为,属于典型的地方行政部门干预、插手中标结果的行为。

(2) 本案中标结果需要发生变更,招标人需向公证部门发出书面申请,撤销原先的公证书并附上相关证明材料,必要时,可要求其对变更后的中标结果重新公证,但这并不影响招标人依法确定中标人。

(3) 招标人在招标投标活动中属于法律规定中的"其他利害关系人",所以招标人在评标结束后的第五日向当地建设局招标投标管理办公室递交投诉书并提供了相应的证明材料,属于依法保护其自身权益,且在投诉有效期内提出,其投诉有效。

招标人的投诉对象应是评标委员会,即评标委员会没有依据招标文件中的评标标准和方法,对投标文件进行评审和比较,其行为违反了法律赋予其的义务,属于《工程建设项目施工招标投标办法》(30号令)第七十九条(一)中规定的评标无效情形。

本章习题

一、单选题

1. 施工现场暂时停止施工的,施工单位应当做好现场防护,所需费用由( )承担,或者按照合同约定执行。
   A. 施工单位   B. 责任方   C. 建设单位   D. 暂停决定方

2. 某高速公路项目进行招标,开标后允许( )。
   A. 评标委员会要求投标人以书面形式澄清含义不明确的内容
   B. 投标人再增加优惠条件
   C. 投标人撤销投标文件
   D. 招标人更改招标文件中说明的评标定标办法

3. 投标人以他人名义投标或者以其他方式弄虚作假,骗取中标的,可能构成( )。
   A. 串通投标罪   B. 合同诈骗罪
   C. 侵犯商业秘密罪   D. 受贿罪

4. 根据《招标投标法》的规定,下列施工项目不属于必须招标范围的是( )。
   A. 企业投标的体育场
   B. 企业投资廉租住房
   C. 企业投资的商品住房
   D. 在资质等级许可范围内施工企业建设的自用办公楼

5. 咨询单位申请招标代理机构资质时,( )不是必备的条件。
   A. 有从事招标代理业务的营业场所
   B. 有从事招标代理业务相应的资金
   C. 有编制的招标文件和组织评标的相应专业力量
   D. 有对投标人的财务状况进行审计的专业人才

6. 根据《招标投标法》的规定,不属于评标专家库专家必备条件的是( )。
   A. 从事相关专业工作满 8 年并具有高级职称
   B. 熟悉有关招标投标的法律法规
   C. 身体健康,能够承担评标工作
   D. 大学本科以上学历

7. 关于工程建设项目是否必须招标的说法,正确的是( )。
   A. 使用国有企业事业单位自有资金的工程建设项目必须进行招标
   B. 施工单项合同估算价为人民币 100 万,但项目总投资额为人民币 2 000 万元的工程建设项目必须进行招标
   C. 利用扶贫资金实行以工代赈、需要使用农民工的建设工程项目可以不

进行招标

D. 需要采用专利或者专有技术的建设工程项目可以不进行招标

8. 《招标投标法》规定，投标人不得以低于成本的报价竞标。这里的成本是指（   ）。

    A. 投标人的平均成本　　　　　　B. 标底中估计的成本

    C. 投标人本企业的成本　　　　　　D. 报价最低的投标人的成本

9. 在下列关于开标的有关规定中，正确的是（   ）。

    A. 开标过程应当记录

    B. 开标应由公正机构主持

    C. 开标应在投标有效期后 30 天内进行

    D. 开标应在投标文件截止时间之后尽快进行

10. 关于评标的说法，正确的是（   ）。

    A. 招标委员会可以向招标人征询确定中标人的意向

    B. 招标项目设有标底的，可以投标报价是否接近标底作为中标条件

    C. 评标委员会成员拒绝在评标报告上签字的，市委不同意评标结果

    D. 投标文件中有含义不明确的内容、明显文字或计算错误的，评标委员会可以要求投标人作出必要澄清、说明

二、多选题

1. 建设工程中常见的施工合同主体纠纷一般包括（   ）。

    A. 因承包商资质不够导致的纠纷

    B. 因无权代理与表见代理导致的纠纷

    C. 因联合体承包导致的纠纷

    D. 因"挂靠"问题而产生的纠纷

    E. 因履约范围不清而产生的纠纷

2. 下列行为中，导致中标无效的有（   ）。

    A. 招标代理机构与招标人、投标人串通

    B. 招标人限制投标人之间的竞争

    C. 以他人名义进行投标、骗取中标

    D. 对于依法必须进行招标的项目，招标人与投标人进行实质性谈判

    E. 在评标委员会依法推荐的中标候选人以外确定中标人

3. 招标投标活动的公开原则，要求（   ）要公开。

    A. 招标活动的信息

    B. 投标人的情况

    C. 开标的程序、评标的标准和程序

    D. 中标的结果

E. 评标委员会成员

4. 根据《招标投标法》和相关法律法规,下列评标委员会的做法中,正确的有( )。

A. 以所有投标都不符合招标文件的要求为由,否决所有投标

B. 拒绝招标人在评标时提出新的评标要求

C. 按照招标人的要求倾向特定投标人

D. 在评标报告中注明评标委员会成员对评标结果的不同意见

E. 以投标报价超过标底上下浮动范围为由否决投标

5. 按照《招标投标法》的规定,( )可以不进行招标,采用直接发包的方式委托建设任务。

A. 施工单项合同估算价 150 万元人民币

B. 重要设备的采购,单项合同估算价 150 万元人民币

C. 监理合同,单项合同估算价 150 万元人民币

D. 项目总投资 4 000 万元,监理合同单项合同估算价 30 万元人民币

E. 项目总投资 2 000 万元,监理合同单项合同估算价 30 万元人民币

6. 招标方式中,邀请招标与公开招标比较,其缺点主要有( )等。

A. 选择面窄,排斥了某些有竞争实力的潜在投标人

B. 竞争的激烈程度相对较差

C. 招标时间长

D. 招标费用高

E. 评标工作量较大

7. 《招标投标法》规定,投标文件( )的投标人应确定为中标人。

A. 满足招标文件中规定的各项综合评价标准的最低要求

B. 最大限度地满足招标文件中规定的各项综合评价标准

C. 满足招标文件各项要求,并且报价最低

D. 满足招标文件各项要求,并且经评审的价格最低

E. 满足招标文件各项要求,并且经评审的价格最高

8. 施工招标中采用综合评分法评标,评定报价部分得分高低的评分标准可以采用( )。

A. 最高报价衡量法   B. 标底衡量法   C. 复合标底衡量法

D. 无标底衡量法   E. 成本价衡量法

9. 某建设项目招标,评标委员会由一名招标人代表和三名技术、经济等方面的专家组成,这一组成不符合《招标投标法》的规定,则下列关于评标委员会重新组成的作法中,正确的有( )。

A. 减少 1 名招标人代表,专家不再增加

B. 减少1名招标人代表,再从专家库中抽取1名专家

C. 不减少招标人代表,再从专家库中抽取1名专家

D. 不减少招标人代表,再从专家库中抽取2名专家

E. 不减少招标人代表,再从专家库中抽取3名专家

10. 在开标时,如果发现投标文件出现( )等情况,应按无效投标文件处理。

A. 未按招标文件的要求予以密封

B. 投标函未加盖投标人的企业公章

C. 联合体投标未附联合体协议书

D. 明显不符合技术标准要求

E. 完成期限超过招标文件规定的期限

三、是非题

1. 在投标文件的报价单中,如果出现总价金额和分项单价与工程量乘积之和的金额不一致时,应当以分项单价与工程量乘积之和为准,由评标委员会直接修正即可。( )

2. 施工招标阶段,招标人发给投标人的书面文件中,不构成对招标人和投标人有约束力的招标文件组成部分的是投标须知。( )

3. 某项目招标,经评标委员会评审认为所有投标都不符合招标文件的要求,这时应当修改招标文件后重新招标。( )

4. 在建设项目各类招标中,不要求投标人依据给定工作量报价的是设计招标。( )

5. 招标的资格预审须知中规定,采用限制合格者数量为六家的方式。当排名第六的投标人放弃投标时,应当改变预审合格标准,只设合格分,不限制合格者数量。( )

6. 按照《招标投标法》的规定,施工单项合同估算价210万元人民币可以不进行招标,采用直接发包的方式委托建设任务。( )

7. 投标人在投标过程中出现投标文件的密封不符合招标文件的要求时,招标人可以没收投标保证金。( )

8. 招标人在中标的投标人向业主提交履约担保后退还施工投标保函。( )

9. 招标投标过程中需要对现场进行考察,以了解现场情况。现场考察组织工作由投标人承担,费用由招标人承担。( )

四、思考题

1. 建设工程的概念是什么?招标方式有几种?它们之间有何异同点?

2. 我国实行强制招标的建设工程项目有哪些?其规模标准是怎样规定的?

3. 建设工程招标投标分为哪几个阶段?各阶段包括哪些内容?

4. 施工招标必须具备哪些条件?
5.《招标投标法》对投标文件、时间、行为等方面作了哪些规定?
6.《招标投标法》对开标时间、地点、参加人及开标过程是如何规定的?
7. 试述公开招标的程序。
8. 何为评标?对评标委员会组成及评标程序有哪些规定?
9. 定标原则是什么?确定中标人后招标人还应进行哪些工作?
10. 招标人的法律责任主要有哪些?

参考答案

一、单选题
1. B　　2. A　　3. B　　4. D　　5. D
6. D　　7. C　　8. C　　9. A　　10. D

二、多选题
1. ABCD　　2. ACDE　　3. ACD　　4. ABD　　5. AE
6. AB　　7. BD　　8. BCD　　9. CE　　10. ABC

三、是非题
1. ×　　2. ×　　3. √　　4. √　　5. ×
6. ×　　7. ×　　8. √　　9. ×

6 建设工程合同制度

概　要：本章主要讲述合同法的概念和特点，合同的形式，合同的主要条款；合同的订立；合同的履行；合同的变更、转让与终止；违约责任；合同鉴证与公证；合同争议的防范及处理。简单介绍了《建设工程施工合同示范文本(2013)》的性质、作用和主要内容。通过案例分析及对案例问题的讨论，加深理解合同法的基本理论、基本概念和相关的法律知识。

[**章前案例**]　甲建筑公司（以下简称甲公司）拟向乙建材公司（以下简称乙公司）购买一批钢材。双方经口头协商，约定购买钢材200吨，单价3 800元/吨，并拟订了准备签字盖章的买卖合同文本。乙公司签字盖章后，交给了甲公司准备签字盖章。由于施工进度紧张，在甲公司催促下，乙公司在未收到甲公司签字盖章的合同文本情形下，将200吨钢材送到甲公司工地现场。甲公司接收了并投入工程使用。后因拖欠货款，双方产生了纠纷。试问，甲、乙公司的买卖合同是否成立？

6.1 建设工程合同概述

6.1.1 建设工程合同概念、作用和特点

1）合同的概念

合同是指两个或两个以上的平等的民事主体（自然人、法人、其他组织）之间设立、变更、终止民事权利义务关系的协议，由《中华人民共和国合同法》所调整。婚姻、收养、监护等有关身份关系的协议，适用其他法律的规定。

2）建设工程合同的概念

建设工程合同的概念有广义和狭义之分。

狭义的建设工程合同是指《合同法》分则第十六章中专门指定的合同，主要指建设工程勘察、设计、施工合同。《合同法》第二百六十九条规定："建设工程合同是承包人进行工程建设，发包人支付价款的合同。"

广义的建设工程合同指在工程的建设过程中涉及的各种合同，包括项目融资合同、勘察设计合同、工程承包合同、工程咨询（如造价咨询、招标代理、监理、项目管理、代建）合同、材料和设备采购合同、工程承包联营体合同、劳务供应合同、保险

合同等。本书指的建设工程合同主要是广义的工程合同,以下简称工程合同。

3) 建设工程合同的作用

建设工程合同具有独特的作用,具体表现如下:

(1) 合同是作为工程项目实施和管理的手段和工具。业主经过项目结构分解,将一个完整的工程项目分解为许多专业实施和管理的活动,通过合同将这些活动委托出去,并实施对项目过程的控制。承包商通过分包合同、采购合同和劳务供应合同委托工程分包和供应工作任务,形成项目的实施过程。工程项目的融资模式、承发包方式、管理模式、实施策略和各种管理规范都是通过合同定义和运作的。

(2) 合同确定了工程实施和管理的主要目标,是合同各方在工程中各种活动的依据。

合同在工程实施前签订,它确定了工程所要达到的目标,主要有如下几个方面:① 工程规模、范围和质量。② 工期。包括工程的总工期,工程交付后的缺陷责任期,双方一致同意的详细进度计划。③ 价格。包括工程总价格,各分项工程的单价和总价等。④ 其他方面,如"健康—安全—环境"管理目标等。

(3) 合同是工程项目组织的纽带。由于社会化大生产和专业化分工,一个工程的建设有几个、十几个,甚至几百个参加单位,合同将工程所涉及的生产、材料和设备供应、运输、各专业设计和施工单位的分工协作关系联系起来,协调并统一他们的行为。一个参加单位与工程的关系,在工程中承担的角色,它的任务和责任,就是由与它相关的合同定义的。

合同管理必须协调和处理各方面的关系,使相关的各合同和合同规定的各工程活动之间不相互矛盾,在内容上、技术上、组织上、时间上协调一致,形成一个完整、周密、有序的体系,以保证工程有秩序、按计划地实施。

(4) 合同确定工程和供应的价格,确定工程承包市场中各方面的交易关系。工程任务通过合同委托,业主和承包商之间的经济关系主要通过合同来链接和调整,所以签订和履行合同又是工程承包的市场行为。

(5) 合同是工程过程中双方的最高行为准则。签订合同是双方的民事行为。合同一经签订,只要合同合法,则成为一个法律文件。双方应按合同内容承担相应的义务,享有相应的权利。

(6) 合同是工程过程中双方争执解决的依据。合同争执是经济利益冲突的表现,它常常起因于双方对合同理解的不一致、合同实施环境的变化、有一方未履行或未正确地履行合同等。合同对争执的解决有两个决定性作用:① 争执的判定以合同作为法律依据,即以合同条文判定争执的性质,谁对争执负责,应负什么样的责任等。② 争执的解决方法和解决程序由合同规定。

4) 建设工程合同的特点

(1) 建设工程合同具有很强的计划性。基本建设是整个国民经济的一项重要经济活动。建设工程合同是关系到国计民生,关系到国民经济建设的极为重要的一种合同,需要加强计划管理。我国有关法规规定所有基本建设,无论是国家中央财政预算内,还是地方、部门和企业自筹资金安排的,都应毫无例外地纳入国家基本建设年度计划以内。

(2) 严格的管理和监督。国家对建设工程合同的管理十分严格,规定了严格的法定程序,即基本建设程序。签订建设工程合同,必须严格遵守基本建设程序,基本建设工作涉及面广,内外协作配合环节多,必须要有计划、有步骤、有秩序地进行。

(3) 根据我国现行法律规定,建设工程合同的主体——建设工程勘察、设计、建筑、安装单位必须是经国家主管部门审查、批准,在当地工商行政管理部门进行核准登记并领有营业执照的基本建设专业组织,必须具备必要的人力、技术力量、机械设备以及工程技术人员等条件。建设单位必须具备一定的投资条件和投资能力,才能签订建设工程合同。

(4) 主体之间具有严密的协作性。建设工程合同的履行涉及面广,内外协作、配合的环节多,需要合同主体双方较长期的通力协作。

(5) 建设工程合同的标的是基本建设工程。基本建设工程是以资金、材料、设备为条件,以科学技术为手段,通过脑力劳动和体力劳动,建设的各种工厂、矿山、道路、住宅、公用设施等,以形成固定资产扩大再生产的能力和改进人民物质文化生活水平。

6.1.2 合同法概述

1) 合同法的概念

合同法有两层含义:广义上的合同法是指根据法律的实质内容,调整合同关系的所有的法律法规的总称;另外一种是基于法律的表现形式,即由立法机关制定的,以"合同法"命名的法律,即1999年10月1日起施行的《中华人民共和国合同法》,简称《合同法》。《合同法》是调整平等主体之间设立、变更、终止财产权利义务的合同关系的法律规范的总称。该概念包括以下三层含义:一是合同法只调整平等主体之间的关系;二是合同法所调整的关系限于平等主体之间的合同关系,主要调整法人、其他组织之间的经济贸易关系,同时还包括自然人之间的买卖、租赁、借贷、赠与等产生的合同法律关系;三是合同法所调整的合同关系为财产性的合同关系。

2) 合同法的特点

《合同法》作为我国至今为止条文最多、内容最丰富的民事合同,它具有以下特点:

(1) 统一性。《合同法》的颁布和施行,结束了我国过去《经济合同法》《涉外经济合同法》和《技术合同法》三足鼎立的多元合同立法的模式,克服了3个合同法各自规范不同的关系和领域而引起的不一致和不协调的缺陷,形成了统一的合同法律规则。

(2) 任意性。合同的本质就是当事人通过自由协商,决定其相互之间的权利义务关系,并根据其意志调整他们之间的关系。当事人可以自由决定是否订立合同,和谁订立合同,订立什么样的合同,合同的内容包括哪些,合同是否需要变更或者解除等。

(3) 强制性。对于某些严重影响到国家、社会、市场秩序和当事人利益的内容,《合同法》则采用强制性规范或者禁止性规范。《合同法》中规定:"当事人订立、履行合同,应当遵守法律、行政法规,尊重社会公德,不得扰乱社会经济秩序,损害社会公共利益。"

3)《合同法》的内容框架

《合同法》分为总则、分则、附则三大部分,共二十三章、四百二十八条。

总则规定合同法的原则以及共同适用的规定,由八章组成。分别为一般规定,包括合同法的立法宗旨、使用范围、合同法的基本原则等;合同的订立;合同的效力;合同的履行;合同的变更和转让;合同的权利义务终止;违约责任;其他规定:包括合同的法律适用、合同的解释、合同的监督、合同争议的解决途径,合同争议、诉讼或者仲裁的时效。分则规定了对合同法所制定的15个门类列名合同的特殊规定,共由十五章组成。分别为买卖合同;供用电、水、气、热力合同;赠与合同;借款合同;租赁合同;融资租赁合同;承揽合同;建设工程合同;运输合同;技术合同;保管合同;仓储合同;委托合同;行纪合同;居间合同。

4)《合同法》的基本原则

《合同法》的原则,是指合同法总的指导思想和贯穿于整个合同法律制度和规范之中的基本准则。主要包括:

(1) 合同自由原则

合同自由原则主要是指当事人享有决定缔约、缔约伙伴和合同内容的自由;有决定合同的变更或解除以及合同形式等方面的自由。《合同法》所确定的合同自由是一种相对的自由,而非绝对的自由。合同自由是法律规定范围内的自由,受到法律的限制,以维护社会公共利益和消费者的权益,实现社会正义。

(2) 诚实信用原则

诚实信用原则,是指当事人在从事交易时应诚实守信,以善意方式取得权利和履行义务,不得滥用其权利和损害他人和社会的利益。我国《合同法》第六条规定:"当事人行使权利、履行义务应当遵循诚实信用原则。"诚实信用原则作为道德规范的法律确认,在合同法中具有特别重要的地位和意义。

(3) 合法原则

合法原则,就合同法而言,是指当事人在订立和履行合同时应遵守法律和行政法规。我国《合同法》第七条规定:"当事人订立、履行合同,应当遵守法律、行政法规,尊重社会公德,不得扰乱社会经济秩序,损害社会公共利益。"

(4) 鼓励交易原则

《合同法》以交易关系为调整对象,其所确立的规则就是规范各种合同的交易关系,以维护交易秩序。我国《合同法》把鼓励交易作为基本原则。

5) 合同的分类

合同的分类是指按照一定的标准,将合同划分成不同的类型。主要包括:

(1) 有名合同与无名合同

根据法律是否明文规定了一定合同的名称,可以将合同分为有名合同与无名合同。

有名合同(又称典型合同)是指法律上已经确定了一定的名称及具体规则的合同。《合同法》中所规定的15类合同,都属于有名合同,如建设工程合同等。

无名合同(又称非典型合同)是指法律上尚未确定一定的名称与规则的合同。合同当事人可以自由决定合同的内容,即使当事人订立的合同不属于有名合同的范围,只要不违背法律的禁止性规定和社会公共利益,仍然是有效的。

(2) 双务合同与单务合同

根据合同当事人是否互相负有给付义务,可以将合同分为双务合同和单务合同。

双务合同,是指当事人双方互负对待给付义务的合同,即双方当事人互享债权、互负债务,一方的合同权利正好是对方的合同义务,彼此形成对价关系。在建设工程施工合同中,承包人有获得工程价款的权利,而发包人则有按约支付工程价款的义务。大部分合同都是双务合同。

单务合同,是指合同当事人中仅有一方负担义务,而另一方只享有合同权利的合同。例如,在赠与合同中,受赠人享有接受赠与物的权利,但不负担任何义务。无偿委托合同、无偿保管合同均属于单务合同。

(3) 诺成合同与实践合同

根据合同的成立是否需要交付标的物,可以将合同分为诺成合同和实践合同。

诺成合同(又称不要物合同),是指当事人双方意思表示一致就可以成立的合同。大多数的合同都属于诺成合同,如建设工程合同、买卖合同、租赁合同等。

实践合同(又称要物合同),是指除当事人双方意思表示一致以外,尚须交付标的物才能成立的合同,如保管合同。

(4) 要式合同与不要式合同

根据法律对合同的形式是否有特定要求,可以将合同分为要式合同与不要式合同。

要式合同,是指根据法律规定必须采取特定形式的合同。如《合同法》规定,建设工程合同应当采用书面形式。

不要式合同,是指当事人订立的合同依法并不需要采取特定的形式,当事人可以采取口头方式,也可以采取书面形式或其他形式。

要式合同与不要式合同的区别,实际上是一个关于合同成立与生效的条件问题。如果法律规定某种合同必须经过批准或登记才能生效,则合同未经批准或登记便不生效;如果法律规定某种合同必须采用书面形式才成立,则当事人未采用书面形式时合同便不成立。

(5) 有偿合同与无偿合同

根据合同当事人之间的权利义务是否存在对价关系,可以将合同分为有偿合同与无偿合同。

有偿合同,是指一方通过履行合同义务而给对方某种利益,对方要得到该利益必须支付相应代价的合同,如建设工程合同等。

无偿合同,是指一方给付对方某种利益,对方取得该利益时并不支付任何代价的合同,如赠与合同等。

(6) 主合同与从合同

根据合同相互间的主从关系,可以将合同分为主合同与从合同。

主合同是指能够独立存在的合同;依附于主合同方能存在的合同为从合同。例如,发包人与承包人签订的建设工程施工合同为主合同,为确保该主合同的履行,发包人与承包人签订的履约保证合同为从合同。

6.2 合同订立、履行、保全、变更、转让和终止

6.2.1 合同的订立

1) 合同的内容

合同的内容即合同当事人订立合同的各项具体意思表示,具体体现为合同的各项条款。在不违反法律强制性规定的情况下,合同的内容由当事人约定,一般包括以下条款:① 当事人的名称或者姓名和住所;② 标的,即合同双方当事人权利义务所共同指向的对象;③ 数量;④ 质量;⑤ 价款或者报酬;⑥ 履行期限、地点和方式;⑦ 违约责任;⑧ 解决争议的方法。在订立合同时,当事人可参照各类合同的示范文本。

2）合同的形式

合同的形式有书面形式、口头形式和其他形式。

书面形式是指以文字等可以再现内容的方式达成的协议。这种形式明确肯定，有据可查，对于防止争议和解决纠纷，有积极意义。书面形式一般是指当事人双方以合同书、书信、电报、电传、传真等形式达成协议。法律、行政法规规定采取书面形式的，应当采取书面形式。当事人约定采取书面形式的，应当采取书面形式。如建设用地使用权出让合同、房屋买卖合同、房屋租赁合同应当采取书面形式。

口头形式是指当事人面对面地谈话或者以通讯设备如电话交谈达成协议。以口头方式订立合同的特点是直接、简便、快速，数额较小或者现款交易通常采用口头形式。口头合同是老百姓日常生活中广泛采用的合同形式。口头形式当然也可以适用于企业之间，但口头形式没有凭证，发生争议后，难以取证，不易分清责任。

除了书面形式和口头形式，合同还可以其他形式成立。我们可以根据当事人的行为或者特定情形推定合同的成立，或者也可以称之为默示合同。此类合同是指当事人未用语言明确表示成立，而是根据当事人的行为推定合同成立，如租赁房屋的合同，在租赁房屋的合同期满后，出租人未提出让承租人退房，承租人也未表示退房而是继续交房租，出租人仍然接受租金。根据双方当事人的行为，我们可以推定租赁合同继续有效。再如，当乘客乘上公共汽车并达到目的地时，尽管乘车人与承运人之间没有明示协议，但可以依当事人的行为推定运输合同成立。

3）合同的订立程序

当事人订立合同，应当具有相应的民事权利能力和民事行为能力。当事人依法可以委托代理人订立合同。当事人订立合同，采取要约和承诺的方式进行。当事人意思表示真实一致时，合同即可成立。

（1）要约

① 要约

要约是指希望与他人订立合同的意思表示。该意思表示应当符合下列规定：a. 内容具体明确，即表达出订立合同的意思，包括一经承诺合同即可成立的各项基本条款；b. 表明经受要约人承诺，要约人即受该意思表示约束。

② 要约邀请

要约邀请又称为要约引诱，是指希望他人向自己发出要约的意思表示，是当事人订立合同的预备行为，在发出要约邀请时，当事人仍处于订约的准备阶段，其目的在于引诱他人向自己发出要约，其内容往往是不明确、不具体的，其相对人是不特定的，所以，要约邀请不具有要约的约束力，发出要约邀请的人不受其约束。《中华人民共和国合同法》第十五条规定下列行为属于要约邀请而不属于要约：寄送的价目表、拍卖公告、招标公告、招股说明、商业广告。但商业广告的内容符合要约规定的，应视为要约。

(2) 承诺

承诺是指受要约人同意接受要约的条件以缔结合同的意思表示。承诺必须由受要约人向要约人做出。由于要约原则上是向特定人发出的,因此,只有接受要约的特定人即受要约人才有权做出承诺,受要约人以外的第三人无资格向要约人做出承诺。同时,承诺必须向要约人做出,如果向要约人以外的其他人做出,则只能视为对他人发出要约,不能产生承诺效力。承诺必须在规定的期限内到达要约人。承诺只有到达要约人时才能生效。

4) 合同的效力

合同的生效是指已经成立的合同开始发生以国家强制力保障的法律约束力,即合同发生法律效力。

6.2.2 合同的履行

合同的履行是指债务人全面地、适当地完成其合同义务,债权人的合同债权得到完全实现。如交付约定的标的物,完成约定的工作并交付工作成果,提供约定的服务等。

合同生效后,当事人就质量、价款或者报酬、履行地点等内容没有约定或者约定不明确的,可以协议补充;不能达成补充协议的,按照合同有关条款或者交易习惯确定。当事人就有关合同内容约定不明确,按照合同有关条款或者交易习惯仍不能确定的,适用下列规定:

(1) 质量要求不明确的,按照国家标准、行业标准履行;没有国家标准、行业标准的,按照通常标准或者符合合同目的的特定标准履行。

(2) 价款或者报酬不明确的,按照订立合同时履行地的市场价格履行;依法应当执行政府定价或者政府指导价的,按照规定履行。

(3) 履行地点不明确,给付货币的,在接受货币一方所在地履行;交付不动产的,在不动产所在地履行;其他标的,在履行义务一方所在地履行。

(4) 履行期限不明确的,债务人可以随时履行,债权人也可以随时要求履行,但应当给对方必要的准备时间。

(5) 履行方式不明确的,按照有利于实现合同目的的方式履行。

(6) 履行费用的负担不明确的,由履行义务一方负担。

执行政府定价或者政府指导价的,在合同约定的交付期限内政府价格调整时,按照交付时的价格计价。逾期交付标的物的,遇价格上涨时,按照原价格执行;价格下降时,按照新价格执行。逾期提取标的物或者逾期付款的,遇价格上涨时,按照新价格执行;价格下降时,按照原价格执行。

对格式条款的理解发生争议的,应当按照通常理解予以解释。对格式条款有两种以上解释的,应当做出不利于提供格式条款一方的解释。

6.2.3 合同的保全

合同的保全是指法律为防止合同债务人的财产不当减少,维护其财产状况,允许合同的债权人向债务人行使一定权利的制度。合同的保全也可理解为法律所强制实施的一般担保,即债务人应以其所有的全部财产来保证其合同债务的履行。《合同法》所设立的合同保全有两种:代位权和撤销权。

1) 代位权

代位权是指因债务人怠于行使其到期债权,对债权人造成损害的,债权人可以向人民法院请求以自己的名义代位行使债务人的债权的权利。但是,按照《合同法》的规定,该债权专属于债务人自身的除外。代位权的行使范围以债权人的债权为限。债权人行使代位权的必要费用,由债务人负担。

2) 撤销权

撤销权是指因债务人放弃其到期债权或者无偿转让财产,对债权人造成损害的,债权人可以请求人民法院撤销债务人的行为。债务人以明显不合理的低价转让财产,对债权人造成损害,并且受让人知道该情形的,债权人也可请求人民法院撤销债务人的行为。撤销权的行使范围以债权人的债权为限。债权人行使撤销权的必要费用,由债务人负担。

撤销权自债权人知道或者应当知道撤销事由之日起一年内行使。自债务人的行为发生之日起五年内没有行使撤销权的,该撤销权消灭。

6.2.4 合同的变更

合同的变更是指合同成立后,当事人在原合同的基础上对合同的内容进行修改或者补充。合同是双方当事人通过要约、承诺的方式,经协商一致达成的。合同成立后,当事人应当按照合同的约定履行合同。任何一方未经对方同意,都不得改变合同的内容。但是,当事人在订立合同时,有时不可能对涉及合同的所有问题都做出明确的规定;合同签订后,当事人在合同履行前或者履行过程中也会出现一些新的情况,需要对双方的权利义务关系重新进行调整和规定。因此,需要当事人对合同内容重新修改或者补充。由于合同是当事人协商一致的产物,所以,当事人在变更合同内容时,也应当本着协商的原则进行。当事人可以依据要约、承诺等有关合同成立的规定,确定是否就变更事项达成协议。如果双方当事人就变更事项达成了一致意见,变更后的内容就取代了原合同的内容,当事人就应当按照变更后的内容履行合同。一方当事人未经对方当事人同意任意改变合同的内容,变更后的内容不仅对另一方没有约束力,而且这种擅自改变合同的做法也是一种违约行为,当事人应当承担违约责任。法律、行政法规规定变更合同应当办理批准、登记等手续的,依照其规定。当事人对合同变更的内容约定不明确的,推定为未变更。

6.2.5 合同的转让

合同的当事人将其权利或义务全部或者部分转让给第三人,并不改变合同原有的权利义务内容,只是合同的主体发生了变化。债权人可以将合同的权利全部或者部分转让给第三人,但有下列情形之一的除外:① 根据合同性质不得转让;② 按照当事人约定不得转让;③ 依照法律规定不得转让。债权人转让权利的,应当通知债务人。未经通知,该转让对债务人不发生效力。债务人将合同的义务全部或者部分转移给第三人的,应当经债权人同意。

1)合同权利的转让

(1)合同权利的转让的范围

① 根据合同性质不得转让的权利,主要是指合同是基于特定当事人的身份关系订立的,如果合同权利转让给第三人,会使合同的内容发生变化,违反当事人订立合同的目的,使当事人的合法利益得不到应有的保护。

② 按照当事人约定不得转让的权利。当事人订立合同时可以对权利的转让做出特别约定,禁止债权人将权利转让给第三人。这种约定只要是当事人真实意思的表示,同时不违反法律禁止性规定,即对当事人产生法律的效力。债权人如果将权利转让给他人,其行为将构成违约。

③ 依照法律规定不得转让的权利。我国一些法律中对某些权利的转让作出了禁止性规定。如《担保法》第六十一条规定:"最高额抵押的主合同债权不得转让"。对于这些规定,当事人应当严格遵守,不得擅自转让法律禁止转让的权利。

(2)合同权利的转让应当通知债务人

《合同法》规定,债权人转让权利的,应当通知债务人。未经通知,该转让对债务人不发生效力。债权人转让权利的通知不得撤销,但经受让人同意的除外。

需要说明的是,债权人转让权利应当通知债务人,未经通知的转让行为对债务人不发生效力。这一方面是尊重债权人对其权利的行使,另一方面也防止债权人滥用权利损害债务人的利益。当债务人接到权利转让的通知后,权利转让即行生效,原债权人被新的债权人替代,或者新债权人的加入使原债权人不再完全享有原债权。

(3)债务人对让与人的抗辩

《合同法》规定,债务人接到债权转让通知后,债务人对让与人的抗辩,可以向受让人主张。

抗辩权是指债权人行使债权时,债务人根据法定事由对抗债权人行使请求权的权利。债务人的抗辩权是其固有的一项权利,并不随权利的转让而消灭。在权利转让的情况下,债务人可以向新债权人行使该权利。受让人不得以任何理由拒绝债务人权利的行使。

(4) 从权利随同主权利转让

《合同法》规定,债权人转让权利的,受让人取得与债权有关的从权利,但该从权利专属于债权人自身的除外。

2) 合同义务的转让

《合同法》规定,债务人将合同的义务全部或者部分转移给第三人的,应当经债权人同意。

合同义务转移分为两种情况:一种情况是合同义务的全部转移,在这种情况下,新的债务人完全取代了旧的债务人,新的债务人负责全面履行合同义务;另一种情况是合同义务的部分转移,即新的债务人加入到原债务中,与原债务人一起向债权人履行义务。无论是转移全部义务还是部分义务,债务人都需要征得债权人同意。未经债权人同意,债务人转移合同义务的行为对债权人不发生效力。

3) 合同中权利和义务的一并转让

《合同法》规定,当事人一方经对方同意,可以将自己在合同中的权利和义务一并转让给第三人。

权利和义务一并转让,是指合同一方当事人将其权利和义务一并转移给第三人,由第三人全部承受这些权利和义务。权利义务一并转让的后果,导致原合同关系的消灭,第三人取代了转让方的地位,产生出一种新的合同关系。只有经对方当事人同意,才能将合同的权利和义务一并转让。如果未经对方同意,一方当事人擅自一并转让权利和义务的,其转让行为无效,对方有权就转让行为对自己造成的损害,追究转让方的违约责任。

6.2.6 合同的终止

合同的终止又称合同的灭失。合同的终止,是指依法生效的合同,因具备法定的或当事人约定的情形,合同的债权、债务归于消灭,债权人不再享有合同的权利,债务人也不必再履行合同的义务。

《合同法》规定,有下列情形之一的,合同的权利义务终止:(1) 债务已经按照约定履行;(2) 合同解除;(3) 债务相互抵消;(4) 债务人依法将标的物提存;(5) 债权人免除债务;债权债务同归于一人;(6) 法律规定或者当事人约定终止的其他情形。

1) 合同解除的特征

合同的解除,是指合同有效成立后,当具备法律规定的合同解除条件时,因当事人一方或双方的意思表示而使合同关系归于消灭的行为。

合同解除具有如下特征:合同的解除适用于合法有效的合同,而无效合同、可撤销合同不发生合同解除。合同解除须具备法律规定的条件。非依照法律规定,当事人不得随意解除合同。合同解除须有解除的行为。无论哪一方当事人享有解除合同的权利,其必须向对方提出解除合同的意思表示,才能达到合同解除的法律后果。合同解除使合同关系自始消灭或者向将来消灭,可视为当事人之间未发生合同关系,或者合同尚存的权利义务不再履行。

2) 合同解除的种类

合同的解除分为约定解除和法定解除两大类:

(1) 约定解除合同。《合同法》规定,当事人协商一致,可以解除合同。当事人可以约定一方解除合同的条件。解除合同的条件成立时,解除权人可以解除合同。

(2) 法定解除合同。《合同法》规定,有下列情形之一的,当事人可以解除合同:

因不可抗力致使不能实现合同目的;在履行期限届满之前,当事人一方明确表示或者以自己的行为表明不履行主要债务;当事人一方延迟履行主要债务,经催告后在合理期限内仍未履行;当事人一方延迟履行债务或者有其他违约行为致使不能实现合同目的;法律规定的其他情形。

法定解除是法律直接规定解除合同的条件,当条件具备时,解除权人可直接行使解除权;约定解除则是双方的法律行为,单方行为不能导致合同的解除。

3) 合同解除的程序

《合同法》规定,当事人一方依照本法第九十三条第二款、第九十四条的规定主张解除合同的,应当通知对方。合同自通知到达对方时解除。对方有异议的,可以请求人民法院或者仲裁机构确认解除合同的效力。法律、行政法规规定解除合同应当办理批准、登记等手续的,依照其规定。

当事人对异议期限有约定的依照约定,没有约定的,最长期3个月。

4) 施工合同的解除

(1) 发包人解除施工合同

《最高人民法院关于审理建设工程施工合同纠纷案件适用法律问题的解释》(以下简称《解释》)规定,承包人具有下列情形之一,发包人请求解除建设工程施工合同的,应予支持:① 明确表示或者以行为表明不履行合同主要义务的;② 合同约定的期限内没有完工,且在发包人催告的合理期限内仍未完工的;③ 已经完成的建设工程质量不合格,并拒绝修复的;④ 将承包的建设工程非法转包、违法分包的。

(2) 承包人解除施工合同

《最高人民法院关于审理建设工程施工合同纠纷案件适用法律问题的解释》规定,发包人具有下列情形之一,致使承包人无法施工,且在催告的合理期限内仍未履行相应义务,承包人请求解除建设工程施工合同的,应予支持:① 未按约定支付工程价款的;② 提供的主要建筑材料、建筑构配件和设备不符合强制性标准的;③ 不履行合同约定的协助义务的。

(3) 施工合同解除的法律后果

《最高人民法院关于审理建设工程施工合同纠纷案件适用法律问题的解释》规定,建设工程施工合同解除后,已经完成的建设工程质量合格的,发包人应当按照约定支付相应的工程价款;已经完成的建设工程质量不合格的,参照本解释第三条规定处理。因一方违约导致合同解除的,违约方应当赔偿因此而给对方造成的损失。

该《解释》第三条规定,建设工程施工合同无效,且建设工程经竣工验收不合格的,按照以下情形分别处理:① 修复后的建设工程经竣工验收合格,发包人请求承包人承担修复费用的,应予支持;② 修复后的建设工程经竣工验收不合格,承包人请求支付工程价款的,不予支持。

6.3 无效合同和效力待定、违约责任

6.3.1 无效合同

1) 无效合同的定义和特征

无效合同,是指合同内容或者形式违反了法律、行政法规的强制性规定和社会公共利益,因而不能产生法律约束力,不受到法律保护的合同。

无效合同的特征是:① 具有违法性;② 具有不可履行性;③ 自订立之时就不具有法律效力。

2) 无效合同的类型

《合同法》规定,有下列情形之一的,合同无效:① 一方以欺诈、胁迫的手段订立合同,损害国家利益;② 恶意串通,损害国家、集体或者第三人利益;③ 以合法形式掩盖非法目的;④ 损害社会公共利益;⑤ 违反法律、行政法规的强制性规定。

(1) 一方以欺诈、胁迫的手段订立合同,损害国家利益

所谓欺诈,是指故意隐瞒真实情况或者故意告知对方虚假的情况,欺骗对方,诱使对方做出错误的意思表示而与之订立合同。所谓胁迫,是指行为人以将要发生的损害或者以直接实施损害相威胁,使对方当事人产生恐惧而与之订立合同。

(2) 恶意串通,损害国家、集体或者第三人利益

所谓恶意串通,是指合同双方当事人非法勾结,为牟取私利而共同订立的损害国家、集体或者第三人利益的合同。在实践中,常见的还有代理人与第三人勾结,订立合同,损害被代理人利益的行为。

(3) 以合法形式掩盖非法目的

又称伪装合同,即行为人为达到非法目的以迂回的方法避开法律或者行政法

规的强制性规定。

(4) 损害社会公共利益

损害社会公共利益的合同,实质上是违反了社会主义的公共道德,破坏了社会经济秩序和生活秩序。例如,与他人签订合同出租赌博场所。

(5) 违反法律、行政法规的强制性规定

法律、行政法规中包含强制性规定和任意性规定。强制性规定排除了合同当事人的意思自由,即当事人在合同中不得协议排除法律、行政法规的强制性规定,否则将构成无效合同;对于任意性规定,当事人可以约定排除,如当事人可以约定商品的价格等。

3) 无效合同的免责条款

免责条款,是指当事人在合同中约定免除或者限制其未来责任的合同条款;免责条款无效,是指没有法律约束力的免责条款。

《合同法》规定,合同中的下列免责条款无效:① 造成对方人身伤害的;② 因故意或者重大过失造成对方财产损失的。

造成对方人身伤害就侵犯了对方的人身权,造成对方财产损失就侵犯了对方的财产权。人身权和财产权是法律赋予的权利,如果合同中的条款对此予以侵犯,该条款就是违法条款,这样的免责条款是无效的。

4) 建设工程无效施工合同的主要情形

《最高人民法院关于审理建设工程施工合同纠纷案件适用法律问题的解释》规定,建设工程施工合同具有下列情形之一的,应当根据《合同法》第五十二条第五项的规定(即违反法律、行政法规的强制性规定),认定无效:① 承包人未取得建筑施工企业资质或者超越资质等级的;② 没有资质的实际承包人借用有资质的建筑施工企业名义的;③ 建设工程必须进行招标而未招标或者中标无效的。

承包人非法转包、违法分包建设工程或者没有资质的实际承包人借用有资质的建筑施工企业名义与他人签订建设工程施工合同的行为无效。

5) 无效合同的法律后果

《合同法》规定,无效的合同或者被撤销的合同自始没有法律约束力。合同部分无效,不影响其他部分效力的,其他部分仍然有效。

合同无效、被撤销或者终止的,不影响合同中独立存在的有关解决争议方法的条款的效力。

合同无效或者被撤销后,因该合同取得的财产,应当予以返还;不能返还或者没有必要返还的,应当折价补偿。有过错的一方应当赔偿对方因此所受到的损失,双方都有过错的,应当各自承担相应的责任。

6) 无效施工合同的工程款结算

《最高人民法院关于审理建设工程施工合同纠纷案件适用法律问题的解释》规

定,建设工程施工合同无效,但建设工程经竣工验收合格,承包人请求参照合同约定支付工程价款的,应予支持。

建设工程施工合同无效,且建设工程经竣工验收不合格的,按照以下情形分别处理:

(1) 修复后的建设工程经竣工验收合格,发包人请求承包人承担修复费用的,应予支持;

(2) 修复后的建设工程经竣工验收不合格,承包人请求支付工程价款的,不予支持。

6.3.2 效力待定

效力待定合同是指合同虽然已经成立,但因其不完全符合有关生效要件的规定,其合同效力能否发生尚未确定,一般须经有权人表示承认才能生效。

《合同法》规定的效力待定合同有三种,即限制行为能力人订立的合同,无权代理人订立的合同,无处分权人处分他人的财产订立的合同。

1) 限制行为能力人订立的合同

《合同法》规定,限制民事行为能力人订立的合同,经法定代理人追认后,该合同有效,但纯获利益的合同或者与其年龄、智力、精神健康状况相适应而订立的合同,不必经法定代理人追认。相对人可以催告法定代理人在1个月内予以追认。法定代理人未作表示的,视为拒绝追认。合同被追认之前,善意相对人有撤销的权利。撤销应当以通知的方式作出。

2) 无权代理人订立的合同

行为人没有代理权、超越代理权或者代理权终止后以被代理人名义订立的合同,未经被代理人追认,对被代理人不发生效力,由行为人承担责任。相对人可以催告被代理人在1个月内予以追认。被代理人未作表示的,视为拒绝追认。合同被追认之前,善意相对人有撤销的权利。撤销应当以通知的方式作出。

3) 无处分权人处分他人的财产订立的合同

无处分权人处分他人财产,经权利人追认或者无处分权的人订立合同后取得处分权的,该合同有效。

6.3.3 违约责任

违约责任,是指当事人任何一方不能履行或者履行合同不符合约定的而应当承担的法律责任。违约行为的表现形式包括不履行和不适当履行。不履行是指当事人不能履行或者拒绝履行合同义务。不适当履行则包括不履行以外的其他所有违约情况。当事人一方不履行合同义务,或履行合同义务不符合约定的,应当承担继续履行、采取补救措施或者赔偿损失等违约责任。当事人双方都违反合同的,应各自承担相应的责任。

1) 当事人承担违约责任应具备的条件

《合同法》规定,当事人一方明确表示或者以自己的行为表明不履行合同义务的,对方可以在履行期限届满之前要求其承担违约责任。

承担违约责任,首先是合同当事人发生了违约行为,即有违反合同义务的行为;其次,非违约方只需证明违约方的行为不符合合同约定,便可以要求其承担违约责任,而不需要证明其主观上是否具有过错;第三,违约方若想免于承担违约责任,必须举证证明其存在法定的或约定的免责事由,而法定免责事由主要限于不可抗力,约定的免责事由主要是合同中的免责条款。

2) 承担违约责任的原则

合同法规定的承担违约责任是以补偿性为原则的。补偿性是指违约责任旨在弥补或者补偿因违约行为造成的损失。对于财产损失的赔偿范围,合同法规定,赔偿损失额应当相当于因违约行为所造成的损失,包括合同履行后可获得的利益。

但是,违约责任在有些情况下也具有惩罚性。如:合同约定了违约金,违约行为没有造成损失或者损失小于约定的违约金;约定了定金等。

3) 承担违约责任的方式

(1) 继续履行

继续履行是指违反合同的当事人不论是否承担了赔偿金或者违约责任,都必须根据对方的要求,在自己能够履行的条件下,对合同未履行的部分继续履行。因为订立合同的目的就是通过履行实现当事人的目的。从立法的角度,应当鼓励和要求合同的实际履行,承担赔偿金或者违约金责任不能免除当事人的履约责任,特别是金钱债务,违约方必须继续履行,因为金钱是一般等价物,没有别的方式可以替代履行。因此,当事人一方未支付价款或者报酬的,对方可以要求其支付价款或者报酬。

当事人就迟延履行约定违约金的,违约方支付违约金后,还应当履行债务。

(2) 采取补救措施

补救措施主要是指我国民法通则和合同法中所确定的,在当事人违反合同的事实发生后,为防止损失发生或者扩大,而由违反合同一方依照法律规定或者约定采取的修理、更换、更新制作、退货、减少价格或者报酬等措施,以给权利人弥补或者挽回损失的责任形式。采取补救措施的责任形式,主要发生在质量不符合约定的情况下。

(3) 赔偿损失

当事人一方不履行合同义务或者履行合同义务不符合约定,给对方造成损失的,应当赔偿对方的损失。损失赔偿额应当相当于因违约所造成的损失,包括合同履行后可以获得的利益,但不得超过违反合同一方订立合同时预见或应当预见的因违反合同可能造成的损失。这种方式是承担违约责任的主要方式。因为违约一般都会给当事人造成损失,赔偿损失是守约者避免损失的有效方式。

当事人一方不履行合同义务或履行合同义务不符合约定的,在履行义务或采取补救措施后,对方还有其他损失的,应承担赔偿责任。当事人一方违约后,对方应当采取适当措施防止损失的扩大,没有采取措施致使损失扩大的,不得就扩大的损失请求赔偿,当事人因防止扩大而支出的合理费用,由违约方承担。

(4) 支付违约金

当事人可以约定一方违约时应当根据违约情况向对方支付一定数额的违约金,也可以约定因违约产生的损失额的赔偿办法。约定违约金低于造成损失的,当事人可以请求人民法院或仲裁机构予以增加;约定违约金过分高于造成损失的,当事人可以请求人民法院或仲裁机构予以适当减少。

(5) 定金罚则

当事人可以约定一方向对方给付定金作为债权的担保。债务人履行债务后定金应当抵作价款或收回。给付定金的一方不履行约定债务的,无权要求返还定金;收受定金的一方不履行约定债务的,应当双倍返还定金。

当事人既约定违约金,又约定定金的,一方违约时,对方可以选择适用违约金或定金条款。但是,这两种违约责任不能合并使用。

4) 违约责任的免除

在合同履行过程中,如果出现法定的免责条件或合同约定的免责事由,违约人将免于承担违约责任。我国的《合同法》仅承认不可抗力为法定的免责事由。

《合同法》规定,因不可抗力不能履行合同的,根据不可抗力的影响,部分或者全部免除责任,但法律另有规定的除外。当事人迟延履行后发生不可抗力的,不能免除责任。本法所称不可抗力,是指不能预见、不能避免并不能克服的客观情况。

6.4 建设工程合同示范文本简介

6.4.1 建设工程合同示范文本的性质与作用

《合同法》规定,当事人可以参照各类合同的示范文本订立合同。

1) 合同示范文本的作用

合同示范文本,是指由规定的国家机关事先拟定的对当事人订立合同起示范作用的合同文本。多年的实践表明,如果缺乏合同示范文本,一些当事人签订的合同不规范,条款不完备,漏洞较多,将给合同履行带来很大困难,不仅影响合同履约率,还导致合同纠纷增多,解决纠纷的难度增大。

推行这一制度,有助于当事人了解、掌握有关法律法规,使合同的签订合法规范,避免缺款少项和当事人意思表示不真实、不确切,防止出现显失公平和违法条款;也便于合同管理机关加强监督检查,有利于仲裁机构和人民法院及时解决合同纠纷,保护当事人合法权益,保障国家和社会公共利益。

2) 建设工程合同示范文本

国务院建设行政主管部门和国务院工商行政管理部门,相继制定了《建设工程勘察合同(示范文本)》《建设工程设计合同(示范文本)》《建设工程委托监理合同(示范文本)》《建设工程施工合同(示范文本)》《建设工程施工专业分包合同(示范文本)》《建设工程施工劳务分包合同(示范文本)》。

2013年4月住房和城乡建设部、国家工商行政管理总局经修改后发布的《建设工程施工合同(示范文本)》由合同协议书、通用合同条款、专用合同条款三部分组成。

3) 合同示范文本的法律地位

合同示范文本对当事人订立合同起参考作用,但不要求当事人必须采用合同示范文本,即合同的成立与生效与当事人是否采用合同示范文本无直接关系。合同示范文本具有引导性、参考性,但无法律强制性,为非强制性使用文本。

6.4.2 建设工程施工合同(示范文本)(2013)

1) 建设工程施工合同的内容

《合同法》规定,施工合同的内容包括工程范围、建设工期、中间交工工程的开工和竣工时间、工程质量、工程造价、技术资料交付时间、材料和设备供应责任、拨款和结算、竣工验收、质量保修范围和质量保证期、双方相互协作等条款。

(1) 工程范围

工程范围是指施工的界区,是承包人进行施工的工作范围。

(2) 建设工期

建设工期是指承包人完成施工任务的期限。在实践中,有的发包人常常要求缩短工期,承包人为了赶进度,往往导致严重的工程质量问题。因此,为了保证工程质量,双方当事人应当在施工合同中确定合理的建设工期。

(3) 中间交工工程的开工和竣工时间

中间交工工程是指施工过程中的阶段性工程。为了保证工程各阶段的交接,顺利完成工程建设,当事人应当明确中间交工工程的开工和竣工时间。

(4) 工程质量

工程质量条款是明确承包人施工要求,确定承包人责任的依据。承包人必须按照工程设计图纸和施工技术标准施工,不得擅自修改工程设计,不得偷工减料。发包人也不得明示或者暗示承包人违反工程建设强制性标准,降低建设工程质量。

（5）工程造价

工程造价是指进行工程建设所需的全部费用，包括人工费、材料费、施工机械使用费、措施费等。在实践中，有的发包人为了获得更多的利益，往往压低工程造价，而承包人为了盈利或不亏本，不得不偷工减料、以次充好，结果导致工程质量不合格，甚至造成严重的工程质量事故。因此，为了保证工程质量，双方当事人应当合理确定工程造价。

（6）技术资料交付时间

技术资料主要是指勘察、设计文件以及其他承包人据以施工所必需的基础资料。当事人应当在施工合同中明确技术资料的交付时间。

（7）材料和设备供应责任

材料和设备供应责任，是指由哪一方当事人提供工程所需材料设备及其应承担的责任。材料和设备可以由发包人负责提供，也可以由承包人负责采购。如果按照合同约定由发包人负责采购建筑材料、构配件和设备的，发包人应当保证建筑材料、构配件和设备符合设计文件和合同要求。承包人则须按照工程设计要求、施工技术标准和合同约定，对建筑材料、构配件和设备进行检验。

（8）拨款和结算

拨款是指工程款的拨付。结算是指承包人按照合同约定和已完工程量向发包人办理工程款的清算。拨款和结算条款是承包人请求发包人支付工程款和报酬的依据。

（9）竣工验收

竣工验收条款一般应当包括验收范围与内容、验收标准与依据、验收人员组成、验收方式和日期等内容。

（10）质量保修范围和质量保证期

建设工程质量保修范围和质量保证期，应当按照《建设工程质量管理条例》的规定执行。

（11）双方相互协作条款

双方相互协作条款一般包括双方当事人在施工前的准备工作，承包人及时向发包人提出开工通知书、施工进度报告书、对发包人的监督检查提供必要协助等。

2）建设工程施工合同发承包双方的主要义务

（1）发包人的主要义务

① 不得违法发包

《合同法》规定，发包人不得将应当由一个承包人完成的建设工程肢解成若干部分发包给几个承包人。

② 提供必要的施工条件

发包人未按照约定的时间和要求提供原材料、设备、场地、资金、技术资料的，承包人可以顺延工程日期,并有权要求赔偿停工、窝工等损失。

③ 及时检查隐蔽工程

隐蔽工程在隐蔽以前,承包人应当通知发包人检查。发包人没有及时检查的,承包人可以顺延工程日期,并有权要求赔偿停工、窝工等损失。

④ 及时验收工程

建设工程竣工后,发包人应当根据施工图纸及说明书、国家颁发的施工验收规范和质量检验标准及时进行验收。

⑤ 支付工程价款

发包人应当按照合同约定的时间、地点和方式等,向承包人支付工程价款。

(2) 承包人的主要义务

① 不得转包和违法分包工程

承包人不得将其承包的全部建设工程转包给第三人,不得将其承包的全部建设工程肢解以后以分包的名义分别转包给第三人。禁止承包人将工程分包给不具备相应资质条件的单位。禁止分包单位将其承包的工程再分包。

② 自行完成建设工程主体结构施工

建设工程主体结构的施工必须由承包人自行完成。承包人将建设工程主体结构的施工分包给第三人的,该分包合同无效。

③ 接受发包人有关检查

发包人在不妨碍承包人正常作业的情况下,可以随时对作业进度、质量进行检查。隐蔽工程在隐蔽以前,承包人应当通知发包人检查。

④ 交付竣工验收合格的建设工程

建设工程竣工经验收合格后,方可交付使用;未经验收或者验收不合格的,不得交付使用。

⑤ 建设工程质量不符合约定的无偿修理

因承包人的原因致使建设工程质量不符合约定的,发包人有权要求承包人在合理期限内无偿修理或者返工、改建。经过修理或者返工、改建后,造成逾期交付的,承包人应当承担违约责任

3) 建设工程工期相关的规定

《建设工程施工合同(示范文本)》规定,工期是指在合同协议书中约定的承包人完成工程所需的期限,包括按照合同约定所作的期限变更。

(1) 开工日期

开工日期是指发包人、承包人在协议书中约定,承包人开始施工的绝对或相对的日期。

开工日期包括计划开工日期和实际开工日期。计划开工日期,是指合同协议书约定的开工日期。实际开工日期,是指监理人按照约定发出的符合法律规定的

开工通知中载明的开工日期。

经发包人同意后,监理人发出的开工通知应符合法律规定。监理人应在计划开工日期7天前向承包人发出开工通知,工期自开工通知中载明的开工日期起算。

(2) 暂停施工

暂停施工包括因发包人或承包人原因引起的暂停施工、指示暂停施工和紧急情况下的暂停施工。

因发包人原因引起暂停施工的,监理人经发包人同意后,应及时下达暂停施工指示。情况紧急且监理人未及时下达暂停施工指示的,按照紧急情况下的暂停施工执行。因发包人原因引起的暂停施工,发包人应承担由此增加的费用和(或)延误的工期,并支付承包人合理的利润。

因承包人原因引起的暂停施工,承包人应承担由此增加的费用和(或)延误的工期,且承包人在收到监理人复工指示后84天内仍未复工的,视为"承包人明确表示或者以其行为表明不履行合同主要义务的"承包人违约的情形。

指示暂停施工。监理人认为有必要时,并经发包人批准后,可向承包人作出暂停施工的指示,承包人应按监理人指示暂停施工。

因紧急情况需暂停施工,且监理人未及时下达暂停施工指示的,承包人可先暂停施工,并及时通知监理人。监理人应在接到通知后24小时内发出指示,逾期未发出指示,视为同意承包人暂停施工。监理人不同意承包人暂停施工的,应说明理由,承包人对监理人的答复有异议,按照争议解决的约定处理。

(3) 工期顺延

因发包人原因未按计划开工日期开工的,发包人应按实际开工日期顺延竣工日期,确保实际工期不低于合同约定的工期总日历天数。因发包人原因导致工期延误需要修订施工进度计划的,按照施工进度计划修订的约定执行。

因承包人原因造成工期延误的,可以在专用合同条款中约定逾期竣工违约金的计算方法和逾期竣工违约金的上限。承包人支付逾期竣工违约金后,不免除承包人继续完成工程及修补缺陷的义务。

(4) 竣工日期

竣工日期是指发包人、承包人在协议书中约定,承包人完成承包范围内工程的绝对或相对的日期。

4) 支付价款支付相关的规定

按照合同约定的时间、金额和支付条件支付工程价款,是发包人的主要合同义务,也是承包人的主要合同权利。

《合同法》规定,合同生效后,当事人就质量、价款或者报酬、履行地点等内容没有约定或者约定不明确的,可以协议补充;不能达成补充协议的,按照合同有关条款或者交易习惯确定。

如果按照合同有关条款或者交易习惯仍不能确定的,《合同法》规定,价款或者报酬不明确的,按照订立合同时履行地的市场价格履行;依法应当执行政府定价或者政府指导价的,按照规定履行;履行期限不明确的,债务人可以随时履行,债权人也可以随时要求履行,但应当给对方必要的准备时间。

5) 建设工程赔偿损失的规定

(1) 赔偿损失概念和特征

赔偿损失,是指合同违约方因不履行或不完全履行合同义务而给对方造成的损失,依法或依据合同约定赔偿对方所蒙受损失的一种违约责任形式。

《合同法》规定,当事人一方不履行合同义务或者履行合同义务不符合约定,应当承担继续履行、采取补救措施或者赔偿损失等违约责任。

赔偿损失具有以下特征:① 赔偿损失是合同违约方违反合同义务所产生的责任形式。② 赔偿损失具有补偿性,是强制违约方给非违约方所受损失的一种补偿。③ 赔偿损失具有一定的任意性。当事人订立合同时,可以预先约定对违约的赔偿损失的计算方法,或者直接约定违约方付给非违约方一定数额的金钱。当事人也可以事先约定免责的条款。④ 赔偿损失以赔偿非违约方实际遭受的全部损失为原则。

(2) 承担赔偿损失责任的构成要件

承担赔偿损失责任的构成要件是:① 具有违约行为;② 造成损失后果;③ 违约行为与财产等损失之间有因果关系;④ 违约人有过错,或者虽无过错,但法律规定应当赔偿。

(3) 赔偿损失的范围

《合同法》规定,当事人一方不履行合同义务或者履行合同义务不符合约定,给对方造成损失的,损失赔偿额应当相当于因违约所造成的损失,包括合同履行后可以获得的利益,但不得超过违反合同一方订立合同时预见到或者应当预见到的因违反合同可能造成的损失。

赔偿损失的范围包括直接损失和间接损失。直接损失是指财产上的直接减少;间接损失(又称所失利益)是指失去的可以预期取得的利益。可以预期取得的利益(也称可得利益),是指利润而不是营业额。

《建筑法》规定,在建筑物的合理使用寿命内,因建筑工程质量不合格受到损害的,有权向责任者要求赔偿。

6.5 案例分析

[章前案例分析]

《合同法》第三十二条规定:"当事人采用合同书形式订立合同的,自双方当事人签字或者盖章时合同成立。"第三十七条还规定:"采用合同书形式订立合同,在签字或者盖章之前,当事人一方已经履行主要义务,对方接受的,该合同成立。"

双方当事人在合同中签字盖章十分重要。如果没有双方当事人的签字盖章,就不能最终确认当事人对合同的内容协商一致,也难以证明合同的成立有效。但是,如果一个以书面形式订立的合同已经履行,仅仅是没有签字盖章,就认定合同不成立,则违背了当事人的真实意思。当事人既然已经履行,合同当然依法成立。

本 章 习 题

一、单项选择题

1. 根据《合同法》,债权人将合同中的权利转让给第三人的,(　　)。
   A. 需经债务人同意,且需办理公证手续
   B. 无需经债务人同意,也不必通知债务人
   C. 无需债务人同意,但需办理公证手续
   D. 无需债务人同意,但需通知债务人

2. 甲公司连续与乙公司签订了三份钢筋买卖合同,并按照合同的约定分别向乙公司的三个子公司发送了货物,但乙公司及其三个子公司一直未支付货款。关于本案支付货款主体的说法,正确的是(　　)。
   A. 甲公司只能要求乙公司的三个子公司付款,无权要求乙公司付款
   B. 甲公司只能要求乙公司付款,无权要求乙公司的三个子公司付款
   C. 甲公司有权要求乙公司及其三个子公司对所欠货款承担连带责任
   D. 甲公司有权要求乙公司付款,并要求其三个子公司承担补充付款责任

3. 包工头张某借用某施工企业的资质与甲公司签订一建设工程施工合同。施工结束后,工程竣工验收质量合格,张某要求按照合同约定支付工程款遭到对方拒绝,遂诉至法院。关于该案处理的说法,正确的是(　　)。
   A. 合同无效,不应支付工程款
   B. 合同无效,应参照合同约定支付工程款
   C. 合同有效,应按照合同约定支付工程款
   D. 合同有效,应参照合同约定支付工程款

4. 甲施工企业与乙水泥厂签订水泥供应合同,在约定的履行日期届满时,水

泥厂未能按时供应水泥。由于甲施工企业没有采取适当措施寻找货源,致使损失扩大。对于扩大的损失应该由( )。
　　A. 乙水泥厂承担　　　　　　B. 双方连带责任
　　C. 双方按比例承担　　　　　D. 甲施工企业承担

5. 甲公司向乙公司购买了一批钢材,双方约定采用合同书的方式订立合同,由于施工进度紧张,在甲公司的催促之下,双方在未签字盖章之前,乙公司将钢材送到了甲公司,甲公司接受并投入工程使用。甲、乙公司之间的买卖合同( )。
　　A. 无效　　　B. 成立　　　C. 可变更　　　D. 可撤销

6. 建设工程施工合同纠纷的合同履行地是指( )。
　　A. 施工行为地　　　　　　　B. 施工合同签订地
　　C. 施工单位所在地　　　　　D. 施工项目业主住所地

7. 甲与乙订立了一份施工项目的材料采购合同,货款为40万元,乙向甲支付定金4万元,如任何一方不履行合同应支付违约金6万元。甲因将施工材料另卖他人而无法向乙完成交付,在乙提出的如下诉讼请求中,既能最大限度地保护自己的利益,又能获得法院支持的诉讼请求是( )。
　　A. 请求甲支付违约金6万元
　　B. 请求甲双倍返还定金8万元
　　C. 请求甲支付违约金6万元,同时请求返还支付的定金4万元
　　D. 请求甲双倍返还定金8万元,同时请求甲支付违约金6万元

8. 关于建筑施工企业安全生产许可证的说法,正确的是( )。
　　A. 申请补办安全生产许可证应当在公众媒体上声明原许可证作废
　　B. 未取得安全生产许可证从事施工活动不会产生民事责任
　　C. 只有经过再次审查,安全生产许可证有效期才可能延期
　　D. 施工企业是否具有安全生产许可证不影响施工许可证的核发

9. 甲公司将施工机械借给乙公司使用,乙公司在甲公司不知情的情况下将该施工机械卖给知悉上述情况的丙公司,关于乙、丙公司之间施工机械买卖合同效力的说法,正确的是( )。
　　A. 有效　　　B. 可变更或撤销　C. 无效　　　D. 效力待定

10. 建设工程合理使用年限是指从( )之日起,工程的地基基础、主体结构能保证在正常情况下安全使用的年限。
　　A. 施工许可证办理　　　　　B. 预验收合格
　　C. 工程竣工验收合格　　　　D. 质保期结束

11. 除双方当事人意思表示一致以外,尚须交付标的物才能成立的合同,成为( )。
　　A. 要式合同　　B. 实践合同　　C. 有偿合同　　D. 双务合同

12. 承包人已经提交竣工验收报告,发包人拖延验收的,竣工日期(　　)。
    A. 以合同约定的竣工日期为准
    B. 相应顺延
    C. 以承包人提交竣工报告之日为准
    D. 以实际通过的竣工验收之日为准

二、多项选择题
1. 下列建设工程合同中,属于无效合同的有(　　)。
    A. 施工企业超越资质等级订立的合同
    B. 发包人胁迫施工企业订立的合同
    C. 没有资质的实际施工人借用有资质的建筑施工企业名义订立的合同
    D. 供应商欺诈施工单位订立的采购合同
    E. 施工企业与发包人订立的重大误解合同

2. 根据《合同法》,发包人应当承担赔偿损失责任的情形有(　　)。
    A. 未及时检查隐蔽工程造成的损失
    B. 偷工减料造成的损失
    C. 验收违法行为造成的损失
    D. 中途变更承包工作要求造成的损失
    E. 提供图纸或者技术要求不合理且怠于答复造成的损失

3. 下列情形中,发包人可以请求人民法院解除建设工程施工合同的有(　　)。
    A. 承包人明确表示不履行合同主要义务的
    B. 承包人已经完成的建设工程质量不合格,并拒绝修复的
    C. 承包人在合同约定的期限内没有完工的
    D. 承包人将承包的建设工程非法转包的
    E. 承包人将承包的建设工程违法分包的

4. 根据《合同法》,撤回要约的通知应当(　　)。
    A. 在要约到达受要约人之后到达受要约人
    B. 在受要约人发出承诺之前到达受要约人
    C. 在要约人发出承诺同时到达受要约人
    D. 在要约到达受要约人之前到达受要约人
    E. 与要约同时到达受要约人

5. 根据《合同法》,缔约过失责任的构成要件有(　　)。
    A. 合同被确认无效
    B. 发生在订立合同的过程中
    C. 当事人违反了诚实信用原则所要求的义务
    D. 在订立合同时显失公平
    E. 受害方的依赖利益遭受损失

6. 关于不安抗辩权成立条件的说法,正确的是( )。
   A. 双方当事人基于同一双务合同互负债务
   B. 债务履行有先后顺序
   C. 有确切证据证明后履行一方经营状况严重恶化
   D. 应当先履行债务的当事人未提供适当担保
   E. 债务履行不分先后

7. 当事人就合同履行地点约定不明确,不能达成补充协议,双方不能根据合同有关条款和交易习惯确定的,则( )。
   A. 接受履行方有权选择履行地点
   B. 给付货币的,在接受货币一方所在地履行
   C. 交付不动产的,在不动产所在地履行
   D. 履行义务一方有权选择履行地点
   E. 其他标的,在履行义务一方所在地履行

8. 关于建设工程施工合同一般条款的说法,正确的有( )。
   A. 建设单位的名称应以其营业执照上的名称为准
   B. 履行地点为项目所在地
   C. 合同标的是财产
   D. 违约责任是当事人违反合同义务的责任
   E. 有关施工组织设计的内容即为履行方式条款

9. 工程施工合同履行过程中,建设单位迟延支付工程款,则施工单位要求建设单位承担违约责任的方式有( )。
   A. 继续履行合同
   B. 降低工程质量标准
   C. 提高合同价款
   D. 提前支付所有工程款
   E. 支付逾期利息

10. 根据《合同法》,要约失效的情形有( )。
    A. 受要约人拒绝要约的通知到达要约人
    B. 受要约人的承诺对要约内容作了实质性变更
    C. 要约中规定的承诺期限届满,要约人未收到承诺通知
    D. 发出承诺通知前,撤销要约的通知到达受要约人
    E. 受要约人承诺到达要约人后,要约人发出撤销要约的通知

三、是非题

1. 先履行义务一方有证据证明后履行义务一方有转移财产逃避债务的行为的,先履行一方可以行使合同解除权。( )
2. 因合同引起争议的普通诉讼时效为2年。( )

3. 违约责任属于人身责任的一种。（　　）
4. 以欺诈、胁迫的手段订立的合同属无效合同。（　　）
5. 定金数额不得超过主合同标的额的 20%。（　　）
6. 根据我国《合同法》的规定,承诺既可以撤回也可以撤销。（　　）
7. 代理人超越代理权订立的合同,被代理人不承担责任。（　　）
8. 当事人对合同履行期限约定不明确的,债务人可以随时履行合同义务。（　　）
9. 我国合同法的归责原则采取过错责任原则。（　　）
10. 债权人转让其债权不需要经过债务人的同意。（　　）

四、简答题

1. 合同法的适用范围和基本原则有哪些？在建设工程合同的签订和执行过程中哪些方面体现出合同法基本原则？
2. 订立合同可以采用哪些形式？合同有哪些主要条款？
3. 在建筑工程施工合同的签订过程中,什么是要约邀请？什么是要约？要约与要约邀请有什么区别？什么是承诺？
4. 合同的法律效力体现在哪些方面？
5. 承担缔约过失责任的情形有哪些？
6. 何为合同履行中的抗辩权？合同法规定了哪些抗辩权？
7. 何谓合同的鉴证、公证,两者之间的区别是什么？
8. 承担违约责任的方式有哪些？
9. 解决合同争议的方式有哪些？

参考答案

一、单选题

1. D　2. B　3. B　4. D　5. B　6. A
7. C　8. A　9. D　10. C　11. A　12. C

二、多选题

1. AC　　2. ACDE　　3. ABDE　　4. DE　　5. BCE
6. ABCD　7. BCE　　8. ABDE　　9. AE　　10. ABD

三、是非题

1. ×　2. √　3. ×　4. ×　5. √
6. ×　7. ×　8. √　9. ×　10. √

7 建设工程实施法律制度

概　要：本章内容主要有建筑法概述、建设工程勘察设计法规、建设工程监理制度、建筑施工许可制度、绿色建筑及绿色施工相关制度；阐述了建设工程质量与安全生产制度和违反《建筑法》等的法律责任，并举案例展开说明；要求学会利用建设工程实施法律制度进行相关案例分析。

[章前案例]　某建筑安装公司承担一住宅工程施工。该公司原已依法取得安全生产许可证，但在开工5个月后有效期满。因当时正值施工高峰期，该公司忙于组织施工，未能按规定办理延期手续。当地政府监管机构发现后，立即责令其停止施工，限期补办延期手续。但该公司为了赶工期，既没有停止施工，到期后也未办理延期手续。试问：1. 本案例中的建筑安装公司有哪些违法行为？2. 违法者应当承担哪些法律责任？

7.1　建筑法概述

为了加强对建筑活动的监督管理，维护建筑市场秩序，保证建筑工程的质量和安全，促进建筑业健康发展，我国于1997年11月1日颁布了《中华人民共和国建筑法》(以下简称《建筑法》)，自1998年3月1日起施行，2011年4月22日全国人大常委会对《建筑法》进行修正。该法共八章八十五条，包括总则、建筑许可、建筑工程发包与承包、建筑工程监理、建筑安全生产管理、建筑工程质量管理、法律责任及附则。

1) 建筑许可

建筑许可包括对建筑工程施工许可制度和对从业企业、从业人员的资质、资格审查管理制度，共8条。

实行建筑工程施工许可制度，是建设行政主管部门对建筑活动进行监督管理的重要手段。《建筑法》对建设单位明确作出规定，新建、扩建、改建的建筑工程开工前应当向工程所在地申请领取建筑工程施工许可证，国务院有关专业部门（指工业、交通等部门）直接管理的本专业建筑工程，开工前应当向有关专业部门申请领取施工许可证，并向工程所在地县级以上人民政府建设行政主管部门备案。

根据2003年8月27日全国人民代表大会常务委员会通过的《行政许可法》的

规定,工程建设单位执业资质和个人执业资格许可制度都应由国家统一确定。

(1) 从业单位资质审查制度

国家对从事建筑活动的单位实行资质审查制度。从事建筑活动的建筑施工企业、勘察单位、设计单位、工程咨询单位、工程监理单位,应当具备下列条件:① 有符合国家规定的注册资本;② 有与其从事的建筑活动相适应的具有法定执业资格的专业技术人员;③ 有从事相关建筑活动所应有的技术装备;④ 法律、行政法规规定的其他条件。

(2) 从事建筑活动人员与注册管理制度

从事建筑活动人员的注册制度包括:注册建筑师、注册结构师、注册建造师、注册监理师、注册造价师、注册岩土工程师制度等,法律、法规规定的其他需要注册的人员的注册管理。

2) 建筑工程发包与承包

《建筑法》在建筑工程发包与承包中主要分一般规定、发包、承包三部分,共15条。

3) 建筑工程监理

主要包括国家推行建筑工程监理制度,监理应当依法实施监督等,共6条。

4) 建筑安全生产管理

主要包括建设行政主管部门和工程建设各方的建筑安全生产管理,共16条。

5) 建筑工程质量管理

主要包括政府对建筑工程质量管理和工程建设各方对建筑工程质量管理,共12条。

6) 法律责任

主要包括政府及其下属部门工作人员、工程建设各方及其人员违反《建筑法》应承担的法律责任,共17条。

7.2 建设工程勘察设计法规

7.2.1 概述

1) 建设工程勘察设计概念

工程勘察是指根据建设工程的要求,查明、分析、评价建设场地的地质地理环境特征和岩土工程条件,编制建设工程勘察文件的活动。

工程设计是指根据建设工程的要求,对建设工程所需的技术、经济、资源、环境等条件进行综合分析、论证,编制建设工程设计文件的活动。

在工程建设过程中,勘察是基础,而设计是整个工程建设的灵魂,它们对工程质量和效益都起着至关重要的作用。从事勘察、设计活动,应当坚持先勘察、后设计、再施工的原则。

2)建设工程勘察设计法规

建设工程勘察设计法规是指调整工程勘察设计活动中所产生的各种社会关系的法律规范的总称。

工程勘察设计法规涉及范围广,内容多,包括了工程勘察设计专门法规和有关工程勘察设计方面的法律规定,如《中外合作设计工程项目暂行规定》《建设工程勘察和设计单位资质管理规定》《工程勘察资质分级标准和工程设计资质分级标准》《建设工程勘察设计市场管理规定》《建设工程勘察设计管理条例》(2015年6月修改)等。

《建设工程勘察设计管理条例》规定,编制施工图设计文件,应当满足设备材料采购、非标准设备制作和施工的需要,并注明建设工程合理使用年限。

7.2.2 工程勘察设计执业资格管理

国家对从事建设工程勘察、设计活动的单位,实行资质管理制度;对从事建设工程勘察、设计活动的专业技术人员,实行执业资格注册管理制度。建设工程勘察、设计单位应当在其资质等级许可的范围内承揽建设工程勘察、设计业务。未经注册的建设工程勘察、设计人员,不得以注册执业人员的名义从事建设工程勘察、设计活动。勘察、设计注册执业人员只能受聘于一个建设工程勘察、设计单位;未受聘于建设工程勘察、设计单位的,不得从事建设工程的勘察、设计活动。

1)工程勘察设计单位资质分类和分级

(1)工程勘察资质分类和分级

工程勘察资质分为工程勘察综合资质、工程勘察专业资质、工程勘察劳务资质。

工程勘察综合资质只设甲级;工程勘察专业资质设甲级、乙级,根据工程性质和技术特点,部分专业可以设丙级;工程勘察劳务资质不分等级。

取得工程勘察综合资质的企业,可以承接各专业(海洋工程勘察除外)、各等级工程勘察业务;取得工程勘察专业资质的企业,可以承接相应等级相应专业的工程勘察业务;取得工程勘察劳务资质的企业,可以承接岩土工程治理、工程钻探、凿井等工程勘察劳务业务。

(2)工程设计资质分类和分级

工程设计资质分为工程设计综合资质、工程设计行业资质、工程设计专业资质和工程设计专项资质。

工程设计综合资质只设甲级;工程设计行业资质、工程设计专业资质、工程设计专项资质设甲级、乙级。

根据工程性质和技术特点,个别行业、专业、专项资质可以设丙级,建筑工程专业资质可以设丁级。

取得工程设计综合资质的企业,可以承接各行业、各等级的建设工程设计业务;取得工程设计行业资质的企业,可以承接相应行业、相应等级的工程设计业务及本行业范围内同级别的相应专业、专项(设计施工一体化资质除外)工程设计业务;取得工程设计专业资质的企业,可以承接本专业相应等级的专业工程设计业务及同级别的相应专项工程设计业务(设计施工一体化资质除外);取得工程设计专项资质的企业,可以承接本专项相应等级的专项工程设计业务。

2)工程勘察设计单位资质管理与监督

(1)申请与审批

申请工程勘察甲级资质、工程设计甲级资质,以及涉及铁路、交通、水利、信息产业、民航等方面的工程设计乙级资质的,可以向企业工商注册所在地的省、自治区、直辖市人民政府住房城乡建设主管部门提交申请材料。

省、自治区、直辖市人民政府住房城乡建设主管部门收到申请材料后,应当在5日内将全部申请材料报国务院住房城乡建设主管部门。

国务院住房城乡建设主管部门在收到申请材料后,应当依法作出是否受理的决定,并出具凭证;申请材料不齐全或者不符合法定形式的,应当在5日内一次性告知申请人需要补正的全部内容。逾期不告知的,自收到申请材料之日起即为受理。

国务院住房城乡建设主管部门应当自受理之日起20日内完成审查。自作出决定之日起10日内公告审批结果。其中,涉及铁路、交通、水利、信息产业、民航等方面的工程设计资质,由国务院住房城乡建设主管部门送国务院有关部门审核,国务院有关部门应当在15日内审核完毕,并将审核意见送国务院住房城乡建设主管部门。

组织专家评审所需时间不计算在上述时限内,但应当明确告知申请人。

(2)监督管理

国务院建设行政主管部门负责全国工程勘察设计单位资质的统一管理工作。国务院有关专业部门协同国务院建设行政主管部门负责本行业工程勘察、设计甲、乙级单位资质的审查和本部门下属工程勘察、设计甲、乙级单位资质的具体管理。省、自治区、直辖市和计划单列市人民政府建设行政主管部门负责本行政区域内所辖工程勘察、设计甲、乙级单位资质的初审和管理及本行政区域内所有工程勘察、设计丙、丁级单位的资质管理。

国务院有关专业部门和县级以上人民政府建设行政主管部门,对持证单位的资质实行资质年检制度;对不具备条件的,应报原发证部门降低其资质等级或收回其证书。

勘察设计单位承接勘察设计业务,需持有"工程勘察证书"或"工程设计证书",同时持有"工程勘察收费资格证书"或"工程设计收费资格证书"和"企业法人营业执照"。

3) 工程勘察设计人员资质管理

(1) 注册结构工程师

注册结构工程师是指取得注册结构工程师执业资格证书和注册证书,从事房屋结构、桥梁结构及塔架结构等工程设计及相关业务的专业技术人员。注册结构工程师分为一、二两级。

(2) 注册结构工程师执业资格的考试与注册

注册结构工程师的考试与注册,由全国和省、自治区、直辖市的注册结构工程师管理委员会负责进行,并由建设部、人事部和省、自治区、直辖市人民政府建设行政主管部门、人事行政主管部门进行指导、监督和管理。

注册结构工程师的考试,原则上每年举行一次。参考人员资格、考试内容和考试方法由建设部与人事部规定,考试分为基础考试和专业考试两部分。参加考试的人员必须是大学本科毕业并达到规定年限。通过基础考试后,从事结构工程设计或相关业务满一定年限的人员,方可申请参加专业考试。考试科目合格有效期为2年。

要从事结构工程设计业务的,必须先行注册。注册结构工程师考试合格,取得相应的注册工程师资格者,可以申请注册。目前,结构工程师的注册申请只能由其所在单位代为进行,我国尚不能接受个人申请。注册有效期为2年,届时需要继续注册的,应在期满前30日内办理注册手续。

(3) 注册结构工程师的执业

执业范围:注册结构工程师可从事结构工程设计,结构工程设计技术咨询,建筑物、构筑物、工程设施等调查和鉴定,对本人主持设计的项目进行施工指导和监督及建设部和国务院有关部门规定的其他业务。一级注册结构工程师执业的范围不受工程规模及工程复杂程度的限制,而二级注册结构工程师则要受一定限制,具体限制范围见有关规定。

执业要求及责任:我国尚不允许注册结构工程师个人单独执业,所以,注册结构工程师必须加入一个勘察设计单位后才能执业,并由单位统一接受设计业务和统一收费。注册结构工程师因结构设计质量造成经济损失时,其赔偿责任先由勘察设计单位承担,然后再向注册结构工程师追偿。

(4) 注册结构工程师的权利与义务

权利:国家规定的一定跨度、高度等以上的结构工程设计,应由注册结构工程师主持设计;只有注册结构工程师才有权以注册结构工程师的名义执行注册结工程师的业务;任何单位和个人修改注册结构工程师的设计图纸,应当征得该注册结构工程师的同意,但因本人丧失民事行为能力、本人下落不明等特殊情况不能征得该注册结构工程师同意的除外。

义务:注册结构工程师必须遵守法律、法规和职业道德,维护社会公共利益;保证工程设计的质量,并在其负责的设计图纸上签字盖章;保守在执业中知悉的单位和个人的秘密;不得同时受聘于两个以上勘察设计单位执行业务,也不得准许他人以本人名义执行业务;按规定接受必要的继续教育,定期进行业务和法规的培训。

7.2.3 工程勘察设计质量管理

工程勘察设计质量管理是指在严格遵守技术标准法规的基础上,正确处理和协调资金、资源、技术、环境条件的制约,使设计项目能更好地满足业主所需功能和使用价值,充分发挥项目投资的经济效益。

1) 工程勘察设计标准

(1) 工程建设标准

工程建设标准是指对基本建设中各类工程的勘察、规划、设计、施工、安装、验收等需要协调统一的事项所制定的标准。从不同的角度划分,工程建设标准有不同的种类:

① 按标准内容分,工程建设标准可分为技术标准、经济标准和管理标准三类。

② 按适用范围分,工程建设标准可分为国家标准、行业标准、地方标准和企业标准。

企业标准不得低于国家标准、行业标准和地方标准,地方标准不得低于国家标准和行业标准,行业标准不得低于国家标准。

③ 按执行效力分,工程建设标准可分为强制性标准和推荐性标准。

强制性标准是指必须执行的标准,如工程建设勘察、规划、设计、施工及验收等通用的综合标准和质量标准等。推荐性标准是指当事人自愿采用的标准,凡是强制性标准以外的标准皆为推荐性标准。

(2) 工程勘察设计标准

《基本建设勘察工作管理暂行办法》《基本建设设计工作管理暂行办法》规定:工程勘察设计标准包括工程建设勘察设计规范和标准设计两种。

① 工程建设勘察设计规范。它是强制性标准,"一经颁发,就是技术法规,在一切工程勘察、设计工作中都必须执行"。勘察设计规范分为国家、部、省(自治区、直辖市)、设计单位四级。

② 标准设计。它是推荐性设计标准,"一经颁发,建设单位和设计单位要因地制宜地积极采用,凡无特殊理由的不得另行设计"。标准设计分为国家、部、省(自治区、直辖市)三级。

2) 工程设计的原则和依据

为保证工程设计的质量和水平,我国相关法规规定,工程设计必须遵循以下主要原则:

(1) 贯彻经济、社会发展规划,城乡规划及产业政策;
(2) 综合利用资源,满足环境保护要求;
(3) 遵守工程建设技术标准;
(4) 采用新技术、新工艺、新材料、新设备;
(5) 重视技术和经济效益的结合;
(6) 公共建筑和住宅要注意美观、适用和协调。

项目建议书(或称计划任务书)是进行工程设计、编制设计文件的主要依据。设计单位应积极参加项目建议书的编制、建设地址的选择、建设规划的制定及试验研究等方面的设计前期工作。

3) 设计阶段和内容

(1) 设计阶段划分

设计阶段划分可根据建设项目的复杂程度而决定。一般建设项目的设计可按初步设计和施工图设计两个阶段进行。技术上复杂的建设项目,可按初步设计、技术设计、施工图设计三个阶段进行。一些牵涉面广的项目,如大型矿区、油田等,在进行一般设计前还可增加总体设计。

(2) 设计的内容与深度

① 总体设计。总体设计一般应包括以下文字说明和图纸:建设规模、产品方案、原料来源、工艺流程概况、主要设备配备、主要建筑物及构筑物、公用和辅助工程、"三废"治理及环境保护方案、占地面积估计、总图布置及运输方案、生活区规划、生产组织和劳动定员估计、工程进度和配合要求、投资估算等。

总体设计的深度应满足以下要求:编制初步设计,主要大型设备、材料的预先安排和控制概算。

② 初步设计。初步设计一般应包括以下文字说明和图纸:设计依据、设计指导思想、设计规模、产品方案;各类资源的用量和来源;工艺流程、主要设备选型及配置、总图运输;主要建筑物和构筑物、公用及辅助设施;新技术采用情况;主要材料用量;外部协作条件;占地面积和土地利用情况;综合利用和"三废"治理;生活区建设;抗震和人防措施;生产组织和劳动定员;各项技术经济指标;建设顺序和期限、总概算等。

初步设计的深度应满足以下要求:编制施工招标文件、设计方案的比选和确定、主要设备和材料的订货、土地征用和基建投资控制、施工图设计的编制、施工组织设计的编制、施工准备和生产准备等。

③ 技术设计。技术设计的内容,由有关部门根据工程的特点和需要自行制

定。其深度应能满足确定设计方案中重大技术问题和有关实验、设备制造等方面的要求。

④ 施工图设计。施工图设计,应根据已获批准的初步设计和技术设计进行。其深度应能满足设备、材料的安排和非标准设备的制作、施工图预算的编制、施工要求等,并注明建设工程合理使用年限。

(3) 设计文件的审批与修改

设计文件的审批,实行分级管理、分级审批的原则。

① 大型建设项目的初步设计和概算,由国务院主管部门或省、市、自治区组织审查,提出审查意见,报国家计委批准;特大、特殊项目,由国务院批准。技术设计,按隶属关系,由国务院主管部门或省、市、自治区审批。

② 中型建设项目的初步设计和总概算,在国务院主管部门备案,由省、市、自治区审查批准。

③ 小型建设项目初步设计的审批权限,由主管部门或省、市、自治区自行规定。

④ 总体设计(总体规划设计)的审批权限与初步设计相同。

⑤ 各部委直管代管的下放项目的初步设计,以国务院主管部门为主,会同有关省、市、自治区审查或批准。

⑥ 施工图设计实行审查制。建设单位应当将施工图报送建设行政主管部门,由建设行政主管部门委托有关审查机构,进行结构安全和强制性标准、规范执行情况等内容的审查。凡应当审查而未经审查或者审查不合格的,施工图不得交付施工。设计单位要对施工图质量负责,并向生产、施工单位进行技术交底,听取意见。建筑工程竣工验收时,有关部门应当按照审查批准的施工图进行验收。

设计文件经批准后不得任意修改;确需修改,应报原审批机关批准。修改工作由原设计单位负责进行。

7.3 建设工程监理制度

7.3.1 建设工程监理概述

1) 建设工程监理概念

工程建设监理是指针对工程项目建设,社会化、专业化的工程建设监理单位接受业主的委托和授权,根据国家批准的工程项目建设文件,有关工程建设的法律、法规和工程建设监理合同以及其他工程建设合同所进行的旨在实现项目投资目的的微观监督管理活动。

2) 我国建设监理制度的建立和发展

1988年7月建设部颁发了《关于开展建设监理工作的通知》,它标志着我国工程建设领域的改革进入一个新的阶段,即参照国际惯例,结合中国国情,建立具有中国特色的建设监理制。1989年7月建设部颁发了《建设监理试行规定》,这是我国第一个建设监理的法规性文件。1992年1月及2001年8月建设部先后两次发布《工程建设监理单位资质管理办法》。1997年11月1日全国人大常委会通过的《中华人民共和国建筑法》明确规定,国家推行建筑工程监理制度。这进一步确定了工程监理在我国的地位,使建设监理制在我国建设领域得到迅速发展并走上了法制化轨道。2000年1月30日国务院颁发的《建设工程质量管理条例》中,对工程监理的范围和责任也作了相应规定。2000年12月7日国家技术监督局和建设部联合发布了《建设工程监理规范》,并于2001年5月1日实施。2006年12月11日建设部发布了《工程监理企业资质管理规定》,并于2007年8月1日起施行。九部委联合颁发了《标准施工招标文件》《简明标准施工招标文件》《标准设计施工总承包招标文件》;住房和城乡建设部与国家工商行政管理总局联合颁发了《建设工程监理合同(示范文本)》(GF-2012-0202)。2013年发布了最新版本的《建设工程监理规范》(GB/T 50319-2013)。这些文件都标志着监理制度正逐渐走向成熟。

3) 建设监理单位资质管理与监督

建设监理单位是指取得监理资质证书,具有法人资格的监理公司、监理事务所和兼承监理业务的工程设计、科学研究及工程建设咨询的单位。建设监理单位资质是指从事监理业务应当具备的人员素质、资金数量、专业技能、管理水平及监理业绩等。建设监理单位资质等级与监理范围详见2.1.6节。

(1) 建设监理单位资质申请和审批

建设监理单位资质管理是指确定建设监理单位的设立、定级、升级、变更、终止等资质审查、批准活动及其证书管理、监理业务承接与执行过程中的有关管理工作。

设立建设监理单位必须具备两个条件:一是要有明确的名称、组织机构和工作场所;二是要有与承担监理业务相适应的资金、技术、经济管理人员以及必要的设备和检测手段。

建设监理单位自领取营业执照之日起两年内暂不核定资质等级,满两年后可向资质管理部门申请核定资质等级。资质管理部门根据申请材料,对其人员素质、专业技能、管理水平、资金数量及实际业绩进行综合评审,经审核符合等级标准的发给相应的"资质等级证书"。

申请建设监理单位甲级资质,按隶属关系报国务院有关专业部门或省、自治区、直辖市、计划单列市人民政府建设行政主管部门进行初审、核实,再报送国务院建设行政主管部门审批;申请建设监理单位乙、丙级资质,先由单位所在地的市一级人民政府建设行政主管部门初审后,报省、自治区、直辖市、计划单列市人民政府建设行政主管部门审批;国务院工业、交通等部门负责本部门直属乙、丙级资质的定级审批。

(2) 建设监理单位监督管理

国务院住房城乡建设主管部门归口管理全国建设监理单位(包括中外合营、中外合作建设监理单位)的资质;省、自治区、直辖市人民政府住房城乡建设主管部门负责管理本行政区域地方建设监理单位的资质;国务院工业、交通等部门管理本部门直属建设监理单位的资质。

建设监理单位的资质等级三年核定一次。对于不符合原定资质等级标准的单位,由原资质管理部门予以降级。核定资质等级时可以申请升级。已定级的监理单位在定级后不满三年的期限内,其实际资质已达到上一资质等级标准的,可以申请承担上一资质等级规定的监理业务,由具有相应权限的资质管理部门根据其资质条件、实际业绩和监理需要予以审批。

4) 注册监理工程师制度

(1) 监理工程师

监理工程师是指经过全国统一考试合格并经注册取得"监理工程师岗位证书"的工程建设管理人员。我国的监理工程师必须同时具备三个条件:一是应在建设监理岗位上工作;二是经过全国统一考试合格取得资格;三是应经过注册取得"监理工程师岗位证书"。三者缺一不可。

(2) 监理工程师资格的考试及注册

国家实行监理工程师统一考试制度,原则上每年考试一次,考试科目成绩有效期为两年。

申请参加监理工程师资格考试者必须具备高级专业技术职称,或取得中级专业技术职称后具有三年以上工程设计或施工管理实践经验。

经监理工程师资格考试合格者,由监理工程师注册机关核发"监理工程师资格证书"。

注册是取得"监理工程师资格证书"的人员以监理工程师的名义从事工程建设监理业务的必经程序。申请监理工程师注册,由拟聘用申请者的监理单位统一向本地区或本部门的监理工程师注册机关提出申请。监理工程师注册机关收到申请后,依法进行审查。对符合条件的,根据全国监理工程师注册管理机关批准的注册计划择优予以注册,颁发"监理工程师岗位证书"并报全国监理工程师注册管理机关备案。

注册证书和执业印章的有效期为 3 年。注册期满需继续执业的,应在注册有效期满 30 日前申请延续注册。

监理工程师注册机关每五年对持有"监理工程师岗位证书"的人员复查一次。对不符合条件的,注销注册并收回"监理工程师岗位证书"。

7.3.2 建设监理依据及工作内容

1) 建设监理依据

根据《建筑法》《建设工程质量管理条例》《建设工程监理合同(示范文本)》(GF-2012-0202)等规定,建设监理的依据包括:

(1) 适用的法律、行政法规及部门规章;

(2) 与工程有关的标准;

(3) 工程设计及有关文件;

(4) 本合同及委托人与第三方签订的与实施工程有关的其他合同。

双方根据工程的行业和地域特点,在专用条件中具体约定监理依据。

2) 工程建设监理的内容

工程建设监理的工作任务是"三控三管一协调",即质量控制、投资控制、工期控制、安全管理、合同管理、信息管理、组织协调,而三控是监理工作的中心任务,围绕这个任务,其监理的主要业务内容有:

(1) 立项阶段

协助业主准备项目报建手续;项目可行性研究咨询、监理;技术经济论证;编制工程建设匡算;组织设计任务书编制。

(2) 设计阶段

设计阶段的监理工作内容主要有:结合工程项目特点,收集设计所需的技术经济资料;编写设计要求文件;组织工程项目设计方案竞标或设计招标,协助业主选择好勘测设计单位;拟订和商谈设计委托合同内容;向设计单位提供设计所需基础资料;配合设计单位开展技术经济分析,搞好设计方案的比选,优化设计;配合设计进度,组织设计部门与有关部门,如消防、环保、土地、人防、防汛、园林,以及供水、供电、供气、供热、电信等部门的协调工作;组织各设计单位之间的协调工作;参与主要设备、材料的选型;审核工程估算、概算;审核主要设备、材料清单;审核工程项目设计图纸;检查和控制设计进度;组织设计文件的报批。

(3) 施工招标阶段

拟订工程项目施工招标方案并征得业主同意;准备工程项目施工招标条件;办理施工招标申请;编写施工招标文件;标底经业主认可后,报送所在地住房城乡建设主管部门审核;组织工程项目施工招标工作;组织现场勘察与答疑会,回答投标人提出的问题;组织开标、评标及决标工作;协助业主与中标单位商签承包合同。

(4) 材料物资采购供应

对于由业主负责采购供应的材料、设备等物资,监理工程师应负责进行制订计划、监督合同执行和供应工作。具体监理工作的主要内容有:制订材料物资供应计划和相应的资金需求计划;通过质量、价格、供货期、售后服务等条件的分析和比选,确定材料、设备等物资的供应厂家;拟订并商签材料、设备的订货合同;监督合同的实施,确保材料设备的及时供应。

(5) 施工阶段

本阶段工作的主要内容有:协助编写开工报告;确定承包商,选择分包单位;审批施工组织设计、施工技术方案和施工进度计划;审查承包商的材料、设备采购清单;检查工程使用的材料、构件和设备的规格与质量;检查施工技术措施和安全防护设施;检查工程进度和施工质量,验收分部分项工程、签署工程预付款;督促严格履行工程承包合同,调解合同双方的争议,处理索赔事项;协商处理设计变更,并报业主决定;督促整理合同文件和技术档案资料;组织设计单位和施工单位进行工程竣工初步验收,提出竣工验收报告;审查结算。

(6) 合同管理

拟订本工程项目合同体系及合同管理制度,包括合同草案的拟订、会签、协商、修改、审批、签署、保管等工作制度及流程;协助业主拟订项目的各类合同条款,并参与各类合同的商谈;合同执行情况的分析和跟踪管理;协助业主处理与项目有关的索赔事宜及合同纠纷事宜。

(7) 安全管理

监理安全管理工作范围:施工准备阶段和施工阶段现场安全工作和安全防护工作的监督管理。安全监理工作目标:杜绝安全事故发生,杜绝疫情发生。

7.3.3 建设监理各方义务

1) 委托人义务

(1) 告知

委托人应在委托人与承包人签订的合同中明确监理人、总监理工程师和授予项目监理机构的权限。如有变更,应及时通知承包人。

(2) 提供资料

委托人应按照约定,无偿向监理人提供与工程有关的资料。在合同履行过程中,委托人应及时向监理人提供最新的与工程有关的资料。

(3) 提供工作条件

委托人应为监理人完成监理与相关服务提供必要的条件。

委托人应按照约定,派遣相应的人员,提供房屋、设备,供监理人无偿使用。

委托人应负责协调工程建设中所有外部关系,为监理人履行合同提供必要的外部条件。

(4) 委托人代表

委托人应授权一名熟悉工程情况的代表,负责与监理人联系。委托人应在双方签订合同后7天内,将委托人代表的姓名和职责书面告知监理人。当委托人更换委托人代表时,应提前 7 天通知监理人。

(5) 委托人意见或要求

在合同约定的监理与相关服务工作范围内,委托人对承包人的任何意见或要求应通知监理人,由监理人向承包人发出相应指令。

(6) 答复

委托人应在专用条件约定的时间内,对监理人以书面形式提交并要求作出决定的事宜,给予书面答复。逾期未答复的,视为委托人认可。

(7) 支付

委托人应按合同约定,向监理人支付酬金。

2) 监理人义务

(1) 项目监理机构和人员

监理人应组建满足工作需要的项目监理机构,配备必要的检测设备。项目监理机构的主要人员应具有相应的资格条件。

(2) 履行职责

监理人应遵循职业道德准则和行为规范,严格按照法律法规、工程建设有关标准及合同履行职责。

① 在监理与相关服务范围内,委托人和承包人提出的意见和要求,监理人应及时提出处置意见。当委托人与承包人之间发生合同争议时,监理人应协助委托人、承包人协商解决。

② 当委托人与承包人之间的合同争议提交仲裁机构仲裁或人民法院审理时,监理人应提供必要的证明资料。

③ 监理人应在专用条件约定的授权范围内,处理委托人与承包人所签订合同的变更事宜。如果变更超过授权范围,应以书面形式报委托人批准。

在紧急情况下,为了保护财产和人身安全,监理人所发出的指令未能事先报委托人批准时,应在发出指令后的 24 小时内以书面形式报委托人。

④ 除专用条件另有约定外,监理人发现承包人的人员不能胜任本职工作的,有权要求承包人予以调换。

(3) 提交报告

监理人应按专用条件约定的种类、时间和份数向委托人提交监理与相关服务的报告。

(4) 文件资料

在本合同履行期内,监理人应在现场保留工作所用的图纸、报告及记录监理工作的相关文件。工程竣工后,应当按照档案管理规定将监理有关文件归档。

(5) 使用委托人的财产

监理人无偿使用合同中由委托人派遣的人员和提供的房屋、资料、设备。除专用条件另有约定外,委托人提供的房屋、设备属于委托人的财产,监理人应妥善使用和保管,在本合同终止时将这些房屋、设备的清单提交委托人,并按专用条件约定的时间和方式移交。

7.4 建筑施工许可制度

7.4.1 建筑施工许可证概述

《建筑法》规定:"建筑工程开工前,建设单位应当按国家有关规定向工程所在地县级以上人民政府建设行政主管部门申请领取施工许可证;但是,国务院建设行政主管部门确定的限额以下的小型工程除外。按照国务院规定的权限和程序批准开工报告的建筑工程,不再领取施工许可证。"

施工许可制度是由国家授权的有关行政主管部门,在建设工程开工之前对其是否符合法定的开工条件进行审核,对符合条件的建设工程允许其开工建设的法定制度。建立施工许可制度,有利于保证建设工程的开工符合必要条件,避免不具备条件的建设工程盲目开工而给当事人造成损失或导致国家财产的浪费,从而使建设工程在开工后能够顺利实施,也便于有关行政主管部门了解和掌握所辖范围内有关建设工程的数量、规模以及施工队伍等基本情况,依法进行指导和监督,保证建设工程活动依法有序进行。

1) 施工许可证和开工报告的适用范围

我国目前对建设工程开工条件的审批,存在着颁发"施工许可证"和批准"开工报告"两种形式。多数工程是办理施工许可证,部分工程则为批准开工报告。

(1) 施工许可证的适用范围

① 需要办理施工许可证的建设工程

2014年6月住房和城乡建设部经修改后发布的《建筑工程施工许可管理办法》规定,在中华人民共和国境内从事各类房屋建筑及其附属设施的建造、装修装饰和与其配套的线路、管道、设备的安装,以及城镇市政基础设施工程的施工,建设单位在开工前应当依照本办法的规定,向工程所在地的县级以上地方人民政府住房城乡建设主管部门申请领取施工许可证。

② 不需要办理施工许可证的建设工程

a. 限额以下的小型工程

《建筑工程施工许可管理办法》规定,工程投资额在30万元以下或者建筑面积在300平方米以下的建筑工程,可以不申请办理施工许可证。省、自治区、直辖市人民政府住房城乡建设主管部门可以根据当地的实际情况,对限额进行调整,并报国务院住房城乡建设主管部门备案。

　　b. 抢险救灾及其他临时性房屋建筑和农民自建低层住宅的建筑活动等工程。

　　c. 不重复办理施工许可证的建设工程

　　按照国务院规定的权限和程序批准开工报告的建筑工程，不再领取施工许可证。

　　d. 另行规定的建设工程

　　军用房屋建筑工程建筑活动的具体管理办法，由国务院、中央军事委员会依据《建筑工程施工许可管理办法》制定。

　　(2) 实行开工报告制度的建设工程

　　开工报告制度是我国沿用已久的一种建设项目开工管理制度。开工报告审查的内容主要包括：① 资金到位情况；② 投资项目市场预测；③ 设计图纸是否满足施工要求；④ 现场条件是否具备"三通一平"等的要求。1995年国务院《关于严格限制新开工项目，加强固定资产投资源头控制的通知》《关于严格控制高档房地产开发项目的通知》中，均提到了开工报告审批制度。近些年来，公路建设项目等已由开工报告制度改为施工许可制度。

　　2) 申请的主体和法定批准条件

　　(1) 施工许可证的申请主体

　　建设单位应当按照国家有关规定向工程所在地县级以上人民政府建设行政主管部门申请领取施工许可证。

　　(2) 施工许可证的法定批准条件

　　申请领取施工许可证，《建筑工程施工许可管理办法》规定建设单位申请领取施工许可证，应当具备下列条件，并提交相应的证明文件：①依法应当办理用地批准手续的，已经办理该建筑工程用地批准手续；②在城市、镇规划区的建筑工程，已经取得建设工程规划许可证；③施工场地已经基本具备施工条件，需要征收房屋的，其进度符合施工要求；④已经确定施工企业；⑤有满足施工需要的技术资料，施工图设计文件已按规定审查合格；⑥有保证工程质量和安全的具体措施；⑦按照规定应当委托监理的工程已委托监理；⑧建设资金已经落实；⑨法律、行政法规规定的其他条件。

　　(3) 建筑工程规划许可证的内容

　　在城市、镇规划区内，规划许可证包括建设用地规划许可证和建设工程规划许可证。在乡、村庄规划区内进行乡镇企业、乡村公共设施和公益事业建设的，须核发乡村建设规划许可证。

　　(4) 施工场地已经基本具备施工条件，需要征收房屋的，其进度符合施工要求

　　《物权法》规定，为了公共利益的需要，依照法律规定的权限和程序可以征收集体所有的土地和单位、个人的房屋及其他不动产。房屋征收要根据城乡规划和国

家专项工程的迁建计划以及当地政府的用地文件,拆除和迁移建设用地范围内的房屋及其附属物,并对原房屋及其附属物的所有人或使用人进行补偿和安置。

(5) 已经确定施工企业

在建设工程开工前,建设单位必须依法通过招标或直接发包的方式确定承包该建设工程的施工企业,并签订建设工程承包合同,明确双方的责任、权利和义务。

(6) 有满足施工需要的施工图纸及技术资料

在开工前,施工单位必须有满足施工需要的施工图纸和技术资料。2015年6月经修改后颁布的《建设工程勘察设计管理条例》规定,编制施工图设计文件,应当满足设备材料采购、非标准设备制作和施工的需要,并注明建设工程合理使用年限。

(7) 有保证工程质量和安全的具体措施

《建设工程质量管理条例》规定,建设单位在领取施工许可证或者开工报告前,应当按照国家有关规定办理工程质量监督手续。2003年11月颁布的《建设工程安全生产管理条例》规定,建设单位在申请领取施工许可证时,应当提供建设工程有关安全施工措施的资料。建设行政主管部门在审核发放施工许可证时,应当对建设工程是否有安全施工措施进行审查,对没有安全施工措施的,不得颁发施工许可证。

(8) 按照规定应当委托监理的工程已委托监理

《建设工程质量管理条例》明确规定,下列建设工程必须实行监理:① 国家重点建设工程;② 大中型公用事业工程;③ 成片开发建设的住宅小区工程;④ 利用外国政府或者国际组织贷款、援助资金的工程;⑤ 国家规定必须实行监理的其他工程。

(9) 建设资金已经落实

《建筑工程施工许可管理办法》规定,建设工期不足1年的,到位资金原则上不得少于工程合同价的50%,建设工期超过1年的,到位资金原则上不得少于工程合同价的30%。建设单位应当提供本单位截至申请之日无拖欠工程款情形的承诺书或者能够表明其无拖欠工程款情形的其他材料,以及银行出具的到位资金证明,有条件的可以实行银行付款保函或者其他第三方担保。

(10) 法律、行政法规规定的其他条件

2008年10月经修改后颁布的《中华人民共和国消防法》规定,依法应当经公安机关消防机构进行消防设计审核的建设工程,未经依法审核或者审核不合格的,负责审批该工程施工许可的部门不得给予施工许可,建设单位、施工单位不得施工;其他建设工程取得施工许可后经依法抽查不合格的,应当停止施工。

3) 延期开工、核验和重新办理批准的相关规定

(1) 申请延期的规定

建设单位应当自领取施工许可证之日起三个月内开工。因故不能按期开工的,应当向发证机关申请延期,延期以两次为限,每次不超过三个月。既不开工又

不申请延期或者超过延期时限的,施工许可证自行废止。

(2) 核验施工许可证的规定

《建筑法》规定,在建的建筑工程因故中止施工的,建设单位应当自中止施工之日起一个月内,向发证机关报告,并按照规定做好建筑工程的维护管理工作。建筑工程恢复施工时,应当向发证机关报告;中止施工满一年的工程恢复施工前,建设单位应当报发证机关核验施工许可证。

(3) 重新办理批准手续的规定

对于实行开工报告制度的建设工程,《建筑法》规定,按照国务院有关规定批准开工报告的建筑工程,因故不能按期开工或者中止施工的,应当及时向批准机关报告情况。因故不能按期开工超过六个月的,应当重新办理开工报告的批准手续。

7.4.2 施工企业资质管理

2014年11月6日中华人民共和国住房和城乡建设部发布了新的《建筑业企业资质标准》,于2015年1月1日起施行,而2007年发布的《建筑业企业资质管理规定》和《建筑业企业资质等级标准》同时废止。建筑业企业资质管理规定详见2.1.2节。

7.4.3 注册建造师执业资格制度

1) 概述

建造师分一级建造师和二级建造师。一级建造师的专业分为建筑工程、公路工程、铁路工程、民航机场工程、港口与航道工程、水利水电工程、矿业工程、市政公用工程、通信与广电工程、机电工程等10个。二级建造师的专业分为建筑工程、公路工程、水利水电工程、矿业工程、市政公用工程、机电工程等6个。

2) 注册建造师和项目经理的关系

建造师与项目经理定位不同,但所从事的都是建设工程的管理。建造师执业的覆盖面较大,可涉及工程建设项目管理的许多方面,担任项目经理只是建造师执业中的一项;项目经理则限于企业内某一特定工程的项目管理。建造师选择工作的权利相对自主,可在社会市场上有序流动,有较大的活动空间;项目经理岗位则是企业设定的、企业法人代表授权或聘用的、一次性的工程项目施工管理者。

建造师执业资格制度建立以后,项目经理责任制仍然要继续坚持,国发〔2003〕5号文是取消项目经理资质的行政审批,而不是取消项目经理。项目经理是工程项目施工的主要负责人,他的职责是根据企业法定代表人的授权,对工程项目自开工准备至竣工验收,实施全面的组织管理。有大中型工程项目的项目经理必须由取得建造师执业资格的建造师担任。小型工程项目的项目经理可以由不是建造师的人员担任。

3) 关键岗位从业人员资格管理

(1) 关键岗位持证上岗制

关键岗位是指建筑业、房地产业、市政公用事业等企事业单位中关系着工程质量、产品质量、服务质量、经济效益、生产安全和人民财产安全的重要岗位。《建设企事业单位关键岗位持证上岗管理制度规定》指出,凡需在关键岗位上工作的人员,必须经过有关部门或机构的培训和考试,并通过业绩考核后,才能领取相应的岗位合格证书。未取得岗位合格证的人员,一律不得在关键岗位上工作。

(2) 岗位合格证的申请与复检

① 岗位证书的申请。由申请人向本单位提出申请,再由其单位将有关材料统一报送发证机关(各省级政府建设行政主管部门)审查,在考核机构对申请人的文化程度、工作能力、岗位实习、工作经历及培训考试和职业道德等情况进行审查合格后,核发岗位合格证书。该证书在全国同行业、同专业、同类型的建设企事业单位中有效。

② 岗位证书的复检。由发证机关随企业资质晋升、审查定期进行。持证人调离本岗位工作的,原单位应在其岗位合格证上注明,当其新任职岗位与原岗位性质相同时,岗位合格证继续有效。脱离原岗位并改变任职性质五年以上的,岗位合格证失效。

7.5 建设工程质量法律制度

7.5.1 概述

建设工程质量与安全生产管理是国家工程建设管理的重要内容,现行的主要法律有《建筑法》,其中第五章、第六章即分别为"建筑安全生产管理"和"建筑工程质量管理"。国务院发布的《建设工程质量管理条例》(2000年1月30日施行)和《建设工程安全生产管理条例》(2004年2月1日起施行)是《建筑法》的配套法规,它们对建设行为主体的有关责任和义务作出了十分明确的规定。

1) 建设工程质量概念

建设工程质量是指在国家现行的有关法律、法规、技术标准、设计文件及工程合同中对工程的安全、适用、经济、美观等特性的综合要求。合同条件中对工程项目的功能、使用价值及设计、施工质量等的明确规定都是业主的"要求",因而都是质量的内容。建设工程质量应包括工程建设决策、计划、勘察、设计、施工、回访保修各个阶段的质量。

广义上建设工程质量还包括工程建设参与者的服务质量和工作质量,工作质量是指参与工程建设者,为了保证工程项目质量所从事工作的水平和完善程度。工作质量具体包括:社会工作质量,如社会调查、市场预测质量,回访和保修质量等;生产过程工作质量,如政治工作质量、管理工作质量、技术工作质量和后勤工作质量等。

2) 建设工程质量管理体系

我国建立了对建设工程质量进行管理的体系,它包括宏观管理和微观管理两个方面。

宏观管理是国家对建设工程质量所进行的监督管理,它具体由建设行政主管部门及其授权机构实施,是外部的、纵向的控制。这种管理贯穿在工程建设的全过程和各个环节之中,它既对工程建设从计划、规划、土地管理、环保、消防等方面进行监督管理,又对工程建设的主体从资质认定和审查,成果质量检测、验证和奖惩等方面进行监督管理,还对工程建设中各种活动如工程建设招投标、工程施工、验收、维修等进行监督管理。

微观管理包括两个方面:一是工程承包单位,如勘察单位、设计单位、施工单位自己对所承担工作的质量管理,是内部的、自身的控制,包括培训上岗制、审核校对制、质量抽检制、各级质量责任制和部门领导质量责任制等。二是建设单位委托社会监理单位对工程建设的质量进行监理,是外部的、横向的控制。

7.5.2 质量体系认证制度

我国《建筑法》规定,国家对从事建筑活动的单位推行质量体系认证制度,从事建筑活动的单位根据自愿原则可以向国务院产品质量监督管理部门或其授权部门认可的认证机构申请企业质量体系认证。经认证合格的,由认证机构向该企业颁发企业质量体系认证书。对重要的建筑材料和设备,推行产品质量认证制度。经认证合格的,由认证机构颁发质量认证证书,准许企业在产品或其包装上使用质量认证标志。

1987 年 3 月 ISO 正式公布了 ISO9000～9004 五个标准,这就是通常所说的"ISO9000 系列标准"。到目前为止,ISO9000 系列标准已发展为一个家族,受到世界各国欢迎,已为各国广泛采用。我国也于 1992 年发布了等同采用国际标准的 GB/T19000《质量管理和质量保证》系列标准,也由五个标准组成。这些标准,既可作为生产企业质量保证工作的依据,也是企业申请质量体系认证的认证标准。如双方同意,它也可作为供需双方对产品质量的认证标准。

7.5.3 建材使用许可制度

我国实行建材使用许可制,包括建材生产许可证制、建材产品质量认证制、建材产品推荐使用制及建材进场检验制等制度。

1) 建材生产许可证制

对于一些十分重要的建材产品,如钢材、水泥等,国家规定实行生产许可证制。生产这些建材产品的生产企业必须经有关部门审核批准取得相应资质等级并获得生产许可证后,才能进行这些建材产品的生产。建材产品或产品包装上应标有产品质量检验合格证明,生产许可证的编号、批准日期和有效日期。

2) 建材产品质量认证制

国家有关部门规定,对重要的建筑材料和设备,推行产品质量认证制度。经认证合格的,由认证机构颁发质量认证证书,准许企业在产品或其包装上使用质量认证标志。使用单位经检验发现认证的产品质量不合格的,有权向产品质量认证机构投诉。销售已经过质量认证的建材产品时,在产品或其包装上应包含标有产品质量检验合格证明,质量认证的编号、批准日期和有效期限。

3) 建材产品推荐使用制

对尚未经过产品质量认证的建筑材料,各省、自治区、直辖市建设行政主管部门可以推荐使用。

4) 建材进场检验制

为保证建筑的结构安全及其质量,建筑施工企业必须加强对进场的建筑材料、构配件及设备的质量检查、检测。对各类建筑材料、构配件等,都必须按规定进行检查或复试。凡影响结构安全的主要建筑材料、构配件及设备的采购与使用必须经同级技术负责人同意。质量不合格的建筑材料、构配件及设备,不得使用在建筑工程上。未经检验而直接使用了质量不合乎要求的建筑材料、设备及构配件的施工企业将承担相应责任。

7.5.4 建设工程各方质量责任和义务

1) 建设单位的质量责任和义务

(1) 建设单位应当将工程发包给具有相应资质等级的单位,不得将建设工程肢解发包。

(2) 应当依法对工程建设项目的勘察、设计、施工、监理以及与工程建设有关的重要设备、材料等的采购进行招标。

(3) 必须向有关的勘察、设计、施工、监理等单位提供与建设工程有关的原始资料,原始资料必须真实、准确、齐全。

(4) 不得迫使承包方以低于成本的价格竞标,不得任意压缩合理工期。

(5) 不得明示或者暗示设计单位或者施工单位违反工程建设强制性标准,降低建设工程质量。

(6) 实行监理的建设工程,建设单位应当委托具有相应资质等级的工程监理单位进行监理。

(7) 建设单位在领取施工许可证或者呈送开工报告前,应当按照国家有关规定办理工程质量监督手续。

(8) 由建设单位采购建筑材料、构配件和设备的,建设单位应当保证建筑材料、构配件和设备符合设计文件和合同要求。不得明示或者暗示施工单位使用不合格的建筑材料、构配件和设备。

(9) 涉及建筑主体和承重结构变动的装修工程,建设单位应当在施工前委托原设计单位或者具有相应资质等级的设计单位提出设计方案;没有设计方案的,不得施工。

(10) 收到建设工程竣工报告后,应当组织设计、施工、监理等有关单位进行竣工验收。经验收合格的工程,方可交付使用。

(11) 应按国家有关档案管理的规定,收集、整理建设项目各环节的文件资料,建立、健全建设项目档案,并在竣工验收后,及时向建设行政主管部门或者其他有关部门移交建设项目档案。

2) 勘察、设计单位的质量责任和义务

(1) 依法取得相应等级的资质证书,并在其资质等级许可的范围内承揽工程。禁止勘察、设计单位超越其资质等级许可的范围或者以其他勘察、设计单位的名义承揽工程。禁止勘察、设计单位允许其他单位或者个人以本单位的名义承揽工程。勘察、设计单位不得转包或者违法分包所承揽的工程。

(2) 必须按照工程强制性标准进行勘察、设计,并对其勘察、设计的质量负责。

(3) 勘察单位提供的地质、测量、水文等勘察成果必须真实、准确。

(4) 设计单位应当根据勘察成果文件进行建设工程设计。设计文件应当符合国家规定的设计深度要求,注明工程合理使用年限。

(5) 设计单位在设计文件中选用的建筑材料、建筑构配件和设备,应当注明规格、型号、性能等技术指标,其质量要求必须符合国家规定的标准。除有特殊要求的建筑材料、专用设备、工艺生产线等外,设计单位不得指定生产厂、供应商。

(6) 设计单位应当参与工程质量事故分析,并对因设计造成的质量事故,提出相应的处理方案。

3) 施工单位的质量责任和义务

(1) 应当依法取得相应等级的资质证书,并在其资质等级许可的范围内承揽工程。禁止施工单位允许其他单位或者个人以本单位的名义承揽工程。施工单位不得转包或者违法分包工程。

(2) 施工单位对建设工程的施工质量负责。

(3) 施工单位应当建立质量责任制,确定工程项目的项目经理、技术负责人和施工管理负责人。建设工程实行总承包的,总包单位与分包单位应对全部建设工程质量负责;建设工程勘察、设计、施工、设备采购一项或多项实行总包的,总包单位应对其承包的工程或者采购的设备的质量负责。

（4）分包单位应当按照分包合同的约定对其分包工程的质量向总包单位负责，总包单位与分包单位对分包工程的质量承担连带责任。

（5）必须按照工程设计图纸和施工技术标准施工，不得擅自修改工程设计，不得偷工减料。在施工过程中发现设计文件和图纸有差错的，应当及时提出意见和建议。

（6）必须按照工程设计要求、施工技术标准和合同约定，对建筑材料、建筑构配件、设备和商品混凝土进行检验，检验应当有书面记录和专人签字；未经检验或者检验不合格的，不得使用。

（7）必须建立、健全施工质量的检验制度，严格工序管理，做好隐蔽工程的质量检查和记录。隐蔽工程在隐蔽前，施工单位应当通知建设单位和建设工程质量监督机构。

（8）承包人员对涉及结构安全的试块、试件以及有关材料，应当在建设单位或者工程监理单位监督下现场取样，并送具有相应资质等级的质量检测单位进行检测。

（9）对施工中出现质量问题的建设工程或者竣工验收不合格的建设工程，应当负责返修。

（10）应当建立、健全教育培训制度，加强对职工的教育培训；未经教育培训或者考核不合格的人员，不得上岗作业。

4）工程监理单位的质量责任和义务

（1）依法取得相应等级的资质证书，并在其资质等级许可的范围内承担工程监理业务。

禁止工程监理单位超越本单位资质等级许可的范围或者以其他工程监理单位的名义承担工程监理业务；禁止工程监理单位允许其他单位或者个人以本单位的名义承担工程监理业务；工程监理单位不得转让工程监理业务。

（2）工程监理单位与被监理工程的施工承包单位以及建筑材料、建筑构配件和设备供应单位有隶属关系或者其他利害关系的，不得承担该项建设工程的监理业务。

（3）应当依照法律、法规以及有关技术标准、设计文件和建设工程承包合同，代表建设单位对施工质量实施监理，并对施工质量承担监理责任。

（4）应当选派具备相应资格的总监理工程师和监理工程师进驻施工现场。

未经监理工程师签字，建筑材料、建筑构配件和设备不得在工程上使用或者安装，施工单位不得进行下一道工序的施工。未经总监理工程师签字，建设单位不拨付工程款，不进行竣工验收。

（5）监理工程师应当按照工程监理规范的要求，采取旁站、巡视和平行检验等形式,对建设工程实施监理。

5)建筑材料、构配件生产及设备供应单位的质量责任和义务

建筑材料、构配件生产及设备供应单位对其生产或供应的产品质量负责;建筑材料、构配件生产及设备供应单位必须具备相应的生产条件、技术装备和质量保证体系,具备必要的检测人员和设备,把好产品看样、订货、存储、运输和核验的质量关;其产品质量应当符合国家或行业现行有关技术标准规定的合格标准和设计要求,并符合其产品说明、实物样品等方式标明的质量状况。建筑材料、构配件及设备或者包装上的标记应符合下列要求:

(1) 有产品质量检验合格证明;
(2) 有中文标明的产品名称、生产厂厂名和厂址;
(3) 产品包装和商标样式符合国家有关规定和标准要求;
(4) 设备应有产品详细的使用说明书,电气设备还应附有线路图;
(5) 实施生产许可证或使用产品质量认证标志的产品,应有许可证或质量认证的编号、批准日期和有效期限。

7.5.5 建设工程保修、返修及损害赔偿

1)保修范围与期限

(1) 保修范围

我国《建筑法》规定:"建筑工程的保修范围应当包括地基基础工程、主体结构工程、屋面防水工程和其他土建工程,以及电气管线、上下水管线的安装工程,供热、供冷系统工程等项目;保修的期限应当按照保证建筑物合理寿命年限内正常使用,维护使用者合法权益的原则确定。"

(2) 保修期限

保修期从竣工验收交付使用之日算起,具体保修期限由发包方与承包方约定,但其最低保修期限不得低于《建设工程质量管理条例》规定的下述标准:

① 基础设施工程、房屋建筑的地基基础工程和主体结构工程,为设计文件规定的该工程的合理使用年限;

② 屋面防水工程,有防水要求的卫生间、房间和外墙面的防渗漏,为5年;

③ 供热与供冷系统,为2个采暖期、供冷期;

④ 电器管线、给排水管道、设备安装和装修工程,为2年。

其他工程的保修期限由发包方与承包方约定。

2)返修

建设工程自办理交工验收手续后,在保修期内,则无论是因施工造成的质量缺陷,还是因勘察设计、材料等原因造成的质量缺陷,都应由施工单位负责维修。费用由责任方承担。

（1）因施工单位未按国家有关规范、标准和设计要求施工而造成的质量缺陷，由施工单位负责返修并承担经济责任。

（2）因设计原因造成的质量缺陷，由设计单位承担经济责任，由施工单位负责维修，其费用按有关规定通过建设单位向设计单位索赔，不足部分由建设单位负责。

（3）因建筑材料、构配件和设备质量不合格引起的质量缺陷，属于施工单位采购的或经其验收同意的，由施工单位承担经济责任；属于建设单位采购的，由建设单位承担经济责任。

（4）因使用单位使用不当造成的质量问题，由使用单位自行负责。

（5）因地震、洪水、台风等不可抗力因素造成的质量问题，施工单位、设计单位不承担经济责任。

施工单位自接到保修通知书之日起，必须在两周内到达现场与建设单位共同明确责任方、商议返修内容。属于施工单位责任的，施工单位应按约定日期到达现场。如施工单位未能按期到达现场，建设单位应再次通知施工单位。施工单位自接到再次通知书的一周内仍不能到达时，建设单位有权自行返修，所发生的费用由原施工单位承担。不属于施工单位责任的，建设单位应与施工单位联系，商议维修的具体期限。

3）损害赔偿

因建设工程质量缺陷造成人身损害及缺陷工程以外的其他财产损害的，侵害人应按有关规定给予受害人赔偿。因建设工程质量存在缺陷造成损害要求赔偿的诉讼时效期限为一年。因建设工程质量责任发生民事纠纷，当事人可以通过协商或调解解决。当事人不愿通过协商、调解解决或者协商调解不成的，可向仲裁机构申请仲裁；没有达成仲裁协议的，可以向人民法院起诉。

7.6 建设工程安全生产法律制度

7.6.1 概述

建设工程安全生产，一般是指在工程建设活动中，通过人、物（机）、环境等和谐运作，使工程建设过程中潜在的各种事故风险和伤害因素始终处于有效控制状态，切实保护劳动者的生命安全。其涉及五个要素：风险识别与评价、风险控制、作业场所及环境、作业人员安全技能、作业工具及防护用品。

2014年8月经修改后公布的《中华人民共和国安全生产法》（以下简称《安全生产法》）规定，安全生产工作应当以人为本，坚持安全发展，坚持安全第一、预防为主、综合治理的方针,强化和落实生产经营单位的主体责任,建立生产经营单位负责、职工参与、政府监管、行业自律和社会监督的机制。

国务院颁布的《生产安全事故报告和调查处理条例》(国务院令第493号)于2007年6月1日起施行。住房和城乡建设部2008年6月30日又颁布了《建筑施工企业安全生产许可证动态监管暂行办法》。

1) 建设工程安全生产概念

建设工程安全生产是指建设生产过程中要避免人员、财产的损失及对周围环境的破坏。其内容包括建设生产过程中施工现场的人身安全,财产设备安全,施工现场及附近的道路、管线和房屋的安全,施工现场和周围的环境保护及工程建成后的使用安全等。生产与安全是相辅相成的关系,保证安全会增加生产成本,加大生产难度,但安全得到保证以后又会促进生产,增加效益。安全生产包括:① 控制承包人员的不安全行为;② 控制物的不安全状态;③ 作业环境的保护。

2) 建设工程安全生产管理体系

国务院建设行政主管部门主管全国工程建设安全生产的行业监督管理工作。国务院各有关主管部门下属建筑业企业的建筑安全生产管理工作,由国务院各有关主管部门自行确定。县级以上地方人民政府建设行政主管部门负责本行政区域建筑安全生产的行业监督管理工作。

国务院建设行政主管部门对全国的建设工程安全生产实施监督管理。国务院铁路、交通、水利等有关部门按照国务院规定的职责分工,负责有关专业建设工程安全生产的监督管理。

县级以上地方人民政府建设行政主管部门对本行政区域内的建设工程安全生产实施监督管理。县级以上地方人民政府交通、水利等有关部门在各自的职责范围内,负责本行政区域内的专业建设工程安全生产的监督管理。

建设行政主管部门在审核发放施工许可证时,应当对建设工程是否有安全施工措施进行审查,对没有安全施工措施的,不得颁发施工许可证。

建设单位、勘察单位、设计单位、施工单位、工程监理单位及其他与建设工程安全生产有关的单位,必须遵守安全生产法律、法规的规定,保证建设工程安全生产,依法承担建设工程安全生产责任。国家鼓励建设工程安全生产的科学技术研究和先进技术的推广应用,推进建设工程安全生产的科学管理。

7.6.2 施工安全生产许可证制度

2003年8月颁布的《行政许可法》规定:"直接涉及国家安全、公共安全、经济宏观调控、生态环境保护以及直接关系人身健康、生命财产安全等特定活动,需要按照法定条件予以批准的事项",可以设定行政许可。

2014年7月经修改后发布的《安全生产许可证条例》中规定,国家对矿山企业、建筑施工企业和危险化学品、烟花爆竹、民用爆炸物品生产企业（以下统称企业）实行安全生产许可制度。企业未取得安全生产许可证的，不得从事生产活动。省、自治区、直辖市人民政府建设主管部门负责建筑施工企业安全生产许可证的颁发和管理，并接受国务院建设主管部门的指导和监督。

2015年1月住房和城乡建设部最新发布的《建筑施工企业安全生产许可证管理规定》中规定，建筑施工企业，是指从事土木工程、建筑工程、线路管道和设备安装工程及装修工程的新建、扩建、改建和拆除等有关活动的企业，2.2.3节已有介绍的重复内容本节略去。

安全生产许可证违法行为应承担的主要法律责任如下：

(1) 未取得安全生产许可证擅自从事施工活动应承担的法律责任

《安全生产许可证条例》规定，未取得安全生产许可证擅自进行生产的，责令停止生产，没收违法所得，并处10万元以上50万元以下的罚款；造成重大事故或者其他严重后果，构成犯罪的，依法追究刑事责任。

《建筑施工企业安全生产许可证管理规定》进一步规定，建筑施工企业未取得安全生产许可证擅自从事建筑施工活动的，责令其在建项目停止施工，没收违法所得，并处10万元以上50万元以下的罚款；造成重大安全事故或者其他严重后果，构成犯罪的，依法追究刑事责任。

(2) 安全生产许可证有效期满未办理延期手续继续从事施工活动应承担的法律责任

《安全生产许可证条例》规定，安全生产许可证有效期满未办理延期手续，继续进行生产的，责令停止生产，限期补办延期手续，没收违法所得，并处5万元以上10万元以下的罚款；逾期仍不办理延期手续，继续进行生产的，依照未取得安全生产许可证擅自进行生产的规定处罚。

《建筑施工企业安全生产许可证管理规定》进一步规定，安全生产许可证有效期满未办理延期手续，继续从事建筑施工活动的，责令其在建项目停止施工，限期补办延期手续，没收违法所得，并处5万元以上10万元以下的罚款；逾期仍不办理延期手续，继续从事建筑施工活动的，依照未取得安全生产许可证擅自从事建筑施工活动的规定处罚。

(3) 转让安全生产许可证等应承担的法律责任

《安全生产许可证条例》规定，转让安全生产许可证的，没收违法所得，处10万元以上50万元以下的罚款，并吊销其安全生产许可证；构成犯罪的，依法追究刑事责任；接受转让的，依照未取得安全生产许可证擅自进行生产的规定处罚。冒用安全生产许可证或者使用伪造的安全生产许可证的，依照未取得安全生产许可证擅自进行生产的规定处罚。

《建筑施工企业安全生产许可证管理规定》进一步规定，建筑施工企业转让安全生产许可证的,没收违法所得,处 10 万元以上 50 万元以下的罚款,并吊销安全生产许可证;构成犯罪的,依法追究刑事责任;接受转让的,依照未取得安全生产许可证擅自从事建筑施工活动的规定处罚。冒用安全生产许可证或者使用伪造的安全生产许可证的,依照未取得安全生产许可证擅自从事建筑施工活动的规定处罚。

(4) 以不正当手段取得安全生产许可证应承担的法律责任

《建筑施工企业安全生产许可证管理规定》中规定,建筑施工企业隐瞒有关情况或者提供虚假材料申请安全生产许可证的,不予受理或者不予颁发安全生产许可证,并给予警告,1 年内不得申请安全生产许可证。

建筑施工企业以欺骗、贿赂等不正当手段取得安全生产许可证的,撤销安全生产许可证,3 年内不得再次申请安全生产许可证;构成犯罪的,依法追究刑事责任。

(5) 暂扣安全生产许可证并限期整改的规定

《建筑施工企业安全生产许可证管理规定》中规定,取得安全生产许可证的建筑施工企业,发生重大安全事故的,暂扣安全生产许可证并限期整改。

建筑施工企业不再具备安全生产条件的,暂扣安全生产许可证并限期整改;情节严重的,吊销安全生产许可证。

(6) 颁证机关工作人员违法行为应承担的法律责任

《安全生产许可证条例》规定,安全生产许可证颁发管理机关工作人员有下列行为之一的,给予降级或者撤职的行政处分;构成犯罪的,依法追究刑事责任:① 向不符合本条例规定的安全生产条件的企业颁发安全生产许可证的;② 发现企业未依法取得安全生产许可证擅自从事生产活动,不依法处理的;③ 发现取得安全生产许可证的企业不再具备本条例规定的安全生产条件,不依法处理的;④ 接到对违反本条例规定行为的举报后,不及时处理的;⑤ 在安全生产许可证颁发、管理和监督检查工作中,索取或者接受企业的财物,或者谋取其他利益的。

7.6.3 施工安全生产责任和安全生产教育培训制度

施工安全生产责任制和安全生产教育培训制度,是建设工程施工活动中重要的法律制度。

《建筑法》规定,建筑工程安全生产管理必须坚持安全第一、预防为主的方针,建立健全安全生产的责任制度和群防群治制度。建筑施工企业应当建立健全劳动安全生产教育培训制度,加强对职工安全生产的教育培训;未经安全生产教育培训的人员,不得上岗作业。

2003 年 11 月发布的《建设工程安全生产管理条例》进一步规定,施工单位应当建立健全安全生产责任制度和安全生产教育培训制度,制定安全生产规章制度和操作规程,保证本单位安全生产条件所需资金的投入,对所承担的建设工程进行定期和专项安全检查,并做好安全检查记录。2.2.3 节已有介绍的重复内容本节略去。

1) 施工总承包和分包单位的安全生产责任

《建筑法》规定,施工现场安全由建筑施工企业负责。实行施工总承包的,由总承包单位负责。分包单位向总承包单位负责,服从总承包单位对施工现场的安全生产管理。

《安全生产法》也规定,两个以上生产经营单位在同一作业区域内进行生产经营活动,可能危及对方生产安全的,应当签订安全生产管理协议,明确各自的安全生产管理职责和应当采取的安全措施,并指定专职安全生产管理人员进行安全检查与协调。

(1) 总承包单位应当承担的法定安全生产责任

施工总承包是由一个施工单位对建设工程施工全面负责。该总承包单位不仅要负责建设工程的施工质量、合同工期、成本控制,还要对施工现场组织和安全生产进行统一协调管理。

① 分包合同应明确总分包双方的安全生产责任

《建设工程安全生产管理条例》规定,总承包单位依法将建设工程分包给其他单位的,分包合同中应当明确各自的安全生产方面的权利、义务。

施工总承包单位与分包单位的安全生产责任,可分为法定责任和约定责任。所谓法定责任,即法律法规中明确规定的总承包单位、分包单位各自的安全生产责任。所谓约定责任,即总承包单位与分包单位通过协商,在分包合同中约定各自应当承担的安全生产责任。但是,安全生产的约定责任不能与法定责任相抵触。

② 统一组织编制建设工程生产安全应急救援预案

实行施工总承包的,由总承包单位统一组织编制建设工程生产安全事故应急救援预案,工程总承包单位和分包单位按照应急救援预案,各自建立应急救援组织或者配备应急救援人员,配备救援器材、设备,并定期组织演练。

③ 负责上报施工生产安全事故

《建设工程安全生产管理条例》规定,实行施工总承包的建设工程,由总承包单位负责上报事故。

④ 自行完成建设工程主体结构的施工

《建设工程安全生产管理条例》规定,总承包单位应当自行完成建设工程主体结构的施工。

⑤ 承担连带责任

《建设工程安全生产管理条例》规定,总承包单位和分包单位对分包工程的安全生产承担连带责任。

(2) 分包单位应当承担的法定安全生产责任

《建筑法》规定,分包单位向总承包单位负责,服从总承包单位对施工现场的安全生产管理。《建设工程安全生产管理条例》进一步规定,分包单位应当服从总承包单位的安全生产管理,分包单位不服从管理导致生产安全事故的,由分包单位承担主要责任。

2) 施工作业人员安全生产的权利和义务

《安全生产法》规定,生产经营单位的从业人员有依法获得安全生产保障的权利,并应当依法履行安全生产方面的义务。生产经营单位与从业人员订立的劳动合同,应当载明有关保障从业人员劳动安全、防止职业危害的事项,以及依法为从业人员办理工伤保险的事项。生产经营单位不得以任何形式与从业人员订立协议,免除或者减轻其对从业人员因生产安全事故伤亡依法应承担的责任。2.2.3节已有介绍的重复内容本节略去。

3) 施工单位安全生产教育培训的规定

《建筑法》明确规定,建筑施工企业应当建立健全劳动安全生产教育培训制度,加强对职工安全生产的教育培训;未经安全生产教育培训的人员,不得上岗作业。2.2.3节已有介绍的重复内容本节略去。

《安全生产法》规定,生产经营单位应当教育和督促从业人员严格执行本单位的安全生产规章制度和安全操作规程;并向从业人员如实告知作业场所和工作岗位存在的危险因素、防范措施以及事故应急措施。生产经营单位应当安排用于配备劳动防护用品、进行安全生产培训的经费。

(1) 施工单位三类管理人员和特种作业人员的培训考核

① 三类管理人员的考核

《建设工程安全生产管理条例》进一步规定,施工单位的主要负责人、项目负责人、专职安全生产管理人员应当经建设行政主管部门或者其他部门考核合格后方可任职。

② 特种作业人员的培训考核

企业主要负责人、安全管理人员、特种作业人员(以下简称"三项岗位")一律经严格考核、持证上岗。对发生人员死亡事故负有责任的企业主要负责人、实际控制人和安全管理人员,要重新参加安全培训考试。

《建设工程安全生产管理条例》进一步规定,垂直运输机械作业人员、安装拆卸工、爆破作业人员、起重信号工、登高架设作业人员等特种作业人员,必须按照国家有关规定经过专门的安全作业培训,并取得特种作业操作资格证书后,方可上岗作业。2008年4月住房和城乡建设部发布的《建筑施工特种作业人员管理规定》规定,建筑施工特种作业包括:建筑电工;建筑架子工;建筑起重信号司索工;建筑起重机械司机;建筑起重机械安装拆卸工;高处作业吊篮安装拆卸工;经省级以上人民政府建设主管部门认定的其他特种作业。

(2) 施工单位安全员的安全生产教育培训

《安全生产法》规定,生产经营单位应当对从业人员进行安全生产教育和培训,保证从业人员具备必要的安全生产知识,熟悉有关的安全生产规章制度和安全操作规程,掌握本岗位的安全操作技能,了解事故应急处理措施,知悉自身在安全生产方面的权利和义务。未经安全生产教育和培训合格的从业人员,不得上岗作业。

《建设工程安全生产管理条例》规定,施工单位应当对管理人员和作业人员每年至少进行一次安全生产教育培训,其教育培训情况记入个人工作档案。安全生产教育培训考核不合格的人员,不得上岗。企业用工要严格依照劳动合同法与职工签订劳动合同,职工必须全部经培训合格后上岗。

(3) 进入新岗位或者新施工现场前的安全生产教育培训

《建设工程安全生产管理条例》规定,作业人员进入新的岗位或者新的施工现场前,应当接受安全生产教育培训。包括:施工安全生产法律法规、施工工地危险源识别、安全技术操作规程、机械设备电气及高处作业安全知识、防火防毒防尘防爆知识、紧急情况安全处置与安全疏散知识、安全防护用品使用知识以及发生事故时自救排险、抢救伤员、保护现场和及时报告等。未经教育培训或者教育培训考核不合格的人员,不得上岗作业。建筑企业要对新职工进行至少 32 学时的安全培训,每年进行至少 20 学时的再培训。

(4) 采用新技术、新工艺、新设备、新材料前的安全生产教育培训

《安全生产法》和《建设工程安全生产管理条例》规定,生产经营单位采用新工艺、新技术、新材料或者使用新设备,必须了解、掌握其安全技术特性,采取有效的安全防护措施,并对从业人员进行专门的安全生产教育和培训。

(5) 安全教育培训方式

安全教育培训可采取的形式,主要包括安全形势报告会、事故案例分析会、安全法制教育、安全技术交流、安全竞赛、师傅带徒弟等。《国务院安委会关于进一步加强安全培训工作的决定》中进一步指出,完善和落实师傅带徒弟制度。高危企业新职工安全培训合格后,要在经验丰富的工人师傅带领下,实习至少 2 个月后方可独立上岗。工人师傅一般应当具备中级工以上技能等级,3 年以上相应工作经历,成绩突出,善于"传、帮、带",没有发生过"三违"行为等条件。要组织签订师徒协议,建立师傅带徒弟激励约束机制。

支持大中型企业和欠发达地区建立安全培训机构,重点建设一批具有仿真、体感、实操特色的示范培训机构。加强远程安全培训。开发国家安全培训网和有关行业网络学习平台,实现优质资源共享。实行网络培训学时学分制,将学时和学分结果与继续教育、再培训挂钩。利用视频、电视、手机等拓展远程培训形式。

7.6.4 施工现场安全防护制度

保障建设工程施工安全生产,要建立并落实施工安全生产责任和安全生产教育培训制度,还应当针对建设工程施工的特点,加强安全技术管理和施工现场的安

全防护。

1) 编制安全技术措施、专项施工方案和安全技术交底的规定

《建筑法》规定,建筑施工企业在编制施工组织设计时,应根据建筑工程的特点制定相应的安全技术措施;对专业性较强的工程项目,应编制专项安全施工组织设计,并采取安全技术措施。

(1) 编制安全技术措施和施工现场临时用电方案

《建设工程安全生产管理条例》规定,施工单位应当在施工组织设计中编制安全技术措施和施工现场临时用电方案。

临时用电方案不仅直接关系到用电人员的安全,也关系到施工进度和工程质量。《施工现场临时用电安全技术规范》(JGJ46-2005)规定,施工现场临时用电设备在5台及以上或设备总容量在50 kW及以上者,应编制用电组织设计。施工现场临时用电设备在5台以下或设备总容量在50 kW以下者,应制定安全用电和电气防火措施。

(2) 编制安全专项施工方案

《建设工程安全生产管理条例》规定,对下列达到一定规模的危险性较大的分部分项工程编制专项施工方案,并附具安全验算结果,经施工单位技术负责人、总监理工程师签字后实施,由专职安全生产管理人员进行现场监督:基坑支护与降水工程;土方开挖工程;模板工程;起重吊装工程;脚手架工程;拆除、爆破工程;国务院建设行政主管部门或者其他有关部门规定的其他危险性较大的工程。对以上所列工程中涉及深基坑、地下暗挖工程、高大模板工程的专项施工方案,施工单位还应当组织专家进行论证、审查。

① 安全专项施工方案的编制

2009年5月住房和城乡建设部发布的《危险性较大的分部分项工程安全管理办法》中规定,施工单位应当在危险性较大的分部分项工程施工前编制专项方案;对于超过一定规模的危险性较大的分部分项工程,施工单位应当组织专家对专项方案进行论证。

建筑工程实行施工总承包的,专项方案应当由施工总承包单位组织编制。其中,起重机械安装拆卸工程、深基坑工程、附着式升降脚手架等专业工程实行分包的,其专项方案可由专业承包单位组织编制。

专项方案编制应当包括以下内容:a. 工程概况:危险性较大的分部分项工程概况、施工平面布置、施工要求和技术保证条件。b. 编制依据:相关法律、法规、规范性文件、标准、规范及图纸(国标图集)、施工组织设计等。c. 施工计划:包括施工进度计划、材料与设备计划。d. 施工工艺技术:技术参数、工艺流程、施工方法、检查验收等。e. 施工安全保证措施:组织保障、技术措施、应急预案、监测监控等。f. 劳动力计划:专职安全生产管理人员、特种作业人员等。g. 计算书及相关图纸。

② 安全专项施工方案的审核

专项方案应当由施工单位技术部门组织本单位施工技术、安全、质量等部门的专业技术人员进行审核。经审核合格的，由施工单位技术负责人签字。实行施工总承包的，专项方案应当由总承包单位技术负责人及相关专业承包单位技术负责人签字。不需专家论证的专项方案，经施工单位审核合格后报监理单位，由项目总监理工程师审核签字。

超过一定规模的危险性较大的分部分项工程专项方案应当由施工单位组织召开专家论证会。实行施工总承包的，由施工总承包单位组织召开专家论证会。

施工单位应当根据论证报告修改完善专项方案，并经施工单位技术负责人、项目总监理工程师、建设单位项目负责人签字后，方可组织实施。实行施工总承包的，应当由施工总承包单位、相关专业承包单位技术负责人签字。

专项方案经论证后需做重大修改的，施工单位应当按照论证报告修改，并重新组织专家进行论证。

2）施工现场安全防护、安全费用和特种设备安全管理的规定

（1）施工现场安全防护

① 危险部位设置安全警示标志；

② 不同施工阶段和暂停施工应采取的安全施工措施；

③ 施工现场临时设施的安全卫生要求；

④ 对施工现场周边的安全防护措施；

⑤ 危险作业的施工现场安全管理；

⑥ 安全防护设备、机械设备等的安全管理；

⑦ 施工起重机械设备等的安全使用管理。

（2）施工单位安全生产费用的提取和使用管理

《安全生产法》和《建设工程安全生产管理条例》规定，施工单位对列入建设工程概算的安全作业环境及安全施工措施所需费用，应当用于施工安全防护用具及设施的采购和更新、安全施工措施的落实、安全生产条件的改善，不得挪作他用。

（3）特种设备安全管理

《特种设备安全法》规定，特种设备，是指对人身和财产安全有较大危险性的锅炉、压力容器（含气瓶）、压力管道、电梯、起重机械、客运索道、大型游乐设施、场（厂）内专用机动车辆，以及法律、行政法规规定适用本法的其他特种设备。

特种设备生产、经营、使用单位及其主要负责人对其生产、经营、使用的特种设备安全负责。特种设备生产、经营、使用单位应当按照国家有关规定配备特种设备安全管理人员、检测人员和作业人员，并对其进行必要的安全教育和技能培训。

3）施工现场消防安全职责和应采取的消防安全措施

施工单位必须建立健全消防安全责任制，加强消防安全教育培训，严格消防安

全管理,确保施工现场消防安全。

(1) 施工单位消防安全责任人和消防安全职责

2011年12月颁布的《国务院关于加强和改进消防工作的意见》中规定,机关、团体、企业事业单位法定代表人是本单位消防安全第一责任人。各单位要依法履行职责,保障必要的消防投入,切实提高检查消除火灾隐患、组织扑救初起火灾、组织人员疏散逃生和消防宣传教育培训的能力。

《建设工程安全生产管理条例》规定,施工单位应当在施工现场建立消防安全责任制度,确定消防安全责任人,制定用火、用电、使用易燃易爆材料等各项消防安全管理制度和操作规程,设置消防通道、消防水源,配备消防设施和灭火器材,并在施工现场入口处设置明显标志。

(2) 施工现场的消防安全要求

公共建筑在营业、使用期间不得进行外保温材料施工作业,居住建筑进行节能改造作业期间应撤离居住人员,并设消防安全巡逻人员,严格分离用火用焊作业与保温施工作业,严禁在施工建筑内安排人员住宿。新建、改建、扩建工程的外保温材料一律不得使用易燃材料,严格限制使用可燃材料。建筑室内装饰装修材料必须符合国家、行业标准和消防安全要求。

施工单位应当在施工组织设计中编制消防安全技术措施和专项施工方案,并由专职安全管理人员进行现场监督。施工现场要设置消防通道并确保畅通。建筑工地要满足消防车通行、停靠和作业要求。施工现场要按有关规定设置消防水源。

(3) 施工单位消防安全自我评估和防火检查

施工单位要建立消防安全自我评估机制,消防安全重点单位每季度、其他单位每半年自行或委托有资质的机构对本单位进行一次消防安全检查评估,做到安全自查、隐患自除、责任自负。

国家、省级等重点工程的施工现场应当进行每日防火巡查,其他施工现场也应根据需要组织防火巡查。施工单位防火检查的内容应当包括:火灾隐患的整改情况以及防范措施的落实情况,疏散通道、消防车通道、消防水源情况,灭火器材配置及有效情况,用火、用电有无违章情况,重点工种人员及其他承包人员消防知识掌握情况,消防安全重点部位管理情况,易燃易爆危险物品和场所防火防爆措施落实情况,防火巡查落实情况等。

(4) 建设工程消防施工的质量和安全责任

2012年7月公安部经修改后发布的《建设工程消防监督管理规定》中规定,建设工程的消防设计、施工必须符合国家工程建设消防技术标准。

施工单位应当承担下列消防施工的质量和安全责任:① 按照国家工程建设消防技术标准和经消防设计审核合格或者备案的消防设计文件组织施工,不得擅自改变消防设计进行施工,降低消防施工质量;② 查验消防产品和具有防火性能要求的建筑构件、建筑材料及装修材料的质量,使用合格产品,保证消防施工质量;③ 建立施工现场消防安全责任制度,确定消防安全负责人。

(5) 施工单位的消防安全教育培训和消防演练

《国务院关于加强和改进消防工作的意见》指出,要加强对单位消防安全责任人、消防安全管理人、消防控制室操作人员和消防设计、施工、监理人员及保安、电(气)焊工、消防技术服务机构从业人员的消防安全培训。

消防安全教育工作内容包括:① 建设工程施工前应当对施工人员进行消防安全教育;② 在建设工地醒目位置、施工人员集中住宿场所设置消防安全宣传栏,悬挂消防安全挂图和消防安全警示标识;③ 对明火作业人员进行经常性的消防安全教育;④ 组织灭火和应急疏散演练。

施工单位应建立施工现场消防组织,制定灭火和应急疏散预案,并至少每半年组织一次演练。

(6) 施工安全事故的应急救援与调查处理

施工现场一旦发生生产安全事故,应当立即实施抢险救援特别是抢救遇险人员,迅速控制事态,防止伤亡事故进一步扩大,并依法向有关部门报告事故。事故调查处理应当坚持实事求是、尊重科学的原则,及时准确地查清事故经过、事故原因和事故损失,查明事故性质,认定事故责任,总结事故教训,提出整改措施,并对事故责任者依法追究责任。

《安全生产法》规定,生产安全一般事故、较大事故、重大事故、特别重大事故的划分标准由国务院规定。生产安全事故等级的划分包括了人身、经济和社会三个要素:人身要素就是人员伤亡的数量;经济要素就是直接经济损失的数额;社会要素则是社会影响。这三个要素依法可以单独适用。

2007年4月颁布的《生产安全事故报告和调查处理条例》规定,根据生产安全事故(以下简称事故)造成的人员伤亡或者直接经济损失,事故一般分为以下等级:(1) 特别重大事故,是指造成30人以上死亡,或者100人以上重伤(包括急性工业中毒,下同),或者1亿元以上直接经济损失的事故;(2) 重大事故,是指造成10人以上30人以下死亡,或者50人以上100人以下重伤,或者5 000万元以上1亿元以下直接经济损失的事故;(3) 较大事故,是指造成3人以上10人以下死亡,或者10人以上50人以下重伤,或者1 000万元以上5 000万元以下直接经济损失的事故;(4) 一般事故,是指造成3人以下死亡,或者10人以下重伤,或者1 000万元以下直接经济损失的事故。所称的"以上"包括本数,所称的"以下"不包括本数。

7.6.5 建设工程各方安全责任和义务

1) 建设单位的安全责任

(1) 建设单位应当向施工单位提供施工现场及毗邻区域内供水、排水、供电、供气、供热、通信、广播电视等地下管线资料,气象和水文观测资料,相邻建筑物和构筑物、地下工程的有关资料,并保证资料的真实、准确、完整。

(2) 建设单位不得对勘察、设计、施工、监理等单位提出不符合建设工程安全生产法律、法规和强制性标准规定的要求,不得压缩合同约定的工期。

(3) 建设单位在编制工程概算时,应当确定建设工程安全作业环境及安全施工措施所需费用。不得明示或者暗示施工单位购买、租赁、使用不符合安全施工要求的安全防护用具、机械设备、施工机具及配件、消防设施和器材。

(4) 建设单位在申请领取施工许可证时,应当提供建设工程有关安全施工措施的资料。建设单位应当自开工报告批准之日起15日内,将保证安全施工的措施报送建设工程所在地的县级以上地方人民政府建设行政主管部门或者其他有关部门备案。

应当将拆除工程发包给具有相应资质等级的施工单位。实施爆破作业的,应当遵守国家有关民用爆炸物品管理的规定。

2) 勘察、设计、监理及其他有关单位的安全责任

(1) 勘察单位应当按照法律、法规和工程建设强制性标准进行勘察,提供的勘察文件应当真实、准确,满足建设工程安全生产的需要。在勘察作业时,应当严格执行操作规程,采取措施保证各类管线、设施和周边建筑物、构筑物的安全。

(2) 设计单位应当按照法律、法规和工程建设强制性标准进行设计,防止因设计不合理导致生产安全事故的发生。应当考虑施工安全操作和防护的需要,对涉及施工安全的重点部位和环节在设计文件中注明,并对防范生产安全事故提出指导意见。采用新结构、新材料、新工艺的建设工程和特殊结构的建设工程,设计单位应当在设计中提出保障施工作业人员安全和预防生产安全事故的措施建议。

(3) 监理单位应当审查施工组织设计中的安全技术措施或者专项施工方案是否符合工程建设强制性标准。在实施监理过程中,发现存在安全事故隐患的,应当要求施工单位整改;情况严重的,应当要求施工单位暂时停止施工,并及时报告建设单位。施工单位拒不整改或者不停止施工的,监理单位应当及时向有关主管部门报告。监理单位和监理工程师应当按照法律、法规和工程建设强制性标准实施监理,并对建设工程安全生产承担监理责任。

(4) 为建设工程提供机械设备和配件的单位,应当按照安全施工的要求配备齐全有效的保险、限位等安全设施和装置。出租的机械设备和施工机具及配件,应当具有生产(制造)许可证、产品合格证。出租单位应当对出租的机械设备和施工机具及配件的安全性能进行检测。在签订租赁协议时,出租单位应当出具检测合格证明。禁止出租检测不合格的机械设备和施工机具及配件。

(5) 在施工现场安装、拆卸施工起重机械和整体提升脚手架、模板等自升式架设设施,必须由具有相应资质的单位承担,并应当编制拆装方案、制定安全施工措施,并由专业技术人员现场监督。

(6) 施工起重机械和整体提升脚手架、模板等自升式架设设施安装完毕后,安装单位应当自检,出具自检合格证明,并向施工单位进行安全使用说明,办理验收手续并签字。使用达到国家规定的检验检测期限的,必须经具有专业资质的检验检测机构检测。经检测合格的,检验检测机构应当出具安全合格证明文件,并对检测结果负责。经检测不合格的,不得继续使用。

3) 施工单位的安全责任

(1) 施工单位主要负责人依法对本单位的安全生产工作全面负责。

(2) 项目负责人应当由取得相应执业资格的人员担任,对建设工程项目的安全施工负责,落实安全生产责任制度、安全生产规章制度和操作规程,确保安全生产费用的有效使用,并根据工程的特点组织制定安全施工措施,消除安全事故隐患,及时、如实报告生产安全事故。

(3) 对列入建设工程概算的安全作业环境及安全施工措施所需费用,应当用于施工安全防护用具及设施的采购和更新、安全施工措施的落实、安全生产条件的改善,不得挪作他用。

(4) 应当设立安全生产管理机构,配备专职安全生产管理人员,负责对安全生产进行现场监督检查。发现安全事故隐患,应当及时向项目负责人和安全生产管理机构报告;对违章指挥、违章操作的,应当立即制止。

(5) 建设工程实行施工总承包的,由总承包单位对施工现场的安全生产负总的责任。总承包单位应当自行完成建设工程主体结构的施工。分包合同中应当明确各自的安全生产方面的权利、义务,总承包单位和分包单位对分包工程的安全生产承担连带责任。分包单位应当服从总承包单位的安全生产管理,分包单位不服从管理导致生产安全事故的,由分包单位承担主要责任。

(6) 垂直运输机械作业人员、安装拆卸工、爆破作业人员、起重信号工、登高架设作业人员等特种作业人员,必须按照国家有关规定经过专门的安全作业培训,并取得特种作业操作资格证书后,方可上岗作业。

(7) 施工单位应当在施工组织设计中编制安全技术措施和施工现场临时用电方案,对下列达到一定规模的危险性较大的分部分项工程编制专项施工方案,须附具安全验算结果,经施工单位技术负责人、总监理工程师签字后实施,由专职安全生产管理人员进行现场监督:基坑支护与降水工程;土方开挖工程;模板工程;起重吊装工程;脚手架工程;拆除、爆破工程;国务院建设行政主管部门或者其他有关部门规定的其他危险性较大的工程。

对上述所列工程中涉及深基坑、地下暗挖工程、高大模板工程的专项施工方案,施工单位还应当组织专家进行论证、审查。

(8) 施工前,施工单位负责项目管理的技术人员应当对有关安全施工的技术要求向施工作业班组、作业人员做出详细说明,并由双方签字确认。

(9)应当在施工现场入口处及施工起重机械、临时用电设施、脚手架、出入通道口、楼梯口、电梯井口、孔洞口、桥梁口、隧道口、基坑边沿、爆破物及有害危险气体和液体存放处等危险部位,设置明显的安全警示标志。安全警示标志必须符合国家标准。

(10)应当将施工现场的办公、生活区与作业区分开设置,并保持安全距离;施工单位不得在尚未竣工的建筑物内设置员工集体宿舍。施工现场临时搭建的建筑物应当符合安全使用要求。使用的装配式活动房屋应当具有产品合格证。

(11)施工单位对因建设工程施工可能造成损害的毗邻建筑物、构筑物和地下管线等,应当采取专项防护措施。应当遵守有关环境保护法律、法规的规定,在施工现场采取措施,防止或者减少粉尘、废气、废水、固体废物、噪声、振动和施工照明对人和环境的危害和污染。城市市区内的建设工程,施工单位应当对施工现场实行封闭围挡。

(12)应当在施工现场建立消防安全责任制度,确定消防安全责任人,制定用火、用电、使用易燃易爆材料等各项消防安全管理制度和操作规程,设置消防通道、消防水源,配备消防设施和灭火器材,并在施工现场入口处设置明显标志。

(13)应当向作业人员提供安全防护用具和安全防护服装,作业人员有权对施工现场的作业条件、作业程序和作业方式中存在的安全问题提出批评、检举和控告,有权拒绝违章指挥和强令冒险作业。作业人员应当遵守安全施工的强制性标准、规章制度和操作规程,正确使用安全防护用具、机械设备等。

(14)施工单位采购、租赁的安全防护用具、机械设备、施工机具及配件,应当具有生产(制造)许可证、产品合格证,并在进入施工现场前进行查验。

(15)施工单位在使用施工起重机械和整体提升脚手架、模板等自升式架设设施前,应当组织有关单位进行验收,也可以委托具有相应资质的检验检测机构进行验收;使用承租的机械设备和施工机具及配件的,由施工总承包单位、分包单位、出租单位和安装单位共同进行验收。验收合格的方可使用。

(16)施工单位应当自施工起重机械和整体提升脚手架、模板等自升式架设设施验收合格之日起30日内,向建设行政主管部门或者其他有关部门登记。登记标志应当置于或者附着于该设备的显著位置。

(17)施工单位的主要负责人、项目负责人、专职安全生产管理人员应当经建设行政主管部门或者其他有关部门考核合格后方可任职。对管理人员和作业人员每年至少进行一次安全生产教育培训,其教育培训情况记入个人工作档案。安全生产教育培训考核不合格的人员,不得上岗。

(18)作业人员进入新的岗位或者新的施工现场前,应当接受安全生产教育培训。未经教育培训或者教育培训考核不合格的人员,不得上岗作业。

(19)施工单位应当为施工现场从事危险作业的人员办理意外伤害保险。

7.7 绿色建筑相关制度

7.7.1 绿色建筑发展概况

绿色建筑是指在建筑的全寿命周期内,最大限度节约资源,节能、节地、节水、节材、保护环境和减少污染,提供健康适用、高效使用,与自然和谐共生的建筑。

"绿色建筑"的"绿色",并不是指一般意义的立体绿化、屋顶花园,而是代表一种概念或象征,指建筑对环境无害,能充分利用环境自然资源,并且在不破坏环境基本生态平衡条件下建造的一种建筑,又可称为可持续发展建筑、生态建筑、回归大自然建筑、节能环保建筑等。绿色建筑评价体系共有六类指标,由高到低划分为三星、二星和一星。

绿色建筑的室内布局合理,少量使用合成材料,充分利用光能,以人、建筑和自然环境的协调发展为目标给住户创造一种接近自然的感觉,充分体现向大自然的索取和回报之间的平衡。

1) 世界绿色建筑开展简况

20世纪60年代,美国建筑师保罗·索勒瑞提出了生态建筑的新理念;1969年,美国建筑师伊安·麦克哈格著《设计结合自然》一书,标志着生态建筑学的正式诞生;20世纪70年代,石油危机使得太阳能、地热、风能等各种建筑节能技术应运而生,节能建筑成为建筑发展的先导;1980年,世界自然保护组织首次提出"可持续发展"的口号,同时节能建筑体系逐渐完善,并在德、英、法、加拿大等发达国家广泛应用;1990年世界首个绿色建筑标准在英国发布,1992年"联合国环境与发展大会"使可持续发展思想得到推广,绿色建筑逐渐成为发展方向;1993年美国创建绿色建筑协会;2000年加拿大推出绿色建筑标准。

2) 中国绿色建筑开展简况

1992年以来,中国政府相续颁布了若干相关纲要、导则和法规,大力推动绿色建筑的发展;2004年9月建设部"全国绿色建筑创新奖"的启动标志着中国的绿色建筑发展进入了全面发展阶段;2006年,住房和城乡建设部正式颁布了《绿色建筑评价标准》,国家科技部和建设部签署了"绿色建筑科技行动"合作协议,为绿色建筑技术发展和科技成果产业化奠定基础;2007年8月,住房和城乡建设部又出台了《绿色建筑评价技术细则(试行)》和《绿色建筑评价标识管理办法》,逐步完善适合中国国情的绿色建筑评价体系;2008年3月,成立中国城市科学研究会节能与绿色建筑专业委员会,对外以中国绿色建筑委员会的名义开展工作。2009年、2010年分别启动了《绿色工业建筑评价标准》《绿色办公建筑评价标准》编制工作。

到2011年底,中国取得绿色建筑标识的项目达353项,2 647栋建筑,3 488万平方米,其中设计标识项目330项,建筑面积为3 272万平方米;运行标识项目23项,建筑面积为216万平方米。其中2011年,全国获得绿色建筑标志的项目是241项,1 950栋建筑,建筑面积2 504万平方米。

2012年5月国家财政部发布《关于加快推动中国绿色建筑发展的实施意见》。随着中国绿色建筑政策的不断出台、标准体系的不断完善、绿色建筑实施的不断深入及国家对绿色建筑财政支持力度的不断增大,中国绿色建筑在未来几年将继续保持迅猛发展态势。

7.7.2 施工节约能源的相关规定

施工中节约能源是指加强用能管理,采取技术上可行、经济上合理以及环境和社会可以承受的措施,从能源生产到消费的各个环节,降低消耗、减少损失和污染物排放、制止浪费,有效、合理地利用能源。

1) 施工中合理使用与节约能源的相关规定

在工程建设领域,节约能源主要包括建筑节能和施工节能两个方面。

建筑节能是解决建设项目建成后使用过程中的节能问题。2008年8月颁布的《民用建筑节能条例》规定:"民用建筑节能,是指在保证民用建筑使用功能和室内热环境质量的前提下,降低其使用过程中能源消耗的活动。"

施工节能则是要解决施工过程中的节约能源问题,如《绿色施工导则》规定:"绿色施工是指工程建设中,在保证质量、安全等基本要求的前提下,通过科学管理和技术进步,最大限度地节约资源与减少对环境负面影响的施工活动,实现四节一环保(节能、节地、节水、节材和环境保护)。"绿色施工总体框架构成如表7-1所示。

表7-1 绿色施工总体框架构成

绿色施工					
1 施工管理	2 环境保护	3 节材与材料资源利用	4 节水与水资源利用	5 节能与能源利用	6 节地与施工用地保护
1.1 组织管理	2.1 扬尘控制	3.1 节材措施	4.1 提高用水效率	5.1 节能措施	6.1 临时用地指标
1.2 规划管理	2.2 噪音振动控制	3.2 结构节材	4.2 非传统水源利用	5.2 机械设备与机具	6.2 临时用地保护
1.3 实施管理	2.3 光污染控制	3.3 围护材料	4.3 用水安全	5.3 生产、生活与办公临时设施	6.3 施工总平面布置

续表

绿色施工					
1 施工管理	2 环境保护	3 节材与材料资源利用	4 节水与水资源利用	5 节能与能源利用	6 节地与施工用地保护
1.4 评价管理	2.4 水污染控制	3.4 装饰装修材料		5.4 施工用电与照明	
1.5 人员安全与健康管理	2.5 土壤保护	3.5 周转材料			
	2.6 建筑垃圾控制				
	2.7 地下设施与资源保护				

(1) 合理使用与节约能源的一般规定

① 节能的产业政策

2007年10月经修改后公布的《中华人民共和国节约能源法》(以下简称《节约能源法》)规定,国家实行有利于节能和环境保护的产业政策,限制发展高耗能、高污染行业,发展节能环保型产业。

国家对落后的耗能过高的用能产品、设备和生产工艺实行淘汰制度。禁止使用国家明令淘汰的用能设备、生产工艺。国家鼓励企业制定严于国家标准、行业标准的企业节能标准。

② 用能单位的法定义务

用能单位应当按照合理用能的原则,加强节能管理,制定并实施节能计划和节能技术措施,降低能源消耗。用能单位应当建立节能目标责任制,对节能工作取得成绩的集体、个人给予奖励。用能单位应当定期开展节能教育和岗位节能培训。

用能单位应当加强能源计量管理,按照规定配备和使用经依法检定合格的能源计量器具。用能单位应当建立能源消费统计和能源利用状况分析制度,对各类能源的消费实行分类计量和统计,并确保能源消费统计数据真实、完整。任何单位不得对能源消费实行包费制。

③ 循环经济的法律要求

循环经济是指在生产、流通和消费等过程中进行的减量化、再利用、资源化活动的总称。减量化,是指在生产、流通和消费等过程中减少资源消耗和废物产生。再利用,是指将废物直接作为产品或者经修复、翻新、再制造后继续作为产品使用,或者将废物的全部或者部分作为其他产品的部件予以使用。资源化,是指将废物直接作为原料进行利用或者对废物进行再生利用。

2008年8月颁布的《中华人民共和国循环经济促进法》(以下简称《循环经济促进法》)规定,发展循环经济应当在技术可行、经济合理和有利于节约资源、保护环境的前提下,按照减量化优先的原则实施。在废物再利用和资源化过程中,应当保障生产安全,保证产品质量符合国家规定的标准,并防止产生再次污染。

企业事业单位应当建立健全管理制度,采取措施,降低资源消耗,减少废物的产生量和排放量,提高废物的再利用和资源化水平。

国务院循环经济发展综合管理部门会同国务院环境保护等有关主管部门,定期发布鼓励、限制和淘汰的技术、工艺、设备、材料和产品名录。禁止生产、进口、销售列入淘汰名录的设备、材料和产品,禁止使用列入淘汰名录的技术、工艺、设备和材料。

(2) 建筑节能的规定

《循环经济促进法》规定,建筑设计、建设、施工等单位应当按照国家有关规定和标准,对其设计、建设、施工的建筑物及构筑物采用节能、节水、节地、节材的技术工艺和小型、轻型、再生产品。有条件的地区,应当充分利用太阳能、地热能、风能等可再生能源。

《节约能源法》规定,国家实行固定资产投资项目节能评估和审查制度。不符合强制性节能标准的项目,依法负责项目审批或者核准的机关不得批准或者核准建设;建设单位不得开工建设;已经建成的,不得投入生产、使用。

国家鼓励在新建建筑和既有建筑节能改造中使用新型墙体材料等节能建筑材料和节能设备,安装和使用太阳能等可再生能源利用系统。

建筑工程的建设、设计、施工和监理单位应当遵守建筑节能标准。

① 建设单位的节能义务

建设单位不得明示或者暗示设计单位、施工单位违反民用建筑节能强制性标准进行设计、施工,不得明示或者暗示施工单位使用不符合施工图设计文件要求的墙体材料、保温材料、门窗、采暖制冷系统和照明设备。

按照合同约定由建设单位采购墙体材料、保温材料、门窗、采暖制冷系统和照明设备的,建设单位应当保证其符合施工图设计文件要求。

建设单位组织竣工验收,应当对民用建筑是否符合民用建筑节能强制性标准进行查验;对不符合民用建筑节能强制性标准的,不得出具竣工验收合格报告。

② 设计单位、施工单位、工程监理单位的节能义务

设计单位、施工单位、工程监理单位及其注册执业人员,应当按照民用建筑节能强制性标准进行设计、施工、监理。

施工单位应当对进入施工现场的墙体材料、保温材料、门窗、采暖制冷系统和

照明设备进行查验;不符合施工图设计文件要求的,不得使用。

工程监理单位发现施工单位不按照民用建筑节能强制性标准施工的,应当要求施工单位改正;施工单位拒不改正的,工程监理单位应当及时报告建设单位,并向有关主管部门报告。墙体、屋面的保温工程施工时,监理工程师应当按照工程监理规范的要求,采取旁站、巡视和平行检验等形式实施监理。未经监理工程师签字,墙体材料、保温材料、门窗、采暖制冷系统和照明设备不得在建筑上使用或者安装,施工单位不得进行下一道工序的施工。

(3)施工中节能的规定

《绿色施工导则》进一步规定,图纸会审时,应审核节材与材料资源利用的相关内容,达到材料损耗率比定额损耗率降低30%;根据施工进度、库存情况等合理安排材料的采购、进场时间和批次,减少库存;现场材料堆放有序;储存环境适宜,措施得当;保管制度健全,责任落实;材料运输工具适宜,装卸方法得当,防止损坏和遗洒;根据现场平面布置情况就近卸载,避免和减少二次搬运;采取技术和管理措施提高模板、脚手架等的周转次数;优化安装工程的预留、预埋、管线路径等方案;应就地取材,施工现场500公里以内生产的建筑材料用量占建筑材料总重量的70%以上。

此外,还分别就结构材料、围护材料、装饰装修材料、周转材料提出了明确要求。例如,结构材料节材与材料资源利用的技术要点是:① 推广使用预拌混凝土和商品砂浆。准确计算采购数量、供应频率、施工速度等,在施工过程中动态控制。结构工程使用散装水泥。② 推广使用高强钢筋和高性能混凝土,减少资源消耗。③ 推广钢筋专业化加工和配送。④ 优化钢筋配料和钢构件下料方案。钢筋及钢结构制作前应对下料单及样品进行复核,无误后方可批量下料。⑤ 优化钢结构制作和安装方法。大型钢结构宜采用工厂制作,现场拼装;宜采用分段吊装、整体提升、滑移、顶升等安装方法,减少方案的措施用材量。⑥ 采取数字化技术,对大体积混凝土、大跨度结构等专项施工方案进行优化。

《绿色施工导则》对临时用地指标作出规定:(1)根据施工规模及现场条件等因素合理确定临时设施,如临时加工厂、现场作业棚及材料堆场、办公生活设施等的占地指标。临时设施的占地面积应按用地指标所需的最低面积设计。(2)要求平面布置合理、紧凑,在满足环境、职业健康与安全及文明施工要求的前提下尽可能减少废弃地和死角,临时设施占地面积有效利用率大于90%。

2)违法行为应承担的法律责任

施工未节约能源的违法行为应承担的主要法律责任如下:

《民用建筑节能条例》规定,施工单位未按照民用建筑节能强制性标准进行施工的,由县级以上地方人民政府建设主管部门责令改正,处民用建筑项目合同价款2%以上4%以下的罚款;情节严重的,由颁发资质证书的部门责令停业整顿,降低资质等级或者吊销资质证书;造成损失的,依法承担赔偿责任。

注册执业人员未执行民用建筑节能强制性标准的,由县级以上人民政府建设主管部门责令停止执业3个月以上1年以下;情节严重的,由颁发资格证书的部门吊销执业资格证书,5年内不予注册。

《民用建筑节能条例》规定,施工单位有下列行为之一的,由县级以上地方人民政府建设主管部门责令改正,处10万元以上20万元以下的罚款;情节严重的,由颁发资质证书的部门责令停业整顿,降低资质等级或者吊销资质证书;造成损失的,依法承担赔偿责任。未对进入施工现场的墙体材料、保温材料、门窗、采暖制冷系统和照明设备进行查验的;使用不符合施工图设计文件要求的墙体材料、保温材料、门窗、采暖制冷系统和照明设备的;使用列入禁止使用目录的技术、工艺、材料和设备的。

7.8 违反《建筑法》的法律责任

工程建设活动涉及人民的生命和财产的安全,涉及环境保护、城市规划、土地利用等诸多公众利益。如果不确定一套规则和标准,或者有法不依、执法不严,那么工程建设不但不能造福社会和人民,反而将危害自己,危害他人,给社会生产和公众生活造成不良影响。从事建筑活动应当遵守法律、法规,不得损害社会公共利益和他人的合法权益。同时,任何单位和个人都不得妨碍和阻挠依法进行的建筑活动。长期以来,由于法制不健全,违反基本建设程序实施建筑工程、不按城市规划要求搭建违章建筑、在施工过程中不遵守规范和标准、偷工减料、以次充好等现象屡见不鲜,造成重大工程事故时有发生,而且,查处一批,又出一批,屡办屡犯。为此,我国《建筑法》和《建设工程质量管理条例》等法规对工程建设各方违反法律制度后的处罚作了明确规定,这对规范我国工程建设各方行为,整顿建筑市场起了十分重要的作用。

7.8.1 建设单位违法法律责任

1) 违反发包的法律责任

发包单位将建设工程发包给不具有相应资质等级的勘察、设计、施工单位或者委托给不具有相应资质等级的工程监理单位的,责令改正,处50万元以上100万元以下的罚款。将建设工程肢解发包的,责令改正,处工程合同价款0.5%以上1%以下的罚款;对全部或者部分使用国有资金的项目,可以暂停项目执行或者暂停资金拨付。

在工程发包与承包中索贿、受贿、行贿,构成犯罪的,依法追究刑事责任;不构成犯罪的,分别处以罚款,没收贿赂的财物,对直接负责的主管人员和其他直接责任人员给予处分。对在工程承包中行贿的承包单位,除依照上述规定处罚外,可以责令其停业整顿、降低资质等级或者吊销资质证书。

2) 违反安全生产、工程质量管理制度的法律责任

建设单位有下列行为之一的,责令改正,处 20 万元以上 50 万元以下的罚款:(1)迫使承包方以低于成本的价格竞标的;(2)任意压缩合理工期的;(3)明示或者暗示设计单位或者施工单位违反工程建设强制性标准,降低工程质量的;(4)施工图设计文件未经审查或者审查不合格,擅自施工的;(5)建设项目必须实行工程监理而未实行工程监理的;(6)未按照国家规定办理工程质量监督手续的;(7)明示或者暗示施工单位使用不合格的建筑材料、建筑构配件和设备的;(8)未按照国家规定将竣工验收报告、有关认可文件或者准许使用文件报送备案的。

对于以上要求建筑设计单位或者建筑施工企业违反建筑工程质量、安全标准,降低工程质量,造成重大安全事故,构成犯罪的,依法追究刑事责任。

建设单位有下列行为之一的,责令改正,处工程合同价款 2% 以上 4% 以下的罚款;造成损失的,依法承担赔偿责任:(1)未组织竣工验收,擅自交付使用的;(2)验收不合格,擅自交付使用的;(3)对不合格的建设工程按照合格工程竣工验收的。

建设工程竣工验收后,建设单位未向建设行政主管部门或者其他有关部门移交建设项目档案的,责令改正,处 1 万元以上 10 万元以下的罚款。

7.8.2 勘察、设计单位违法法律责任

1) 违反资质管理的法律责任

勘察、设计单位超越资质等级承揽工程的,或允许其他单位或者个人以本单位名义承揽工程的,责令改正、停止违法行为,处合同约定的勘察费、设计费 1 倍以上 2 倍以下的罚款;有违法所得的,予以没收。对于后者情况,可以责令停业整顿,降低资质等级;情节严重的,吊销资质证书。

未取得资质证书承揽工程的,予以取缔,依照上述规定处以罚款,有违法所得的,予以没收;以欺骗手段取得资质证书承揽工程的,吊销资质证书,依照上述规定处以罚款,有违法所得的,予以没收。

注册建筑师、注册结构工程师等注册执业人员因过错造成质量事故的,责令停止执业 1 年;造成重大质量事故的,吊销执业资格证书,5 年以内不予注册;情节特别恶劣的,终身不予注册。

注册执业人员和其他专业技术人员不止受聘于一个勘察、设计单位或者同时受聘于两个以上勘察、设计单位从事勘察、设计活动的,责令停止违法行为,没收违法所得,处违法所得 2 倍以上 5 倍以下罚款;情节严重的,可责令停止执行业务或

者吊销资格证书;给他人造成损失的,依法承担赔偿责任。

未经注册,擅自以注册工程勘察、设计人员的名义从事勘察、设计活动的,责令停止违法行为,没收违法所得,处违法所得2倍以上5倍以下罚款;给他人造成损失的,依法承担赔偿责任。

2) 违法转包、分包的法律责任

将承包的工程转包或者违法分包的,责令改正,没收违法所得,处合同约定的勘察费、设计费25%以上50%以下的罚款;可以责令停业整顿,降低资质等级;情节严重的,吊销资质证书。

3) 违反安全生产、工程质量管理制度的法律责任

勘察、设计单位有下列行为之一的,责令改正,处10万元以上30万元以下的罚款:(1) 勘察单位未按照工程建设强制性标准进行勘察的;(2) 设计单位未根据勘察成果文件进行工程设计的;(3) 设计单位指定建筑材料、建筑构配件的生产厂家或供应商的;(4) 设计单位未按照工程建设强制性标准进行设计的。

有上述所列行为,造成工程质量事故的,责令停业整顿,降低资质等级;情节严重的,吊销资质证书;造成损失的,依法承担赔偿责任。

7.8.3 施工单位违法法律责任

1) 违反资质管理的法律责任

施工单位超越本单位资质等级承揽工程的,或允许其他单位或者个人以本单位名义承揽工程的,责令改正、停止违法行为,并处工程合同价款2%以上4%以下的罚款。可以责令其停业整顿,降低资质等级;情节严重的,吊销资质证书;有违法所得的,予以没收。

未取得资质证书承揽工程的,予以取缔,依照上述规定处以罚款,有违法所得的,予以没收;以欺骗手段取得资质证书承揽工程的,吊销资质证书,依上述规定处以罚款,有违法所得的,予以没收。

2) 违法转包、分包的法律责任

施工单位将承包的工程转包或者违法分包的,责令改正,没收违法所得,处工程合同价款0.5%以上1%以下的罚款;可以责令其停业整顿,降低资质等级;情节严重的,吊销资质证书。

3) 违反安全生产、工程质量管理制度的法律责任

施工单位对建筑安全事故隐患不采取措施予以消除的,责令改正,可处以罚款;情节严重的,责令停业整顿,降低资质等级或者吊销资质证书;构成犯罪的,依法追究刑事责任。管理人员违章指挥、强令职工冒险作业,因而发生重大伤亡事故或者造成其他严重后果的,依法追究刑事责任。

施工单位在施工中偷工减料,使用不合格的建筑材料、建筑构配件和设备,或

者有不按照工程设计图纸或者施工技术标准施工的其他行为,责令改正,处工程合同价款2%以上4%以下的罚款;造成建设工程质量不符合规定的质量标准的,负责返工、修理,并赔偿因此造成的损失;情节严重的,责令停业整顿,降低资质等级或者吊销资质证书;构成犯罪的,依法追究刑事责任。

施工单位未对建筑材料、建筑构配件、设备和商品混凝土进行检验,或者未对涉及结构安全的试块、试件以及有关材料取样检测的,责令改正,处10万元以上20万元以下的罚款;情节严重的,责令其停业整顿,降低资质等级或者吊销资质证书;造成损失的,依法承担赔偿责任。

施工单位不履行保修义务或者拖延履行保修义务的,责令改正,处10万元以上20万元以下的罚款,并对在保修期内因质量缺陷造成的损失承担赔偿责任。

涉及建筑主体或者承重结构变动的装修工程,没有设计方案擅自施工的,责令改正,处50万元以上100万元以下的罚款。

7.8.4 监理单位违法法律责任

1) 违反资质管理的法律责任

工程监理单位超越本单位资质等级承揽工程的,或允许其他单位或者个人以本单位名义承揽工程的,责令改正、停止违法行为,处合同约定监理酬金1倍以上2倍以下的罚款。对于后者情况,情节严重的,吊销资质证书;有违法所得的,予以没收。

未取得资质证书承揽工程的,予以取缔,依照上述规定处以罚款;有违法所得的,予以没收。以欺骗手段取得资质证书承揽工程的,吊销资质证书,依上述规定处以罚款;有违法所得的,予以没收。

2) 违法转包、分包的法律责任

工程监理单位转让工程监理业务的,责令改正,没收违法所得,处合同约定的监理酬金25%以上50%以下的罚款;可以责令其停业整顿,降低资质等级;情节严重的,吊销资质证书。

3) 违反安全生产、工程质量管理制度的法律责任

工程监理单位有下列行为之一的,责令改正,处50万元以上100万元以下的罚款,降低资质等级或者吊销资质证书;有违法所得的,予以没收;造成损失的,承担连带赔偿责任:

(1) 与建设单位或者施工单位串通,弄虚作假、降低工程质量的;

(2) 将不合格的建设工程、建筑材料、建筑构配件和设备按照合格签字的。

工程监理单位与被监理工程的施工承包单位以及建筑材料、建筑构配件和设备供应单位有隶属关系或者其他利害关系承担该项建设工程的监理业务的,责令改正,处5万元以上10万元以下的罚款,降低资质等级或者吊销资质证书;有违法

所得的,予以没收。

7.8.5 政府及其所属部门工作人员违法法律责任

对不具备相应资质等级条件的单位颁发该等级资质证书的,由其上级机关责令收回所发的资质证书,对直接负责的主管人员和其他直接责任人员给予行政处分;构成犯罪的,依法追究刑事责任。

政府及其所属部门的工作人员,限定发包单位将招标发包的工程发包给指定的承包单位的,由上级机关责令改正;构成犯罪的,依法追究刑事责任。

对不符合施工条件的建筑工程颁发施工许可证的,对不合格的建筑工程出具质量合格文件或者按合格工程验收的部门及其工作人员,由上级机关责令改正,对责任人员给予行政处分;构成犯罪的,依法追究刑事责任;造成损失的,由该部门承担相应的赔偿责任。

7.8.6 违反《生产安全事故报告和调查处理条例》和《生产安全事故罚款处罚规定(试行)》的责任

1)《条例》所称的迟报、漏报、谎报和瞒报,依照下列情形认定:

报告事故的时间超过规定时限的,属于迟报;

因过失对应当上报的事故或者事故发生的时间、地点、类别、伤亡人数、直接经济损失等内容遗漏未报的,属于漏报;

故意不如实报告事故发生的时间、地点、初步原因、性质、伤亡人数和涉险人数、直接经济损失等有关内容的,属于谎报;

隐瞒已经发生的事故,超过规定时限未向安全监管监察部门和有关部门报告,经查证属实的,属于瞒报。

2) 事故发生单位主要负责人,指有限责任公司、股份有限公司的董事长或者总经理或者个人经营的投资人,其他生产经营单位的厂长、经理、局长、矿长(含实际控制人)等,有《安全生产法》第一百零六条、《条例》第三十五条规定的下列行为之一的,依照下列规定处以罚款:

(1) 事故发生单位主要负责人在事故发生后不立即组织事故抢救的,处上一年年收入100%的罚款;

(2) 事故发生单位主要负责人迟报事故的,处上一年年收入60%至80%的罚款;漏报事故的,处上一年年收入40%至60%的罚款;

(3) 事故发生单位主要负责人在事故调查处理期间擅离职守的,处上一年年收入80%至100%的罚款。

3) 事故发生单位的主要负责人、直接负责的主管人员和其他直接责任人员有《安全生产法》第一百零六条、《条例》第三十六条规定的下列行为之一的,依照下列规定处以罚款：

（1）伪造、故意破坏事故现场，或者转移、隐匿资金、财产、销毁有关证据及资料，或者拒绝接受调查，或者拒绝提供有关情况和资料，或者在事故调查中作伪证，或者指使他人作伪证的，处上一年年收入80％至90％的罚款；

（2）谎报、瞒报事故或者事故发生后逃匿的，处上一年年收入100％的罚款。

4）事故发生单位对造成3人以下死亡，或者3人以上10人以下重伤（包括急性工业中毒，下同），或者300万元以上1 000万元以下直接经济损失的一般事故负有责任的，处20万元以上50万元以下的罚款。事故发生单位有《安全生产法》第一款规定的行为且有谎报或者瞒报事故情节的，处50万元的罚款。

5）事故发生单位对较大事故发生负有责任的，依照下列规定处以罚款：

（1）造成3人以上6人以下死亡，或者10人以上30人以下重伤，或者1 000万元以上3 000万元以下直接经济损失的，处50万元以上70万元以下的罚款；

（2）造成6人以上10人以下死亡，或者30人以上50人以下重伤，或者3 000万元以上5 000万元以下直接经济损失的，处70万元以上100万元以下的罚款。

事故发生单位对较大事故发生负有责任且有谎报或者瞒报情节的，处100万元的罚款。

6）事故发生单位对重大事故发生负有责任的，依照下列规定处以罚款：

（1）造成10人以上15人以下死亡，或者50人以上70人以下重伤，或者5 000万元以上7 000万元以下直接经济损失的，处100万元以上300万元以下的罚款；

（2）造成15人以上30人以下死亡，或者70人以上100人以下重伤，或者7 000万元以上1亿元以下直接经济损失的，处300万元以上500万元以下的罚款。

事故发生单位对重大事故发生负有责任且有谎报或者瞒报情节的，处500万元的罚款。

7）事故发生单位对特别重大事故发生负有责任的，依照下列规定处以罚款：

（1）造成30人以上40人以下死亡，或者100人以上120人以下重伤，或者1亿元以上1.2亿元以下直接经济损失的，处500万元以上1 000万元以下的罚款；

（2）造成40人以上50人以下死亡，或者120人以上150人以下重伤，或者1.2亿元以上1.5亿元以下直接经济损失的，处1 000万元以上1 500万元以下的罚款；

（3）造成50人以上死亡，或者150人以上重伤，或者1.5亿元以上直接经济损失的，处1 500万元以上2 000万元以下的罚款。

8）事故发生单位对特别重大事故负有责任且有下列情形之一的，处2 000万元的罚款：

（1）谎报特别重大事故的；

（2）瞒报特别重大事故的；

(3) 未依法取得有关行政审批或者证照擅自从事生产经营活动的;

(4) 拒绝、阻碍行政执法的;

(5) 拒不执行有关停产停业、停止施工、停止使用相关设备或者设施的行政执法指令的;

(6) 明知存在事故隐患,仍然进行生产经营活动的;

(7) 一年内已经发生2起以上较大事故,或者1起重大以上事故,再次发生特别重大事故的;

(8) 地下矿山矿领导没有按照规定带班下井的。

9) 事故发生单位主要负责人未依法履行安全生产管理职责,导致事故发生的,依照下列规定处以罚款:

(1) 发生一般事故的,处上一年年收入30%的罚款;

(2) 发生较大事故的,处上一年年收入40%的罚款;

(3) 发生重大事故的,处上一年年收入60%的罚款;

(4) 发生特别重大事故的,处上一年年收入80%的罚款。

10) 个人经营的投资人未依照《安全生产法》的规定保证安全生产所必需的资金投入,致使生产经营单位不具备安全生产条件,导致发生生产安全事故的,依照下列规定对个人经营的投资人处以罚款:

(1) 发生一般事故的,处2万元以上5万元以下的罚款;

(2) 发生较大事故的,处5万元以上10万元以下的罚款;

(3) 发生重大事故的,处10万元以上15万元以下的罚款;

(4) 发生特别重大事故的,处15万元以上20万元以下的罚款。

7.8.7 《刑法修正案(六)(九)》中关于安全生产的内容

(1) 将刑法第一百三十四条修改为:"在生产、作业中违反有关安全管理的规定,因而发生重大伤亡事故或者造成其他严重后果的,处三年以下有期徒刑或者拘役;情节特别恶劣的,处三年以上七年以下有期徒刑。"

"强令他人违章冒险作业,因而发生重大伤亡事故或者造成其他严重后果的,处五年以下有期徒刑或者拘役;情节特别恶劣的,处五年以上有期徒刑。"

(2) 将刑法第一百三十五条修改为:"安全生产设施或者安全生产条件不符合国家规定,因而发生重大伤亡事故或者造成其他严重后果的,对直接负责的主管人员和其他直接责任人员,处三年以下有期徒刑或者拘役;情节特别恶劣的,处三年以上七年以下有期徒刑。"

(3) 建设单位、设计单位、施工单位、工程监理单位违反国家规定,降低工程质量标准,造成重大安全事故的,对直接责任人员,处五年以下有期徒刑或者拘役,并处罚金;后果特别严重的,处五年以上十年以下有期徒刑,并处罚金。

(4) 在刑法第一百三十九条后增加一条，作为第一百三十九条之一："在安全事故发生后，负有报告职责的人员不报或者谎报事故情况，贻误事故抢救，情节严重的，处三年以下有期徒刑或者拘役；情节特别严重的，处三年以上七年以下有期徒刑。"

(5) 在刑法第三百九十九条后增加一条，作为第三百九十九条之一："依法承担仲裁职责的人员，在仲裁活动中故意违背事实和法律作枉法裁决，情节严重的，处三年以下有期徒刑或者拘役；情节特别严重的，处三年以上七年以下有期徒刑。"

7.9 案例分析

[章前案例分析]

(1) 本案中的建筑安装公司有两项违法行为：一是安全生产许可证有效期满，未依法办理延期手续并继续从事施工活动；二是在政府监管机构责令停止施工、限期补办延期手续后，仍逾期不补办延期手续，并继续从事施工活动。《安全生产许可证条例》第九条规定："安全生产许可证的有效期为3年。安全生产许可证有效期满需要延期的，企业应当于期满前3个月向原安全生产许可证颁发管理机关办理延期手续。"

(2) 对于该建筑安装公司的违法行为，应当依法作出相应处罚。《安全生产许可证条例》第二十条规定："违反本条例规定，安全生产许可证有效期满未办理延期手续，继续进行生产的，责令停止生产，限期补办延期手续，没收违法所得，并处5万元以上10万元以下的罚款；逾期仍不办理延期手续，继续进行生产的，依照本条例第十九条的规定处罚。"第十九条则规定："违反本条例规定，未取得安全生产许可证擅自进行生产的，责令停止生产，没收违法所得，并处10万元以上50万元以下的罚款；造成重大事故或者其他严重后果，构成犯罪的，依法追究刑事责任。"

[案例]

某小区1号、2号楼工程完成设计并开始施工。在施工过程中，建设单位按设计图纸规定的规格、数量要求采购了墙体材料、保温材料、采暖制冷系统等，并声称是优质产品；施工单位在以上材料设备进入施工现场后，便直接用于该项目的施工并形成工程实体。完工后，1号、2号楼工程验收不合格。经有关部门检验，建设单位购买的墙体材料、保温材料、采暖制冷系统存在严重质量问题，用保温材料所作的墙体出现了结露、发霉等现象，不符合该项目设计图纸规定的质量要求。

问题

(1) 施工单位有何违法行为？

(2) 施工单位应承担哪些法律责任？

案情分析

(1)《民用建筑节能条例》第十六条规定:"施工单位应当对进入施工现场的墙体材料、保温材料、门窗、采暖制冷系统和照明设备进行查验;不符合施工图设计文件要求的,不得使用。"本案中,施工单位未对进入施工现场的墙体材料、保温材料、采暖制冷系统等进行查验,导致不符合施工图设计文件要求的墙体材料等用于该项目的施工,构成了违法行为。此外,建设单位也有违法行为。《民用建筑节能条例》第十四条第二款规定:"按照合同约定由建设单位采购墙体材料、保温材料、门窗、采暖制冷系统和照明设备的,建设单位应当保证其符合施工图设计文件要求。"

(2)《民用建筑节能条例》第四十一条规定:"施工单位有下列行为之一的,由县级以上地方人民政府建设主管部门责令改正,处10万元以上20万元以下的罚款;情节严重的,由颁发资质证书的部门责令停业整顿,降低资质等级或者吊销资质证书;造成损失的,依法承担赔偿责任:①未对进入施工现场的墙体材料、保温材料、门窗、采暖制冷系统和照明设备进行查验的;②使用不符合施工图设计文件要求的墙体材料、保温材料、门窗、采暖制冷系统和照明设备的……"据此,当地建设主管部门应当依法责令该施工单位改正,处10万元以上20万元以下的罚款。

本 章 习 题

一、单选题

1. 建设工程安全生产管理基本制度中,不包括(　　)。
   A. 群防群治制度　　　　　　B. 伤亡事故处理报告制度
   C. 事故预防制度　　　　　　D. 安全责任追究制度

2.《建设工程安全生产管理条例》第十条规定,依法批准开工报告的建设工程,建设单位应当自开工报告批准之日起(　　)内,将保证安全施工的措施报送建设工程所在地的县级以上地方人民政府建设行政主管部门或者其他有关部门备案。
   A. 30日　　　B. 60日　　　C. 15日　　　D. 90日

3.《建设工程安全生产管理条例》规定,总承包单位依法将建设工程分包给其他单位的,分包合同中应当明确各自的安全生产方面的权利、义务。总承包单位和分包单位对分包工程的安全生产承担(　　)。
   A. 各自相应的责任　　　　　B. 连带责任
   C. 按份责任　　　　　　　　D. 补充责任

4. 施工现场暂时停止施工的,施工单位应当做好现场防护,所需费用由(　　)承担,或者按照合同约定执行。
   A. 施工单位　　B. 责任方　　C. 建设单位　　D. 暂停决定方

5.《建设工程安全生产管理条例》第三十条规定,施工单位对因建设工程施工可能造成损害的毗邻建筑物、构筑物和地下管线等,应当采取( )措施。

   A. 特殊防护　　　B. 专项防护　　　C. 强制性保护　　D. 法定保护

6. 《建设工程安全生产管理条例》第三十八条规定,施工单位应当为施工现场从事危险作业的人员办理意外伤害保险。意外伤害保险期限自建设工程开工之日起至( )止。

   A. 施工结束　　　　　　　　　　B. 竣工验收合格

   C. 工程投入使用　　　　　　　　D. 工程保修期结束

7. 建设工程质量必须实行( )监督管理。

   A. 建设单位　　　　　　　　　　B. 建立单位

   C. 工商行政管理部门　　　　　　D. 政府

8. 政府对工程质量的监督管理主要以( )为主要手段。

   A. 行政审批

   B. 施工许可制度和竣工验收备案制度

   C. 竣工验收

   D. 质量考核与抽查

9. 自工程竣工验收合格之日起( )内未办理工程竣工验收备案,由建设行政主管部门或者其他有关部门按照有关规定予以行政处罚。

   A. 10 天　　　B. 15 天　　　C. 20 天　　　D. 30 天

10. 建设工程发生质量事故后,有关单位应当( )向当地建设行政主管部门或者其他有关部门报告。

    A. 在 1 小时内　B. 在 12 小时内　C. 在 24 小时内　D. 在 48 小时内

二、多选题

1. 建造师的执业范围包括( )。

   A. 担任建设工程项目施工的项目经理

   B. 从事其他施工活动的管理工作

   C. 法律、行政法规或国务院建设行政主管部门规定的其他业务

   D. 以建造师的名义单独执业,参与建设工程的招投标

   E. 开展建设项目施工管理的培训工作

2. 县级以上人民政府建设行政主管部门和其他有关部门履行监督检查职责时,有权采取下列措施( )。

   A. 要求被检查的单位提供有关工程质量的文件和资料

   B. 进入被检查单位的施工现场进行检查

C. 发现有影响工程质量的问题时,责令改正

D. 发现质量问题时,查封被检查单位的文件和资料

E. 对发现质量问题的现场进行查封检查

3. 建设工程中常见的施工合同主体纠纷一般包括(　　)。

A. 因承包商资质不够导致的纠纷

B. 因无权代理与表见代理导致的纠纷

C. 因联合体承包导致的纠纷

D. 因"挂靠"问题而产生的纠纷

E. 因履约范围不清而产生的纠纷

4. 未经注册,擅自以注册建设工程勘察、设计人员的名义从事建设工程勘察设计活动的,(　　)。

A. 责令停止违法行为

B. 没收违法所得

C. 处违法所得2倍以上5倍以下罚款

D. 给他人造成损失的,依法承担赔偿责任

E. 追究刑事责任

5. 建设工程监理的作用在于(　　)。

A. 有利于政府对工程建设参与各方的建设行为进行监督管理

B. 可以对承包单位的建设行为进行监督管理

C. 可以对建设单位的建设行为进行监督管理

D. 尽可能避免发生承包单位的不当建设行为

E. 尽可能避免发生建设单位的不当建设行为

6. 实行项目法人责任制的前提下,属于项目总经理职权的是(　　)。

A. 负责提出项目竣工验收申请报告

B. 编制项目财务预算、决算

C. 组织工程建设实施

D. 审核初步设计和概算文件

E. 拟订生产经营计划

7.《建设工程安全生产管理条例》规定,施工单位的安全责任包括(　　)。

A. 设置安全生产管理机构

B. 施工单位负责人对工程项目的安全施工负责

C. 配备专职安全生产管理人员

D. 施工单位项目负责人在施工前应向作业人员作出安全施工说明

E. 及时如实报告生产安全事故

8. 《建设工程质量管理条例》中,关于工程监理单位的质量责任和义务包括( )。

A. 工程监理单位应当依法取得相应等级的资质证书,并在其资质等级许可的范围内承担工程监理业务

B. 禁止工程监理单位允许其他单位或者个人以本单位的名义承担工程监理业务

C. 工程监理单位应当依照建设单位的要求和建设工程承包合同,代表建设单位对施工质量实施监理

D. 未经监理工程师签字,建筑材料、建筑构配件和设备不得在工程上使用或者安装

E. 未经总监理工程师签字,建设单位不拨付工程款,不进行竣工验收

9. 建设工程质量的系统控制应当考虑( )。

A. 实现建设工程的共性和个性质量目标

B. 确保建设工程安全可靠、质量合格

C. 确保实现建设工程预定的功能

D. 对影响建设工程质量目标的所有因素进行控制

E. 避免不断提高质量目标的倾向

10. 《建筑法》规定,从事建筑活动的建筑施工企业、勘察单位、设计单位和工程监理单位应当具备的条件包括( )。

A. 有已经完成的建筑工程业绩

B. 有符合国家规定的注册资本

C. 有从事相关建筑活动所应有的技术装备

D. 企业负责人或企业技术负责人应具有高级职称

E. 有与从事建筑活动相适应的具有法定执业资格的专业技术人员

三、是非题

1. 安全生产监督制度是建筑生产中最基本的安全管理制度,是所有安全规章制度的核心。( )

2. 工程监理单位在实施监理过程中,发现存在安全事故隐患的,应当要求施工单位整改;情况严重的,应当要求施工单位暂时停止施工,并及时报告建设单位。施工单位拒不整改或者不停止施工的,工程监理单位应当及时向

有关主管部门报告。（ ）

3. 总承包单位依法将建设工程分包给其他单位的，分包单位应当服从总承包单位的安全生产管理，分包单位不服从管理导致生产安全事故的，由分包单位承担全部责任。（ ）

4. 施工单位应当将施工现场的办公、生活区与作业区分开设置，并保持安全距离；办公、生活区的选址应当符合安全性要求。职工的膳食、饮水、休息场所等应当符合卫生标准。（ ）

5. 施工单位应当为施工现场从事危险作业的人员办理意外伤害保险。意外伤害保险费由建设单位支付。（ ）

6. 《建设工程安全生产管理条例》第十六条规定，出租机械设备的单位应当对出租的机械设备和施工机具及配件的安全性能进行检测，在签订租赁协议时，应当出具检测合格证明。（ ）

7. 政府对工程质量的监督管理主要以保证工程使用安全和环境质量为主要目的，以法律、法规和强制性标准为依据，以地基基础、主体结构、环境质量和与此有关的工程建设各方主体的质量行为为主要内容。（ ）

8. 建设单位应当在工程竣工验收合格后的30天内到县级以上建设行政主管部门或者其他有关部门备案。（ ）

9. 《建设工程安全生产管理条例》第二十一条规定，施工单位的专职生产管理人员依法对本单位的安全生产工作全面负责。（ ）

10. 建设单位在领取施工许可证或者呈送开工报告之前，应当按照国家有关规定办理工程质量监督手续。（ ）

四、思考题

1. 我国实行强制性监理的范围是什么？
2. 什么是注册建筑师、注册结构工程师、注册监理工程师、注册岩土工程师？它们分为几级？分别如何取得注册资格？
3. 勘察、设计单位资质等级是如何划分的？各级设计单位资质营业范围是怎样规定的？
4. 工程设计分几个阶段？对其内容、深度有什么要求？
5. 简述监理单位资质等级划分标准及其营业范围。
6. 建设监理的依据及其中心工作内容是什么？
7. 申请建筑工程施工许可证应具备哪些条件？
8. 施工企业资质怎样划分？其营业范围如何？对哪些施工企业人员应进行

资质管理?
9. 建设工程质量的概念是什么?
10. 建设工程安全生产有哪些相关制度?工程建设重大事故发生后的处理程序是怎样规定的?
11. 建设单位、施工单位的质量责任有哪些?
12. 建设单位,施工单位,勘察、设计单位和监理单位的安全责任有哪些?
13. 建设单位、施工单位违法的法律责任有哪些?

参考答案

一、单选题

1. C 2. C 3. B 4. B 5. B
6. B 7. D 8. B 9. B 10. C

二、多选题

1. ABC 2. ABC 3. ABCD 4. ABCD 5. BDE
6. BCE 7. ACE 8. ABDE 9. BCE 10. BCE

三、是非题

1. ✗ 2. ✓ 3. ✗ 4. ✓ 5. ✗
6. ✓ 7. ✓ 8. ✗ 9. ✗ 10. ✓

8 市政公用法律制度

概　要:本章围绕市政建设及其管理方面的重点分别介绍了市政工程设施管理制度(城市道路桥梁建设管理、城市防洪设施管理、城市排水管理),城市公用事业建设管理制度(城市供水、供热、供气、供电、城市公共交通运营),城市市容和环境卫生管理制度,城市园林绿化法律制度,并阐述了违反国家相关法律制度应承担的法律责任。

[章前案例]　2001年5月29日下午5时11分,中山市市政工程总公司维修管理公司的巡查人员在例行检查中发现,原石岐九曲河路旁绿化带上一下水道检查井的井盖被盗,巡查人员及时补上新的井盖。他们没想到,就在他们下班后,一双黑手再次伸向新补上的井盖。当天晚上9点多,活泼可爱的萍萍随姨妈在原石岐九曲河路旁绿化带上玩耍,年幼的萍萍玩得正高兴,没有发现脚下的井盖已经没有了,一不小心跌进路边大约3米深的下水道里。萍萍的爸爸急忙赶到现场,等他跳进下水道将女儿托起并由110巡警急送到医院抢救时,萍萍已经永远停止了呼吸。

究竟是谁偷了令萍萍丧命的下水道井盖?这个悬案已经难于侦破。因为失窃的井盖由中山市市政工程总公司(以下简称市政总公司)维修管理公司设置并管理,萍萍的父母提起诉讼,要求市政总公司赔偿死亡补偿费、赡养费、精神抚慰金及其他费用合计359 549元。而市政总公司认为当天傍晚才换上新的井盖,公司工作尽到了责任,萍萍死亡纯属意外,公司不能承担原告的赔偿要求。双方谁的理由充分呢?萍萍父母的诉讼能赢吗?

8.1　市政公用事业的立法概况

随着中国城市化加快发展,大量人口涌入城市,这对城市的基础——市政公用事业管理要求越来越高,为了使城市里的人们有序地进行工作、生活与居住,政府颁布了相关的法规政策,指导各项工作的开展,主要体现在以下方面:
(1) 市政方面的法规规章:
1982年8月21日,城乡建设环境保护部颁发了《市政工程设施管理条例》。
2005年3月1日,建设部颁发了《城市轨道交通运营管理办法》(建设部令第140号)。

2010年5月27日,住房和城乡建设部颁发了《城市照明管理规定》(住房和城乡建设部令第4号)。

2008年10月7日,住房和城乡建设部发布了《市政公用设施抗灾设防管理规定》(住房和城乡建设部令第1号)。2015年1月22日,住房和城乡建设部发布了《住房和城乡建设部关于修改〈市政公用设施抗灾设防管理规定〉等部门规章的决定》(住房和城乡建设部令第23号)。

(2) 对供水、排水方面的法规规章:

1988年12月20日,中华人民共和国建设部令第1号发布《城市节约用水管理规定》。

1994年7月19日,国务院发布了《城市供水条例》(国务院令第158号)。

2002年8月29日,第九届全国人民代表大会常务委员会修订通过了《中华人民共和国水法》(主席令第七十四号)。2004年7月23日,建设部发布了《关于修改〈城市供水水质管理规定〉的决定》。

2007年3月1日,建设部发布了《城市供水水质管理规定》(建设部令第156号)。

2008年2月28日,第十届全国人民代表大会常务委员会第三十二次会议修订通过了《中华人民共和国水污染防治法》。

(3) 对供热供气方面的法规规章:

1986年2月6日,国务院批转了城乡建设环境保护部、国家计委《关于加强城市集中供热管理工作的报告》。

1985年6月10日,城乡建设环境保护部颁发了《城市煤气工作暂行条例》,1991年3月30日发布了《城市燃气安全管理规定》(建设部、劳动部、公安部令第10号),1997年12月23日,建设部发布了《城市燃气管理办法》(建设部令第62号)。

2000年1月21日,建设部发布了《燃气燃烧器具安装维修管理规定》(建设部令第73号)。

(4) 对城市公共交通、城市园林、市容等方面的法规规章:

关于城市公共交通管理,1984—1990年期间,城乡建设环境保护部同公安部发布了《城市公共交通车船乘坐规则》,建设部同公安部、国家旅游局颁发了《城市出租汽车管理暂行办法》。

2005年3月23日,建设部发布了《城市公共汽电车客运管理办法》。

1992年6月22日,国务院发布了《城市绿化条例》。

1992年6月28日,国务院发布了《城市市容和环境卫生管理条例》。

2004年7月23日,建设部发布了《关于修改〈城市动物园管理规定〉的决定》。

2007年4月28日,建设部发布了《城市生活垃圾管理办法》;1993年5月7日,国务院发布了《村庄和集镇规划建设管理条例》。

1992年6月15日,建设部发布了《公有住宅售后维修养护管理暂行办法》(建设部令第 19 号)。

1994 年 3 月 23 日,建设部发布了《城市新建住宅小区管理办法》(建设部令第 33 号)。

1994 年 11 月 14 日,建设部发布了《风景名胜区管理处罚规定》(建设部令第 39 号)。

2008 年 4 月 22 日,国务院发布了《历史文化名城名镇名村保护条例》,该条例自 2008 年 7 月 1 日起施行。

2008 年 8 月 1 日,国务院发布了《民用建筑节能条例》,该条例自 2008 年 10 月 1 日起施行。

8.2 市政工程管理法律制度

《市政工程设施管理条例》是现阶段进行市政工程管理的主要法规依据。另外如《城市道路管理条例》《城市道路照明设施管理条例》《中华人民共和国水污染防治法》《城镇排水与污水处理条例》等也对市政工程相关内容作了具体规定。

8.2.1 市政工程设施的概念

1) 市政设施的概念

市政设施,是指城市道路(含桥梁、隧道)和排水设施及其附属设施。市政工程设施是城市赖以存在和发展的物质基础,是为城市生产和人民生活提供基础性服务的公共设施。

2) 市政工程设施的主要分类

(1) 城市道路:机动车道、非机动车道、人行道、广场、街头空地等。

(2) 城市桥涵:桥梁、涵洞、立体交叉桥、城市道路与铁路两用桥等。

(3) 城市道路照明设施:城市道路、桥梁、广场、不售票的公共绿地等处的照明设施。

(4) 城市排水设施:雨水管道、污水管道、雨水污水合流管道、明渠、泵站、污水处理厂及其附属设施。

(5) 城市防洪设施:城市防洪堤岸、河坝、防洪墙、排涝泵站、排洪沟及其附属设施。

3) 市政工程设施管理法律制度

市政工程设施管理法律制度是指调节市政工程设施管理关系的法律规范的总称。《市政工程设施管理条例》是一部市政工程设施管理的综合性部门规章,是市政工程设施管理的主要法规依据。另外,市政工程管理法规还包括《城市道路管理条例》《城市道路照明设施管理办法》《城市排水监测工程管理规定》《中华人民共和国水污染防治法》等。

8.2.2 城市道桥建设管理

1) 城市道路的概念

城市道路,是指城市供车辆、行人通行的,具备一定技术条件的道路、桥梁、隧道及其附属设施。道路包括机动车道、非机动车道、人行道、过街地下通道、内街、路肩、边坡、边沟、侧石、平石等。道路附属设施,包括路名牌、车行隔离栏、人行护栏等。城市桥梁,包括跨江河桥梁、车行立体交叉桥、人行天桥、高架路以及桥梁安全保护区域内设施等。

城市道桥设施是城市的骨架,是城市组织生产和安排生活所必需的交通设施。在道桥建设中,应以城市规划为依据,远近期相结合、合理布局、配套建设、合理利用城市土地、协调城市空间布局和各项建设的综合部署。城市道路行政主管部门应当协助城市规划行政主管部门制定城市道桥规划方案,并根据财力、物力的可能性,提出城市道桥近期建设项目和远期发展方向。

2) 城市道路建设与施工

县级以上城市人民政府应当组织市政工程、城市规划、公安交通等部门,根据城市总体规划编制城市道路发展规划。市政工程行政主管部门应当根据城市道路发展规划,制定城市道路年度建设计划,经城市人民政府批准后实施。政府投资建设城市道路的,应当根据城市道路发展规划和年度建设计划,由市政工程行政主管部门组织建设。单位投资建设城市道路的,应当符合城市道路发展规划,并经市政工程行政主管部门批准。城市住宅小区、开发区内的道路建设,应当分别纳入住宅小区、开发区的开发建设计划的配套建设。

承担城市道路设计、施工的单位,应当具有相应的资质等级,并按照资质等级承担相应的城市道路的设计、施工任务。城市道路的设计、施工,应当严格执行国家和地方规定的城市道路设计、施工的技术规范。城市道路施工,实行工程质量监督制度。城市道路工程竣工,经验收合格后,方可交付使用;未经验收或者验收不合格的,不得交付使用。城市道路实行工程质量保修制度。城市道路建设资金可以按照国家有关规定,采取政府投资、集资、国内外贷款、国有土地有偿使用收入、发行债券等多种渠道筹集。

3) 城市道桥养护维修管理

市政工程行政主管部门对其组织建设和管理的城市道路,按照城市道路的等级、数量以及养护和维修的定额,逐年核定养护、维修经费,统一安排养护、维修资金。

(1) 城市道桥养护维修原则

城市人民政府道桥行政主管部门应当按照管理与养护并重,预防与维修相结合的原则,加强城市道路的养护和维修工作,保证城市道桥经常处于完好状态。

(2) 城市道桥养护维修的职责分工

按照现行规定,一般城市道路、桥梁,由城市建设行政主管部门的城市道路养护维修专业队伍养护维修;单位自建的专用道路、受益单位筹资建设的自用道路及桥涵由产权单位负责养护维修。

(3) 城市道桥养护维修施工管理

市政管理部门应当建立市政设施的巡视检查制度,督促养护维修单位履行职责,保障市政设施的完好。养护维修单位应当按市政管理部门的要求,编制养护、维修计划,并依据国家有关技术规范和标准进行养护维修作业,对市政设施定期进行检测、普查,发现城市道路损坏和排水设施堵塞、渗漏的,应当立即组织排除险情,予以修复。城市道路、桥涵的养护维修施工应当规定修复期限。影响交通的,养护维修单位应当与交通管理部门紧密配合,尽量减少对交通的影响,并采取措施保证交通安全,如在作业区设置明显标志、警示红灯及安全护栏,以确保行人和车辆的安全。对临时不能通行的路段,应当通过公安交通管理机关事先发布通告。承担市政设施养护维修的单位,需要对市政设施进行养护维修作业的,应当提前通知有关单位或个人。紧急抢修的,可以边抢修边知会,有关单位或个人应当予以支持和配合。城市道路养护维修作业,应设置安全警示标志,并尽量避开交通高峰期。在主干道上养护维修作业,一般应在夜间进行,并遵守环境噪声的有关规定。

需要临时占用、挖掘城市道路的,须持市规划管理部门批准的文件到市政管理部门和公安交通管理部门办理审批手续,由市政管理部门发给临时占用、挖掘城市道路许可证,并收取城市道路占用费、挖掘修复费。经批准临时占用、挖掘城市道路的,应按照批准的位置、面积、用途、期限占用或挖掘。确需变更占用或挖掘位置、面积、用途或延长期限的,应当提前按原审批程序办理手续。工程竣工后,应当在规定期限内清理场地,并报请市政管理部门验收,由市政设施养护维修单位修复路面,恢复道路功能。施工现场应悬挂占用、挖掘城市道路许可证,设置安全护栏、交通导向标志。在城市桥梁、隧道安全保护区域内,从事疏浚、挖掘、打桩等作业,以及利用城市桥梁、隧道敷设管线等设施的,应当报经市政管理部门批准后,方可作业。跨越或穿过城市桥梁、隧道的工程,应当报经市政管理部门同意并派员现场监督,方可施工。

4) 城市道路路政管理

城市道路在使用过程中受到交通荷载及自然条件的影响,会产生磨损或损坏,一些人为因素也会对城市道桥正常运行产生不利影响。因此,城市道桥行政主管部门应负责管理和保护城市道路、桥涵。任何单位、个人都应服从城市道桥行政主管部门的管理,自觉爱护城市道桥设施。

城市中的行人、车辆必须按照规定路线通行,不得损坏道路设施。任何单位和个人不得烧、砸、轧、泡以及污染、腐蚀道路,不得擅自占用、挖掘城市道路,不得以重物压毁道路和拆毁道路设施。在道路设施的安全管理范围内,不得挖砂、取土、堆弃物料,不得在路肩、边沟倾倒垃圾和在城市道路范围内建造永久性建筑物、构筑物,更不得占用城市道路路面施工作业、摆设棚厅。履带车、铁轮车以及超限车辆,不得在城市道路上行驶。必须行驶时,须采取有效防护措施,并经城市道桥行政主管部门和公安部门共同审批后,监护通过。城市道桥行政主管部门要保证城市道路上的窨井和栓筏盖等配件完整、安全、牢固。要加强城市道路技术档案管理工作,完善城市道路设计、施工、养护维修的技术文件以及图纸和资料的审查、立卷、建档手续。

在城市桥涵安全管理范围内,不准任意挖土取土,进行各种作业,占用桥面堆放物料、装置及任何设施;不准任意占据桥、涵洞设仓库;机动车在桥上或非指定路线上,不得停车、试刹车;车辆过桥应限载、限速;车船从桥下通过时应限高,以防止冲撞桥体、伤害桥身;市政工程行政主管部门应建立桥梁观测、检查制度,定期对桥梁内部结构变化情况做详细记录,发现问题及时与有关部门联系处理,确保桥涵正常使用。

城市道路范围内,禁止下列行为:
(1) 排放污水、倾倒垃圾(渣土)和撒漏损害路面的其他液(固)体物质;
(2) 在路肩或在桥梁、隧道安全保护区域内挖砂取土,种植农作物、经济作物;
(3) 行人、非机动车及危害隧道安全的机动车辆通过机动车专用隧道;
(4) 在人行道上停放、行驶各种机动车辆;
(5) 在桥梁引桥下堆放易燃易爆物品以及在桥下停泊船只;
(6) 其他损害、侵占、破坏城市道路及其附属设施的行为。

未经市政管理部门或会同有关部门批准,不得有下列行为:
(1) 摆摊设点,设置停车场,堆放杂物;
(2) 移动城市道路的附属设施;
(3) 在桥梁、隧道及其安全保护区域内修筑建(构)筑物;
(4) 试刹车、洗车;
(5) 与养护维修无关的施工作业;
(6) 在市政设施上张贴标语、悬挂物品;
(7) 其他占用道路的行为。

8.2.3 城市防洪设施管理

1) 城市防洪设施管理法规

城市防洪设施包括城市防洪堤坝、河道、防洪墙、防洪堤岸、排涝泵站、排洪道及其附属设施等。城市防洪是城市建设的重要组成部分,也是河流或防护规划的一部分。

城市防洪设施是确保城市人民生命、财产安全的重要设施。修建城市防洪设施是城市防洪的重要措施。1982年城乡建设环境保护部发布的《市政工程设施管理条例》中对城市防洪设施管理做了规定;1989年国务院批转了国家防汛指挥部、建设部、水利部《关于加强城市防洪工作的意见》;1991年建设部发布了《关于做好1991年城市防洪设施管理工作的通知》;1997年正式颁布《中华人民共和国防洪法》,用法律手段规范城市防洪管理。

2) 城市防洪设施的规划与建设

《城市规划法》第十五条规定,编制城市规划应当符合防洪的要求,对可能发生严重水灾的地区,在规划中必须采取防洪措施。由于城市防洪设施与江河流域规划和城市建设总体规划密切相关,所以,城市防洪设施的建设应当本着轻重缓急、近期与远期相结合、分期分批建设的原则,堤防建设和城市道路建设、园林建设相结合的原则,注重防洪设施的综合效益。防洪设施的设计和施工应当委托有相应资质的单位承担,竣工时应经主管部门验收合格后才可使用,使城市防洪设施真正起到抵御洪灾的作用。

3) 城市防洪设施的管理

在城市防洪设施防护带内,禁止乱挖、乱填、乱盖、堆放物料,不准进行有损防洪设施的任何活动。任何单位和个人不得擅自利用堤坝进行与防洪无关的活动和修建作业,确有必要进行时,应当征得当地建设主管部门和防汛指挥部门同意,并报市人民政府批准。在城市防洪堤防和护堤地,禁止建房、放牧、开掘打井、挖窑、葬坟、晒粮、存放物料、开采地下资源、进行考古挖掘及开展集市贸易活动。各级人民政府建设行政主管部门应当建立防洪责任制,实行市长负责为核心的各种责任制;搞好资金筹措;做好城市防洪规划和防洪政策、法规的制定与实施工作。各级人民政府城市建设行政主管部门应当建立城市防洪设施管理机构,负责设施维护、管理和保护。要建立机动防汛抢险队伍,根据需要建立执法队伍,依法进行管理。

因城市建设需要在防洪设施保护范围内立杆,架线,埋设管道,搭建建筑物、构筑物或者机械装卸设备需要装设在护岸、防护墙或排洪道上的,应当报经水利行政主管部门和市政设施行政主管部门批准。

8.2.4 城市排水管理

1) 排水的概念

城市排水是指城市生活用水、工业废水、大气降水径流和其他弃水的收集、输送、净化、利用和排放。城市排水设施是指城市排水管网(站)、雨水管道、污水管道、雨水污水合流管道、沟渠、进水口、出水口、窨井、泵站、污水处理厂(站)及其附属设施等。

2）排水设施建设

城市排水主管部门依据城市总体规划编制城市排水规划,并将城市排水建设项目纳入城市建设年度计划。新建、改建、扩建城市排水工程及其配套项目,必须符合城市建设规划,并经城市排水行政主管部门审查同意后,按照规定程序办理审批手续。城市排水工程的设计和施工,应当由具有相应资质等级证书的单位承担,并执行国家和行业有关技术标准和规范。城市排水行政主管部门及有关部门应当对城市排水工程的设计和施工进行监督。城市排水工程竣工后,应当按照国家和行业的规定组织验收,未经验收或验收不合格的工程,不准投入使用。

新建、改建、扩建工程项目需要排放污废水的,其工程总概算中应当包括城市排水设施的建设投资;需要向城市公共排水设施排水的,应当按照规定向城市排水行政主管部门缴纳相关费用。新区开发和住宅小区的建设,应当将城市排水设施与主体工程配套建设。向城市公共排水设施直接或间接排放污废水的单位,应当按照城市排水建设规划和有关污废水控制的要求配套建设相应的预处理设施。

城市排水设施的建设资金,采取政府投资、单位自筹、受益者集资和利用各种贷款、依法征收税费以及排水设施有偿使用等方式筹措。

3）排水设施使用与管理

任何单位和个人所产生的工业废水和生活污水,均应排入城市排水管网,不得随意排放或者向路面泼洒。排放污水的水质必须符合建设部《污水排入城市下水道水质标准》(GB/T 31962－2015)和《污水综合排放标准》(GB 8978－1996)。禁止将含有有毒有害物质的污(废)水排入城市排水设施。城市污水处理厂排出的污水,超过工程设计排放标准的,环保部门应按国家有关规定征收其超标排污费。城市排水行政主管部门负责对排入城市排水设施的污废水水质进行监测和控制,定期对城市排水设施的运行情况进行检查,并建立监测档案。被监测和控制的单位应当予以配合,确保城市排水设施的正常运行和安全。

根据《中华人民共和国水污染防治法》的有关规定,国家计委、建设部、国家环保总局《关于加大污水处理费的征收力度建立城市污水排放和集中处理良性运行机制的通知》中明确提出:"在供水价格上加收污水处理费,建立污水排放和集中处理的良性运行机制","建立健全对污水处理费的征收管理和污水处理厂运行情况的监督制约机制。"

排水出户管与城市公共排水管网连接的,由城市排水行政主管部门批准并组织实施。实行"排水许可证"制度,排水户承担相关费用。自建排水设施,应当符合城市排水建设规划要求;起公共排水作用的,应当允许相邻的排水户接入使用。接入的排水户应承担相应的建设费用。

城市排水设施维修、养护单位,应当按照有关标准、规范及操作规程对城市排水设施进行养护、维修和管理,定期进行清淤、疏浚,保证排水设施完好、畅通、安全运行。企事业单位、机关、团体、住宅小区等内部的排水设施由其所属单位负责养护、维修，也可有偿委托专业排水设施单位进行养护与维修。

在城市排水设施及其维护地带内，禁止下列行为：

（1）排放腐蚀性、放射性、易燃易爆等有毒有害物品和超标污水，倾倒垃圾、废渣、粪便以及其他废弃物；

（2）修筑有碍排水设施正常使用的建（构）筑物，擅自挖掘、拆除、损坏、占用、占压、堵塞、掩埋城市排水设施；

（3）种植农作物、挖坑取土及施工作业；

（4）盗窃城市排水设施的附属设施；

（5）其他损害城市排水设施的行为。

8.3 城市公用事业建设与管理

8.3.1 城市公用事业的概念

城市公用事业主要指城市在供水、供热、供气、供电、公共交通等方面为城市生产和人民生活提供基础性服务的公共设施及其管理。城市公用事业建设法规主要涉及城市供水、供热、供气、供电、公共交通等方面的法律法规。

1）城市公用事业的内容

（1）城市供水：指城市提供除农业用水以外的公共用水和单位自建设施的供水。

（2）城市供热：指由集中热源所产生的蒸气、热气通过城市供热管道提供给城市使用。

（3）城市供气：指城市生活、生产等使用的气体燃料（如天然气、液化气、煤气等）的生产、储存、输配等。

（4）城市供电：指城市电力的生产、输送、分配等。

（5）城市公共交通：指利用城市交通工具，如公共汽车、电车、地铁、出租车等，为人们出行提供方便。

2）城市公用事业建设管理法规

城市公用事业建设与管理主要涉及的法律、法规有《城市供水条例》《城市节约用水管理规定》《中华人民共和国水法》《城市燃气管理规定》、《中华人民共和国电力法》《电力供应与使用条例》《供电营业规则》《用电检查管理办法》《电网调度管理条例》《城市公共交通当前产业政策实施办法》等。

8.3.2 城市供水管理

1) 城市供水管理的概念

(1) 供水系统的组成

城市供水系统通常包括四个部分:取水工程、输水工程、净水工程和配水工程。取水工程是从地表的河、湖、水库或地下的井、泉等水源,经取水设施,取得城市所需的原水,主要有取水构筑物、一级泵站等;输水工程是将取水设施取得的原水,输送给净水厂(地表水源)或配水厂(地下水源),主要构筑物有输水管、渠道等;净水工程是对原水进行净化处理,使其达到生活饮用水或工业生产水的水质标准,主要构筑物有混合、反应、沉淀、过滤、消毒等设施;配水工程是将净化后的水,分配到各用水地点,并保证其需要的水压和水质,主要有二级泵站、配水干管(支管)、水塔、水池等。

(2) 城市供水的基本任务

城市供水的基本任务是:贯彻为生产、生活服务的方针,经济合理安全可靠地供应人们在生活、生产活动中所必需的各种用水,提供保障人民生命财产安全的消防用水,以及美化清洁城市的绿化、洒扫街道等用水。

2) 城市供水经营

城市自来水供水企业和自建设施对外供水的企业,必须经资质审查合格并经工商行政管理机关登记注册后,方可从事经营活动。资质审查办法由国务院城市建设行政主管部门规定。城市自来水供水企业和自建设施对外供水的企业应当实行职工持证上岗制度。城市自来水供水企业和自建设施对外供水的企业,应当建立健全水质检测制度,确保城市供水的水质符合国家规定的饮用水卫生标准,按照国家有关规定设置管网测压点,做好水压监测工作,确保供水管网的压力符合国家规定的标准。禁止在城市公共供水管道上直接装泵抽水。

城市自来水供水企业和自建设施对外供水的企业应当保持不间断供水。由于工程施工、设备维修等原因确需停止供水的,应当经城市供水行政主管部门批准并提前 24 小时通知用水单位和个人;因发生灾害或者紧急事故,不能提前通知的,应当在抢修的同时通知用水单位和个人,尽快恢复正常供水,并报告城市供水行政主管部门。

用水单位和个人应当按照规定的计量标准和水价标准按时缴纳水费。禁止盗用或者转供城市公共供水。城市供水价格应当按照生活用水保本微利、生产和经营用水合理计价的原则制定。城市供水价格的制定办法,由省、自治区、直辖市人民政府规定。

3) 城市供水工程建设与设施维护

城市供水设施建设应当按照城市供水发展规划及其年度建设计划进行,要执行国家基本建设程序。城市供水工程的设计、施工,应当委托持有相应资质证书的设计、施工单位承担,并遵守国家有关技术标准和规范。禁止无证或者超越资质证书规定的经营范围承担城市供水工程的设计、施工任务。城市供水工程竣工后,应当按照国家规定组织验收;未经验收或者验收不合格的,不得投入使用。

城市新建、扩建、改建工程项目需要增加供水的,其工程项目总概算应当包括供水工程建设投资;需要增加城市公共供水量的,应当将其供水工程建设投资交付城市供水行政主管部门,由其统一组织城市公共供水工程建设。

城市自来水供水企业和自建设施供水的企业对其管理的城市供水的专用水库、引水渠道、取水口、泵站、井群、输(配)水管网、进户总水表、净(配)水厂、公用水站等设施,应当定期检查维修,确保安全运行。用水单位自行建设的与城市公共供水管道连接的户外管道及其附属设施,必须经城市自来水供水企业验收合格并交其统一管理后,方可使用。在规定的城市公共供水管道及其附属设施的地面和地下的安全保护范围内,禁止挖坑取土或者修建建筑物、构筑物等危害供水设施安全的活动。城市供水设施维护,应当由城市自来水供水企业和自建供水设施企业负责,要建立定期检查维修制度,确保安全运行。

在规定的城市公共供水管道及其附属设施的地面和地面以下的安全保护范围内,禁止进行危害供水设施安全的活动。因工程建设确需改装、拆除或迁移城市供水设施的,应当经有关部门批准,并采取相应的补救措施。

涉及城市公共供水设施的建设工程开工前,建设单位或者施工单位应当向城市自来水供水企业查明地下供水管网情况。施工影响城市公共供水设施安全的,建设单位或者施工单位应当与城市自来水供水企业商定相应的保护措施,由施工单位负责实施。

禁止擅自将自建设施供水管网系统与城市公共供水管网系统连接;因特殊情况确需连接的,必须经城市自来水供水企业同意,报城市供水行政主管部门和卫生行政主管部门批准,并在管道连接处采取必要的防护措施。禁止产生或者使用有毒有害物质的单位将其生产用水管网系统与城市公共供水管网系统直接连接。

8.3.3 城市节约用水

1) 城市节约用水的重要性

当前我国一方面城市水源紧张,供水能力不足,另一方面用水浪费现象严重。工业用水由于生产工艺落后,单位产品耗水量大,水的重复利用率低。生活用水由于居民生活习惯和长期不合理的水价,浪费现象严重。城市实行计划用水和节约用水,国家鼓励进行节约用水的科学技术研究,推广先进技术,提高城市节约用水的科学技术水平。在城市节约用水工作中做出显著成绩的单位或个人,由人民政府给予奖励。

2) 城市节约用水的管理措施

为加强城市节约用水管理,保护和合理利用水源,促进国民经济和社会发展,1998年12月20日中华人民共和国建设部第1号令发布了《城市节约用水管理规定》,在城市规划区内使用公共供水和自建设施供水的单位和个人,必须遵守该规定。国务院城市建设行政主管部门主管全国的城市节约用水工作,业务上受国务院水利行政主管部门指导。国务院其他有关部门按照国务院规定的职责分工,负责本行业的节约用水管理工作。省、自治区人民政府和县级以上的城市人民政府城市建设行政主管部门和其他有关行业行政主管部门,按照同级人民政府规定的职责分工,负责城市节约用水管理工作。城市人民政府应当在制定城市供水发展规划的同时,制定节约用水发展规划,并根据节约用水发展规划制订节约用水年度计划。各有关行业行政主管部门应当制定本行业的节约用水发展规划和节约用水年度计划。

单位自建供水设施取用地下水,必须经城市建设行政主管部门核准后,依据国家规定申请取水许可。城市的新建、扩建和改建工程项目,应当配套建设节约用水设施。城市建设行政主管部门应当参加节约用水设施的竣工验收。

城市建设行政主管部门应当会同有关行业行政主管部门制定行业综合用水定额和单项用水定额。城市用水计划由城市建设行政主管部门根据水资源统筹规划和水长期供求计划制定,并下达执行。超计划用水必须缴纳超计划用水加价水费。超计划用水加价水费,应当从税后留利或者预算包干经费中支出,不得纳入成本或者从当年预算中支出。超计划用水加价水费的具体征收办法由省、自治区、直辖市人民政府制定。生活用水按户计量收费。新建住宅应当安装分户计量水表;现有住户未装分户水表的,应当限期安装。生产单位应当采取循环用水、一水多用等措施,在保证用水质量标准的前提下,提高水的重复利用率,降低单位产品用水量。城市供水企业、自建供水设施的单位应当加强供水设施的维修管理,减少水的漏损量。

城市的新建、扩建和改建工程项目未按规定配套建设节约用水设施或者节约用水设施经验收不合格的,由城市建设行政主管部门限制其用水量,并责令其限期完善节约用水设施,可以并处罚款。超计划用水加价水费必须按规定的期限缴纳。逾期不缴纳的,城市建设行政主管部门除限期缴纳外,并按日加收超计划用水加价水费5%的滞纳金。

8.3.4 城市供热管理

1) 发展城市集中供热的方针

城市集中供热的方针是:因地制宜,广开热源,力求先进,经济合理。根据工业与生活用热的需要,采取热电联产,建设集中供热的锅炉房,充分利用工业余热和开发地热等多种形式,在城市总体规划指导下,有计划、有步骤地分期实施。凡是新建住宅、公用设施和工厂用热,在经济技术合理的条件下,都应采取集中供热,一般不再建分散的锅炉房。

2) 城市供热管理

城市集中供热由建设部归口管理,各地人民政府要加强集中供热工作的领导,协调各方面工作。凡生活用热规模比较大的城市,可以设立热力公司,负责城市热网、集中锅炉房的建设与管理工作。各单位建造的各类供热锅炉,应当由计划部门组织规划、环保、劳动、煤炭供应等部门审查批准。从事城市集中供热生产经营的单位(以下简称供热单位)必须向供热主管部门申请资质审查,经审查合格领取城市集中供热资质证书及有关证、照后,方可从事城市集中供热生产经营活动。供热主管部门对资质单位实行年检制度。供热单位使用的供热锅炉应当达到国家、省和市规定的大气污染物排放标准。

供热单位应当按照供热主管部门确定的供热范围向热用户供热。未经供热主管部门同意,不得全部或部分停止或终止城市集中供热的生产经营。需要扩大供热范围,应当到供热主管部门办理审批手续。供热单位应当与热用户签订供用热合同,并报供热主管部门备案。供热单位供热运行中的供热参数、热用户室温合格率和运行事故率应当符合国家规定的标准。供热单位应当实行规范化服务,将服务的内容、标准、时间向社会公开,接受监督,按照供用热合同按时、连续、保质供热。如果因突发性故障不能保证正常供热时,应当立即组织抢修,并及时通知热用户。发生重大故障,应当同时报告供热主管部门。

城市集中供热设施和用热设施的界限以入户总仪表为准,入户总仪表及其以外的设施为供热设施,由供热单位负责维护管理;入户总仪表以内的设施为用热设施,由房屋产权人负责维护管理。房屋产权人或热用户可以委托供热单位维修用热设施。供热单位应当按照规定在其负责维修管理的城市集中供热设施及安全距离范围内设置明显的安全警示标志。任何单位和个人不得有危害城市集中供用热设施安全运行的行为。供热单位对其管理和受委托管理的城市集中供用热设施应当定期巡线检查维修,确保供热设施安全正常运行。城市热网及其附属设施发生故障需要抢修时,供热单位可以先施工,并在施工期限内到有关部门补办有关手续。

任何单位和个人不得擅自改装、拆除、迁移城市集中供热设施。因特殊情况确需改装、拆除、迁移的,须经供热主管部门同意后方可施工,因此发生的有关费用由责任方承担。规划行政主管部门在审批涉及城市集中供热设施安全的项目时,应当事先征求供热主管部门的意见。因工程施工影响城市集中供热设施安全的,建设单位应当采取安全保护措施,经供热单位查验同意后方可施工。

城市热网及其附属设施外缘安全距离范围内,禁止下列行为:

(1) 修筑建(构)筑物;
(2) 挖坑、掘土、打桩、埋设线杆;
(3) 爆破作业;
(4) 排放污水。

3) 城市供热、用热设施的管理

新建、改建、扩建锅炉或其他热源及城市供热、用热设施的设计方案,应当经供热管理部门审查同意,并到土地、规划、建设、经济、环保、劳动、公安消防、市政、供水等有关部门办理手续。新建住宅区和在已具备城市供热条件的区域内的建设项目必须按规定配套建设城市供热、用热设施。与建设项目配套建设的城市供热、用热设施应当与建设项目工程同时设计、同时施工、同时验收并交付使用。城市供热、用热设施建设资金应当纳入建设项目总概算。城市供热和用热工程的设计、施工、监理应当符合有关技术标准和规范,并按规定通过招标等形式确定具有相应资质的单位承担。城市供热和用热设施建设使用的设备、材料、计量器具等应符合国家规定的产品质量标准。供热管理部门应当配合劳动、环保、技术监督部门依法进行监督检查。城市供热、用热设施建设竣工时,建设单位应当按规定向供热管理部门提供有关的竣工资料,由市供热行政主管部门或所在县级市、区供热管理部门会同环保、劳动、技术监督、公安消防等有关部门对供热和用热设施进行初验。初验合格后,报建设行政主管部门进行综合验收,验收合格后方可供热。

4) 对锅炉和锅炉操作人员的管理

锅炉的设计、制造、安装、运行、检修、改造、检验等都必须符合《蒸气锅炉安全技术监察规程》及《热水锅炉安全技术监察规程》的规定。锅炉操作人员必须经过专门培训,经考试合格,持证上岗。否则,禁止进锅炉房操作。值班操作人员应尽职尽责,遵守有关锅炉安全运行的各项制度。锅炉房应根据人员岗位情况制定《岗位安全责任制》,每个操作人员应达到"三懂三会"(即懂本岗位的火灾危险性,懂预防火灾的措施,懂扑救火灾方法;会使用灭火器材,会处理险情,会报警)。

8.3.5 城市供气管理

1) 城市燃气发展的原则

城市燃气的发展应当实行统一规划、配套建设、因地制宜、合理利用能源、建设和管理并重的原则。国务院建设行政主管部门负责全国城市燃气管理工作。县级以上地方人民政府城市建设行政主管部门负责本行政区域内的城市燃气管理工作。国家鼓励和支持城市燃气科学技术的研究和推广,提高城市燃气的科学技术水平。

2) 城市燃气管理

县级以上地方人民政府应当组织规划、城建等部门根据城市总体规划编制本地区燃气发展规划。城市燃气新建、改建、扩建项目以及经营网点的布局要符合城市燃气发展规划,并经城市建设行政主管部门批准后,方可实施。城市燃气建设资金可以按照国家有关规定,采取政府投资、集资、国内外贷款、发行债券等多种渠道筹集。

城市燃气厂(站)、输配设施等的选址,必须符合城市规划、消防安全等要求。在选址审查时,应当征求城建、劳动、公安消防部门的意见。城市燃气工程的设计、施工,必须按照国家或主管部门有关安全的标准、规范、规定进行。审查燃气工程设计时,应当有城建、公安消防、劳动部门参加,并对燃气安全设施严格把关。燃气工程的设计、施工,应当由持有相应资质证书的设计、施工单位承担,并应当符合国家有关技术和规范。城市燃气工程的施工必须保证质量,确保安全可靠。竣工验收时,应当组织城建、公安消防、劳动等有关部门及燃气安全方面的专家参加。凡验收不合格的,不准交付使用。城市燃气工程的通气作业,必须有严格的安全防范措施,并在燃气生产、储存、输配、经营单位和公安消防部门的监督配合下进行。

住宅小区内的燃气工程施工,可以由负责小区施工的具有相应资质的单位承担;民用建筑的燃气设施,应当与主体工程同时设计、同时施工、同时验收。城市新区建设和旧区改造时,应当依照城市燃气发展规划,配套建设燃气设施。燃气表的安装应当符合规范,兼顾室内美观,方便用户。燃气工程施工实行工程质量监督制度。燃气工程竣工以后,应当由城市建设行政主管部门组织有关部门验收;未经验收或者验收不合格的,不得投入使用。

城市燃气生产、储存、输配系统的动火作业应当建立分级审批制度,由动火作业单位填写动火作业审批报告和动火作业方案,并按级向安全管理部门申报,取得动火证后方可实施。在动火作业时,必须在作业点周围采取保证安全的隔离措施和防范措施。城市燃气生产、储存和输配单位应当按照设备的负荷能力组织生产、储存和输配。城市燃气生产、储存、输配、经营单位和管理部门必须制定停气、降压作业的管理制度,包括停气、降压的审批权限,申报程序以及恢复供气的措施等,并指定技术部门负责。城市燃气生产、储存、输配、经营单位应当对燃气管道及设施定期进行检查,发现管道和设施有破损、漏气等情况时,必须及时修理或更换。

燃气供应企业必须建立安全检查、维修、维护、事故抢修等制度,及时报告、排除、处理燃气设施故障和事故,确保正常供气。向社会公布抢修电话,设置专职抢修队伍,配备防护用品、车辆器材、通信设备等。实行每日二十四小时值班制度,发现燃气事故或者接到燃气事故报告时,应当立即组织抢修、抢险。制定有关安全使用规则,宣传安全使用常识,对用户进行安全使用燃气的指导。在重要的燃气设施所在地设置统一、明显的安全警示标志,并配备专职人员进行巡回检查。严禁擅自移动、覆盖、涂改、拆除、毁坏燃气设施的安全警示标志。任何单位和个人发现燃气泄漏或者燃气引起的中毒、火灾、爆炸等事故,有义务通知燃气供应企业以及消防等部门。发生燃气事故后,燃气供应企业应当立即向城市建设行政主管部门报告,重大燃气事故要及时报国务院建设行政主管部门。

在燃气设施的地面和地下规定的安全保护范围内,任何单位和个人严禁在城市燃气管道及设施上修筑建筑物、构筑物和堆放物品。确需在城市燃气管道及设施附近修筑建筑物、构筑物和堆放物品时,必须符合城市燃气设计规范及消防技术规范中的有关规定,确需改动燃气设施的建设单位应当报经县级以上地方人民政府城市规划行政主管部门和城市建设行政主管部门批准。在城市燃气管道及设施附近进行施工,有可能影响管道及设施安全运营的,施工单位须事先通知城市燃气生产、储存、输配、经营单位,经双方商定保护措施后方可施工。施工过程中,城市燃气生产、储存、输配、经营单位应当根据需要进行现场监护。施工单位应当在施工现场设置明显标志严禁明火,保护施工现场中的燃气管道及设施。

3) 违反城市燃气管理的处罚

2010年10月19日国务院第129次常务会议通过,自2011年3月1日起施行的《城镇燃气管理条例》是现阶段对城市供气管理的主要法规,明确规定了对违反燃气管理规定的处罚措施。如:侵占、毁损、擅自拆除、移动燃气设施或者擅自改动市政燃气设施的,由燃气管理部门责令限期改正,恢复原状或者采取其他补救措施,对单位处5万元以上10万元以下罚款,对个人处5 000元以上5万元以下罚款;造成损失的,依法承担赔偿责任;构成犯罪的,依法追究刑事责任。

毁损、覆盖、涂改、擅自拆除或者移动燃气设施安全警示标志的,由燃气管理部门责令限期改正,恢复原状,可以处5 000元以下罚款。建设工程施工范围内有地下燃气管线等重要燃气设施,建设单位未会同施工单位与管道燃气经营者共同制定燃气设施保护方案,或者建设单位、施工单位未采取相应的安全保护措施的,由燃气管理部门责令改正,处1万元以上10万元以下罚款;造成损失的,依法承担赔偿责任;构成犯罪的,依法追究刑事责任。县级以上地方人民政府及其燃气管理部门和其他有关部门,发现违法行为或者接到对违法行为的举报不予查处的,或者有其他未依照本条例规定履行职责的行为的,对直接负责的主管人员和其他直接责任人员,依法给予处分;直接负责的主管人员和其他直接责任人员的行为构成犯罪的,依法追究刑事责任。

8.3.6 城市供电管理

1) 城市供电管理的重要性

电力是由一次能源转换而来得到的二次能源,它在合理开发、运输、分配和消费能源方面起着特殊作用,它清洁、安全、方便,是城市理想的能源。电气化是各个生产部门提高劳动生产率的主要途径,也是提高人民生活水平的一个重要手段。由此可知,为了安全节约、计划用电,城市供电管理的重要性是不言而喻的。

2) 城市供电管理制度

为了加强电力供应与使用的管理,保障供电、用电双方的合法权益,维护供电、用电秩序,安全、经济、合理地供电和用电,国家制定了相应的法律法规,《中华人民共和国电力法》《电力供应与使用条例》《供电营业规则》《用电检查管理办法》《电网调度管理条例》是当前城市供电管理的依据。

国务院电力管理部门负责全国电力供应与使用的监督管理工作。县级以上地方人民政府电力管理部门负责本行政区域内电力供应与使用的监督管理工作。国家对电力供应和使用实行安全用电、节约用电、计划用电的管理原则。供电企业和用户应当遵守国家有关规定,采取有效措施,做好安全用电、节约用电、计划用电工作。供电企业和用户应当根据平等自愿、协商一致的原则签订供用电合同。供电企业应当按照合同约定的数量、质量、时间、方式,合理调度和安全供电。用户应当按照合同约定的数量、条件用电,交付电费和国家规定的其他费用。

县级以上各级人民政府应当将城乡电网的建设与改造规划,纳入建设的总体规划。各级电力管理部门应当会同有关行政主管部门和电网经营企业做好电网建设和改造的规划。供电企业应当按照规划做好供电设施建设和运行管理工作。地方各级人民政府应按照城市建设和乡村建设的总体规划统筹安排城乡供电线路走向通道、区域变电所、区域配电所和营业网点的用地。供电企业可以按照国家有关规定在规划的线路走廊、电缆通道、区域变电所、区域配电所和营业网点的用地上,架线、敷设电缆和建设公用供电设施。供电设施和受电设施的设计、施工、试验、运行,应当符合国家标准和电力行业标准。公用供电设施建成投产后,由供电单位统一维护管理。

经电力管理部门批准,供电企业可以使用、改造、扩建该供电设施。共用供电设施的维护管理,由产权单位协商确定,产权单位可自行维护管理,也可以委托供电企业维护管理。用户专用的供电设施建成投产后,由用户维护管理或者委托供电企业维护管理。因建设需要,必须对已建成的供电设施进行迁移、改造或者采取防护措施时,建设单位应当事先与该供电设施管理单位协商,所需工程费用由建设单位负担。

用户申请新装用电、临时用电、增加用电容量、变更用电和终止用电,均应当到当地供电企业办理手续,并按照国家有关规定交付费用。用户新装、增装或改装受电工程的设计安装、试验与运行应符合国家有关标准;用户受电工程设计文件和有关资料应一式两份送交供电企业审核,供电企业根据有关规定审核对用户送审的受电工程设计文件和有关资料,对高压供电的用户审核的时间最长不超过一个月;对低压供电的用户审核时间最长不超过十天。用户若更改审核后的设计文件时,应将变更后的设计再送供电企业复核。用户受电工程在施工期间,供电企业应根据审核同意的设计和有关施工标准,对用户受电工程中的隐蔽工程进行中间检查。

如有不符合规定的,应以书面形式向用户提出意见,用户应按设计和施工标准的规定予以改正。用户受电工程施工、试验完工后,应向供电企业提出工程竣工报告,供电企业接到竣工报告及检验申请后,应及时组织检验。检验合格后的十天内,供电企业应派员装表接电。

因建设引起建筑物、构筑物与供电设施相互妨碍,需要迁移供电设施或采取防护措施时,应按建设先后的原则,确定其担负的责任。如供电设施建设在先,建筑物、构筑物建设在后,由后续建设单位负担供电设施迁移、防护所需的费用;如建筑物、构筑物建设在先,供电设施建设在后,由供电设施建设单位负担建筑物、构筑物的迁移所需的费用;不能确定建设的先后者,由双方协商解决。供电企业需要迁移用户或其他供电企业的设施时,也按上述原则办理。

用户不得有下列危害供电、用电安全以及扰乱正常供电、用电秩序的行为:

(1) 擅自改变用电类别;

(2) 擅自超过合同约定的容量用电;

(3) 擅自超过计划分配的用电指标;

(4) 擅自使用已经在供电企业办理暂停使用手续的电力设备,或者擅自启用已经被供电企业查封的电力设备;

(5) 擅自迁移、更动或者擅自操作供电企业的用电计量装置、电力负荷控制装置、供电设施以及约定由供电企业调度的用户受电设备;

(6) 未经供电企业许可,擅自引入、供出电源或者将自备电源擅自并网;

(7) 任何窃电行为。

3) 违反安全用电行为的处罚

供电企业应按照规定对本供电营业区内的用户进行用电检查,用户应当接受检查并为供电企业的用电检查提供方便。现场检查确认有危害供用电安全或扰乱供用电秩序行为的,用电检查人员应在现场予以制止。拒绝接受供电企业按规定处理的,可按国家规定的程序停止供电,并请求电力管理部门依法处理,或向司法机关起诉,依法追究其法律责任。现场检查确认有窃电行为的,用电检查人员应当现场予以中止供电,制止其侵害,并按规定追补电费和加收电费。情节严重,违反治安管理处罚规定的,由公安机关依法予以治安处罚;构成犯罪的,由司法机关依法追究刑事责任。

供电企业或者用户违反供用电合同,给对方造成损失的,应当依法承担赔偿责任。供电企业职工违反规章制度造成供电事故的,或者滥用职权、利用职务之便牟取私利的,依法给予行政处分;构成犯罪的,依法追究刑事责任。因电力运行事故给用户或者第三人造成损害的,供电企业应当依法承担赔偿责任。因用户或者第三人的过错给供电企业或者其他用户造成损害的,该用户或者第三人应当依法承担赔偿责任。在供电系统正常的情况下,供电企业应连续向用户供应电力。但是,因不可抗力或紧急避险,或者用户确有窃电行为的,不经批准即可中止供电,但事后应报告本单位负责人。

用户有下列情形之一者须经批准方可中止供电:
(1) 危害供用电安全,扰乱供用电秩序,拒绝检查者;
(2) 拖欠电费经通知催交仍不交者;
(3) 受电装置经检验不合格,在指定期间未改善者;
(4) 用户注入电网的谐波电流超过标准,以及冲击负荷、非对称负荷等对电能质量产生干扰与妨碍,在规定限期内不采取措施者;
(5) 拒不在限期内拆除私增用电容量者;
(6) 拒不在限期内交付违约用电引起的费用者;
(7) 违反安全用电、计划用电有关规定,拒不改正者;
(8) 私自向外转供电力者。

8.3.7 城市公共交通运营管理

1) 城市公共交通管理

国务院建设行政主管部门主管全国城市公共交通管理工作;县级以上地方人民政府城市主管部门主管本行政区域内城市公共交通管理工作。一般按公共汽车、电车、地铁、出租汽车、轮渡等系列划分为几个公司分别进行管理,有的大城市将公司隶属于各个事业局,或归口城市建设行政主管部门。特大城市、大城市和中小城市公共交通管理的分类和分级有所区别。

2) 城市公共交通运营管理

城市公共交通是一项关系国计民生的重要公用事业,是一个对国民经济发展具有全局性、先导性的基础行业。随着经济建设和城市人民出行的需要,城市公共交通要加快发展,这就要求对城市公共交通运营加强统一管理,实行多家经营,充分发挥国有公交企业的骨干作用,同时大力发展集体和个体经营。

(1) 通过经济、法律和行政手段规范公交市场,建立平等竞争、法制健全的统一市场;
(2) 发挥公共汽车、电车、地铁、轻轨、轮渡企业在城市公共交通中的主体和骨干作用,利用国内外各种经济力量发展城市公共交通事业;
(3) 实行城市公交经营单位和个人的资质认证制度,维护正常的公共交通运营秩序;
(4) 加强小型公共汽车、出租汽车经营权有偿出让和转让管理,所收费用主要用于发展城市公共交通事业;
(5) 建立城市公交线路实行专营权制度,制定具体实施办法,规定专营单位的权利、义务与法律责任;

（6）转换企业经营机制，各类公交经营企业要实行依法自主经营、自负盈亏、自我发展、自我约束的商品生产和经营，使其成为独立享有民事权利和承担民事义务的企业法人；

（7）"公交优先"，城市政府对城市公共交通实行适度补贴，取之于民，用之于民。

3）城市出租汽车管理

出租汽车，是指经主管部门批准，按照乘客和用户意思提供客运服务，并且按照行驶里程和时间收费的客车。出租汽车是城市公共交通的重要组成部分，为乘客提供了方便、及时、安全、文明的规范化服务。出租汽车的发展，应当与城市建设和城市经济、社会发展水平相适应，并与其他公共交通客运方式相协调。

出租汽车的发展规划和计划，由城市建设行政主管部门会同有关部门编制，纳入城市总体规划，报当地人民政府批准后实施。出租汽车行业实行统一管理、合法经营、公平竞争的原则，城市的出租汽车经营权可以实行有偿出让和转让。国务院建设行政主管部门负责全国的城市出租汽车管理工作，县级以上地方人民政府城市建设行政主管部门负责本行政区域内出租汽车的管理工作。出租汽车的具体管理工作可以委托客运管理机构负责。

出租汽车经营企业应当具备规定要求的客运车辆和相应的资金、经营场所、管理人员和驾驶员、相配套的经营管理制度、有独立承担民事责任的能力。出租汽车驾驶员应当有常住户口或者暂住证，有当地公安部门核发的机动车驾驶证并有两年以上驾龄，经客运服务职业培训，且考核合格、遵纪守法、遵守客运服务规范的其他规定。客运管理机构定期对经营者的资格进行复审，对出租汽车和驾驶员的客运资格进行审验。经营者应当执行由城市的物价部门会同同级建设行政主管部门制定的收费标准，并且使用由城市客运管理机构会同税务部门印制的车费发票，按照规定缴纳税费和客运管理费。

8.4 城市市容和环境卫生管理制度

要建立一个清洁、美好、符合生态发展的现代化城市，必须重视城市市容的管理和城市环境保护。

8.4.1 城市环境概述

1）城市环境的概念

环境是人类赖以生存的基本条件，是发展生产、繁荣经济的物质基础。城市环境是指城市地区内的自然、生活和生产三方面所构成的一种系统性的状态。这种系统性的状态,可以分为两方面,即自然界自身所具有的自然状态和人类在改造自然过程中利用自然界赋予的各种资源而创造的人工状态。

自然界自身具有的自然状态,在生态学中被称为"原生环境",如地势、气候、日照、水资源等构成的空间状态。人类在改造自然界的过程中利用自然界赋予的各种资源而创造的人工状态,在生态学中称之为"社会环境"。城市建设中必须考虑社会环境与原生环境的和谐统一。

2) 城市环境的特点

城市环境在结构内容上同农村、乡镇相比,具有自身的特点:

(1) 社会环境的复杂性

城市的原生环境,在其结构内容上与其他区域相比没有质的区别。但城市的社会环境则不一样,城市的社会环境与其他区域如农村、乡镇相比在结构内容上则复杂得多。无论在数量上,还是在种类上,城市地区的物质设施都要胜于农村和乡镇。

(2) 人类对原生环境的强大干预性

城市是人口集中的中心和经济、政治、文化活动的中心。因此,在城市人类对原生环境的干预亦最强。由于人类的活动,大自然发生了不同程度的变化。在气候上,人类建设的建筑群影响到原生环境中的辐射强度、日照、温度、风向、大气环流等诸多方面;在水资源上,城市建筑和市民经济活动,影响着水的循环再分配、水量、水质和地下水等水的原生状态;城市中不断增多的地下设施,也破坏了土壤的原生结构,降低了土壤的自净能力。

(3) 原生环境与社会环境的相互影响性

城市环境中,原生环境是社会环境的物质前提。这是因为社会环境中的物质设施的建立离不开原生环境的制约。例如城市环境中的一切物质设施的建造,都有赖于当地"稀缺的"土地资源。同样,城市社会环境中的各种物质设施的建立往往会影响原生环境的质量。例如城市中化工厂的建设投产,必然会影响到城市的空气质量和水质。

3) 城市污染

城市污染是指对自然环境的破坏。例如,人口的集中与经济活动的聚集会给自然环境带来破坏,而这种破坏程度超过了自然环境所能吸收的能力时,就变成了人们共同憎恶的"公害"。

(1) 空气污染

城市中的空气污染主要是由民间加热、工业加热、火热发电和交通运输汽车尾气等所造成的。据有关资料表明,世界上已有261种物质被检验出有可能造成空气污染。空气污染对人类危害极大。在西方国家的城市中,历史上曾经发生过几起震惊世界的空气污染的公害事件。例如,苏格兰的格拉斯哥1911年由于空气的严重污染,曾有 1 000 多人死于其害;英国伦敦 1952 年的烟尘事件,在一个月内死亡人数达 1.2 万人。

(2) 水污染

水污染主要指工业或民用的有机污染物通过下水道或地面排水系统排向某一水域,从而给这一水域的水质带来危害性影响。城市中的水污染主要来源于未经适当处理的水道污染、工业排污和有害地面排水。水污染既影响到一些企业中某些需要净化水源的工艺用水,又影响到人类正常的生活需要,甚至会威胁人类的生命与健康。

(3) 固体废物污染

城市中的固体废物主要来自工厂加工所产生的固体废物、市民每天生活而产生的垃圾。固体废物对城市市容整洁起着一定破坏作用。由于固体废物中常含有毒性物质和病原性微生物,因而它极易引起空气污染和水污染。

(4) 噪音污染

城市噪音是随着城市的发展而增加的,它包括交通运输噪音、工业噪音、生活噪音以及市政工程和建筑施工噪音等。城市噪音污染对人类危害极大,它会妨碍人们的睡眠,影响人们的休息、生活,伤害人们的听觉,使记忆力不断减退,引起心情烦躁、食欲不振以及多种疾病,降低人们的工作、学习效率等。

4) 城市环境保护的重要性

城市环境问题已成为全球性的问题。随着城市的工业不断发展和城市人口的不断增加,城市环境污染日趋严重。由于人类活动不断向自然界排放大量的有害物质,其数量已超过了生态系统降解能力,威胁和损坏人类的身体健康,影响动植物的生长,使城市居民赖以生存的环境恶化。城市环境污染给城市居民和城市经济发展造成了很大危害。1956 年,在日本的熊本县,由于化工厂排出的含有水银的废水流入水湾,水银在鱼虾体内沉淀,人吃了这种鱼虾就得了一种神经错乱的怪病,称之为"水俣病",造成很多人死亡。很多国家医学研究工作者研究证明,威胁人类健康的癌症与环境污染有关。据我国有关部门统计,城市癌症发病率高于农村,工矿区又高于一般居民区。环境污染不仅危害人们的生命健康,同时又把人们的资源、能源浪费掉,在经济上造成重大损失。仅污水一项,我国每年造成的直接经济损失就达 300 多亿元。搞好环境保护,加强环境管理已成为我国政府的一项十分重要的工作。"十二五"期间,我国环境保护取得了重要进展,森林覆盖率超过 21.66%,环境保护资金投入占 GDP 的比重达到 1.4%,但与世界发达国家相比仍然有差距。"十三五"纲要明确提出,到 2020 年森林覆盖率提高到 23.04%,森林蓄积量达到 165 亿立方米;城乡环境质量改善,生产和生活方式绿色、低碳水平上升,主要污染物排放总量比 2015 年减少 10%,在重点地区、重点行业推进挥发性有机物总量控制,全国排放总量下降 10% 以上;城市和县城污水处理率分别达到 95%

和85%左右,地级及以上城市建成区基本实现污水全收集、全处理;地级及以上城市集中式饮用水水源水质达到或优于Ⅲ类比例高于93%,全国地下水污染加剧趋势得到初步遏制,质量极差的地下水比例控制在15%左右;农村化肥、农药和畜禽养殖等带来的污染加重趋势有所缓解,生态恶化趋势得到遏制。为此,我国将在"十三五"期间投资17万亿元用于生态建设和环境保护。

8.4.2 城市市容管理

为了创造清洁、优美的城市工作和生活环境,必须要加强城市市容管理。

1) 建筑物和城市设施的市容管理

城市中的建筑物和设施,应当符合国家规定的城市容貌标准。1986年城乡建设环境保护部批准发布的城市容貌标准要求:新建、扩建、改建一切建筑物,应当讲究建筑艺术,注意美观,其造型、装饰应当与周围环境相协调。城市中的市政公用设施,应当与周围环境相协调。例如:现有的建筑物应当保持外形完好。临街破损的建筑物应当及时整修,符合街景要求。道路应当保持平坦,便于通行。路面出现坑凹、碎裂、隆起、溢水、塌陷等情况,应当及时修复。临街建筑物外墙应当保持整洁。墙面污染的,应当及时清洗、洗刷、油漆。主次干道两侧大型公共建筑物,应当逐步设置并使用亮化设施。屋顶和主干道两侧建筑物的阳台外侧,不得搭建建筑物,不得堆放、吊挂物品影响市容。主次干道两侧住宅要封闭阳台的,应当按照统一的设计样式封闭。

建筑物和城市设施应当符合城市规划要求。《城市规划法》规定,编制城市规划应当加强城市绿化建设和市容环境卫生建设,保护历史文化遗产、城市传统风貌、地方特色和自然景观,各类建筑的平面位置、立面造型、装修色调等应符合批准的规划设计要求。

2) 道路、公共场地的市容管理

道路(含人行道、车行道、隔离带)应当保持平整、完好。路面出现坑凹、破裂、隆起、溢水、塌陷和污染等情况,管理单位应当限期修复和清理。道路上设置的井盖等设施应当保持完好。井盖出现丢失、破损、移位的,管理单位也应及时补齐、维修、复位。

主要街道两侧的建筑物前,应当根据需要与可能,选用透景、半透景的围墙、栅栏或者绿篱、花坛、草坪等作为分界,除特殊情况外,不得设置实体围墙。

道路两侧和公共场地不得堆放物料,因特殊需要在道路两侧和公共场地临时堆放物料,搭建非永久性建筑物的,必须征得市容主管部门同意后,按照有关规定办理审批手续。

道路两侧,公共场地的树木、草坪、绿篱、花坛、雕塑、水池等,应当保持整洁。出现毁损、缺失、污染的,管理单位应当及时修复、整饰、清理。

3) 户外广告、霓虹灯的市容管理

城市中设置的户外广告、霓虹灯、电子显示牌、标语牌、灯箱、画廊、橱窗等设施,位置设置应当适当,布置形式应与街景协调,保持完好、整洁、美观。破损、陈旧、污秽的,应当及时维修或拆除;户外广告、霓虹灯广告的内容要防止淫秽、恐怖、暴力,更不得含有民族、种族、宗教歧视等内容。有下列情况之一的,不得设置户外广告:

(1) 利用交通安全设施、交通标志的;

(2) 影响市政公共设施、交通安全设施、交通标志使用的;

(3) 妨碍生产或人民生活,损害市容市貌的;

(4) 当地县级以上地方政府禁止设置户外广告的区域。

4) 建设工程施工场地容貌和工程渣土处置管理

为了使市环境尽快变好,必须要加强建设工程施工的市容管理。建筑工程施工现场应当设置不低于2米的围墙;材料、机具应当堆放整齐,施工污水、泥浆不得漫溢场外,工程渣土应当及时清运,工地出口处应当设置专项设施冲洗车辆,防止带泥行驶。工程竣工后,应当拆除临时设施,及时清理和平整场地。

回填工程基坑、洼地等需要受纳渣土的,受纳单位应当到市渣土管理机构申报登记。单位或个人装饰、修缮房屋而弃置的渣土,不得与生活垃圾混放,应当袋装堆放到指定地点,并及时清运。

建设部1991年12月5日发布的《建筑工程施工现场管理规定》对此有较为具体的规定:项目经理全面负责施工过程中的现场管理,建立施工现场管理责任制。

5) 法律责任

国家及各地方政府都颁布了市容管理条例,每个公民及单位都应该按条例办事。如果违反条例,各地方市容主管部门应责令其纠正违法行为,采取补救措施,可以给予警告,并处以罚款。

现将《南京市市容管理条例》有关处罚的规定列举如下:

(1) 建筑物顶部、主干道两侧建筑物的阳台外侧搭置建筑物,堆放、吊挂物品影响市容,经教育拒不改正的,对单位处以二百元以上二千元以下罚款,对个人处以五十元以上二百元以下罚款;

(2) 主次干道两侧工地不设置封闭围挡、施工污水漫溢场外、停工场地不及时整理并作必要覆盖或者竣工后不及时拆除临时设施、清理和平整场地,影响市容的,处以五百元以上三千元以下罚款;

(3) 擅自在道路两侧、公共场地堆放物品或者举办节庆、文体、商业等活动结束后未及时拆除临时设施、清除废弃物的,对单位处以二百元以上一千元以下罚款,对个人处以五十元以上二百元以下罚款;

(4) 货运车辆沿途遗洒、飘散载运物的,处以五百元以上五千元以下罚款;

(5) 在建筑物、公共设施以及树木上涂写、刻画、随意悬挂、张贴的,处以一百元以上五百元以下罚款。

8.4.3 城市环境卫生管理

为了加强城市环境卫生管理,维护公共卫生,增进人民健康,根据《中华人民共和国宪法》等有关法规精神,制定有关管理规定。

1) 公共厕所管理

城市公共厕所是指供城市居民和流动人口共同使用的厕所,包括公共建筑(车站、码头、影剧院、体育场馆、办公楼等)的附设公厕。对公共厕所的管理主要依据《城市市容和环境卫生管理条例》和建设部1990年12月31日发布的《城市公厕管理办法》进行。

城市公厕应当按照"全面规划、合理布局、改建并重、卫生适用、方便群众、水厕为主、有利排运"的原则,依照《城市公共厕所规划和设计标准》及公共建筑设计规范进行规划建设。每一座公厕应建在明显易找、便于粪便排放或机器抽运地段。

建好的厕所必须加强管理才能保持清洁卫生。具体分工如下:城市主次干道两侧的公厕由城市环境卫生行政主管部门指定环卫机构负责;新建、改建居民楼宇或住宅小区的公厕由产权单位负责;风景、名胜、旅游点的公厕由其主管部门或经营管理部门负责。

城市人民政府市容管理环境卫生行政管理部门,应当配备专业人员或者委托有关单位和个人负责公共厕所的保洁和管理;有关单位和个人也可以承包公共厕所的保洁和管理。城市公共厕所的保洁,应当逐步做到规范化、标准化,保持公厕清洁卫生和设备、设施的完好。对于一些不符合规定要求的公厕应当予以限期改建成规范化、标准化的公厕。

2) 公共场所和主要街道、广场的环境卫生管理

城市里的公共场所、广场等地方,人员相对集中,且流动量大,各种污染源也较多,应根据《城市市容管理和环境卫生管理条例》以及《城市道路和公共场所清扫保洁管理办法》进行管理。

(1) 明确责任,达到长效管理

① 按国家行政建制设立的街道、广场、桥梁、人行天桥和公共水域的环境卫生,由地方环卫所负责;

② 旧居住小区、街巷等地方由居委会负责组织专人清扫保洁;

③ 新建住宅小区或高层楼宇由从事物业管理的企业组织专人清扫保洁;

④ 机场、车站(火车站、汽车站)、港口、各类活动场所(影剧院、博物馆、展览馆、纪念馆、体育馆等)由本单位负责清扫保洁;

⑤ 城市集贸市场,由主管部门负责组织专人清扫保洁;

⑥ 各种摊点,由从业人员负责清扫保洁;

⑦ 各单位和个人应当按照环境卫生管理部门划分的卫生责任区,负责清扫保洁。

(2) 加强环境卫生管理,保护市容整洁

城市环境卫生实行专业队伍和群众保洁相结合的办法,明确制度,责任到人。各单位和个人必须维护城市道路和公共场所的清洁,严格遵守下列规定:

① 不得在街道、公共建筑、公共广场上书写、张贴标语和传单;

② 不得在街道两侧及公共场所堆放物料,私搭乱建,摆摊售货;

③ 各种车辆在市内运输时,不得有污物和浓烟、浊气飞扬或滴漏,污染环境;

④ 不得破坏主要街道两旁设置的废物箱、痰盂;

凡从事城市道路和公共场所经营性清扫、保洁和进城车辆冲洗等经营性服务的单位和个人,必须向城市市容环境卫生行政主管部门申请资质审查,经批准后方可从事经营性服务。

(3) 遵守社会公德,自觉维护公共卫生

人人自觉维护公共卫生,树立以卫生为光荣,以不卫生为耻辱的新风尚。全体公民努力做到:

① 不随便乱丢瓜皮、果壳和纸屑、烟头等污物;

② 不随便吐痰,不随地大小便和乱倒垃圾及粪便;

③ 不私养鸡、鸭、鹅、狗等家禽、家畜;

④ 积极参与消灭"四害"活动,对河沟、水塘、防空洞、厕所、垃圾站、窨井、下水道等各种蚊蝇孳生场所,定期、定点进行消毒、除害,做到无蝇、无蛆、无鼠。

3) 生活废弃物的管理

生活废弃物即生活垃圾,是指城市中的单位和居民在日常生活及为生活服务中产生的废弃物,以及建筑施工活动中产生的垃圾。建设部 1993 年 7 月 21 日发布了《城市生活垃圾管理办法》,加强对生活废弃物的管理。

许多城市根据国务院《城市市容和环境卫生管理条例》结合本省市实际情况提出了生活垃圾袋装化,即将不能回收利用的生活垃圾装入垃圾袋中,扎封袋口统一收集,并运至指定地点,同时要求对生活废物分类收集、运输和处理。

对垃圾粪便应当及时清运,并逐步做到垃圾、粪便无害化处理和综合利用。国家鼓励发展城市生活垃圾的回收利用,逐步实现城市垃圾治理无害化、资源化和减量化。

为了使城市市容卫生管理得更好,必须要宣传城市市容卫生管理规定,规范行为,禁止以下行为:

(1) 将有害废弃物混入生活垃圾中;

(2) 不按当地规定时间、地点任意倾倒垃圾;

(3) 随意拆除、损坏垃圾收集容器及处理设施；
(4) 垃圾运输车辆不加封闭,沿途扬、撒、遗漏；
(5) 违反城市生活垃圾管理办法的其他行为。

8.4.4 违反城市市容管理和环境卫生管理的法律责任

违反城市市容和环境卫生管理的行为应当承担的法律责任主要是行政责任,如构成犯罪的,则应当承担刑事责任。对违反城市市容和环境卫生管理的行为进行行政处罚时,应根据不同的具体情况,分别进行处理。

江苏省第十届人民代表大会常务委员会第七次会议通过的、2004年2月1日起施行的《江苏省城市市容和环境卫生管理条例》(以下简称《条例》)除了更加规范了城市市容管理和城市环境卫生管理以外,更强化了法律责任。具体如下：

(1) 违反本条例规定,有下列行为之一的,由市容环卫管理部门按照以下规定处理：

① 擅自在城市街道两侧和公共场地搭建临时设施的,责令停止违法行为、限期拆除,处以300元以上3 000元以下罚款。

② 擅自在城市街道两侧和公共场地堆放物料的,责令停止违法行为,限期清理,可处以100元以上1 000元以下罚款。

③ 擅自占用道路、人行过街桥、人行地下过街通道、地铁通道以及其他公共场地摆摊设点的,责令停止违法行为,继续违法经营的,可以暂扣其兜售的物品及其装盛器具,处以20元以上200元以下罚款。决定暂扣的,应当出具暂扣清单,要求违法行为人按照规定时间到指定地点接受处理。逾期不到指定地点接受处理造成损失的,由违法行为人承担。

④ 超出门、窗进行户外占道经营、作业的,责令停止违法行为,处以100元以上500元以下罚款,有违法经营设施的,责令拆除违法经营设施。

⑤ 设置户外广告不符合市容管理规定的,责令限期改正。逾期未改正的,可以处以500元以上5 000元以下罚款。

⑥ 在树木、地面、建筑物、构筑物或者其他设施上刻画、涂写、张贴的,责令限期清除,处以100元以上500元以下罚款；逾期不清除的,代为清除,所需费用由违法行为者承担。造成损失的,依法承担赔偿责任。使用作业工具或者通信工具从事上述行为的,市容环卫管理部门可以暂扣作业工具或者建议有关部门暂停其使用的通信工具。

(2) 违反本条例规定,有下列行为之一的,由市容环卫管理部门责令纠正违法行为,采取补救措施,可以按照以下规定予以处罚：

① 随地吐痰、便溺、乱倒污水、乱扔口香糖等废弃物的,处以20元以上200元以下罚款；

② 乱倒垃圾、粪便的,处以 50 元以上 200 元以下罚款;

③ 收旧、车辆清洗、维修、饮食等单位或者个人污染环境的,处以 50 元以上 200 元以下罚款;

④ 在实施城市生活垃圾分类处理区域,将废电池、荧光灯管、电子显示屏等有毒、有害垃圾倒入生活垃圾容器或任意排放、遗弃的,处以 50 元以上 200 元以下罚款;

⑤ 在露天场所和公共垃圾容器内焚烧树叶、垃圾或者其他废弃物的,处以 20 元以上 200 元以下罚款;

⑥ 在设区市的市区饲养家禽家畜和食用鸽的,按照每只(头)处以 20 元以上 50 元以下罚款;

⑦ 饲养宠物和信鸽污染环境的,处以 20 元以上 200 元以下罚款;

⑧ 施工现场未按规定设置围挡,车辆冲洗设施以及其他临时环境卫生设施,致使扬尘、污水等污染周围环境的,或者竣工后不及时清除废弃物料、清理施工现场、拆除临时环境卫生设施的,处以 500 元以上 3 000 元以下罚款;

⑨ 擅自倾倒建筑垃圾、工程渣土的,处以 500 元以上 5 000 元以下罚款;

运输工程渣土、砂石、泥浆及流体废弃物的车辆沿途泄漏、抛撒或者车轮带泥行驶污染道路的,视情节轻重处以 500 元以上 5 000 元以下罚款;违法行为人拒不采取补救措施的,由市容环卫管理部门组织作业单位及时清除,清除费用由违法行为人承担。

(3) 侮辱、殴打市容环卫工作人员,构成违反治安管理行为的,由公安机关依照《中华人民共和国治安管理处罚条例》予以处罚;构成犯罪的,依法追究刑事责任。

(4) 市容环卫行政执法人员在执法过程中违反本条例相应条款要求的,根据情节轻重,依法给予批评教育,或者给予行政处分;构成犯罪的,依法追究刑事责任;给当事人造成损失的,应当依法给予赔偿。

8.5 城市园林绿化法律制度

8.5.1 城市绿化管理

1) 城市绿化的重要性

随着我国城市化加快,城市人口迅速增加,提供人们赖以生存条件的房地产业也迅速发展。一方面城市特有的功能(如城市的集中性、开放性、辐射性、综合性等)显现出来,使国民经济总量迅速提升,物质文明与精神文明得到了双提高;另一方面城市污染也暴露出来,如空气污染、水污染、垃圾污染、噪音污染、光污染等。为了防止或减少这些污染对人的侵害,各级政府都十分重视城市绿化工作。绿化

直接有益于人类的生存,可以从以下六个方面得知:

(1) 调节气候

城市种植大量树木可以调节温度。据统计,1 m^2 树林一天可以蒸发水分约 180 kg,吸收热量约 188.4 kJ。

(2) 消灭细菌

城市植树可以消灭细菌。据统计,1 m^2 树林一昼夜能分泌出 3 g 左右的杀菌素,可以杀死空气中的结核杆菌、伤寒杆菌、痢疾杆菌等。

(3) 吸附灰尘

城市种植的树木可以净化空气,吸附灰尘。据统计,1 m^2 树林一年可吸附各种灰尘约 30 kg,清洁了空气。

(4) 降低噪音

人站在树林里不仅呼吸到了新鲜的空气,还几乎听不到树林外汽车的马达声和其他的机器噪音,或噪音明显降低。

(5) 有利呼吸

据有关研究机构研究得出:1 m^2 树林每天能吸收二氧化碳约 100 g,呼出氧气约 74 g。

(6) 调节雨量

据研究发现,1 m^2 有树林的地比 1 m^2 无树林的地可多蓄水约 30 kg,能调节雨量,防止旱灾发生。

2) 城市绿化建设

城市人民政府应当组织城市规划行政主管部门和城市绿化行政主管部门等单位共同编制城市绿化规划,在编制城市绿化规划时,应根据当地特点,利用原有地形、地貌、水文、植被和历史文化遗址等自然和人文条件,合理设置公共绿地、居住绿地。在建设中应注意以下两个方面:

(1) 城市绿化工程设计应当委托持有相应资格证书的设计单位承担

根据国家规定,城市绿化工程专业设计资格分为甲乙丙丁四级,并对具有这四级资格的设计单位的业务范围分别作了相应规定:具有甲级设计资格的设计单位业务范围不受限制;具有乙级设计资格的设计单位可承担中小型园林绿化工程设计,地区不受限制;具有丙级设计资格的设计单位可承担所在地范围内的中小型园林绿化工程设计;具有丁级设计资格的设计单位可承担所属地区范围内小型园林绿化工程设计。

城市绿化设计应当借鉴国外先进经验,体现民族风格和地方特色。城市公共绿化和居住绿化建设,应当以植物造景为主,选用适合当地自然条件的树木、花草,并适当配制一些石、雕塑等小品。

(2) 城市绿化工程施工应当由具有相应资格的施工单位承担

《城市绿化条例》第十六条规定:"城市绿化工程的施工,应当委托有相应资格证书的单位承担,绿化工程竣工后,应当经城市人民政府城市绿化行政主管部门或者该工程主管部门验收合格后,方可交付使用。"

3) 城市绿化的保护和管理

为了使城市绿化保护得更好,让城市更美,必须要对城市绿化加强管理,强化责任意识,明确职能范围,具体体现在以下几个方面:

(1) 职能分工明确

根据城市绿化特点,管理职能范围应当明确:城市公共绿地、风景林地、防护绿地、行道树及干道绿化带绿化,由城市人民政府城市绿化行政主管部门管理;各单位管界内的防护绿地的绿化,由该单位按照国家有关规定管理;单位自建的公园和单位附属绿地的绿化,由该单位管理;居住区绿地的绿化,由城市人民政府城市绿化行政主管部门根据实际情况确定管理单位管理;城市苗圃、草圃和花圃等由其经营单位管理。

(2) 法律责任明确

① 任何单位和个人都不得擅自改变城市绿化规划用地性质或者破坏绿化规划用地的地形、地貌、水质和植被。任何单位和个人不得擅自占用城市绿化用地;占用的城市绿地,应当限期归还。对于未经同意擅自占用城市绿化用地的,由城市绿化行政主管部门责令限期归还,恢复原状,可以并处罚款;造成损失的,应负赔偿责任。

② 任何单位和个人都不得损坏城市树木花草和绿化设施。砍伐城市树木,必须经城市人民政府城市绿化行政主管部门批准,并按照有关规定补植树木或者采取其他补救措施。对城市古树名木(百年以上树龄的树木及稀有珍贵树木,具有历史价值或者重要社会纪念意义的树木)实行统一管理,分别养护。城市人民政府城市绿化行政主管部门,应当建立古树名木的档案和标志,划定保护范围,加强养护管理。根据《城市绿化条例》第二十七条规定,对损坏城市树木花草的,擅自修剪或者砍伐城市树木的,砍伐、擅自迁移古树名木,或者因养护不善致使古树名木受到损伤或者死亡的,损坏城市绿化设施的,由城市人民政府城市绿化行政主管部门或者其授权的单位责令其停止侵害,可以并处罚款;造成损失的,应当负赔偿责任;应当给予治安管理处罚的,依照《中华人民共和国治安管理处罚条例》有关规定进行处罚;构成犯罪的,依法追究刑事责任。

③ 未经同意擅自在城市公共绿地内开设商业、服务摊点的,由城市人民政府城市绿化行政主管部门或者其授权单位责令其限期拆除,可以并处罚款;情节严重的,由城市人民政府绿化主管部门取消其设点申请批准文件,并提请工商行政主管部门吊销营业执照。

(3) 管理体制明确

根据《城市绿化条例》第七条规定,其管理体制是:

① 国务院设立全国绿化委员会,统一组织领导全国城乡绿化工作,其办公室设在国务院林业行政主管部门;

② 国务院城市建设行政主管部门和国务院林业行政主管部门等,按照国务院规定的职权划分,负责全国城市绿化工作;

③ 地方城市绿化管理体制,由省、自治区、直辖市人民政府根据本地实际情况规定;

④ 城市人民政府城市绿化行政主管部门主管本行政区域内城市规划区的城市绿化工作;

⑤ 在城市绿化区内,有关法律、法规规定由林业主管部门等管理的绿化工作,依照法律、法规执行。

8.5.2 城市园林管理

1) 城市园林的概念

城市园林是指城市区域内运用工程技术和艺术手段,通过改造地形,种植树木花草,营造建筑和布置园路等途径创造而成为一个十分优美的自然环境和休憩境域。园林包括庭院、宅院、小游园、花园、公园、植物园、动物园等。

2) 城市园林的规划与建设

(1) 城市园林规划

城市园林规划是城市总体规划的重要组成部分,它由城市规划部门会同园林部门组织实施,在制定规划时应注意两点:

① 结合城市特点做好园林规划。要根据当地特点和条件,合理布局,远、近期结合,点、线、面结合,构成完整的绿地系统。每个城市都要有与人口相应的绿地面积,不断提高绿化覆盖率。近期内有条件的城市,绿化覆盖率提高到40%,人均公共绿地面积达到13平方米;根据"十三五"规划要求,到2020年,城市人均公园绿地面积达到14.6平方米,城市建成区绿化率达到38.9%。

② 严格按照政府规定进行规划。根据政府规定,城市新建区的绿化用地,应不低于总面积的30%,旧城改造区的绿化用地,应不低于总面积的25%。

(2) 城市园林建设

城市园林建设,必须按规划有计划地进行。每处城市园林在施工前要做好设计,并按基本建设程序经过审查批准。城市园林建设过程中应注意以下几个方面:

① 质量第一,精心施工。城市园林是城市人民休闲、旅游的去处,是人们活动的中心,是精神文明的窗口,因此园林建设中一定要树立"质量第一,百年大计"的思想,精心设计,精心施工;要从实际出发,按照园林性质进行施工建设。使园林建

设既要讲究艺术,又要经济合理,做到投资省、效果好。

② 继承和发扬我国优秀园林艺术。城市园林建设中既要注意吸收国外先进经验,更要充分发扬我国优秀园林艺术传统,努力创造适应现代化生活的新型园林风格。要倡导主要以植物材料造园,以绿色为主,以人为本,园林建筑和其他设施小品要安排适度,不要过多。

③ 提高栽培技术,保证栽培质量。苗木是园林绿化建设的物质基础,要重视城市园林苗圃建设,逐步做到苗木自给,降低成本。绿化工程要加强技术管理,严格按技术规范操作,保证栽培质量,提高树木花草成活率,克服和防止目前许多城市出现的年年重复栽树养花、成活率低、成本过大现象。

(3) 园林绿地、植物的管理

为了保护好城市园林绿地、植物,使其常青常绿,必须要强化管理,明确责任。

① 城市的公共绿地、生产绿地、防护绿地、风景名胜区由城市园林部门经营管理;专用绿地和其他单位营造、管理的防护林带,由各单位自行管理,园林部门在业务上进行指导、检查和监督。

② 城市公共绿地是广大群众观赏休憩的场所,必须保护树木花草繁茂,园容整洁美观,设施完好,并不断充实植物品种,提高园艺水平。为了保证公共绿地的良好秩序,确保游人及园林设施的安全,园林部门要建立健全各项管理制度,并严格执行。

③ 园林绿地内的植物应妥善保护。任何人和单位都不许在园林绿地内毁损花木,倾倒垃圾,堆放物品,割草取土,开荒垦殖。为保证园林植物生长繁盛,要切实搞好养护管理工作,适时松土、灌溉、施肥、修缮和防治病虫害。

④ 城市园林部门管辖范围内的树木,归园林部门所有。各单位在其界内自行种植养护的树木,树权和收益权归单位所有。居住区内的树木,树权和收益权归负责此居住区绿化的部门所有。私人庭院个人种植的树木,树权和收益权归个人所有。

⑤ 城市植树的主要目的是维护生态平衡,改善环境,美化城市。所有树木都要加以保护。无论公有或私有树木的砍伐,均要报园林部门审查批准;未经园林部门许可,任何单位和个人都不得砍伐。

⑥ 行道树及干道上的绿化带,由园林部门负责管理。行道树与架空线路、地下管线发生矛盾需要修剪时,由线路管理单位与园林部门协商进行修剪。

8.5.3 违反城市园林绿化管理的法律责任

社会主义市场经济是法制经济。城市园林管理部门同样如此,需要有一套完整的法规来约束人们的行为。国家出台了《城市绿化条例》,各地人民政府也根据本地实际情况制定出台了城市绿地管理规章,南京市第十四届人民代表大会常务委员会第三十二次会议于2012年8月30日制定,江苏省第十一届人民代表大会常务委员会第三十次会议于2012年9月26日批准通过的《南京市城市绿化条例》,更加明确了人们的行为规范,以及违法而应承担的法律责任。

1) 明确人们不应有的行为

《南京市城市绿化条例》第二十六条明确规定,任何单位和任何个人不得有下列损坏城市绿化的行为:

(1) 在树木上刻划、钉钉,缠绕绳索,架设电线电缆或者照明设施;

(2) 擅自采摘花果、采收种条、采挖中草药或者种苗;

(3) 损毁草坪、花坛或者绿篱;

(4) 挖掘、损毁花木;

(5) 擅自在绿地内取土,搭建建(构)筑物,围圈树木,设置广告牌;

(6) 在距离树干一点五米范围内埋设影响树木生长的排水、供水、供气、电缆等各种管线或者挖掘坑道;

(7) 在花坛、绿地内堆放杂物,倾倒垃圾或者其他影响植物生长的有毒有害物质;

(8) 损坏绿化设施;

(9) 损坏城市绿地的地形、地貌;

(10) 其他损害城市绿化的行为。

2) 明确违反政府条款应承担的法律责任

《南京市城市绿化条例》第五章中明确规定了对于违反政府条例有关规定的单位和个人,由城市绿化行政主管部门或者其委托的单位给予处罚:

(1) 建设单位委托不具备相应资质的单位进行建设工程项目附属绿化工程设计、施工、监理的,由绿化行政主管部门责令限期改正,并处以五万元以上二十万元以下罚款。

不具备相应资质从事城市建设工程项目附属绿化工程设计、施工、监理的,由绿化行政主管部门责令停止违法行为,没收违法所得,并对设计单位、监理单位处以违法所得一倍以下罚款;对施工单位处以附属绿化工程合同价款百分之二以上百分之四以下罚款。

(2) 城市绿化工程或者建设工程项目附属绿化工程设计方案未经批准施工,由绿化行政主管部门责令限期改正;逾期不改正的,处以五千元以上五万元以下罚款。

未达到本条例第十一条规定绿化用地标准的,按照面积差处以所在区域当年基准地价的一倍以上二倍以下罚款。

(3) 具备绿化条件的半年内未开工建设的建设项目用地未简易绿化的,由绿化行政主管部门责令限期改正;逾期不改正的,按照未简易绿化面积处以每平方米二百元以上五百元以下罚款。

(4) 临时占用城市绿地超过批准期限、面积,或者期满后未恢复原状的,由绿化行政主管部门责令限期退还、恢复原状,可以并处所占绿化用地每平方米五百元以上一千元以下罚款;造成损失的,承担赔偿责任。

(5) 建设单位经批准占用城市绿地,具备补建同等面积绿地条件但未补建的,由绿化行政主管部门责令限期改正;逾期不改正的,按照同等面积处以所在区域当年基准地价的一倍以上二倍以下罚款。

(6) 擅自移植树木的,或者经批准移植但未按照规定补植的,由绿化行政主管部门责令限期改正,处以每棵二千元以上二万元以下罚款。

(7) 砍伐、擅自移植以及其他行为导致古树名木损坏或者死亡的,由绿化行政主管部门责令停止侵害,按照规定的标准赔偿,并处以损失的一倍以上五倍以下罚款。

《南京市城市绿化条例》第五十八条明确规定,绿化行政主管部门和城市绿地管理单位的工作人员玩忽职守、滥用职权、徇私舞弊,构成犯罪的,依法追究刑事责任;尚不构成犯罪的,依法给予行政处分。

8.6 城市轨道交通运营管理制度

随着中国经济快速增长,城市化程度越来越高,城市人口迅猛增加,人们对交通畅通的要求也越来越高,而且越加迫切。为了解决交通出行方便问题,全国许多城市在 20 世纪 90 年代末开始发展轨道交通。为了保证轨道交通运行的安全可靠,建设部制定颁布了《城市轨道交通运营管理办法》,并于 2005 年 8 月 1 日起开始施行。

8.6.1 城市轨道交通的运营管理制度

根据建设部 2005 年 3 月 1 日通过的《城市轨道交通运营管理办法》,已明确规定应当按照《行政许可法》做好特许经营的有关工作。

1) 做好城市轨道交通运营的具体要求

(1) 新建城市轨道交通工程竣工后,应当进行工程初验;初验合格的,可认进行试运行;试运行合格,并具备基本运营条件的,可以进行试运营。

(2) 城市轨道交通运营单位应当按照国家有关规定和特许经营协议,制定城市轨道交通运营服务规则和设施保养维护办法,保证城市轨道交通的正常、安全运营。

(3) 城市轨道交通运营单位应当为乘客提供安全便捷的客运服务,保证车站、车厢整洁,出入口、通道畅通,保持安全、消防、疏散导向等标志醒目。

（4）城市轨道交通运营单位工作人员应当佩戴标志、态度文明、服务规范。驾驶员、调度员、行车值班员等岗位的工作人员应当经培训合格后,持证上岗。

（5）城市轨道交通运营过程中发生故障而影响运行的,城市轨道交通运营单位应当及时组织乘客疏散,并尽快排除故障,恢复运行。

（6）城市轨道交通运营单位应当执行当地政府价格主管部门依法确定的票价,不得擅自调整。

2）禁止危害城市轨道交通正常运营行为

（1）在车厢内吸烟、随地吐痰、便溺、吐口香糖、乱扔果皮、纸屑等废弃物;

（2）在车站、站台、站厅、出入口、通道停放车辆、堆放杂物或者擅自摆摊设点堵塞通道的;

（3）擅自进入轨道、隧道等禁止进入的区域;

（4）攀爬、跨越围墙、护栏、护网、门闸;

（5）强行上下列车;

（6）在车厢或者城市轨道交通设施上乱写、乱画、乱张贴;

（7）携带宠物乘车;

（8）携带易燃、易爆、有毒和放射性、腐蚀性的危险品乘车;

（9）危害城市轨道交通运营和乘客安全的其他行为。

8.6.2 城市轨道交通的安全管理制度

1）有关轨道交通的安全管理规定

根据《城市轨道交通运营管理办法》,对轨道交通安全管理作如下规定:

（1）城市轨道交通运营单位应当按照反恐、消防管理、事故救援等有关规定,在城市轨道交通设施内,设置报警、灭火、逃生、防汛、防爆、防护监视、紧急疏散照明、救援等器材和设备,定期检查、维护,按期更新,并保持完好。

（2）城市轨道交通运营单位负责城市轨道交通设施的管理和维护,定期对土建工程、车辆和运营设备进行维护、检查,及时维修更新,确保其处于安全状态。

（3）在发生地震、火灾等重大灾害后,城市轨道交通运营单位应当对城市轨道交通进行安全性检查,经检查合格后,方可恢复运营。

（4）城市轨道交通运营单位应当采取多种形式向乘客宣传安全乘运的知识和要求。

（5）运营单位在不停运的情况下对城市轨道交通进行扩建、改建和设施改造的,应当制定安全防护方案,并报城市人民政府城市轨道交通主管部门备案。

2）禁止下列危害城市轨道交通设施安全的行为

（1）非紧急状态下动用应急装置;

（2）损坏车辆、隧道、轨道、路基、车站等设施设备;

(3) 损坏和干扰机电设备、电缆、通信信号系统;
(4) 污损安全、消防、疏散导向、站牌等标志,防护监视等设备;
(5) 危害城市轨道交通设施的其他行为。

8.6.3 违反城市轨道交通运营管理制度而应承担的法律责任

《城市轨道交通运营管理办法》是保证我国轨道交通正常、安全运行的规章,任何企业与个人必须遵守,若违反了相应的规定,必须承担法律责任。

(1) 个人违反《城市轨道交通运营管理办法》规定所禁止的各类行为,影响城市轨道交通安全正常运营的,由城市人民政府城市轨道交通主管部门责令改正,并可处以50元以上500元以下罚款。

(2) 运营单位违反《城市轨道交通运营管理办法》,有下列行为之一的,由城市人民政府城市轨道交通主管部门给予警告,责令限期改正,并可处以1万元以下罚款:

① 未设置报警、灭火、逃生、防汛、防爆、防护监视、紧急疏散照明、救援等器材和设备,或虽已设置但未保持完好的;

② 未按照规定建立应急预案的;

③ 遇有恶劣气象条件时,未按照应急预案和操作规程进行处置的;

④ 在客流量急增危及安全运营时,未采取限制客流量的临时措施的;

⑤ 停止运营时,未提前向社会公告和报告主管部门的;

⑥ 发生安全事故时,未按照应急预案进行处置的。

(3) 运营单位违反《城市轨道交通运营管理办法》,有下列行为之一的,由城市人民政府城市轨道交通主管部门责令限期改正,并可处以5 000元以下罚款:

① 未保证车站、车厢整洁,出入口、通道畅通,保持安全、消防、疏散导向等标志醒目的;

② 安排未经培训合格的工作人员上岗或者未在车站配备急救箱的。

(4) 城市人民政府城市轨道交通主管部门工作人员玩忽职守、滥用职权、徇私舞弊的,由其所在单位依法给予行政处分;构成犯罪的,依法追究刑事责任。

8.7 案例分析

[章前案例分析]

原告认为:被告不作为酿祸,小偷没抓到就由你赔。

萍萍的父母在诉状中称,萍萍依法享有生命健康权,被告作为市政维修管理公司承担下水道等维护、检查、管理义务,在其下水道无盖的情况下,不予加盖也不设任何防护和采取必要的安全措施,无疑置市民和儿童的生命安全于不顾,也有损中山市文明城市形象。

因被告不作为,造成了萍萍死亡,依法应承担民事赔偿责任。为此,原告根据《民法通则》及最高人民法院有关司法解释规定提出上述诉讼请求。

被告认为:井盖酿祸全怪小偷,幼女死亡实属意外。

作为市政维修管理公司,管理路段范围大,公司每天都派人巡查,发现井盖丢失的都及时补上。在当前情况下这是唯一的工作方法,也尽到了责任。萍萍的死亡,全怪小偷作为,公司不能承担原告要求。

两被告辩称,中山市下水道井盖被盗普遍,尤其是萍萍不幸身亡的地点属偏僻路段,井盖丢失更是严重,这是犯罪分子偷盗后造成的后果。管理公司已经尽了管理者的义务。当天傍晚管理公司人员发现井盖被盗后立即更换新井盖,但想不到井盖随即又被盗,这是意料之外的事。在现有人力物力的情况下,井盖被盗不是管理者能预防和制止的,也不可能像电力部门那样能及时发现问题。此外,萍萍是不满6周岁的儿童,她坠入下水道,监护人也有过错。

萍萍父母住在九曲河覆盖渠路段的附近,他们应该注意到路边有多座检查井,也应知道井盖被盗时有发生,也应意识到井盖被盗所造成的危险。萍萍的姨妈放任萍萍跑入禁止入内的路边狭窄的绿化带,并使孩子脱离其有效看管的范围,在其监护不周到的情况下发生不幸,原告也应有责任。双方应按比例承担责任,不能将所有责任都推给作为企业的被告。

一审认定:井盖所有者负全责,判赔精神损失费20万元。

中山市人民法院一审认为,两被告(市政总公司及其维修公司)作为市政管理、维修部门,对其所管辖地域的市政设施负有管理维修责任。被告所管辖地域下水道井盖遗失后,没有及时维修补换,致使萍萍在外出散步时不慎掉落无井盖的下水道溺水窒息死亡,两被告应为其所管辖的市政设施不作为承担全部责任。

而遗失井盖的下水道口是在公共绿化带,并非在马路上或交通要道,萍萍的父母不可能预见在绿化带上散步时存在危险,在本案中萍萍的父母没有责任。两被告应为其不作为承担全部法律责任。

中山市法院遂作出一审判决,判两被告赔偿萍萍父母包括死亡补偿费4万余元、精神损害赔偿费20万元等在内的5项赔偿,合计25万余元。

[案例1]

施工损坏绿化,谁负责

原告:某街道办事处

被告:某绿化委员会办公室

1986年,某街道办事处经某绿化办公室主任黄某同意,在某区绿化带上兴建清扫办公室及仓库用房。1986年11月1日,该街道办事处将建房报告送至某区城建局审批。该局在报告上签署了:"根据上述情况,经研究同意建 50 m² 用于民办清扫队的临时设施,树木由建方移栽"的意见。1987 年 1 月 20 日,该街道办事处先在绿化带的另一位置打桩放线,后因位置太窄等原因,又在原确定的位置施工。在现场施工的绿化带打了长 14.6 m,宽 4.2 m,面积为 61.32 m² 的钢筋混凝土基础,并将该地的 17 棵水杉树移栽到北面绿化带上。由于该位置建房会影响有关单位的通风、安全及垃圾运出,后在市规划办、市政管理处等单位制止下,该街道办事处于同年 2 月 25 日停止施工。所移栽的 17 棵树木,成活 10 棵,死亡 7 棵。9 月 3 日,该绿化办公室认为该街道办事处,一无市规划办的建设许可证,二无市绿化办的移(砍)树木的审批手续,擅自毁坏绿化带种植的 17 棵水杉树,因此发出某绿办字(87)第 11 号《绿化损坏罚款通知书》,对该街道办罚款 3 600 元,对该街道办事处负责人张某罚款 100 元。该街道办事处不服,向区人民法院提起诉讼。

处理结果:

区人民法院经审理认为:原告在建房、移栽树木前,虽然取得了某区城建局的同意,但并未办理施工和移栽树木的许可证,在施工中又擅自扩大建房面积,并将临时设施建成永久性用房,因此,对绿化带的损失应负主要责任。某区承建局越权批准临时设施,无权批准移栽树木,其批示无效,对本案应负一定责任。但当该局主要负责人在知道自己所批示的属违章建筑时,及时派员制止了施工;又在被告处理原告的会议上,主动承担了责任,故不予追究。被告的处罚决定部分事实认定不准,适用法律不当。根据《中华人民共和国森林法》之规定,判决:

(1) 变更被告某绿办字(87)第 11 号《绿化损坏罚款通知书》;

(2) 由原告(某街道办事处)负责赔偿移栽树木费 210 元,在被损坏的绿化带上补种胸径 5 cm 以上的水杉树 21 棵,并保证成活。

判决后,被告不服,遂向市中级人民法院起诉。

市中级人民法院经审理认为,某区城建局同意街道办事处在绿化带上建 50 m² 的临时设施和移栽树木,是一种越权行为,其批示无效,对所批 50 m² 以内的水杉树被移栽负主要责任,被告将此责全部裁决由原告承担不妥。但原告未到有关部门办理施工及移栽树木许可证,对 50 m² 内的水杉树受损应负一定责任,对擅自扩大的 11.32 m² 内的绿化带受损应负全部责任。一审法院对原告这一责任不予处罚不妥,根据《中华人民共和国森林法》有关规定,判决:

(1) 维持区人民法院的原判;

(2) 对原告擅自扩大建筑中移栽的水杉树 3 棵,罚款 96 元。

评析:

本案二审人民法院判决认定事实清楚,分清了责任,对原告适用法律恰当,处理较好。但是,本案某城建局应对其越权行为造成的后果负主要责任,这种后果也是本案全部违法行为中的主要部分,对主要负责人不予处罚,显失公平。从严肃执法的角度来说,有关行政机关、行政复议机关和人民法院都应该对做出错误决定的行政机关给予相应的行政处罚。

[案例 2]

公用水龙头漏水,谁负责

原告:某工程承发包公司

被告:某节约用水办公室

1984年,某区计划委员会与某工程承发包公司协议双方联合建宿舍。协议规定:承发包公司负责拆迁工作。1987年2月,建设单位在某区房管局办理征用撤管手续。房管局撤管后,原房管局与居民住房租赁关系解除。属于拆迁地区的房屋及附属设施的修缮管理均由负责拆迁的承发包公司承担。

1989年12月,拆迁进展到49号和47号院。两院居民陆续搬迁,仅剩47号院一户居民未搬(对安置有意见)。1990年2月,49号院被拆除,由于院墙共用,使47号院中一水龙头暴露在街面上。不久,该水龙头滑扣,开始漏水。此事一直无人管理。从自来水公司查表收费卡片记载的水量流失来看,47号院用水1990年1月为5吨,2月增为49吨,3月为25吨,4月为48吨。当地居委会见状曾经向区急修站和建设单位反映过。4月18日,区节水办公室得知漏水,遂派两名执法人员会同承发包公司的同志共同勘察了现场,看到水管滑扣,一碰就开,全开时水流很急,承发包公司的人员亦在检查记录上签了字。4月20日,由承发包公司将水龙头修复。

1990年4月21日,区节水办以承发包公司对属于其管理的47号院水龙头失修失养,致使漏水为由,适用市《城镇用水浪费处罚规定》中用水管道失修漏水罚款之规定,决定处以承发包公司1 382.40元的罚款。行政处罚下达后,承发包公司不服,并于1990年11月9日,以自己不是责任主体等为由,向区人民法院提起行政诉讼,要求撤销该行政处罚决定。

处理结果:

法院审理认为:区节水办认定该处漏水由承发包公司承担责任并无不当,但同时又认为,该水龙头系居民生活用水设备,应比照《城镇用水浪费处罚规定》中居民用水龙头漏水处罚之规定处罚。此案适用法律不当,据此,判决撤销了区节水办的处罚规定,并责令其重新作出具体行政行为。

区节水办不服一审判决,上诉至中级人民法院,请求撤销原判,维持行政机关处罚决定。二审法院审理认为:(1)浪费用水的责任主体是承发包公司;(2)承发包公司应承担失修失养之责;(3)罚款数额计算准确;(4)从宏观大局考虑,本市水资源紧缺,应全力支持行政机关对水资源浪费行为的查处。二审判决:撤销原判,维持区节水办行政处罚决定。

评析:

本案中涉及的水龙头设施,在拆迁期,转由承发包公司负责,因此,公司不仅有对该地区进行拆迁的权利,同时,又负有管理、养护、维修一切设备的义务。区节水办认定承发包公司在拆迁期间,对 47 号院水龙头设备失修失养,以至漏水,造成水源浪费负有责任是正确的。一审法院认定区节水办适用法律不当,并据此撤销具体行政行为不妥;二审法院认定行政机关的行政行为证据确凿,适用法律正确,并决定撤销原判,维护行政机关合法的具体行政行为是正确的。

[案例 3]

中断供电不通知用户而造成损失是否要赔偿

今年 3 月初,某供电企业因检修线路,于工作日上午 8 时 30 分左右突然中断供电,直到当日下午 4 时左右才恢复供电,造成该段线路的机关、学校、商场、居民等断电近 8 个小时,严重影响了这些单位和居民的正常工作和生活。事发当日,人们议论纷纷,都认为该供电企业的行为已经构成侵权。

(1) 供电人因故中断供电负有通知义务

1999 年 10 月 1 日起施行的《中华人民共和国合同法》第一百八十条规定:"供电人因供电设施计划检修、临时检修、依法限电或者用电人违法用电等原因,需要中断供电时,应当按照国家有关规定通知用电人。"这是对供电人因故中断供电而负有通知义务的法律规定。供电人因故中断供电的原因(理由)有计划、临时、突发和依法进行等多元性,但根据法律规定,只要供电人因故要中断供电,就必须履行"事先通知用电人"的义务,未履行此义务造成用电人损失的,就应承担损害赔偿责任。国家对供电人因检修设备等正当理由需要中断供电时,有明确的提前通知的时间规定,即计划检修停电应在 7 日前通知用电人,临时或紧急检修停电应在 24 小时以前通知用电人。我国《中华人民共和国合同法》中的规定与我国《中华人民共和国电力法》第二十九条中"因供电设施检修、依法限电或者用户违法用电等原因,需要中断供电时,供电企业应当按照国家有关规定事先通知用户"的规定是一致的。由此,供电人因故中断供电必须履行"事先通知用电人"的法定义务。

(2) 供电人未履行通知义务,就构成侵权

《中华人民共和国合同法》第一百八十条还明确规定,供电人"未事先通知用电人中断供电,造成用电人损失的,应当承担损害赔偿责任";《中华人民共和国电力法》第五十九条第二款中也有对电力企业"未保证供电质量或者未事先通知用户中断供电,给用户造成损失的,应当依法承担赔偿责任"的明确规定。电力企业中断供电的原因是多元性的,但如果不履行"事先通知"的义务,给用户造成的损失也是复杂化、多样化的,有的甚至是难以估价的。如大到试验程序中断、计算机软件毁损、工厂机器停止运转造成废品或通信中断,小至居民烧成一锅半生不熟的夹生

饭、喝不上开水等都是因供电人"未事先通知用电人中断供电"所造成的损失。按照法律的规定,供电企业是承担赔偿这些损失的义务人。这种归责的方式,就是民法中的无过错推定归责原则。同时,法律对供电人"未事先通知用电人中断供电,造成用电损失的,应当承担损害赔偿责任"归责范围还作了充分的延伸,即除了正当的检修理由外,遇下列几种情况需中断供电也要履行事先通知义务:因排除险情、处理事故中断供电;对违反合同规定的用电人中断供电;因电力不足按国家规定为保证重点单位用电而对非重点单位的中断供电等。在这些情形中,供电人未履行事先通知中断供电的义务,也照样要承担对用电人因此而遭受损失的赔偿责任。只有当因自然灾害等非可归责于供电人的原因(如地震、洪水、风灾等不可抗力所致)而导致断电时,供电人才不承担对用电人由此所遭受损失的赔偿责任。但如果供电人在合理的期限内怠于履行及时抢修义务而给用电人继续造成损害时,这部分损失还应当由供电人承担。由此可见,国家对供电人(电力企业)不按国家规定保证供电质量或未事先通知用户中断供电,所造成损失应承担赔偿责任的规定是严格的,承担责任的涵盖面也是较宽的。

(3) 供电人与用电人之间是合同关系,谁违约,谁担责

目前,一般来说,还是用电人向供电人申请(书面或口头)用电,供电人同意用电人用电并供电,用电人按时交费就形成供电人和用电人之间的有形或无形的合同关系,而没过多地考虑合同的其他格式条款。同时,由于供电人企业法人资格的特定性和合同标的的特殊性,导致供电合同本身具有垄断性,合同形式是格式条款,约定的条款具有强制缔约性质,因此,想用电,就签字,合同就成立。合同的履行方式亦很简单,供电人按电力法规定,在发电、供电系统正常的情况下,连续向用户供电,不得中断,如需中断供电,应事先通知用户。用电人则按约定的年、季或月为本单位(户)按用电量支付电费,双方持续履行。在合同履行过程中,按法律规定和合同约定,供电人因自身原因或用电人原因需对用电人中断而未事先通知用电人,就是违约行为,造成损失的,应当赔偿;用电人不按规定及时交付电费,也是违约,按《中华人民共和国合同法》第一百八十二条的规定,用电人应支付违约金,在合理期限内不交付电费和违约金的,供电人可以按规定的程序对用电人中止供电。这就是《中华人民共和国合同法》中规定的谁违约、谁担责的归责原则。本案中的某供电企业在"未事先通知用电人"的情况下中断供电近8个小时,不管有何种理由,都是严重的违约行为,用电人如提出因此遭受损失要求赔偿的请求是合理的,符合法律规定。

本 章 习 题

一、单选题

1. 下列有( )一项内容不属于城市防洪设施。
   A. 防洪堤坝 B. 防洪墙 C. 排涝泵站 D. 房屋建设

2. 排水出户管理与城市公共排水管网连接的,由城市排水行政主管部门批准并组织实施。其费用由( )。
   A. 政府负担
   B. 排水户负担
   C. 政府与排水户各负一半
   D. 政府与排水户按比例负担

3. 超计划用水水费不得从( )支出。
   A. 税后留利 B. 预算包干费用 C. 成本 D. 预算利润

4. 城市供水设施维护应当由( )负责。
   A. 城市自来水企业
   B. 自建供水设施单位
   C. 城市自来水企业与自建供水设施单位共同
   D. 由用水单位和个人

5. 燃气生产、储存、输配系统的动火应当建立( )制度,保证动火安全。
   A. 谁工作谁负责
   B. 分级审批负责
   C. 供水单位负责
   D. 消防部门负责

6. 城市政府对城市交通应采取的方针是( )。
   A. 公交优先 B. 发展私家车 C. 发展出租车 D. 发展电车

7. 城市环境卫生实行( )负责,明确制度、责任到人。
   A. 环卫人员
   B. 物业服务人员
   C. 专业队伍和群众保洁相结合
   D. 群众自我

8. 根据近期国家规定,城市新建区的绿化用地应不低于总面积的( )。
   A. 35% B. 30% C. 25% D. 20%

9. 居住区树木,其管理与收益权归( )所有。
   A. 园林部门
   B. 开发建设单位
   C. 负责居住区绿化部门
   D. 业主(个人)

10. 城市轨道交通运营票价,应由( )确定。
    A. 轨道交通运营部门
    B. 政府执行价格主管部门
    C. 广大消费者(乘客)
    D. 运管部门和消费者共同商议

二、多选题

1. 市政工程设施主要分类为（　　）等。
   A. 城市道路　　　　　　B. 城市桥梁　　　　　　C. 人行道
   D. 城市排水设施　　　　E. 污水管道

2. 在道桥建设中，应遵循的原则是（　　）。
   A. 以城市规划为依据　　B. 远近期相结合　　　　C. 合理布局
   D. 合理利用城市土地　　E. 协调城市空间布局

3. 城市道路养护维修作业应遵照以下（　　）做法。
   A. 设置安全警示标志
   B. 避开交通高峰期
   C. 一般在夜间进行
   D. 得到周边单位与个人同意
   E. 保证交通安全

4. 城市排水设施的建设资金主要通过（　　）等渠道筹措。
   A. 政府投资　　　　　　B. 单位自筹　　　　　　C. 受益者集资
   D. 进行各种贷款　　　　E. 依法征收税费

5. 城市排水设施维修、养护单位应（　　）开展工作。
   A. 遵照有关标准、规范
   B. 按照操作流程
   C. 定期进行清淤、疏浚
   D. 保证排水设施完好、畅通
   E. 按照各级领导布置

6. 城市公用事业的内容主要包括（　　）等。
   A. 供水　　　　　　　　B. 供电　　　　　　　　C. 供气
   D. 公共交通　　　　　　E. 出租车

7. 城市供水系统通常包括（　　）等部分。
   A. 江、河、湖、水库等源头工程
   B. 取水工程
   C. 输水工程
   D. 净水工程
   E. 配水工程

8. 城市供水基本任务是（　　）。
   A. 为生产提供水
   B. 为生活提供水
   C. 为政府提供水

D. 为外来城市人口提供水
　　E. 为美化清洁城市提供水
9. 城市集中供热方针是（　　）。
　　A. 因地制宜　　　　　B. 广开热源　　　　　C. 科学发展
　　D. 力求先进　　　　　E. 经济合理
10. 城市污染的公害有（　　）。
　　A. 空气污染　　　　　B. 水污染　　　　　　C. 噪音污染
　　D. 固体废弃物污染　　E. 光污染
11. 城市市容管理主要包括（　　）市容管理方面内容。
　　A. 建筑物和城市设施　B. 道路和公共场地　　C. 户外广告、霓虹灯
　　D. 施工现场容貌　　　E. 临街公共建筑

三、是非题

1. 城市道路包括机动车道、非机动车道、人行道，但不包括过街地下通道、路肩、边沟等。（　　）
2. 城市桥梁包括跨江河桥梁、立体交叉桥，不包括人行天桥、高架路等。（　　）
3. 城市防洪设施建设应本着轻重缓急、近期与远期相结合、分期分批建设的原则。（　　）
4. 城市排水设施的建设资金，采取政府投资、单位自筹、受益者集资和利用各种贷款、依法征收税费等方式筹措。（　　）
5. 城市公用事业主要指：供水、供热、供气、公共交通等基础性服务公共设施，不包括供电。（　　）
6. 城市供热、用热设施都由供热单位负责维护管理。（　　）
7. 城市燃气生产、输配系统的动火作业，应当建立分级审批制度，以保证安全。（　　）
8. "公交优先"是解决城市交通拥挤的重要手段。（　　）
9. 城市公共绿地、生产绿地、防护绿地、专用绿地、单位自有绿地都应由城市园林部门统一管理。（　　）
10. 为了保证安全，城市轨道交通执行《行政许可法》制度。（　　）

四、思考题

1. 市政工程设施分哪些类别？城市道路如何加强管理？
2. 如何加强城市防洪设施管理？
3. 何谓城市排水？城市排水设施包括哪些？如何加强管理？
4. 城市公用事业包括哪些内容？城市供水系统由几部分组成？如何提倡城市节约用水？如何加强城市节约用水管理？
5. 城市供热管理应注意哪些内容？

6. 如何加强城市供电管理?什么是安全用电?违反安全用电要受到哪些处罚?
7. 如何加强出租汽车管理?
8. 城市中有哪些污染"公害"?为什么要加强城市环境保护?
9. 如何加强城市市容管理?如何加强城市环境管理?
10. 绿化对人类有哪些有益之处?如何加强城市园林、绿地植物管理?
11. 《南京市城市绿化管理条例》对人们行为做了哪些规定?
12. 简述有哪些危害城市轨道交通运营的错误行为。

参考答案

一、单选题

1. D　2. B　3. C　4. C　5. B
6. A　7. C　8. B　9. C　10. B

二、多选题

1. ABD　2. ABCD　3. ABCE　4. ABCDE　5. ABCD　6. ABCD
7. BCDE　8. ABE　9. ABDE　10. ABCDE　11. ABCD

三、是非题

1. ✗　2. ✗　3. ✓　4. ✓　5. ✗
6. ✗　7. ✓　8. ✓　9. ✗　10. ✓

9 房地产法律制度

概　要:房地产既是民生保障工程,又是投资增值工程。围绕房地产法律问题较多,本章主要介绍了房地产业立法概况、房地产开发经营管理制度、商品房销售管理制度(商品房购买流程、商品房预售条件与管理、商品房买卖合同)、房屋征收补偿制度(房屋征收决定程序、房屋征收补偿)、房地产交易管理制度(房地产转让、租赁、抵押)、房地产权属登记管理、物业管理制度(物业管理法律责任、《物业管理条例》《物权法》相关内容)等。

[章前案例]　原告:文某;被告:某县房屋征收部门。

案情:某县一区域房屋大多建于30年前,破损严重,基础设施落后。2013年12月8日,该县房屋征收部门发布《关于该棚户区房屋征收评估机构选择公告》,并提供三家房地产评估事务所作为具有资质的评估机构,由被征收人选择。2013年12月24日,该县人民政府作出《该棚户区改造建设房屋征收的决定》。原告文某长期居住的小区房屋在征收范围内。2014年5月10日,房地产价格评估机构出具了房屋初评报告。该县房屋征收部门与原告在征收补偿方案确定的签约期限内未能达成补偿协议,被告于2014年7月15日依据房屋评估报告作出房屋征收补偿决定书,原告不服该征收补偿决定,向人民法院提起诉讼。

该案如何处理?

9.1 房地产开发经营管理制度

9.1.1 房地产业的立法概况

1) 新中国成立至"文革"之前(1949—1965)

这段时期的房地产立法,一方面是改造历史遗留的封建土地制度,确定新的房地产税收制度;另一方面是解决私房社会主义改造问题。这一时期的房地产法律法规主要有:

1950年中央人民政府公布的《中华人民共和国土地改革法》、政务院公布的《城市郊区土地改革条例》和《契税暂行条例》。

1951年政务院公布的《城市房地产税暂行条例》《关于没收战犯、汉奸、官僚资本家及反革命分子财产的指示》。

1653年政务院公布的《国家建设征用土地办法》。

1956年中共中央批发的《关于加强全民所有制房产管理工作的报告》《私有出租房屋社会主义改造问题的报告》等。

2)"文革"期间(1966—1976)

"文革"期间,我国房地产管理处于混乱之中。许多城市私房被非法没收,公房被强占、破坏。房地产的立法工作几乎陷于停顿。但也颁发了几项规范性文件:

1966年中共中央批发的《关于财政贸易和手工业方面若干政策问题的报告》。

1968年国家房地产管理局颁发的《关于几个房屋问题的意见》。

1973年国家纪委、建委、财政部颁发的《关于加强城市维护费管理工作的通知》。

1975年国家建委颁发的《加强城市房地产管理工作的通知》等。

3) 十一届三中全会以后(1978—1994)

"文革"以后,房地产立法工作逐渐得到了恢复并走上正轨。尤其是改革开放以来,房地产业蓬勃发展,房地产立法日益走向成熟与完善。

1978年中共中央批发《关于加强城市建设工作的意见》;国务院批转国家建委《关于加快城市住宅建设的报告》。

1980年国务院转发《关于用侨汇购买和建设住宅的暂行办法》;国家城建总局印发了《关于加强城市公房管理工作的意见》。

1981年国务院批发《关于制止农村建房侵占耕地的紧急通知》《关于开展国土整治工作报告》。

1982年国务院发布《国家建设征用土地条例》《村镇建房用地管理条例》。

1983年国务院发布《城市私有房屋管理条例》《建筑税征收暂行办法》,以及国务院批准、建设部公布的《城镇个人建造住宅管理办法》。

1984年国务院批准、建设部公布《关于外国人私有房屋管理的若干规定》。

1985年建设部印发《村镇建设管理暂行规定》。

1986年全国人大常委会通过《中华人民共和国土地管理办法》,国务院发布《房地产税暂行条例》《城市维护建设税暂行条例》;中共中央、国务院《关于加强土地管理、制止乱占耕地的通知》。

1987年建设部印发《关于禁止将房管部门统一经营管理的非住宅用房划给使用单位自管的通知》。

1988年建设部、国家物价局、国家工商行政管理局发布《关于加强房地产交易市场管理的通知》、建设部《关于制止贱价出售公有住房的紧急通知》。

1989年建设部发布《城市异产毗连房屋管理规定》。

1990年建设部发布《城市房屋产权产籍管理暂行办法》。

1991年建设部发布《城市房屋修缮管理规定》。

1992年建设部发布《城市房地产市场估价管理暂行办法》。

1994年7月5日,第八届全国人民代表大会常务委员会第八次会议通过《中华人民共和国城市房地产管理法》。该法的通过、发布标志着中国房地产业的发展迈入了法治管理的新时期,为依法管理房地产市场奠定了坚实的法律基础。

4) 进一步完善阶段(1995年至今)

随着城市化进程的加快,房地产业快速发展,已成为拉动GDP的重要指标,为了规范房地产业,使之健康持续发展,国家加大出台了一系列法律法规制度。

1995年1月1日,《中华人民共和国城市房地产管理法》实施后,相关的配套法规、部门规章陆续出台,使得《中华人民共和国城市房地产管理法》更具可操作性。

1995年1月23日,建设部发布《城市房地产开发管理暂行办法》。

1995年12月18日,国家土地管理局发布《确定土地所有权和使用权的若干规定》《土地权属争议处理暂行办法》和《土地登记规则》。

1998年7月20日,国务院发布《城市房地产开发经营管理条例》。

1999年4月3日,国务院发布《住房公积金管理条例》。

1999年4月22日,建设部发布《城镇廉租住房管理办法》。

2001年4月4日,建设部发布《商品房销售管理办法》。

2001年6月13日,国务院发布《城市房屋拆迁管理条例》。

2001年8月15日,建设部修订了《城市房地产转让管理规定》《城市房地产抵押管理办法》《城市房屋权属登记管理办法》《城市异产毗连房屋管理规定》《城市房地产中介服务管理规定》《城市商品房预售管理办法》。

2002年3月24日,国务院发布了《关于修改〈住房公积金管理条例〉的决定》。

2003年6月8日,国务院发布《物业管理条例》。

2003年12月31日,建设部发布《城镇最低收入家庭廉租住房管理办法》。

2004年7月20日,建设部发布《关于修改〈城市商品房预售管理办法〉的决定》《关于修改〈城市房屋白蚁防治管理规定〉的决定》和《关于修改〈城市危险房屋管理规定〉的决定》。

2007年3月16日,第十届全国人民代表大会第五次会议通过了《中华人民共和国物权法》。

2007年8月26日,根据《中华人民共和国物权法》的相关规定,国务院对《物业管理条例》作了修改。

2007年8月30日,第十届全国人民代表大会常务委员会第二十九次会议通过了《关于修改〈中华人民共和国城市房地产管理法〉的决定》。

2008年2月15日,建设部发布《房屋登记办法》,该规章自2009年7月1日起实行。《城市房屋权属登记管理办法》和《关于修改〈城市房屋权属登记管理办法〉的决定》同时废止。

2009年8月27日,第十一届全国人民代表大会常务委员会第十次会议通过《关于修改部分法律的决定》,对《城市房地产管理法》进行了第二次修正,其中第九条"征用"改为"征收";第七十一条第二款修改为:"房产管理部门、土地管理部门工作人员利用职务上的便利,索取他人财物,或者非法收受他人财物为他人谋取利益,构成犯罪的,依法追究刑事责任;不构成犯罪的,给予行政处分。"

2010年12月1日,建设部发布《商品房屋租赁管理办法》,该办法自2011年2月1日起实行,建设部1995年5月9日发布的《城市房屋租赁管理办法》同时废止。

2011年1月20日,建设部、国家发展和改革委员会、人力资源和社会保障部发布《房地产经纪管理办法》。

2011年1月21日,国务院发布《国有土地上房屋征收与补偿条例》,并自公布之日起施行,同时2001年6月13日国务院公布的《城市房屋拆迁管理条例》废止。

2014年11月24日,国务院公布《不动产登记暂行条例》。

2016年1月13日,国务院第119次常务会议通过《国务院关于修改部分行政法规的决定》,删去《物业管理条例》第三十三条、第六十一条。

9.1.2 房地产法的体系

一般认为,房地产法的体系的完整内容应包括房地产法学体系、房地产法规体系及房地产法律规范体系。

(1) 房地产法学体系,是指房地产法学的理论体系。房地产法学的全部内容应分为四篇:第一篇,总论。主要介绍房地产法的一般理论问题,其中包括:房地产概述、房地产法的历史发展、房地产制度改革和房地产立法、房地产法的基本原则、房地产法律关系等。第二篇,房地产经营。主要介绍房地产开发、交易、中介服务等。第三篇,房地产管理。主要介绍我国房地产管理制度,包括房地产行政管理体制、权属登记管理、行业管理、税收管理、房地产市场管理等内容。第四篇,房地产争议的处理及法律责任。主要介绍房地产争议、纠纷的种类,处理方式及违反房地产法的法律责任。

(2) 房地产法规体系,是由关于房地产的各种规范性文件,按照一定标准分类组合成的有机整体。

我们已经明确了房地产法的几种表现形式,这些表现形式都是房地产法规体系中的构成要素。我们将房地产法规体系根据房地产法效力及具体内容的不同划分为具有一定横向结构和纵向结构的整体,可以勾画出如图9-1所示的体系图。

(3) 房地产法律规范体系,是指所有调整房地产关系的法律规范按照一定标准进行分类组合所形成的有机整体。

其结构是以法律规范的内容为标准,对房地产法律规范进行分类,如图9-2所示。

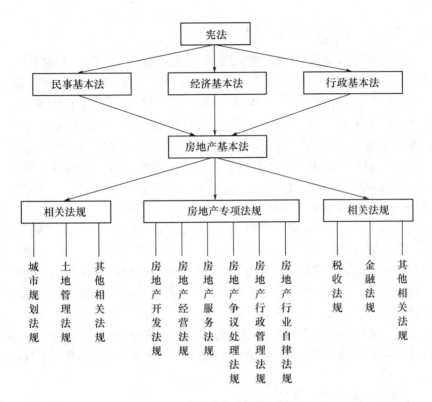

图 9-1 房地产法规体系图

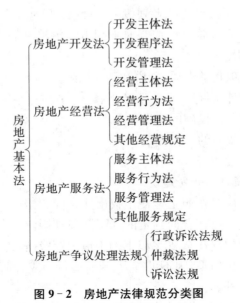

图 9-2 房地产法律规范分类图

9.1.3 房地产开发经营管理制度

房地产开发经营,是指房地产开发企业在城市规划区内国有土地上进行基础设施建设、房屋建设,并转让房地产开发项目或者销售、出租商品房的行为。为了规范房地产开发经营行为,加强对城市房地产开发经营活动的监督管理,促进和保障房地产业的健康发展,根据《中华人民共和国城市房地产管理法》的有关规定,住房和城乡建设部于1998年7月20日公布并施行了《城市房地产开发经营管理条例》,2011年1月8日对其进行了修订。房地产开发经营应当按照经济效益、社会效益、环境效益相统一的原则,实行全面规划、合理布局、综合开发、配套建设。

1) *房地产开发项目的确定*

按照《城市房地产开发经营管理条例》的规定,房地产开发项目的确定必须满足以下两个原则:

(1) 应当符合土地利用总体规划、年度建设用地计划和城市规划、房地产开发年度计划的要求;按照国家有关规定需要经计划主管部门批准的,还应当报计划主管部门批准,并纳入年度固定资产投资计划。

(2) 应当坚持旧区改建和新区建设相结合的原则,注重开发基础设施薄弱、交通拥挤、环境污染严重以及危旧房屋集中的区域,保护和改善城市生态环境,保护历史文化遗产。

2) *房地产开发用地的取得*

房地产开发用地应当以出让方式取得,但是法律和国务院规定可以采用划拨方式的除外。土地使用权出让或者划拨前,县级以上地方人民政府城市规划行政主管部门和房地产开发主管部门应当对下列事项提出书面意见,作为土地使用权出让或者划拨的依据之一。

(1) 房地产开发项目的性质、规模和开发期限;

(2) 城市规划设计条件;

(3) 基础设施和公共设施的建设要求;

(4) 基础设施建成后的产权界定;

(5) 项目拆迁补偿、安置要求。

3) *房地产开发项目的开发建设*

房地产开发企业应当按照土地使用权出让合同约定的土地用途、动工开发期限进行项目开发建设。出让合同约定的动工开发期限满1年未动工开发的,可以征收相当于土地使用权出让金20%以下的土地闲置费;满2年未动工开发的,可以无偿收回土地使用权。但是,因不可抗力、政府的行为或者动工开发必需的前期工作造成动工迟延的除外。

《城市房地产开发经营管理条例》中对于房地产开发项目的开发建设中的一些

问题作出了明确的规定:

(1) 资本金制度

房地产开发项目应当建立资本金制度,资本金占项目总投资的比例不得低于20%。

(2) 各方责任

房地产开发企业开发建设的房地产项目,应当符合有关法律、法规的规定和建筑工程质量,安全标准,建筑工程勘察、设计、施工的技术规范以及合同的约定。

房地产开发企业应当对其开发建设的房地产开发项目的质量承担责任。

勘察、设计、施工、监理等单位应当依照有关法律、法规的规定或者合同的约定,承担相应的责任。

(3) 项目手册制度

房地产开发企业应当将房地产开发项目建设过程中的主要事项记录在房地产开发项目手册中,并定期送房地产开发主管部门备案。

房地产开发项目实行项目手册制度是政府行政管理部门对房地产开发企业是否按照有关法律、法规规定,是否按照合同的约定进行开发建设而建立的一项动态管理制度。其目的主要是为了在项目实施过程中对房地产开发企业的开发活动进行监控、保护消费者的合法权益。

4) 房地产开发项目的交付

房地产开发项目竣工,经验收合格后,方可交付使用;未经验收或者验收不合格的,不得交付使用。

(1) 竣工验收

房地产开发项目竣工后,房地产开发企业应当向项目所在地的县级以上地方人民政府房地产开发主管部门提出竣工验收申请。房地产开发主管部门应当自收到竣工验收申请之日起30日内,对涉及公共安全的内容,组织工程质量监督、规划、消防、人防等有关部门或者单位进行验收。

(2) 住宅小区的综合验收

住宅小区等群体房地产开发项目竣工,应当依照下列要求进行综合验收,实行分期开发的,可以分期验收。

① 城市规划要求小区设计条件的落实情况;

② 城市规划要求配套的基础设施和公共设施的建设情况;

③ 单项工程的工程质量验收情况;

④ 拆迁安置方案的落实情况;

⑤ 物业管理的落实情况。

(3) 备案

房地产开发企业应当将房地产开发项目建设过程中的主要事项记录在房地产

开发项目手册中,并定期送房地产开发主管部门备案。

9.2 征收补偿制度

房屋征收是为了公共利益的需要,国家征收国有土地上单位和个人的房屋,并依法给予拆迁补偿,维护被征收人的合法权益,征收个人住宅的还应当保障被征收人的居住条件,以此依照有关法律、法规和规章的规定而实施的依法转移房地产权益的行为过程。这是房地产权益转移中的一种特殊方式。

9.2.1 国有土地上房屋征收与补偿法规概述

房屋征收是政府行为,主体是政府。但房屋征收与补偿又不仅仅涉及政府,也涉及房屋被征收群众和各种社会组织,并且征收活动历时时间长、范围广、法律关系复杂,因此有必要通过立法、对政府的征收行为,各方的权利义务等予以规范,从而保证房屋征收与补偿工作依法、有序地进行。所以为了规范国有土地上房屋征收与补偿活动,维护公共利益,保障被征收房屋所有权人的合法权益,我国根据《物权法》和《全国人民代表大会常务委员会关于修改〈中华人民共和国城市房地产管理法〉的决定》,于2011年1月19日制定并通过了《国有土地上房屋与征收补偿条例》,并自实行之日,《城市房屋拆迁管理条例》同时废止。《国有土地上房屋与征收补偿条例》关系到群众切身利益,关系到工业化、城镇化进程,关系到现代化建设全局,是处理国有土地上房屋拆迁最重要、最直接的法律依据。

《国有土地上房屋与征收补偿条例》主要内容包括以下几个方面:

1) 明确政府是房屋征收与补偿的唯一主体

这是与《城市房屋拆迁管理条例》最大的不同之处,按照原规定,建设单位是拆迁人,这是由当时历史条件决定的。《拆迁条例》将拆迁设置成行政许可的方式,给拆迁人颁发拆迁许可证,获批后由开发商实施拆迁。而成为拆迁主体的开发商,为了追求利润,往往尽可能压缩拆迁补偿标准,并把拆迁负担转嫁到房价里,这样容易造成拆迁人与被拆迁人矛盾激化。同时拆迁补偿协议一旦无法达成,政府可以做出有利于拆迁人的拆迁裁决,而政府却不承担责任,由此导致的拆迁矛盾愈演愈烈。

而本条例将拆迁许可证的方式废除,所有国有土地上房屋征收行为都变为政府行为,政府对此负责。房屋征收部门可以委托房屋征收实施单位承担房屋征收与补偿的具体工作,并对其行为负责监督以及行为后果承担法律责任,而房屋征收实施单位不得以营利为目的。同时禁止建设单位参与搬迁活动,任何单位和个人都不得采取暴力、威胁或者中断供水、供热、供气、供电和道路通行等非法方式迫使被征收人搬迁。

2) 征收过程程序化,强调以人为本

征收程序是规范政府征收行为,维护被征收人合法权益,促使政府做好群众工作的重要保障,应当遵循决策民主、程序正当、结果公开的原则。本条例提高了对征收补偿方案的公众参与程度,征收补偿方案应征求公众意见,多数被征收人认为征收补偿方案不符合本条例规定的,应当组织听证会并修改方案,"修改方案"被列入条例,是对被征收人权益的尊重,也是突破。本着保证房屋被征收群众居住条件有所改善、生活水平不降低的原则,政府作出房屋征收决定前,应当进行社会稳定风险评估,而房地产价格评估机构也由被征收人协商选定,确定房屋征收后应当先补偿、后搬迁,即作出房屋征收决定的市、县级人民政府对被征收人给予补偿后,被征收人应当在补偿协议约定或者补偿决定确定的搬迁期限内完成搬迁,同时取消行政强制拆迁。这些规定都极大地维护了被征收人的权益,真正体现了以人为本的重要思想。

3) 明确公众利益的范围以及征收补偿标准

市、县级人民政府作出房屋征收决定,必须以保障国家安全、促进国民经济和社会发展等公共利益的需要为前提,并以列举的方式对公共利益进行了界定,明确其具体范围。而对于被征收房屋价值的补偿,则明确规定不得低于房屋征收决定公告之日被征收房屋类似房地产的市场价格,以市场价格作为补偿标准,使得被征收人的基本利益得到保障。这不仅包括对房屋的补偿,也包括对土地使用权的补偿。这就大体上可以确保被征收人的居住条件有所改善、生活水平不下降。

9.2.2 房屋征收决定程序

1) 房屋征收条件

为了保障国家安全、促进国民经济和社会发展等公共利益的需要,有下列情形之一,确需征收房屋的,由市、县级人民政府作出房屋征收决定:

(1) 国防和外交的需要;

(2) 由政府组织实施的能源、交通、水利等基础设施建设的需要;

(3) 由政府组织实施的科技、教育、文化、卫生、体育、环境和资源保护、防灾减灾、文物保护、社会福利、市政公用等公共事业的需要;

(4) 由政府组织实施的保障性安居工程建设的需要;

(5) 由政府依照城乡规划法有关规定组织实施的对危房集中、基础设施落后等地段进行旧城区改建的需要;

(6) 法律、行政法规规定的其他公共利益的需要。

确需征收房屋的各项建设活动,应当符合国民经济和社会发展规划、土地利用总体规划、城乡规划和专项规划。保障性安居工程建设、旧城区改建,应当纳入市、县级国民经济和社会发展年度计划。

制定国民经济和社会发展规划、土地利用总体规划、城乡规划和专项规划,应当广泛征求社会公众意见,经过科学论证。

2)征收补偿方案

房屋征收部门拟定征收补偿方案,报市、县级人民政府。市、县级人民政府应当组织有关部门对征收补偿方案进行论证并予以公布,征求公众意见。征求意见期限不得少于30日。

市、县级人民政府应当将征求意见情况和根据公众意见修改的情况及时公布。因旧城区改建需要征收房屋,多数被征收人认为征收补偿方案不符合本条例规定的,市、县级人民政府应当组织由被征收人和公众代表参加的听证会,并根据听证会情况修改方案。

3)征收决定

(1)社会稳定风险评估

市、县级人民政府作出房屋征收决定前,应当按照有关规定进行社会稳定风险评估;房屋征收决定涉及被征收人数量较多的,应当经政府常务会议讨论决定,征收补偿费用应当足额到位、专户存储、专款专用。

(2)发布征收公告

市、县级人民政府作出房屋征收决定后应当及时公告,公告应当载明征收补偿方案和行政复议、行政诉讼权利等事项。市、县级人民政府及房屋征收部门应当做好房屋征收与补偿的宣传、解释工作。由于我国实行房地一体原则,即房地不可分割,对房屋所有权和土地使用权的处分应当同时进行,因此房屋被依法征收的,国有土地使用权同时收回。

(3)行政复议与诉讼

被征收人对市、县级人民政府作出的房屋征收决定不服的,可以依法申请行政复议,也可以依法提起行政诉讼。

(4)征收调查登记

房屋征收部门应当对房屋征收范围内房屋的权属、区位、用途、建筑面积等情况组织调查登记,被征收人应当予以配合。调查结果应当在房屋征收范围内向被征收人公布。

(5)房屋征收范围确定

房屋征收范围确定后,不得在房屋征收范围内实施新建、扩建、改建房屋和改变房屋用途等不当增加补偿费用的行为;违反规定实施的,不予补偿。房屋征收部门应当将前款所列事项书面通知有关部门暂停办理相关手续。暂停办理相关手续的书面通知应当载明暂停期限。暂停期限最长不得超过1年。

9.2.3 房屋征收补偿

1) 房屋征收补偿范围

作出房屋征收决定的市、县级人民政府对被征收人给予的补偿包括：

(1) 被征收房屋价值的补偿；

(2) 因征收房屋造成的搬迁、临时安置的补偿；

(3) 因征收房屋造成的停产停业损失的补偿。

市、县级人民政府应当制定补助和奖励办法，对被征收人给予补助和奖励。

征收个人住宅，被征收人符合住房保障条件的，作出房屋征收决定的市、县级人民政府应当优先给予住房保障。具体办法由省、自治区、直辖市制定。

2) 房屋征收评估

(1) 对被征收房屋价值的补偿，不得低于房屋征收决定公告之日被征收房屋类似房地产的市场价格。被征收房屋的价值，由具有相应资质的房地产价格评估机构按照房屋征收评估办法评估确定。对评估确定的被征收房屋价值有异议的，可以向房地产价格评估机构申请复核评估。对复核结果有异议的，可以向房地产价格评估专家委员会申请鉴定。房屋征收评估办法由国务院住房城乡建设主管部门制定，制定过程中，应当向社会公开征求意见。

(2) 房地产价格评估机构由被征收人协商选定；协商不成的，通过多数决定、随机选定等方式确定，具体办法由省、自治区、直辖市制定。房地产价格评估机构应当独立、客观、公正地开展房屋征收评估工作，任何单位和个人不得干预。

3) 产权调换

被征收人可以选择货币补偿，也可以选择房屋产权调换。被征收人选择房屋产权调换的，市、县级人民政府应当提供用于产权调换的房屋，并与被征收人计算、结清被征收房屋价值与用于产权调换房屋价值的差价。

因旧城区改建征收个人住宅，被征收人选择在改建地段进行房屋产权调换的，作出房屋征收决定的市、县级人民政府应当提供改建地段或者就近地段的房屋。

4) 补偿协议与决定

(1) 房屋征收部门与被征收人依照本条例的规定，就补偿方式、补偿金额和支付期限、用于产权调换房屋的地点和面积、搬迁费、临时安置费或者周转用房、停产停业损失、搬迁期限、过渡方式和过渡期限等事项，订立补偿协议。补偿协议订立后，一方当事人不履行补偿协议约定的义务的，另一方当事人可以依法提起诉讼。

(2) 房屋征收部门与被征收人在征收补偿方案确定的签约期限内达不成补偿协议，或者被征收房屋所有权人不明确的，由房屋征收部门报请作出房屋征收决定的市、县级人民政府依照本条例的规定，按照征收补偿方案作出补偿决定，并在房屋征收范围内予以公告。补偿决定应当公平，被征收人对补偿决定不服的，可以依法申请行政复议,也可以依法提起行政诉讼。

5) 审计监督

市、县级人民政府及其有关部门应当依法加强对建设活动的监督管理,对违反城乡规划进行建设的,依法予以处理。市、县级人民政府作出房屋征收决定前,应当组织有关部门依法对征收范围内未经登记的建筑进行调查、认定和处理。对认定为合法建筑和未超过批准期限的临时建筑的,应当给予补偿;对认定为违法建筑和超过批准期限的临时建筑的,不予补偿。

房屋征收部门应当依法建立房屋征收补偿档案,并将分户补偿情况在房屋征收范围内向被征收人公布。审计机关应当加强对征收补偿费用管理和使用情况的监督,并公布审计结果。

9.2.4 违反《国有土地上房屋与征收补偿条例》的法律责任

随着城市化加快,旧城改造加速,各地掀起了一个加快基本建设、改造旧城环境、拉动国民经济发展的热潮,全国各地大大小小城市都进入了拆迁高速发展期。由于种种原因,引发拆迁矛盾直线上升,规模不断扩大,造成一些地区不稳定现象。国务院 2004 年 6 月 6 日下发国办〔2004〕46 号文件,明确强调"要根据各地经济发展水平、社会承载能力和居民收入状况,合理确定拆迁规模和建设规模;进一步完善法律法规,规范拆迁行为,落实管理责任,加强监督检查,严格依法行政,加大对违法违规案件的查办力度","保持社会稳定"。而对于各种违法事件的发生,必须依法追究法律责任,具体内容如下:

(1) 市、县级人民政府及房屋征收部门的工作人员在房屋征收与补偿工作中不履行规定的职责,或者滥用职权、玩忽职守、徇私舞弊的,由上级人民政府或者本级人民政府责令改正,通报批评;造成损失的,依法承担赔偿责任;对直接负责的主管人员和其他直接责任人员,依法给予处分;构成犯罪的,依法追究刑事责任。

(2) 采取暴力、威胁或者违反规定中断供水、供热、供气、供电和道路通行等非法方式迫使被征收人搬迁,造成损失的,依法承担赔偿责任;对直接负责的主管人员和其他直接责任人员,构成犯罪的,依法追究刑事责任;尚不构成犯罪的,依法给予处分;构成违反治安管理行为的,依法给予治安管理处罚。

(3) 采取暴力、威胁等方法阻碍依法进行的房屋征收与补偿工作,构成犯罪的,依法追究刑事责任;构成违反治安管理行为的,依法给予治安管理处罚。

(4) 贪污、挪用、私分、截留、拖欠征收补偿费用的,责令改正,追回有关款项,限期退还违法所得,对有关责任单位通报批评、给予警告;造成损失的,依法承担赔偿责任;对直接负责的主管人员和其他直接责任人员,构成犯罪的,依法追究刑事责任;尚不构成犯罪的,依法给予处分。

(5) 房地产价格评估机构或者房地产估价师出具虚假或者有重大差错的评估

报告的,由发证机关责令限期改正,给予警告,对房地产价格评估机构并处5万元以上20万元以下罚款,对房地产估价师并处1万元以上3万元以下罚款,并记入信用档案;情节严重的,吊销资质证书、注册证书;造成损失的,依法承担赔偿责任;构成犯罪的,依法追究刑事责任。

9.3 房地产交易管理制度

9.3.1 房地产交易管理概述

1) 房地产交易概念

所谓房地产交易通常是指城镇房地产交易。各种所有制房屋的买卖、租赁、转让、抵押,以及其他在房地产流通过程中的各种经营活动均属房地产交易活动管理的范围。其交易活动应通过交易所进行。《城市房地产管理法》规定,房地产交易包括房地产转让、房地产抵押和房地产租赁三种形式。

2) 房地产交易管理机构及其职责

(1) 房地产交易管理机构

房地产是不动产,其交易需要大量资金才能进行,也牵涉多方人的利益。为了保证交易安全,减少各类矛盾产生,国家设立了从事房地产交易管理的职能部门及其工作机构。包括:国家住房保障部,省、自治区建设厅(直辖市为房地产管理局),各市县房地产管理部门,以及进行房地产交易的场所(房地产市场管理处、房地产交易中心等)。

(2) 房地产交易管理机构职责

根据国家对房地产交易管理要求,全国各地房地产交易管理机构的职责是:

① 对房地产交易、经营等活动进行指导和监督,查处违法行为,维护当事人的合法权益;

② 办理房地产交易登记、监证等手续;

③ 协助财政、税务部门征收与房地产交易有关的税费;

④ 为房地产交易提供洽谈协议、交流信息、展示行情等各种服务;

⑤ 为建立房地产市场预警预报体系、为政府或其授权的部门公布各类房屋的房地产市场价格、为政府宏观决策和正确引导市场发展服务。

9.3.2 房地产转让管理

1) 房地产转让概念

房地产经营活动主要就是转让活动。房地产最大特点:一是不动产,二是金额大。为了规范转让行为,《城市房地产管理法》做了规定:"房地产转让,是指房地产权利人通过买卖、赠与或者其他合法方式将其房地产转移给他人的行为。"在实践中由于中国房地产市场太大,各区域也不平衡,2001年建设部修改并颁布了《城市房地产转让管理规定》,进一步明确了转让行为:

(1) 以房地产作价入股、与他人成立企业法人,房地产权属发生变更的;

(2) 一方提供土地使用权,另一方或者多方提供资金,合资、合作开发经营房地产,而使房地产权属发生变更的;

(3) 因企业被收购、兼并或合并,房地产权属随之转移的;

(4) 以房地产抵债的;

(5) 法律、法规规定的其他情形。

由此可见,房地产转让的实质是房地产权属发生转移。房地产转让时,房屋所有权和该房屋占用范围内的土地使用权同时转让。

2) 房地产转让条件

《城市房地产管理法》及《城市房地产转让管理规定》明确规定了房地产转让的各种条件:

(1) 以出让方式取得土地使用权的房地产转让

按照出让合同约定已经支付全部土地使用权出让金,并取得土地使用权证书;按照出让合同约定进行投资开发,属于房屋建设工程的,应完成开发投资总额的百分之二十五以上;属于成片开发土地的,依照规划对土地进行开发建设,完成供排水、供电、供热、道路交通、通信等市政基础设施、公用设施的建设,达到场地平整,形成工业用地或者其他建设用地条件。

转让房地产时房屋已经建成的,还应当持有房屋所有权证书。

(2) 以划拨方式取得土地使用权的房地产转让

按照国务院的规定,报有批准权的人民政府审批。有批准权的人民政府准予转让的,除符合下列条件之一的可以不办理土地使用权出让手续的情形外,应当由受让方办理土地使用权出让手续,并依照国家有关规定缴纳土地使用权出让金。

① 经城市规划行政主管部门批准,转让的土地用于建设《中华人民共和国城市房地产管理法》第二十三条规定的项目的;

② 私有住宅转让后仍用于居住的;

③ 按照国务院住房制度改革有关规定出售公有住宅的;

④ 同一宗土地上部分房屋转让而土地使用权不可分割转让的;

⑤ 转让的房地产暂时难以确定土地使用权出让用途、年限和其他条件的;

⑥ 根据城市规划土地使用权不宜出让的;

⑦ 县级以上人民政府规定暂时无法或不需要采取土地使用权出让方式的其他情形。依照以上规定缴纳土地收益或作其他处理的,应当在房地产转让合同中

注明。

有上述条件之一的情形可以不办理土地使用权出让手续,但应当将转让房地产所获收益中的土地收益上缴国家或者作其他处理。土地收益的缴纳和处理的办法按照国务院规定办理。

(3) 不得转让房地产的情形

① 以出让方式取得土地使用权但不符合其规定条件的。

② 司法机关和行政机关依法裁定、决定查封或以其他形式限制房地产权利的。

司法机关和行政机关可以根据合法请求人的申请或社会公共利益的需要,依法裁定、决定限制房地产权利,如查封、限制转移等。在权利受到限制期间,房地产权利人不得转让该项房地产。

③ 依法收回土地使用权的。

根据国家利益或社会公共利益的需要,国家有权决定收回出让或划拨给他人使用的土地,任何单位和个人应当服从国家的决定,在国家依法做出收回土地使用权决定之后,原土地使用权人不得再行转让土地使用权。

④ 共有房地产,未经其他共有人书面同意的。

共有房地产是指房屋的所有权、土地使用权为两个或两个以上权利人所共同拥有。共有房地产权利的行使需经全体共有人同意,不能因某一个或部分权利人的请求而转让。

⑤ 权属有争议的。

权属有争议的房地产,是指有关当事人对房屋所有权和土地使用权的归属发生争议,致使该项房地产权属难以确定。转让该类房地产,可能影响交易的合法性,因此在权属争议解决之前,该项房地产不得转让。

⑥ 未依法登记领取权属证的。

产权登记是国家依法确认房地产权属的法定手续,未履行该项法律手续,房地产权利人的权利不具有法律效力,因此也不得转让该项房地产。

⑦ 法律和行政法规规定禁止转让的其他情况。

3) **房地产转让程序与合同**

(1) 为了规范房地产转让行为,《城市房地产转让管理规定》对房地产转让程序作了以下规定:

① 房地产转让当事人签订书面转让合同;

② 房地产转让当事人在房地产转让合同签订后 90 日内持房地产权属证书、当事人的合法证明、转让合同等有关文件向房地产所在地的房地产管理部门提出申请,并申报成交价格;

③ 房地产管理部门对提供的有关文件进行审查,并在 7 日内做出是否受理申

请的书面答复,7日内未作书面答复的,视为同意受理;

④ 房地产管理部门核实申报的成交价格,并根据需要对转让的房地产进行现场查勘和评估;

⑤ 房地产转让当事人按照规定缴纳有关税费;

⑥ 房地产管理部门办理房屋权属登记手续,核发权属证书。

(2) 房地产转让合同

房地产转让合同是指房地产转让当事人之间签订的用于明确各方权利、义务关系的协议。

房地产转让所签订的合同内容由当事人协商拟定,但一般包括以下内容:

① 双方当事人的姓名或者名称、住所;

② 房地产权属证书的名称和编号;

③ 房地产坐落位置、面积、四至界限;

④ 土地宗地号、土地使用权取得的方式及年限;

⑤ 房地产的用途或使用性质;

⑥ 成交价格及支付方式;

⑦ 房地产交付使用的时间;

⑧ 违约责任;

⑨ 双方约定的其他事项。

9.3.3 房地产抵押管理

1) 房地产的抵押概念

房地产抵押是指抵押人以其合法的房地产不转移占有方式向抵押权人提供债务履行担保的行为。在抵押活动中,抵押人就是债务人,即借款者,抵押权人就是债权人,即贷款者。在借款或担保的期限内,抵押权人不具有对抵押房地产的占有、使用、收益和处分的权利。但抵押权人有限制处分的权利,即房地产的所有权人想要处分抵押的房地产,必须经抵押权人的同意。借款或担保到期,债务人无力偿还债务,抵押权人有权处理用作抵押的房地产,所得资金首先用于归还贷款。但这种处分,其价格必须经各地政府行政主管部门认定的房地产评估机构进行评估。

2) 房地产作为抵押物的条件

房地产抵押的抵押物随土地使用权的取得方式不同,对抵押物的要求也不同。《城市房地产管理法》明确规定:"依法取得的房屋所有权连同该房屋占用范围内的土地使用权,可以设定抵押权。以出让方式取得的土地使用权,可以设定抵押权。"从规定可以看出两点:一是依法取得的房屋所有权连同该房屋占用范围内的土地使用权同时设定抵押权;二是以单纯的土地使用权抵押的,也就是在地面上尚未建成建筑物或其他地上附着物时,以出让方式取得的土地使用权可设定抵押权。《城市房地产管理法》也明确规定下列房地产不得设定抵押权：

(1) 权属有争议的房地产；

(2) 用于教育、医疗、市政等公共福利事业的房地产；

(3) 列入文物保护的建筑物和有重要纪念意义的建筑物；

(4) 已依法公告列入拆迁范围的房地产；

(5) 被依法查封、扣押、监管或者以其他形式限制的房地产；

(6) 依法不得抵押的其他房地产。

3) 办理房地产抵押贷款一般程序

根据我国房地产市场运行情况，办理房地产抵押贷款的基本程序如下：

(1) 申请贷款

申请人（单位、个人购房者）申请购房贷款，银行一般要求借款人具备下列条件：

① 有稳定、合法的收入，有还本付息的能力。

② 已签订《房屋买卖合同》。

③ 提供经借款人所在地区执业律师或公证人公证或所在工作单位出具的有关身份资料及资信证明。

④ 同意以所购置的房地产作贷款抵押。

⑤ 已取得房地产商或单位的贷款担保。

⑥ 保证交付因购房及贷款而发生的有关费用。

(2) 审核评估

金融机构对申请者进行征信，了解其信用状况，查证房地产权利状况（是否有抵押权或其他限制），并据此评估房地产价格。对符合贷款条件的申请人发出通知书。

(3) 房地产保险

为了保证金融业安全，必须对房地产进行保险，申请人应呈交房地产保险证明。保险主要是指对建筑物本身的保险。在抵押贷款时，银行或财务部门通常要求业主购买至少等于作为抵押物的房地产价值的数额作为"担保面值"。一旦发生意外，保险公司在评估损失后可直接将赔偿款给予有关银行或者是代理机构，以使银行不受损失。

(4) 签订抵押贷款合同

在办理房地产抵押贷款时，抵押人与抵押权人应在平等协商的基础上，签订书面的抵押贷款合同，规定借款人与贷款人各自的权利和义务。合同一经签订，即具法律效力。

(5) 公证、登记

借款双方到公证机关对合同进行公证，并到房地产登记机关进行抵押权登记。

登记完毕后由贷方发放贷款,借方移交其产权证明。

(6) 还款付息、注销抵押

如果债务人能够按时履约,偿还债务后,双方解除抵押合同,进行变更登记,注销抵押权,借方取回产权证明。

4) 房地产抵押贷款合同

抵押贷款应当签订书面合同。抵押贷款合同应当载明下列事项:

(1) 抵押人、抵押权人的名称或姓名、住所;

(2) 主债权的种类、数额;

(3) 抵押房地产的住所、名称、数量、状况、建筑面积、用地面积以及四至界限;

(4) 抵押房地产的的价值;

(5) 抵押房地产的占用管理人、占用管理方式、占用管理责任以及意外毁损、灭失的责任;

(6) 债务人履行债务的期限;

(7) 抵押权灭失的条件;

(8) 违约责任及争议解决方式;

(9) 抵押合同订立的日期、地点;

(10) 双方约定的其他事项。

5) 房地产抵押登记

《城市房地产管理法》明确规定房地产抵押应当签订书面抵押合同并办理抵押登记。房地产抵押未经登记的,抵押权人不能对抗第三人,对抵押物不具有优先受偿权。由于抵押权是从所有权这一物权上设定的他项权利——担保物权,即限制物权,其主要作用在于限制抵押人对抵押房地产的处分权利,未经抵押权人同意,抵押物不得进行转让、出租等处分,以避免担保悬空,所以登记机关只能从不动产的交易权属登记机关中指定,不能委托其他部门。

《城市房地产抵押管理办法》规定房地产当事人应在抵押合同签订后的 30 日内,持下列文件到房地产所在地的房地产管理部门办理房地产抵押登记:

(1) 抵押当事人的身份证明或法人资格证明;

(2) 抵押登记申请书;

(3) 抵押合同;

(4)《国有土地使用证》《房屋所有权证》或《房地产权证》,若共有的房屋,还应提交《房屋共有权证》。

(5) 可以证明抵押人有权设定抵押权的文件与证明材料;

(6) 可以证明抵押房地产价值的资料;

(7) 登记机关认为必要的其他文件。

6）房地产抵押物占有、保管与处分

（1）抵押物的占有、保管

抵押贷款合同当事人应对其占有、保管的抵押物（房地产）的安全、完整负责，并随时接受对方的监督。抵押物按下列原则占有、保管：

① 抵押的房地产由抵押人占有，该抵押物产权证书及其他证明文件交抵押权人保管；

② 同一房地产设定数个抵押权的，归抵押权人保管的证明文件，由第一顺序抵押权人保管，当第一顺序的抵押关系终止后，由第二顺序抵押权人保管，其余依次类推。

出卖、赠予抵押物，必须取得抵押权人的书面同意，并明确偿还贷款本息的责任和方式。抵押人出租、发包抵押物，应当取得抵押权人的书面同意。

（2）抵押物的处分

出现下列情况之一的，抵押权人有权依法处分抵押物：

① 抵押贷款合同期限届满，抵押人未偿还贷款本息的；

② 抵押人死亡，无继承人或者受赠人的；

③ 继承人、受赠人放弃继承或者放弃遗赠的；

④ 抵押人被宣告解散或破产的。

抵押物的处分必须经公证机关公证。抵押的房地产，可以采用拍卖或者变卖的方式处分。抵押物的拍卖应当在当地拍卖机构进行。无拍卖机构的，可由当地房地产交易所，在工商行政管理部门或人民法院监督下进行变卖；但抵押权人不得优先购买。

9.3.4 房地产租赁管理

1）房屋租赁的概念

房屋租赁是房地产市场中一种重要的交易形式。《城市房地产管理法》规定："房屋租赁，是指房屋所有权人作为出租人将其房屋出租给承租人使用，由承租人向出租人支付租金的行为。"

近年来房地产租赁市场逐渐活跃，住房和城乡建设部将房屋租赁细化为商品房租赁，为加强商品房屋租赁管理，规范商品房屋租赁行为，维护商品房屋租赁双方当事人的合法权益，于2010年12月1日出台了《商品房租赁管理办法》。

2）房屋租赁合同（契约）

房屋租赁合同是房屋出租人将房屋交予承租人使用，承租人按照租赁双方约定的期限和金额向出租人交纳租金，明确双方的权利和义务，并在租赁关系终止时，将承租的房屋完整无损地退还给出租人，租赁双方依据法律法规经双方协商的一种契约（合同）。

《城市房地产管理法》与《商品房租赁管理办法》规定,房屋租赁应当由出租人和承租人签订书面租赁合同。合同中必须对下列内容表示清楚:

(1) 房屋租赁当事人的姓名(名称)和住所;

(2) 房屋的坐落、面积、结构、附属设施,家具和家电等室内设施状况;

(3) 租赁用途和房屋使用要求;

(4) 租赁期限;

(5) 租金和抵押数额、交付方式;

(6) 房屋维修责任;

(7) 房内和室内设施的安全性能;

(8) 物业服务、水、电、燃气等相关费用的缴纳;

(9) 争议解决办法和违约责任;

(10) 其他约定。

3) 房屋租赁登记备案

《城市房地产管理法》明确规定实行房屋租赁合同登记备案,既可以保护租赁双方的合法权益,又可以较好地防止非法出租房屋,减少纠纷,促进社会稳定。

(1) 申请

签订、变更、终止租赁合同的,房屋租赁当事人应在租赁合同签订后30日内,持有关部门证明文件到市、县人民政府房产管理部门办理登记备案手续。申请房屋租赁登记备案应当提交的证明文件包括:

① 书面租赁合同;

②《房屋所有权证书》;

③ 当事人的合法身份证件;

④ 市、县人民政府规定的其他文件。

(2) 登记备案

房屋租赁登记备案证明应当载明出租人的姓名或者名称,承租人的姓名或者名称、有效身份证件种类和号码,出租房屋的坐落、租赁用途、租金数额、租赁期限等。

直辖市、市、县建设(房地产)主管部门应当建立房屋租赁登记备案信息系统,逐步实行房屋租赁合同网上登记备案,并纳入房地产市场信息系统。

(3) 房屋租赁审查

房屋租赁登记备案具有审查的含义。房屋租赁审查的主要内容有:

① 审查合同主体是否合格,即出租人与承租人是否具备相应的条件;

② 审查租赁的客体是否允许出租,即出租的房屋是否是法律法规允许出租的房屋;

③ 审查租赁行为是否符合国家及房屋所在地人民政府规定的租赁政策。

9.4 商品房销售管理制度

商品房销售包括商品房现售和商品房预售。商品房现售是指房地产开发企业将竣工验收合格的商品房出售给买受人,并由买受人支付房价款的行为。商品房预售是指房地产开发企业将正在建设中的商品房预先出售给买受人,并由买受人支付定金或者房价款的行为。为了规范商品房销售行为,保障商品房交易双方当事人的合法权益,2001年由建设部颁布的《商品房销售管理办法》对商品房销售作出了相关的规定。

9.4.1 商品房购买流程

1) 购买商品房流程

通常商品房的购买流程主要包括九个环节,如图9-3所示。

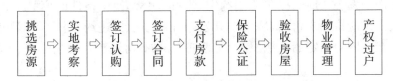

图9-3 购买商品房流程图

(1) 销售条件

无论是商品房现售还是商品房预售,商品房销售都必须满足一定的销售条件,见表9-1所示。买受人在挑选房源时应当对商品房是否达到销售条件进行核实。

表9-1 商品房销售条件表

商品房现售	商品房预售
① 现售商品房的房地产开发企业应当具有企业法人营业执照和房地产开发企业资质证书 ② 取得土地使用权证书或者使用土地的批准文件 ③ 持有建设工程规划许可证和施工许可证 ④ 已通过竣工验收 ⑤ 拆迁安置已经落实 ⑥ 供水、供电、供热、燃气、通信等配套基础设施具备交付使用条件,其他配套基础设施和公共设施具备交付使用条件或者已确定施工进度和交付日期 ⑦ 物业管理方案与物业服务企业已经落实	① 已交付全部土地使用权出让金,取得土地使用权证书 ② 持有建设工程规划许可证和施工许可证 ③ 按提供预售的商品房计算,投入开发建设的资金达到工程建设总投资的25%以上,并已经确定施工进度和竣工交付日期 ④ 开发企业向城市、县人民政府房地产管理部门办理预售登记,取得《商品房预售许可证》 ⑤ 物业管理方案与物业服务企业已落实

商品住宅按套销售,不得分割拆零销售。房地产开发企业不得在未解除商品房买卖合同前,将作为合同标的物的商品房再行销售给他人;不得采取返本销售或者变相返本销售的方式销售商品房;不得采取售后包租或者变相售后包租的方式销售未竣工商品房。

为了规范商品房销售价格行为,建立和维护公开、公正、透明的市场价格秩序,保护消费者和经营者合法权益,2011年3月16日发改委548号令规定房地产开发企业和中介服务机构销售新建商品房、二手房,应当实行明码标价,并且一套一标。

(2)合同

商品房销售时,房地产开发企业和买受人应当订立书面商品房买卖合同。合同的签订必须符合《中华人民共和国城市房地产管理法》《商品房销售管理办法》《城市商品房预售管理办法》等法律法规的相关规定。目前全国各地区都按照2014年建设部、工商总局修订后的示范文本,即《商品房买卖合同(预售)示范文本》和《商品房买卖合同(现售)示范文本》进行房屋买卖合同签订。

(3)交付

房地产开发企业应当按照合同约定,将符合交付使用条件的商品房按期交付给买受人。未能按期交付的,房地产开发企业应当承担违约责任。因不可抗力或者当事人在合同中约定的其他原因,需延期交付的,房地产开发企业应当及时告知买受人。

2)房地产开发企业在交易商品房时应承担的义务

在商品房交付过程中,房地产开发企业应承担下列义务:

(1)房地产开发企业销售商品房时设置样板房的,应当说明实际交付的商品房质量、设备及装修与样板房是否一致,未作说明的,实际交付的商品房应当与样板房一致。

(2)销售商品住宅时,房地产开发企业应当根据《商品住宅实行质量保证书和住宅使用说明书制度的规定》(以下简称《规定》),向买受人提供《住宅质量保证书》《住宅使用说明书》。

(3)房地产开发企业应当对所售商品房承担质量保修责任。当事人应当在合同中就保修范围、保修期限、保修责任等内容做出约定。保修期从交付之日起计算。

商品住宅的保修期限不得低于建设工程承包单位向建设单位出具的质量保修书约定保修期的存续期;存续期少于《规定》中确定的最低保修期限的,保修期不得低于《规定》中确定的最低保修期限。

非住宅商品房的保修期限不得低于建设工程承包单位向建设单位出具的质量保修书约定保修期的存续期。

在保修期限内发生的属于保修范围的质量问题,房地产开发企业应当履行保修义务,并对造成的损失承担赔偿责任。因不可抗力或者使用不当造成的损坏,房地产开发企业不承担责任。

(4) 房地产开发企业应当在商品房交付使用前按项目委托具有房产测绘资格的单位实施测绘,测绘成果报房地产行政主管部门审核后用于房屋权属登记。

房地产开发企业应当在商品房交付使用之日起60日内,将需要由其提供的办理房屋权属登记的资料报送房屋所在地房地产行政主管部门。

房地产开发企业应当协助商品房买受人办理土地使用权变更和房屋所有权登记手续。

(5) 商品房交付使用后,买受人认为主体结构质量不合格的,可以依照有关规定委托工程质量检测机构重新核验。经核验,确属主体结构质量不合格的,买受人有权退房;给买受人造成损失的,房地产开发企业应当依法承担赔偿责任。

3) 法律责任

《商品房销售管理办法》就房地产开发企业在房地产销售过程中违反其规定的行为作了法律责任的规定:

(1) 未取得营业执照,擅自销售商品房的,由县级以上人民政府工商行政管理部门依照《城市房地产开发经营管理条例》的规定处罚。

(2) 未取得房地产开发企业资质证书,擅自销售商品房的,责令停止销售活动,处5万元以上10万元以下的罚款。

(3) 违反法律、法规规定,擅自预售商品房的,责令停止违法行为,没收违法所得;收取预付款的,可以并处已收取的预付款1%以下的罚款。

(4) 在未解除商品房买卖合同前,将作为合同标的物的商品房再行销售给他人的,处以警告,责令限期改正,并处2万元以上3万元以下罚款;构成犯罪的,依法追究刑事责任。

(5) 房地产开发企业将未组织竣工验收、验收不合格或者对不合格按合格验收的商品房擅自交付使用的,按照《建设工程质量管理条例》的规定处罚。

(6) 房地产开发企业未按规定将测绘成果或者需要由其提供的办理房屋权属登记的资料报送房地产行政主管部门的,处以警告,责令限期改正,并可处以2万元以上3万元以下罚款。

(7) 房地产开发企业在销售商品房中有下列行为之一的,处以警告,责令限期改正,并可处以1万元以上3万元以下罚款。

① 未按照规定的现售条件现售商品房的;

② 未按照规定在商品房现售前将房地产开发项目手册及符合商品房现售条件的有关证明文件报送房地产开发主管部门备案的;

③ 返本销售或者变相返本销售商品房的;

④ 采取售后包租或者变相售后包租方式销售未竣工商品房的;

⑤ 分割拆零销售商品住宅的；
⑥ 不符合商品房销售条件，向买受人收取预订款性质费用的；
⑦ 未按照规定向买受人明示《商品房销售管理办法》《商品房买卖合同示范文本》《城市商品房预售管理办法》的；
⑧ 委托没有资格的机构代理销售商品房的。

（8）房地产中介服务机构代理销售不符合销售条件的商品房的，处以警告，责令停止销售，并可处以2万元以上3万元以下罚款。

（9）国家机关工作人员在商品房销售管理工作中玩忽职守、滥用职权、徇私舞弊，依法给予行政处分；构成犯罪的，依法追究刑事责任。

9.4.2 商品房预售管理

商品房预售，是指房地产开发经营企业将正在建设中的房屋预先出售给承购人，由承购人支付定金或房价款的行为。由于商品房预售较商品房现售有一定的特殊性，即从预售到竣工交付有一段时间，具有较大的风险性和投机性，涉及购房者的合法权益，所以国家高度重视商品房预售管理。

1）加强商品房预售管理的必要性

商品房预售（俗称"卖楼花"）是由香港立信置业公司于1954年首创的。这种销售方式一经推出，便在香港盛行，成为香港房地产市场的一大经营特色，并为世界上更多国家和地区所接受，成为一种重要的商品房销售方式。对于开发商来说，商品房预售作为一种重要的房地产开发、融资、买卖手段，它能大大加速楼盘的销售，加快资金的回笼过程，较快地获得急需的建设资金，减轻借贷压力，消除销售风险。对于买受人而言，通过商品房预售可以得到稳定的房源和优惠的售房价格，并期待获得升值的收益。因此，无论从开发商还是从买受人的角度，商品房预售都具有积极的作用，在商品房销售中表现出很强的生命力。

由于从预售到竣工交付之间尚有较长一段时间，这对处于弱势地位的买受人来说具有较大的风险性。一些开发商利用法律的漏洞开展投机行为，如房屋不能如期交付、售房时的承诺与实际不符、房屋质量不符标准、擅自变更房型结构和面积、房屋不能正常使用等，甚至有的开发商将无预售许可证的期房进行预售，有的开发商利用集体所有的土地建设的房屋进行预售，导致买受人无法取得房屋产权证等。该类违约现象出现后，明显处于弱势地位的购房者追究开发商违约责任的成本很高、难度很大。为了保护购房者的利益不受损害，国家通过制定相应的法律法规对商品房预售行为作了较大的限制。如《城市房地产管理法》明确了"商品房预售实行许可证制度"。建设部1994年发布的《城市商品房预售管理办法》对商品房预售的条件、程序等作了详细的规定，2001年《建设部关于修改〈城市商品房预售管理办法〉的决定》、2004年《建设部关于修改〈城市商品房预售管理办法〉的决定》先后两次对《城市商品房预售管理办法》进行了适当的修正。这些法律法规在规范商品房预售行为、保障买受人合法利益上起到了很好的作用。

2）商品房预售的条件

为了规范商品房预售行为，保证正常的房地产开发活动，维护商品房交易双方的合法权益，《城市商品房预售管理办法》对预售商品房的条件作了明确规定：

（1）已交付全部土地使用权出让金，取得土地使用权证书；

（2）持有建设工程规划许可证和施工许可证；

（3）按提供预售的商品房计算，投入开发建设的资金达到工程建设总投资的25%以上，并已经确定施工进度和竣工交付日期；

（4）房地产开发企业向城市、县人民政府房产管理部门办理预售登记，取得《商品房预售许可证》。

3）《商品房预售许可证》的办理程序

《城市房地产管理法》和《城市商品房预售管理办法》中明确规定，商品房预售实行许可制度。开发企业进行商品房预售，应当向房地产管理部门申请预售许可，取得《商品房预售许可证》。未取得《商品房预售许可证》的，不得进行商品房预售。

《商品房预售许可证》办理程序见图9-4。

图9-4 商品房预售许可证办理程序图

（1）受理

在申请《商品房预售许可证》时，开发企业应按《城市商品房预售管理办法》第七条的规定提交下列证件（复印件）及资料：

① 商品房预售许可申请表；

② 开发企业的《营业执照》和资质证书；

③ 土地使用权证、建设工程规划许可证、施工许可证；

④ 投入开发建设的资金占工程建设总投资的比例符合规定条件的证明；

⑤ 工程施工合同及关于施工进度的说明；

⑥ 商品房预售方案。预售方案应当说明预售商品房的位置、面积、竣工交付日期等内容，并应当附预售商品房分层平面图。

材料齐全的，房地产管理部门应当当场出具受理通知书；材料不齐的，应当当场或者5日内一次性书面告知需要补充的材料。

(2) 审核

房地产管理部门对开发企业提供的有关材料是否符合法定条件进行审核。开发企业对所提交材料实质内容的真实性负责。

(3) 许可

经审查,开发企业的申请符合法定条件的,房地产管理部门应当在受理之日起 10 日内,依法作出准予预售的行政许可书面决定,发送开发企业,并自作出决定之日起 10 日内向开发企业颁发、送达《商品房预售许可证》。

经审查,开发企业的申请不符合法定条件的,房地产管理部门应当在受理之日起 10 日内,依法作出不予许可的书面决定。书面决定应当说明理由,告知开发企业享有依法申请行政复议或者提起行政诉讼的权利,并送达开发企业。

商品房预售许可决定书、不予商品房预售许可决定书应当加盖房地产管理部门的行政许可专用印章,《商品房预售许可证》应当加盖房地产管理部门的印章。

(4) 公示

房地产管理部门作出的准予商品房预售许可的决定,应当予以公开,公众有权查阅。

4) 违反《城市商品房预售管理办法》的法律责任

《城市商品房预售管理办法》就违反其规定的行为做出法律责任的规定:

(1) 开发企业未取得《商品房预售许可证》预售商品房的,责令停止违法行为,没收违法所得;收取预付款的,可以并处已收取预付款 1% 以下的罚款。

(2) 开发企业不按规定使用商品房预售款项的,由房地产管理部门责令限期纠正,并可处以违法所得 3 倍以下但不超过 3 万元的罚款。

(3) 开发企业隐瞒有关情况、提供虚假材料,或者采用欺骗、贿赂等不正当手段取得商品房预售许可的,由房地产管理部门责令停止预售,撤销商品房预售许可,并处 3 万元罚款。

5) 进一步完善商品住房预售制度

为进一步加强房地产市场监管,完善商品住房预售制度,整顿和规范房地产市场秩序,维护住房消费者合法权益,建设部于 2010 年 4 月 13 日发布 53 号令,就进一步加强房地产市场监管,完善商品住房预售制度,作了如下通知:

(1) 进一步加强房地产市场监管;

(2) 完善商品住房预售制度;

(3) 加强预售商品住房交付和质量管理;

(4) 健全房地产市场监督管理机制。

9.4.3 商品房买卖合同

商品房销售时,房地产开发企业和购房者应当订立书面商品房买卖合同。

1) 商品房买卖合同的内容

商品房买卖合同应当明确以下主要内容：

当事人名称或者姓名和住所；商品房基本状况；商品房的销售方式；商品房价款的确定方式及总价款、付款方式、付款时间；交付使用条件及日期；装饰、设备标准承诺；供水、供电、供热、燃气、通信、道路、绿化等配套基础设施和公共设施的交付承诺和有关权益、责任；公共配套建筑的产权归属；面积差异的处理方式；办理产权登记有关事宜；解决争议的方法；违约责任；双方约定的其他事项。

2) 商品房销售的计价方式

商品房销售价格由当事人协商议定，国家另有规定的除外。商品房销售可以按套(单元)计价，也可以按套内建筑面积或者建筑面积计价。

(1) 按套(单元)计价

按套(单元)计价的现售房屋，当事人对现售房屋实地勘察后可以在合同中直接约定总价款。

按套(单元)计价或者按套内建筑面积计价的，商品房买卖合同中应当注明建筑面积和分摊的共有建筑面积。

按套(单元)计价的预售房屋，房地产开发企业应当在合同中附所售房屋的平面图。平面图应当标明详细尺寸，并约定误差范围。房屋交付时，套型与设计图纸一致，相关尺寸误差也在约定的误差范围内，维持总价款不变；套型与设计图纸不一致或者相关尺寸误差超出约定的误差范围，合同中未约定处理方式的，买受人可以退房或者与房地产开发企业重新约定总价款。买受人退房的，由房地产开发企业承担违约责任。

(2) 按套内建筑面积或者建筑面积计价

按套内建筑面积或者建筑面积计价的，当事人应当在合同中载明合同约定面积与产权登记面积发生误差的处理方式。

合同未作约定的，按以下原则处理：

① 面积误差比绝对值在3%以内(含3%)的，据实结算房价款；

② 面积误差比绝对值超出3%时，购房者有权退房。购房者退房的，房地产开发企业应当在购房者提出退房之日起30日内将购房者已付房价款退还给购房者，同时支付已付房价款利息。购房者不退房的，产权登记面积大于合同约定面积时，面积误差比在3%以内(含3%)部分的房价款由购房者补足；超出3%部分的房价款由房地产开发企业承担，产权归购房者。产权登记面积小于合同约定面积时，面积误差比绝对值在3%以内(含3%)部分的房价款由房地产开发企业返还购房者；绝对值超出3%部分的房价款由房地产开发企业双倍返还购房者。

其中：面积误差比 $=\dfrac{\text{产权登记面积}-\text{合同约定面积}}{\text{合同约定面积}}\times 100\%$

按建筑面积计价的,当事人应当在合同中约定套内建筑面积和分摊的共有建筑面积,并约定建筑面积不变而套内建筑面积发生误差以及建筑面积与套内建筑面积均发生误差时的处理方式。

3) 商品房买卖合同的订立

不符合商品房销售条件的,房地产开发企业不得销售商品房,不得向购房者收取任何预订款性质费用。

符合商品房销售条件的,房地产开发企业在订立商品房买卖合同之前向购房者收取预订款性质费用的,订立商品房买卖合同时,所收费用应当抵作房价款;当事人未能订立商品房买卖合同的,房地产开发企业应当向购房者返还所收费用;当事人之间另有约定的,从其约定。

房地产开发企业应当在订立商品房买卖合同之前向购房者明示《商品房销售管理办法》和《商品房买卖合同示范文本》;预售商品房的,还必须明示《城市商品房预售管理办法》。

4) 规划、设计变更的处理

房地产开发企业应当按照批准的规划、设计建设商品房。商品房买卖合同订立后,房地产开发企业不得擅自变更规划、设计。

经规划部门批准的规划变更、设计单位同意的设计变更导致商品房的结构、户型、空间尺寸、朝向变化,以及出现合同当事人约定的其他影响商品房质量或者使用功能情形的,房地产开发企业应当在变更确立之日起10日内,书面通知购房者。

买受人有权在通知到达之日起15日内作出是否退房的书面答复。购房者在通知到达之日起15日内未作书面答复的,视同接受规划、设计变更以及由此引起的房价款的变更。房地产开发企业未在规定时限内通知购房者的,购房者有权退房;购房者退房的,由房地产开发企业承担违约责任。

因规划、设计变更造成面积差异,当事人不解除合同的,应当签署补充协议。

9.4.4 房地产税费

1) 房地产税收与房地产税

(1) 房地产税收

房地产税收是一个综合性概念,一切与房地产经济运行过程有直接关系的税收都属于房地产税收。是指国家根据法律法规的规定向房产所有人、经营管理人、投资建设人、使用人或受让人无偿地、强制地取得财政收入的一种分配关系。房地产税收除了具有一般税收所具有的强制性、无偿性和固定性三个基本特征外,还具有区别于其他税收的特征,即房地产税收是以固定的房产价值、房产投资行为为征收对象的税收,不同于以其他事项为征收对象的税收。

（2）房地产税

房地产税是指以房产为征收对象,按照房产的计税价值或按房屋出租的租金收入征收的一种税。1986年9月15日国务院发布《中华人民共和国房产税暂行条例》,根据2011年1月8日实施的《国务院关于废止和修改部分行政法规的决定》,对房产税征收作了具体规定。我国目前房地产税主要包括房产税、契税、印花税、增值税（营改增）、城市维护建设税、企业所得税、个人所得税、外商投资企业和外国企业投资所得税。

2）增值税

2016年3月23日,根据财税〔2016〕36号文规定,经国务院批准,自2016年5月1日起,在全国范围内全面推开营业税改征增值税（以下称营改增）试点,建筑业、房地产业、金融业、生活服务业等全部营业税纳税人,纳入试点范围,由缴纳营业税改为缴纳增值税。这也就意味着在房地产行业,房地产税收种类当中的营业税将改为增值税,即以前缴纳营业税的应税项目改成缴纳增值税,增值税只对产品或者服务的增值部分纳税。

（1）纳税人和纳税范围

增值税纳税人指在中华人民共和国境内销售服务、无形资产或者不动产的单位和个人。

单位,是指企业、行政单位、事业单位、军事单位、社会团体及其他单位;个人,是指个体工商户和其他个人。纳税人分为一般纳税人和小规模纳税人。应税行为的年应征增值税销售额超过财政部和国家税务总局规定标准的纳税人为一般纳税人,未超过规定标准的纳税人为小规模纳税人。

应税行为的具体范围包括销售服务、无形资产或者不动产,即有偿提供服务、有偿转让无形资产或者不动产,但属于下列非经营活动的情形除外：

① 行政单位收取的政府性基金或者行政事业性收费；

② 单位或者个体工商户聘用的员工为本单位或者雇主提供取得工资的服务；

③ 单位或者个体工商户为聘用的员工提供服务；

④ 财政部和国家税务总局规定的其他情形。

同时需要注意的是,房地产主管部门或者其指定机构、公积金管理中心、开发企业以及物业管理单位代收的住宅专项维修资金不征收增值税项目。

（2）计税方式和税率

① 增值税的计税方法,分为简易计税方法和一般计税方法。

小规模纳税人发生应税行为适用简易计税方法计税。

$$应纳税额 = 销售额 \times 征收率(3\%)$$

一般纳税人发生应税行为适用一般计税方法计税。如果发生财政部和国家税务总局规定的特定应税行为,可以选择适用简易计税方法计税,但一经选择,36个月内不得变更。

$$应纳税额 = 销项税额 - 进项税额$$
$$= 销售额 \times 税率 - 进项税额$$

境外单位或者个人在境内发生应税行为,在境内未设有经营机构的,扣缴义务人按照下列公式计算应扣缴税额:

$$应扣缴税额 = 购买方支付的价款 \div (1 + 税率) \times 税率$$

② 增值税的税率如表9-2所示:

表9-2 增值税税目税率表

税目	税率
提供交通运输、邮政、基础电信、建筑、不动产租赁服务,销售不动产,转让土地使用权	11%
提供有形动产租赁服务	17%
境内单位和个人发生的跨境应税行为	0
增值电信服务、金融服务、现代服务、生活服务	6%

(3) 纳税期限和地点

增值税的纳税期限分别为1日、3日、5日、10日、15日、1个月或者1个季度。纳税人的具体纳税期限,由主管税务机关根据纳税人应纳税额的大小分别核定。以1个季度为纳税期限的规定适用于小规模纳税人、银行、财务公司、信托投资公司、信用社,以及财政部和国家税务总局规定的其他纳税人。不能按照固定期限纳税的,可以按次纳税。纳税人以1个月或者1个季度为1个纳税期的,自期满之日起15日内申报纳税;以1日、3日、5日、10日或者15日为1个纳税期的,自期满之日起5日内预缴税款,于次月1日起15日内申报纳税并结清上月应纳税款。

固定业户应当向其机构所在地或者居住地主管税务机关申报纳税。非固定业户应当向应税行为发生地主管税务机关申报纳税;未申报纳税的,由其机构所在地或者居住地主管税务机关补征税款。其他个人提供建筑服务,销售或者租赁不动产,转让自然资源使用权,应向建筑服务发生地、不动产所在地、自然资源所在地主管税务机关申报纳税。扣缴义务人应当向其机构所在地或者居住地主管税务机关申报缴纳扣缴的税款。

(4) 减税和免税

根据《营业税改征增值税试点有关事项的规定》,以下项目在试点期间不征收增值税:

① 根据国家指令无偿提供的铁路运输服务、航空运输服务,属于《营改增试点实施办法》第十四条规定的用于公益事业的服务。

② 存款利息。
③ 被保险人获得的保险赔付。
④ 房地产主管部门或者其指定机构、公积金管理中心、开发企业以及物业管理单位代收的住宅专项维修资金。
⑤ 在资产重组过程中,通过合并、分立、出售、置换等方式,将全部或者部分实物资产以及与其相关联的债权、负债和劳动力一并转让给其他单位和个人,其中涉及的不动产、土地使用权转让行为。

(5) 增值税对房地产企业的影响

营改增的试点,减少了重复纳税的环节,是党中央、国务院根据经济社会发展的新形势,从深化改革的总体部署出发做出的重要决策,目的是加快财税体制改革、进一步减轻企业赋税,调动各方积极性,促进服务业尤其是科技等高端服务业的发展,促进产业和消费升级、培育新动能、深化供给侧结构性改革。对于房地产企业的影响有以下几个方面:

① 有利于完善税收链条,优化税收结构

从静态看,原本属于营业税的收入归于增值税收入,增加了增值税的收入;但从动态看,在最终消费以前的各个环节基本消除了重复征税,有助于提高经济效益,由此也会带来增值税收入的增长。

② 规范财务税收管理,规范经济市场行为

营改增后只有规范的财务处理才能正确进行纳税申报,以往曾经存在虚开发票、没有合同代开发票等问题,都将予以杜绝。同时也规范了行业市场经济行为,有利于同行公平竞争。

③ 将企业新增不动产所含增值税纳入抵扣范围

企业新增不动产纳入抵扣范围,即企业购置房产用于增值税应税项目,其购置房产缴纳的税款可按规定计算增值税进项税额进行抵扣,有利于房地产大宗交易降低成本,对商办物业去库存起到促进作用,以企业为主体投资行为也有利于房地产市场的需求量回升。

3) 其他税费

(1) 契税

契税也称房产合同税,是国家对房产发生产权转移,如买卖、典当、赠与、交换时,按照当事人双方订立的契约向承受人征收的一种税,属于房产税类。

房产契税的计税依据按房屋产权权属转移的不同方式分为:
① 房产成交价格,即房屋的买卖价格;
② 核定价,以房屋赠与的方式转移房产权利的,由征收机关参照房屋买卖的市场价格核定;
③ 房产交换的差价,当双方当事人以房屋交换的形式转移房产权利的,以房

屋交换价格的差额为计税依据。

我国的契税实行比例税率,现为3%～5%,实际适用的税率由省、自治区、直辖市人民政府在此幅度内结合本地区的实际情况确定。根据2016年财政部《关于调整房地产交易环节契税、营业税优惠政策的通知》,对个人购买家庭唯一住房面积为90平方米及以下的,减按1%的税率征收契税;面积为90平方米以上的,减按1.5%的税率征收契税;对个人购买家庭第二套改善性住房,面积为90平方米及以下的,减按1%的税率征收契税;面积为90平方米以上的,减按2%的税率征收契税。

(2) 印花税

印花税是对经济交往中书写、领受的文书凭证征收的一种税,一般由纳税人在凭证上自行粘贴印花税票作为完税标志。纳税人根据应纳税凭证的性质,分别按比例税率或者按件定额计算应纳税额。房屋租赁合同为千分之一,税额不足1元,按1元纳税。银行借款合同为万分之零点五,房屋保险合同为保险费的千分之一,房屋产权证、土地使用证每件5元,房屋产权转移按照所载合同金额的万分之五纳税。同时为适当减轻个人住房交易的税收负担,目前对个人销售或购买住房暂免征收印花税。

(3) 城市维护建设税

城市维护建设税是我国为了加强城市的维护建设,扩大和稳定城市维护建设资金的来源,而对有经营收入的单位和个人征收的一个税种。以纳税人实缴的消费税、增值税和营业税税额为计税依据,分别与其同时缴纳。城市维护建设税根据纳税人所在地实行差别税率:市区税率为7%,县城、建制镇税率为5%,其他地区税率为1%。

(4) 个人所得税

个人所得税是以个人(自然人)取得的各项应税所得为对象征收的一种税。租赁所得指个人出租建筑物、土地使用权获得的租金收入,每次收入不超过4 000元的,其计税依据为每次所得收入减去800元后的余额;每次收入超过4 000元的,其计税依据为每次所得收入扣除20%的余额。转让所得指个人转让建筑物、土地使用权的所得收入,其税率均为20%。而对个人出租住房取得的所得减按10%征收个人所得税。

(5) 企业所得税

在中华人民共和国境内,企业和其他取得收入的组织为企业所得税的纳税人,依照《中华人民共和国企业所得税法》的规定缴纳企业所得税。企业每一纳税年度的收入总额,减除不征税收入、免税收入、各项扣除以及允许弥补的以前年度亏损后的余额,为应纳税所得额。企业所得税的税率为25%,非居民企业适用税率为20%。

9.5 房地产权属登记管理制度

马克思认为：一切社会劳动或共同劳动都或多或少地需要管理。从原始社会的氏族部落游猎，到现代社会化大生产，都离不开管理。毛泽东同志也说过：一万年以后也要有管理。房地产权属登记管理是房地产行政管理的重要内容之一，国家十分重视房地产权属登记管理工作。《城市房地产管理法》规定，国家实行土地使用权和房屋所有权登记发证制度。

9.5.1 房地产权属登记

房地产权属登记又称为房地产登记，是指经申请人申请，由房地产登记机构将申请人的房地产权利和其他应当记载的事项在房地产登记簿上予以记载的行为，是将房地产权利现状、权利变动情况以及其他相关事项记载在房地产登记簿上予以公示的行为，是一种不动产物权的公示方式。

1）房地产权属登记的任务

房地产是一种通过登记才能表征其权属的财产，房地产权属登记主要任务如下：

（1）做好初始取得的土地使用权、新建房屋所有权、房地产权属的转让、变更、他项权利等的登记、核实、确权和发证工作，以及房地产灭失、土地使用权年限届满、他项权利终止等的注销工作。

（2）做好房地产权属登记信息化工作。

（3）做好现有权属档案资料的管理，根据对资料的收集、整理、鉴定、立卷、归档，制订目录索引，以便科学地管理档案和方便查阅利用。

（4）房地产权属登记管理工作还要为征地、房屋征收、落实私房政策的房产审查和权属纠纷处理提供依据。

2）房地产权属登记的功能

房地产权属登记具有权利确认功能、公信功能、公示功能和管理功能。

（1）权利确认功能

权利确认功能指房地产权属登记确认房地产权利归属状态，经登记的房地产权利受国家强制力保护，可以对抗权利人以外的任何人。

（2）公信功能

公信是把登记记载的权利人在法律上推定为真正权利人，若以后事实证明登记的物权不存在或存在瑕疵，对于信赖该物权的存在并已从事了物权交易的人，法律仍然承认其具有与真实的物权相同的法律效果。

(3) 公示功能

房地产权属登记是把房地产权利的事实向公众公开并标明房地产流转的程序，其主要功能是保护动态的交易安全，使连续发生的交易不因权利人主张权利而受到破坏。

(4) 管理功能

管理功能是为实现国家的管理意图，一方面通过登记建立产权资料，进行产权管理；另一方面通过登记审查相关权利设立、变更、终止的合法性，进而取缔或处罚违法行为。

3) 房地产权属登记的效力

房地产权属登记的效力是指法律赋予房地产权属登记的强制力。在我国，房屋登记簿及其权属证书具有法律推定公信力，即权利正确性推定效力。这种公信力主要在于保护与之交易的第三人的利益，如果第三人信赖登记簿登记的权利而与之交易，即受到法律保护，并取得该权利。

9.5.2 房屋登记

为了规范房屋登记行为，维护房地产交易安全，保护权利人的合法权益，依据《中华人民共和国物权法》《中华人民共和国城市房地产管理法》《村庄和集镇规划建设管理条例》等法律法规，我国自 2008 年 7 月 1 日起施行《房屋登记办法》。

1) 房屋登记概述

房屋登记是指房屋登记机构依法将房屋权利和其他应当载明的事项在房屋登记簿上予以记载的行为。

国务院建设主管部门负责指导、监督全国的房屋登记工作。房屋登记由房屋所在地的房屋登记机构办理。房屋登记机构应该建立本行政区域内统一的房屋登记簿，房屋登记簿是房屋权利归属和内容的根据，由房屋登记机构管理。房屋登记人员应当具备与其岗位相适应的专业知识。从事房屋登记审核工作的人员应当取得国务院建设主管部门颁发的房屋登记上岗证书，持证上岗。

国有土地范围内房屋登记主要包括房屋所有权登记、抵押权登记、地役权登记、预告登记和其他登记。

2) 房屋登记程序

办理房屋登记，应当遵循房屋所有权和房屋占用范围内的土地使用权权利主体一致的原则，一般按照下列程序进行，如图 9-4 所示。

申请 → 受理 → 审核 → 记载于登记簿 → 发证

图 9-4 房屋登记程序图

（1）提出申请

申请人应当向房屋所在地的房屋登记机构提出申请，并提交申请登记材料。申请登记材料应当提供原件，不能提供原件的，应当提交有关机关确认与原件一致的复印件。申请人应当对申请登记材料的真实性、合法性、有效性负责，不得隐瞒真实情况或者提供虚假材料申请房屋登记。

（2）进行受理

申请人提交的申请登记材料齐全且符合法定形式的，应当予以受理，并出具书面凭证。

申请人提交的申请登记材料不齐全或者不符合法定形式的，应当不予受理，并告知申请人需要补正的内容。

（3）进行审核

房屋登记机构应当查验申请登记材料，并根据不同登记申请就申请登记事项是否是申请人的真实意思表示、申请登记房屋是否为共有房屋、房屋登记簿记载的权利人是否同意更正，以及申请登记材料中需进一步明确的其他有关事项询问申请人。询问结果应当经申请人签字确认，并归档保留。

房屋登记机构认为申请登记房屋的有关情况需要进一步证明的，可以要求申请人补充材料。

办理下列房屋登记，房屋登记机构应当实地查看，同时申请人应当予以配合：

① 房屋所有权初始登记；

② 在建工程抵押权登记；

③ 因房屋灭失导致的房屋所有权注销登记；

④ 法律、法规规定的应当实地查看的其他房屋登记。

（4）进行登记

登记申请符合下列条件的，房屋登记机构应当予以登记，将申请登记事项记载于房屋登记簿：

① 申请人与依法提交的材料记载的主体一致；

② 申请初始登记的房屋与申请人提交的规划证明材料记载一致，申请其他登记的房屋与房屋登记簿记载一致；

③ 申请登记的内容与有关材料证明的事实一致；

④ 申请登记的事项与房屋登记簿记载的房屋权利不冲突；

⑤ 不存在法规规定的不予登记的情形。

登记申请不符合前款所列条件的，房屋登记机构应当不予登记，并书面告知申请人不予登记的原因。

有下列情形之一的，房屋登记机构应当不予登记：

① 未依法取得规划许可、施工许可或者未按照规划许可的面积等内容建造的

建筑申请登记的；

② 申请人不能提供合法、有效的权利来源证明文件或者申请登记的房屋权利与权利来源证明文件不一致的；

③ 申请登记事项与房屋登记簿记载冲突的；

④ 申请登记房屋不能特定或者不具有独立利用价值的；

⑤ 房屋已被依法征收、没收，原权利人申请登记的；

⑥ 房屋被依法查封期间，权利人申请登记的；

⑦ 法律、法规和本办法规定的其他不予登记的情形。

(5) 发放证书

房屋登记机构应当根据房屋登记簿的记载，缮写并向权利人发放房屋权属证书。

3) 房屋权属登记信息查询与档案管理

(1) 房屋权属信息登记查询

为发挥房屋权属登记的公示作用，保障房屋交易安全，维护房屋交易秩序，保护房屋权利人及相关当事人的合法权益，建设部制定了《房屋权属信息查询暂行办法》，此办法适用于城市房屋权属登记机关已登记的房屋权属登记信息的查询，并且单位和个人可以公开查询。

房屋权属登记信息，包括原始登记凭证和房屋权属登记机关对房屋权利的记载信息。房屋原始登记凭证包括房屋权利登记申请表，房屋权利设立、变更、转移、消灭或限制的具体依据，以及房屋权属登记申请人提交的其他资料。

房屋权属登记机关对房屋权利的记载信息，包括房屋自然状况（坐落、面积、用途等），房屋权利状况（所有权情况、他项权情况和房屋权利的其他限制等），以及登记机关记载的其他必要信息。

房屋权属登记机关、房屋权属档案管理机构（以下统称查询机构）应妥善保管房屋权属登记资料，及时更新对房屋权利记载的有关信息，保证信息的完整性、准确性和安全性。查询机构应建立房屋权属登记信息查询制度，方便当事人查询有关信息。

已建立房屋权属登记簿（登记册）的地方，登记簿（登记册）所记载的信息为登记机关对房屋权利的记载信息。

(2) 房地产权属档案管理

房地产权属档案管理是指房地产行政管理部在房地产发证登记、房地产交易买卖、房屋动拆迁、建设用地及批租用地活动中，经过收集、整理、鉴定，按一定手段形成的反映产权人、房屋自然状况及使用土地状况，应当归档保存的文字材料、计算材料、图纸、图表、照片、录像带、软盘等各种载体内容的文件材料，其是城市建设档案的组成部分。

做好房地产档案工作,可以促进房地产业的顺利发展,其主要作用在于房地产档案能够帮助领导进行科学决策,是决策必不可少的重要依据之一;能够提高房地产业工作效益和管理水平;同时维护了城市档案的完整与安全,保留了房地产业的真实面貌。

9.5.3 不动产登记

不动产,是指土地、海域以及房屋、林木等定着物。不动产登记,是指不动产登记机构依法将不动产权利归属和其他法定事项记载于不动产登记簿的行为。2014年11月24日,国务院颁发了《不动产登记暂行条例》,目的是为了整合不动产登记职责,规范登记行为,方便群众申请登记,保护权利人合法权益。该条例规定,我国实行不动产统一登记制度,不动产登记遵循严格管理、稳定连续、方便群众的原则,不动产权利人已经依法享有的不动产权利,不因登记机构和登记程序的改变而受到影响。

1) 不动产登记概述

办理不动产登记的范围包括:

① 集体土地所有权;

② 房屋等建筑物、构筑物所有权;

③ 森林、林木所有权;

④ 耕地、林地、草地等土地承包经营权;

⑤ 建设用地使用权;

⑥ 宅基地使用权;

⑦ 海域使用权;

⑧ 地役权;

⑨ 抵押权;

⑩ 法律规定需要登记的其他不动产权利。

不动产登记由不动产所在地的县级人民政府不动产登记机构办理;直辖市、设区的市人民政府可以确定本级不动产登记机构统一办理所属各区的不动产登记。跨县级行政区域的不动产登记,由所跨县级行政区域的不动产登记机构分别办理。不能分别办理的,由所跨县级行政区域的不动产登记机构协商办理;协商不成的,由共同的上一级人民政府不动产登记主管部门指定办理。

国务院确定的重点国有林区的森林、林木和林地,国务院批准项目用海、用岛,中央国家机关使用的国有土地等不动产登记,由国务院国土资源主管部门会同有关部门规定。

2) 不动产登记簿

不动产以不动产单元为基本单位进行登记。不动产单元具有唯一编码。不动产登记机构应当按照国务院国土资源主管部门的规定设立统一的不动产登记簿。

不动产登记簿应当记载以下事项：

① 不动产的坐落、界址、空间界限、面积、用途等自然状况；

② 不动产权利的主体、类型、内容、来源、期限、权利变化等权属状况；

③ 涉及不动产权利限制、提示的事项；

④ 其他相关事项。

不动产登记机构应当依法将各类登记事项准确、完整、清晰地记载于不动产登记簿。任何人不得损毁不动产登记簿，除依法予以更正外不得修改登记事项。

3) **不动产登记程序**

不动产登记机构应当在办公场所和门户网站公开申请登记所需材料目录和示范文本等信息。申请人申请不动产登记时，应当提交下列材料，并对申请材料的真实性负责：

① 登记申请书；

② 申请人、代理人身份证明材料、授权委托书；

③ 相关的不动产权属来源证明材料、登记原因证明文件、不动产权属证书；

④ 不动产界址、空间界限、面积等材料；

⑤ 与他人利害关系的说明材料；

⑥ 法律、行政法规以及本条例实施细则规定的其他材料。

不动产登记机构收到不动产登记申请材料，应当分别按照下列情况办理：

① 属于登记职责范围，申请材料齐全、符合法定形式，或者申请人按照要求提交全部补正申请材料的，应当受理并书面告知申请人；

② 申请材料存在可以当场更正的错误的，应当告知申请人当场更正，申请人当场更正后，应当受理并书面告知申请人；

③ 申请材料不齐全或者不符合法定形式的，应当当场书面告知申请人不予受理并一次性告知需要补正的全部内容；

④ 申请登记的不动产不属于本机构登记范围的，应当当场书面告知申请人不予受理并告知申请人向有登记权的机构申请。

4) **法律责任**

不动产登记机构登记错误给他人造成损害，或者当事人提供虚假材料申请登记给他人造成损害的，依照《中华人民共和国物权法》的规定承担赔偿责任。

(1) 不动产登记机构工作人员进行虚假登记，损毁、伪造不动产登记簿，擅自修改登记事项，或者有其他滥用职权、玩忽职守行为的，依法给予处分；给他人造成损害的，依法承担赔偿责任；构成犯罪的，依法追究刑事责任。

(2) 伪造、变造不动产权属证书、不动产登记证明，或者买卖、使用伪造、变造的不动产权属证书、不动产登记证明的，由不动产登记机构或者公安机关依法予以收缴；有违法所得的，没收违法所得；给他人造成损害的，依法承担赔偿责任；构成违反治安管理行为的,依法给予治安管理处罚;构成犯罪的,依法追究刑事责任。

(3) 不动产登记机构、不动产登记信息共享单位及其工作人员,查询不动产登记资料的单位或者个人违反国家规定,泄露不动产登记资料、登记信息,或者利用不动产登记资料、登记信息进行不正当活动,给他人造成损害的,依法承担赔偿责任;对有关责任人员依法给予处分;有关责任人员构成犯罪的,依法追究刑事责任。

9.6 物业管理法律制度

"物业"一词由英语 Property 翻译而来,其含义为"财产""资产""拥有物"等,是物业的一种较为广义的范畴。现实中我们所称的"物业"是物业的一种狭义范畴,称之为房屋——不动产。

物业管理亦有广义和狭义之分。广义的物业管理是对资产、财产的管理,如对生产资料、生产工具等的管理都属于物业管理范畴。我们所讲的物业管理,是一种狭义范围内的物业管理,即对房地产的管理,是由专门机构和人员,受物业所有人的委托,按照国家法律规定,依照合同和契约,对已竣工验收、投入使用的各类房屋建筑和附属配套设施及场地,运用现代化的管理方式和先进的维修技术,以经济手段进行管理服务。同时,物业管理也对房屋区域的周围环境、清洁卫生、安全防卫、公共绿化、道路维护统一实施专业化管理,并且向住用人提供各方面综合服务,以创造一个良好的社区环境,满足人们日益增长的居住、消费需求,使物业能保值、增值。

9.6.1 物业管理的法律关系

法律关系是指法律规范在调整人们行为过程中形成的一种特殊的社会关系——法律上的权利和义务关系。物业管理的法律关系是法律关系中的一种,即法律规范在调整人们在物业管理行为过程中形成的权利和义务的关系。

1) 物业管理法律关系三要素

任何法律关系均由主体、客体、内容三要素构成,物业管理法律关系也不例外。

(1) 主体

物业管理法律关系的主体就是法律所规定的物业管理法律关系的参与者,具体说就是物业管理者、物业所有者或使用者、政府业务主管部门及相关单位、个人等。

(2) 客体

物业管理法律关系的客体是指物业管理法律关系主体的权利、义务共同指向的对象,即物(物业,含房屋及其附属设备、公共配套设施)和行为。至于非物质财富,即精神、文化财富,在物业管理法律关系中比较缺乏,个别的如某管理单位、小区或大厦的荣誉称号、发明专利等,可以列入物业管理法律关系的调整范围。所以,物业管理法律关系的客体一般为物和行为两种,这也是物业管理法律关系区别于其他民事、经济关系的特点之一。

(3) 内容

物业管理法律关系的内容是指物业管理法律关系的主体之间依据法律、合同而享有的权利和所承担的义务。

物业管理的权利是指物业管理公司或物业所有者、使用者依照法律规范或物业管理合同所规定的主体所享有的,做出某种行为的可能性。它既可以表现为享有权利的人有权自己做出一定的行为,例如,物业的所有人或使用人可以合法使用物业及其附属的公共配套设施;又可以表现为享有权利的人有权要求他人做出或不做一些行为,例如,物业所有人或使用人有权要求物业管理公司不得在休息时间视察房屋、维修房屋,同样物业管理公司有权要求住户不得拒绝或干扰管理人员的合理入户巡查等。

物业管理的义务是指物业管理公司或物业的所有者、使用者依照法律规定或合同约定的主体所必须承担的某种行为的必要性或责任。它表现为负有义务的物业管理公司或物业所有人、使用人必须按照物业所有人(或使用人)的要求做出一定行为,如按时交纳管理费、纠正违章并赔偿已造成的损失等。

2) 物业管理法律关系的特征

物业管理法律关系的基本特征体现在以下几个方面:

(1) 主体广泛性

住房(住宅小区或楼宇)是城市化及人民生活的基本物质条件,任何组织和个人都要与房地产物业管理发生联系,并通过这种联系形成人与人之间的社会关系。因此,可以说物业管理法律关系的权利主体和义务是非常广泛的。

(2) 权属基础性

物业管理的对象主要是房地产。房地产是不动产,但不动产的转移并非实际物体发生位移,而是权利主体发生变动。房屋出售、租赁实际上是权利的交易和转让。因此,可以说,物业管理法律规范是一个以权属为基础的法律规范。

(3) 国家干预性

房地产是不动产,它对国家、法人和公民来说是一笔很重要的财富;同样,房地产的物业管理涉及政府、法人和公民的各方面利益,它关系到经济发展和社会稳定,因此,国家对这一领域的行政干预十分显著,建设部专门成立了建设与房地产业司来指导物业管理工作的开展。

3) 物业管理公司的法律地位

(1) 物业管理公司是合法的企业法人

根据我国法律规定,企业法人要有独立的财产,有办公的地点,有自己的名称,并有明确的经营宗旨以及相应的管理机构和人员,能以自己的名义享有民事权利、承担民事责任和经济法律责任等。物业管理公司应是独立的企业法人。因此,在市场经济中,其市场地位、经济运作、法律地位等应与其他企业一样有相同的权利和义务。同时由于行业的自身特点和服务对象的经济承受能力以及我国国情,企业在追求利润时,决不能一味只考虑利润,而要受到一定的约束。

(2) 物业管理公司属于第三产业的服务性企业

物业管理公司与物业业主或使用人之间的关系,是服务与被服务、受委托与被委托之间的关系,不存在领导与被领导、管与被管的关系,随着住宅商品化的普及,住房制度的改革,业主产权关系的明确,将逐步形成一种业主与使用人委托形式为主,政府指定或产权单位自管形式为辅的物业委托管理模式。这样,双方权利、义务的内容和形式主要靠法律法规或合同形式予以确定;小区管委会(业主的代表机构)可以根据拟订的法规、合同内容公开招聘物业管理公司,竞争择优上岗。

(3) 物业管理是一个特殊的服务性行业

物业管理是现代化城市建设和管理的重要组成部分,它反映了一个城市的文明程度。由于目前我国城市建设管理体制正处于改革发展阶段,政府缺乏足够的人力物力,因此物业管理公司在向业主(使用人)提供服务的同时,还承担着政府对城市管理的部分职能。其内容有:建筑物外观、区域内的市政设施、区内的环境、区内的保安等社会管理工作。一个小区落成和使用意味着新的居住群体的形成,必然存在着每家每户的社会管理、社会公益问题。物业管理公司应和各级政府、医疗、政法等部门加强联系,随时传达新政策、新法令,协助开展工作。

9.6.2 物业管理的法律责任

物业管理的法律责任是指由于违反物业管理法律规范行为而应当承担的法律后果。

违法行为是法律责任的前提,法律制裁是法律责任的必然结果。任何人,无论是国家工作人员,还是公民或法人拒不执行法律义务或做出法律所禁止的行为,并具备了违法行为的构成要件,就要受到相应的法律制裁。

1) 物业管理违法行为的构成要件

(1) 违法性

物业管理主管部门的工作人员、物业管理公司、物业所有人或使用人,在进行物业管理服务、使用物业的活动中,必须遵守国家关于物业管理的法律法规、规章或有关政策规定。如果因故意或过失违反物业管理规范,就属于违法行为。例如违章搭建、损坏公共设施等。

(2) 危害性

危害性是指违法行为人的行动对国家、集体或公民的合法权益造成的损害,具备了法律规定的危害后果。例如违章装修、乱搭乱建、损坏房屋结构等所造成房屋的质量损坏,给公民的生活与安全带来了隐患。

(3) 可罚性

可罚性即行为人的违法行为符合法律规范所规定的制裁条件。

以上物业管理违法行为的构成要件缺一不可,只有同时具备,才能由当事人承担法律责任。

2) 物业管理法律责任的种类

根据物业管理违法行为的性质、程序的不同,并按照我国制定的法律规范,法律责任可分为民事责任、行政责任和刑事责任三种。

(1) 物业管理民事法律责任

根据法律规定,物业管理民事责任的方式有:

① 停止侵害(停止违法、违章行为);

② 消除危害(排除险情或隐患);

③ 排除妨碍(拆除违章建筑等);

④ 恢复原状(进行必要的修复或保护);

⑤ 赔偿损失(对受害人的物质损失和精神损失予以赔偿);

⑥ 赔礼道歉;

⑦ 返还财产;

⑧ 修理、重作、更换;

⑨ 支付违约金;

⑩ 消除影响,恢复名誉。

(2) 物业管理行政法律责任

① 中止营业或吊销执照(对物业管理公司等服务单位);

② 罚款(对物业管理公司等服务单位或公民);

③ 公开检讨或通报批评(对物业管理公司等服务单位或公民);

④ 行政纪律处分(对管理人员);

⑤ 行政拘留(对管理单位责任人员或公民)。

(3) 物业管理刑事法律责任

对于违反物业管理法律规定,给国家、集体、公民财产或生命健康造成严重危害,情节严重,触犯刑法法律规定的,由司法机关依法追究其刑事责任。

3) 物业管理违法行为及其制裁

为违反物业管理法律规章的违法行为应当追究责任。违反物业管理规章的责任有以下类型:

(1) 违反建设制度的责任

主要包括承包方或发包方违反建筑安装工程承包合同的规定,房屋所有人和修缮责任人违反《城市房屋修缮管理规定》《城市危险房屋管理规定》及装潢等规定。

(2) 侵犯房地产物权的责任

房地产物权包括房地产所有权及房地产其他物权。国家依法保护房地产物权不受侵犯。因此,公民、法人由于过错侵害国家的、集体的房地产和侵害他人的房地产,均应承担民事责任,其中侵权行为为违反行政法,还应承担行政责任;触犯刑律的,还应承担刑事责任。

(3) 侵犯房地产债权的责任

房地产债权主要是因合同的约定而产生的债权。所有债权均受到法律保护,侵犯债权应承担法律责任。侵犯债权的主要方式是债务人不履行债务。主要有侵犯房屋租赁债权,侵犯房屋买卖债权等。

(4) 违反房地产行政管理规范的责任

主要包括违反房地产产权产籍管理的责任,违反房地产交易市场管理的责任及违反房地产税收法规的责任。

对上述各种违法行为主要依照《民法通则》《城市房地产管理法》和建设部颁发的各类规章进行处分和制裁。

9.6.3 《物业管理条例》

1)《物业管理条例》制定的指导思想

《物业管理条例》立法的指导思想,主要体现在以下三点:

(1) 强调保护业主的财产权益,协调单个业主与全体业主的共同利益关系;

(2) 强调业主与物业服务企业是平等的民事主体,是服务与被服务关系;

(3) 强调业主与物业服务企业通过公平、公开和协商方式处理物业管理事项。

2)《物业管理条例》主要遵循的基本原则

(1) 物业管理权利和财产权利相对应的原则

《物业管理条例》对业主的权利和义务做的规定,其实就是明确了业主作为建筑物区分所有权人的权利与义务,也就是产权理论在物业管理活动中的地位。

(2) 维护全体业主合法权益的原则

物业管理工作的开展主要就是针对部分共有、全体共有的物业进行管理与服务,因此物业服务企业就必须要维护全体业主的合法权益。《物业管理条例》充分体现了这一原则,明确了对物业服务企业的行为。业主大会的职责,只要涉及全体业主共同利益,需要由全体业主协商;为了保证全体业主权益不受侵犯,《物业管理条例》也明确了个别业主不按合同约定缴纳物业管理费用是损害全体业主利益的行为;同时还对建设单位、公用事业单位等物业管理相关主体依法履行的义务作了详尽规定。在处理行政处罚和承担民事责任关系方面,《物业管理条例》设定了法律责任,充分体现了优先保护全体业主利益的原则。

(3) 实事求是的原则

中国物业管理是随着改革开放,经济发展而不断壮大发展起来的。由于我国区域范围大,经济发展的不均衡性,带来了物业管理发展的不平衡性。沿海地区与内地地区相比、大城市与中小城市相比,在物业管理市场环境、管理服务水平、收费标准等方面存在着较大的差异性。《物业管理条例》在坚持立法制度统一性原则下,又充分考虑各地区的实际情况,对物业管理区域划分、物业服务企业经营、物业管理市场招标投标等问题仅作出原则性规定。若干具体规定、具体执行办法,授权省、自治区、直辖市具体制定。

3)《物业管理条例》主要内容

《物业管理条例》共计七章六十八条。从法规角度来看,条款并不多,然而内容却十分丰富。该条例起草者通过大量调查研究,参照国内外一些先进的管理经验,在制定《物业管理条例》中充分体现了这些好的因素。现把内容进行归纳,主要是建立规范了十项基本制度。具体如下:

(1) 告知制度

体现了产权人的知情权,也体现了物业服务企业与业主、使用人以及政府机关职能的信息互通权。住宅小区的业主大会会议要事先告知全体业主,同时告知相关的居民委员会;业主大会(业主委员会)做出的决定违反法律、法规的,物业所在地的区、县人民政府房地产行政主管部门,应当责令其改正或者撤销其决定,并通告全体业主。

(2) 业主委员会备案制度

《物业管理条例》要求业主大会选举了业主委员会后,应当在自选举之日起30日内,向物业所在地的区、县人民政府房地产行政主管部门备案。这改变了过去实行的业主委员会审批制度,为政府行政职能工作作风转变,以及更符合目前实际作了明确规定。

(3) 招标投标制度

《物业管理条例》明确了:"国家提倡建设单位按照房地产开发与物业管理相分离的原则,通过招投标的方式选聘具有相应资质的物业服务企业。"所以,住宅物业的建设单位,应当通过招标投标的方式选聘具有相应资质的物业服务企业。

(4) 承接验收制度

当前购房者反映最为强烈的质量缺陷、配套设施不完善的热点问题,《物业管理条例》明确规定,物业服务企业承接物业时,应当对物业共用部位、共用设施设备进行查验。实行物业承接查验制度,可以弥补前期物业管理期间业主大会缺位的弊端,加强物业建设与物业管理的衔接,保障开展物业管理的必备条件。而在新老物业服务企业交接时,进行承接查验,有利于界定物业共用部位、共用设施设备的管理责任。

（5）保修责任制度

由于物业的管理与服务范围大、涉及面宽，而与建设单位责任划分又不十分明确，往往会造成业主的物业设备设施的配套出现问题时得不到修理，《物业管理条例》明确规定，建设单位应当按照国家规定的保修期限和保修范围承担物业的保修责任；供水、供电、供气、供热、通信、有线电视等单位，应当依法承担物业管理区域内相关管线和设施设备的维修、养护的责任；物业存在安全隐患、危及公共利益及他人合法权益时，责任人应当及时维修养护，有关业主应当配合。责任人不履行维修养护义务的，经业主大会讨论，可以由物业服务企业维修养护，费用由责任人承担。

（6）资质管理制度

企业的素质及其管理水平的高低，直接影响到业主的生活环境和工作质量。因此《物业管理条例》明确规定，国家对从事物业管理活动的企业实行资质管理制度。根据中国国情，物业服务企业暂设一、二、三级资质制度；同时在现阶段，对物业管理行业实行市场准入制度，严格审查物业管理资质，是加强行政监督、规范企业行为、减少失误、有效解决群众投诉的重要手段。

（7）交接制度

物业管理工作不像建设工程项目工作，周期短、任务明确。一个物业建设短短几年时间就可以完成，而物业管理将伴随着物业的生命周期开展活动。《物业管理条例》明确规定，在物业服务合同终止时，物业服务企业应当将物业管理用房，以及相应的物业建设原始资料、物业管理资料、广大业主客户资料等交还给业主委员会保存。由业主大会选聘新的物业服务企业之后，物业服务企业之间应做好交接工作。

（8）报告制度

物业管理公司是企业，不是政府行政职能部门，不具有行政执法权和处罚权。为了规范物业服务企业行为，明确物业服务企业应当依据物业服务合同，对业主（使用人）工作、生活的正常秩序和环境进行系统、全面管理服务。而对物业管理区域内出现的违法行为，物业服务企业应及时予以制止，同时报告相关行政部门处理。因此《物业管理条例》明确规定，对物业管理区域内，违反有关治安、环保、物业装饰装修和使用等方面的法律、法规规定的行为，物业服务企业应当制止，并及时向有关行政管理部门报告。

（9）专项维修资金制度

《物业管理条例》针对目前存在的专项维修资金交纳范围不明确，以及挪用专项维修资金问题，明确规定："住宅物业、住宅小区内的非住宅物业或者与单栋住宅楼结构相连的非住宅物业的业主，应当按照国家有关规定交纳专项维修资金。"同时还规定："专项维修资金属业主所有，专项用于物业保修期满后物业共用部位、共用设施设备的维修和更新、改造，不得挪作他用。"

9.6.4 《物权法》对建筑物共用部分归属的确立

2007年3月通过的《物权法》运用了建筑物区分所有权理论专门设立了第六章"建筑物区分所有权",该章设立了14条条款,对目前围绕着物业管理开展产生的各种矛盾、问题作了明确规定:

1) 对小区内车位、车库作了规定

《物权法》(第七十四条)明确规定:

建筑区划内,规划用于停放汽车的车位、车库应当首先满足业主的需要。

建筑区划内,规划用于停放汽车的车位、车库的归属,由当事人通过出售、附赠或者出租等方式约定。

占用业主共有的道路或者其他场地用于停放汽车的车位,属于业主共有。

2) 对小区内的道路、绿地作了规定

《物权法》(第七十三条)明确规定:

建筑区划内的道路,属于业主共有,但属于城镇公共道路的除外。

建筑区划内的绿地,属于业主共有,但属于城镇公共绿地或者明示属于个人的除外。

建筑区划内的其他公共场所、公用设施和物业服务用房,属于业主共有。

3) 对业主在物业管理中的权利与义务作了规定

(1) 业主在物业管理中拥有的权利(第七十六条)

① 制定和修改业主大会议事规则;

② 制定和修改建筑物及其附属设施的管理规约;

③ 选举业主委员会或者更换业主委员会成员;

④ 选聘和解聘物业服务企业或者其他管理人;

⑤ 筹集和使用建筑物及其附属设施的维修资金;

⑥ 改建、重建建筑物及其附属设施;

⑦ 有关共有和共同管理权利的其他重大事项。

决定前款第五项和第六项规定的事项,应当经专有部分占建筑物总面积三分之二以上的业主且占总人数三分之二以上的业主同意。

决定前款其他事项,应当经专有部分占建筑物总面积过半数的业主且占总人数过半数的业主同意。

(2) 业主在物业管理中所承担的义务

① 业主不得违反法律、法规以及管理规约,将住宅改变为经营性用房。(第七十七条)

② 业主大会或者业主委员会的决定,对业主具有约束力。(第七十八条)

③ 业主应当遵守法律、法规以及管理规约。(第八十三条)

9.7 案例分析

[章前案例分析]

本案被诉征收补偿决定的合法性存在以下问题：

第一个法律问题：评估机构选择程序不合法。

该县房屋征收部门于2013年12月8日发布房屋征收评估机构选择公告，但该县人民政府直到2013年12月24日才作出房屋征收的决定，即先发布房屋征收评估机构选择公告，后作出房屋征收决定，这不符合《国有土地上房屋征收与补偿条例》第二十条第一款有关"房地产价格评估机构由被征收人协商选定；协商不成的，通过多数决定、随机选定等方式确定"的规定，违反法定程序。

第二个法律问题：对原告文某的房屋权属认定错误。

被告在《关于文某房屋产权主体不一致的情况说明》中称"文某在评估过程中拒绝配合致使评估人员未能进入房屋勘察"，但在《该棚户区房地产权属情况调查认定报告》中称"此面积为县征收办入户丈量面积、房地产权属情况为权属无争议"。被告提供的证据相互矛盾，且没有充分的证据证明系因原告原因导致被告无法履行勘察程序。且该房屋所有权证及国有土地使用权证登记的权利人均为第三人李某而非文某，被告对该被征收土地上房屋权属问题的认定确有错误。

法定审判：撤销被诉房屋征收补偿决定。

[案例1]

戴雪飞诉华新公司商品房订购协议定金纠纷案

原告：戴雪飞。

被告：江苏省苏州工业园区华新国际城市发展有限公司。

原告戴雪飞诉称：2004年4月18日，原告与被告华新公司签订一份协议，约定由原告支付定金5万元，订购被告开发的房屋一套；如果原告在被告通知的时间不与被告签订正式的商品房预售合同，5万元定金不返还；如果被告在此之前卖出房屋，应当双倍返还定金。收到被告的签订合同通知后，原告于4月25日至被告处，与被告商定，待原告的丈夫5月7日从香港回来后再签合同，此时被告并未给原告看商品房预售合同文本。5月7日原告至被告处签合同时，由于被告出具的商品房预售格式合同中，以附件二的形式添加了"样板房供参考，华新公司保留最终解释权"的格式条款，原告对此持有异议，认为该条款违背了平等协商的原则，与被告协商未果，特以书面表达了"由于被告不能给予明确答复，需要另择日签约"的意见，希望与被告继续协商，被告的工作人员表示同意。不料被告竟于5月9日通知原告，要没收原告的定金，并要将房屋售与他人。原告请求判令被告双倍返还定金，并负担本案诉讼费。

被告华新公司辩称：4月18日签订的协议，是双方当事人的真实意思表示。签订该协议的目的，是要约束双方当事人签订正式商品房预售合同的行为。双方当事人应当在4月25日签订正式商品房预售合同。但到了该日，原告戴雪飞并未就签约事宜与被告进行磋商，只是试图压低约定的房价，遭到被告拒绝。由于原告违约在先，被告已决定拒绝与其签约，故对原告5月7日所写的客户意见，被告工作人员仅作已收到处理。原告所称5月7日双方就合同上的样板房装修条款未能达成一致意见，不是签约不成的理由，其诉讼请求应当驳回。

本案应解决的争议焦点是：4月25日双方当事人洽谈后未能签订《商品房预售合同》的原因何在？双方当事人是否存在违反订购协议约定的行为？

案情分析：

《中华人民共和国担保法》第八十九条规定："当事人可以约定一方向对方给付定金作为债权的担保。债务人履行债务后，定金应当抵作价款或者收回。给付定金的一方不履行约定的债务的，无权要求返还定金；收受定金的一方不履行约定的债务的，应当双倍返还定金。"《中华人民共和国合同法》第三条规定："合同当事人的法律地位平等，一方不得将自己的意志强加给另一方。"第五条规定："当事人应当遵循公平原则确定各方的权利和义务。"第六条规定："当事人行使权利、履行义务应当遵循诚实信用原则。"最高人民法院《关于审理商品房买卖合同纠纷案件适用法律若干问题的解释》第四条规定："出卖人通过认购、订购、预订等方式向买受人收受定金作为订立商品房买卖合同担保的，如果因当事人一方原因未能订立商品房买卖合同，应当按照法律关于定金的规定处理；因不可归责于当事人双方的事由，导致商品房买卖合同未能订立的，出卖人应当将定金返还买受人。"相对商品房预售合同来说，订购协议是本约订立之前先行订立的预约合同。订立预约合同的目的，是在本约订立前先行约明部分条款，将双方一致的意思表示以合同条款的形式固定下来，并约定后续谈判其他条款，直至本约订立。预约合同的意义，是为在公平、诚信原则下继续进行磋商，最终订立正式的、条款完备的合同创造条件。因此在继续进行的磋商中，如果一方违背公平、诚信原则，或者否认预约合同中的已决条款，或者提出令对方无法接受的不合理条件，或者拒绝继续进行磋商以订立合同，都构成对预约合同的违约，应当承担预约合同中约定的违约责任。反之，如果双方在公平、诚信原则下继续进行了磋商，只是基于各自利益考虑，无法就其他条款达成一致的意思表示，致使合同不能订立，则属于不可归责于双方的原因，不在预约合同所指的违约情形内。这种情况下，预约合同应当解除，已付定金应当返还。

本案是因被告华新公司没收了原告戴雪飞交付的定金而引发纠纷。被告没收定金的理由,是认为原告没有在4月25日与华新公司签订商品房预售合同,违反了订购协议的约定。订购协议此条约定的全文是:"乙方(戴雪飞)若在甲方(华新公司)通知的签约日前选择放弃已取得的物业购买权,或者到期不签约,5万元定金不退还。"从此可以看出,被告不退还定金的情形有两种,第一种即是原告在签约日前放弃房屋购买权。本案事实证明,直至5月7日,原告仍在书面意见中表达,需另择日签约的愿望,自始没有放弃房屋购买权的意思表示,因此不存在此种情形。原告到期不签订商品房预售合同是被告可以不退还定金的第二种情形。4月25日是商品房预售合同的签订到期日,此日原告曾到达被告处,双方进行过洽谈,对这些事实双方当事人认识一致。确定是否存在不退还定金的第二种情形,涉及双方当事人此日的洽谈内容,而对此双方当事人有不同的陈述,进而也在是否发生违约事实上存在认识分歧。原告说,由于其要待丈夫回来后再签订合同,故请求延期签约,被告亦表示同意,未向其出示商品房预售合同文本,当日的签约活动被取消,因此不存在违约。被告主张,原告此日前来是要求降低房价,因遭到拒绝故未订约,进而认为订购协议约定的内容是"乙方到期不签约,5万元定金不退还",此日原告前来无论是谈价格还是要求延期,都是对订购协议约定内容进行变更,均属于到期不签约,显然违反订购协议的约定。能否将订购协议中"到期不签约"一语理解为无论存在何种理由,只要不签约就是违约,双方当事人显然有不同解释。

  合同法第四十一条规定:"对格式条款的理解发生争议的,应当按照通常理解予以解释。对格式条款有两种以上解释的,应当作出不利于提供格式条款一方的解释。格式条款和非格式条款不一致的,应当采用非格式条款。"第一百二十五条第一款规定:"当事人对合同条款的理解有争议的,应当按照合同所使用的词句、合同的有关条款、合同的目的、交易习惯以及诚实信用原则,确定该条款的真实意思。"无论是订购协议还是双方当事人拟订立的商品房预售合同,都是被告提供的格式合同。当对格式条款有两种以上解释时,应当作出不利于被告的解释。预约合同的作用,只是为在公平、诚信原则下订立本约创造条件。从这一认识出发来理解订购协议中的"到期不签约"一语,显然不包括由于不可归责于双方的原因而到期不签约的情形。在买受方只见过出售方提供的样板房,尚未见过商品房预售合同文本的情形下,若将此语理解为无论出于何种原因,只要买受方到期不签本约均是违约,势必将买受方置于要么损失定金,要么被迫无条件全部接受出售方提供的商品房预售格式合同的不利境地,出售方则可以借此获利。双方在订立本约时的地位极不平等,显然违背公平、诚信原则。

  首先,就本案来说,尽管对4月25日的洽谈内容双方当事人有不同陈述,但在此日,原告到被告处与被告进行过商谈,是可以认定的事实。这一情节证明,原告有守约如期前往磋商的表现,有别于到期不去签约。其次,从5月7日原告仍在与被告进行磋商的情节看,其没有拒签商品房预售合同的明确表现。第三,对4月25

日的洽谈内容双方虽有不同陈述,但都不能举证证明自己的陈述属实,应合理推定为磋商未成。第四,按照原告的陈述,其是要待丈夫丘荣回来而未在4月25日签约。购买商品房乃一个家庭中的重大事件,理当由家庭成员共同协商确定。鉴于仅见过样板房、还不知商品房预售合同内容,原告提出等丈夫回来后签约,这个要求合情合理,不违反订立预约合同是为本约创造公平磋商条件的本意。被告既然收受了以原告、丘荣二人名义交付的定金,就应当对原告关于等丘荣回来订约的要求表示理解。第五,按照被告的陈述,原告4月25日来是要求减让房价。房价属订购协议中的已决条款,原告如果在本约磋商中提出减价,被告当然有权拒绝减价,但在原告愿意继续磋商本约的情形下,被告不能以此为由拒绝与原告继续磋商本约,更不得以此为由将4月25日没有订立本约的责任强加给原告承担。第六,5月7日原告看过商品房预售合同后写下一纸书面意见,被告工作人员在这纸书面意见上签署了"该客户意见已收到",该签署虽然不能证明被告同意并接受了原告的意见,但可以证明原告在此日与被告进行了订立本约的磋商,见到了商品房预售格式合同的原文,并有与被告继续进行磋商的愿望。被告在以样板房获取购房者满意并与之订立预约合同后,却在商品房预售合同中以附件形式列入样板房仅供参考和合同解释权归被告的格式条款,这对购房者来说显失公平。原告对这样显失公平的格式条款提出异议,是合理的。原告提出异议的行为,间接证明直至5月7日,双方当事人仍在对本约进行协商,但未协商一致,被告关于此前已决定拒绝与原告签约的主张不能成立,同时也反证出4月25日原告即使不要求等丈夫回来后签合同,也不可能同意并签署这个含有显失公平的格式条款的商品房预售合同。因此,在双方当事人均不能以证据证明自己陈述真实的情形下,应当认定4月25日未能订立商品房预售合同的原因是双方当事人磋商不成,并非哪一方当事人对订购协议无故反悔。

综上,由于磋商未成是导致双方当事人未能在4月25日订立商品房预售合同的真正原因,原告戴雪飞按订购协议交付给被告华新公司的5万元定金,依法应当由华新公司返还,但对华新公司恶意违约应当双倍返还定金的请求不予支持,案件受理费由双方当事人各半负担。

[案例2]

物业管理用房所有权纠纷案

原告:上海市长宁区仙霞别墅(785弄)业主管理委员会(以下简称仙霞别墅管委会)

被告:上海市房屋土地管理局

第三人:上海新城房产企业公司

上海市房屋土地管理局认定,上海市虹古路785弄门卫室(即仙霞别墅小区门卫室)系上海新城房产企业公司于1990年8月取得合法建筑工程执照后建造的。该门卫室建筑面积69平方米,结构为混合一等,层数为一层。上述事实有上海市规划局核发给上海市居住区第四开发公司(以下简称"四分公司")(89)第156号及(90)第674号两份建筑工程执照、上海市私有房屋产权登记申请书、上海市房屋产权登记审核表等证据为证。被告根据《城镇房屋所有权登记暂行办法》第八条、《上海市城镇房屋产权登记暂行办法》第六条第一项的规定,于1994年4月4日向第三人核发了沪房长字第25880号房屋所有权证。原告于1997年1月28日知道被告向第三人核发了房屋所有权证。原告不服,于1997年3月26日向上海市长宁区人民法院提起诉讼。

原告诉称,上海市虹古路785弄门卫室系仙霞别墅小区公建配套设施,门卫室的产权应属于全体业主共有,且该小区全体业主在购买仙霞别墅商品房时,购买了小区建筑占地分摊面积,即本案争执的门卫室土地面积已由全体业主购买。被告将该房屋所有权证核发给第三人是不合法的,请求予以撤销。

被告辩称,其向第三人核发虹古路785弄门卫室房屋所有权证认定事实清楚、证据充分,请求维持其核发的房屋所有权证。

第三人述称,全体业主在购买仙霞别墅商品房时,虽然购买了小区建筑占地分摊面积,但门卫室的房屋建筑面积并未被业主购买。被告根据建房执照核发房屋所有权证是合法有效的,请求予以维持。

处理结果:

本案在审理过程中,经当庭质证,原告对被告提供的两份建筑工程执照提出异议,认为被告核发房屋所有权证时依据的是(89)第156号建筑工程执照,而该执照的建筑物名称内根本没有门卫室,故被告核发房屋所有权证无事实依据。被告则认为其在核发房屋所有权证时依据的是(89)第156号及(90)第674号建筑工程执照,上海市房屋产权登记审核表内漏写了(90)第674号建筑工程执照。第三人对被告提供的证据均无异议,坚持其述称意见。

审理中另查明,"四分公司"从属于上海市居住区综合开发中心,"四分公司"无对外进行房屋销售的职权,为此,上海市建设委员会于1985年4月2日批准成立上海新城房产企业公司,该公司也从属于上海市居住区综合开发中心,可对外进行商品房销售。虹古路785弄门卫室1990年由"四分公司"建造,1991年8月20日由上海市居住区综合开发中心将该房屋调拨给上海新城房产企业公司。嗣后,上海新城房产企业公司申请办理房屋所有权证。

法院经审理认为,虹古路785弄门卫室属于"四分公司"建造仙霞别墅小区时一并提出申请构筑的小区配套设施之一,是该小区必需的物业管理用房,故该门卫室产权不应游离于仙霞别墅住宅的产权而单独核发。第三人因内部分工通过行政调拨取得仙霞别墅销售权,在出售仙霞别墅住宅后又受业主委托进行物业管理而

继续占有、使用本案争执的门卫室,法理上属于占有改定。因此,被告对第三人核发房屋所有权证缺乏依据。作出判决如下:

撤销被告上海市房屋土地管理局1994年4月4日核发给第三人上海新城房产企业公司的沪房长字第25880号房屋所有权证。

本案受理费人民币一百元,由被告上海市房屋土地管理局负担。

评析:

本案是一起行政诉讼案,争议的是物业管理用房的产权归属。

(1) 物业管理用房的产权归谁所有

为保障物业管理的开展,国家实行物业管理用房保障制度。《物业管理条例》第三十条规定:"建设单位应当按照规定在物业管理区域内配置必要的物业管理用房。"物业管理用房是在房地产开发建设中按有关规定建设的,用作物业管理办公处所等的房屋,其产权归业主全体共有。从法理上讲,根据建筑物区分所有权的有关理论,业主除对建筑物拥有专有所有权外,对于公共部分则共同拥有所有权,物业管理用房属于公共设施,所有权理应属于业主。但实践中开发企业随意支配物业管理用房的情况屡见不鲜。对此,《物业管理条例》第三十八条明确规定,物业管理用房的所有权依法属于业主。

在《物业管理条例》出台前,关于物业管理用房的所有权国家立法并无明确规定。但在有些地方法规中规定了物业管理用房的产权归全体业主,如《上海市居住物业管理条例》和《深圳经济特区住宅区物业管理条例》等。

(2) 本案门卫室的性质属于物业管理用房

案发时,《物业管理条例》尚未出台,按照《上海市居住物业管理条例》第十三条的规定,其产权应属于原告仙霞别墅小区全体业主共有。然而,被告上海市房屋土地管理局根据《城镇房屋所有权登记暂行办法》第八条的规定,向上海市新城房产企业公司核发了虹古路785弄门卫室的房屋所有权证,属于适用法律不当。而被告依据建筑工程执照,认定上海市新城房产企业公司通过自建取得门卫室,属认定事实不清。而且,上海市虹古路785弄门卫室属于"四分公司"建造仙霞别墅小区时一并提出申请构筑的小区配套设施之一,是该小区必需的物业管理用房,故门卫室产权不应游离于仙霞别墅住宅的产权而单独核发。上海市新城房产企业公司因内部分工通过行政调拨取得仙霞别墅销售权,在出售仙霞别墅住宅后又受业主委托进行物业管理而继续占有、使用门卫室,法理上属于占有改定。因此,被告向第三人上海市新城房产企业公司核发房屋所有权证的行为缺乏法律依据,法院撤销被告核发的房屋所有权证是正确的。

本章习题

一、单选题

1. 房地产往往是指（ ）。
   A. 房屋所有权
   B. 房屋所有权和土地所有权
   C. 房屋所有权和土地使用权
   D. 土地使用权

2. 房地产法根本目的是（ ）。
   A. 解决住房问题   B. 促进房地产业发展
   C. 解决房价问题   D. 解决土地问题

3. 在房地产所有权法律关系中,权利主体是（ ）。
   A. 特定的   B. 国家   C. 集体   D. 个人

4. 房屋拆迁是（ ）转移过程中一种特殊转移方式。
   A. 买卖   B. 城市改造中   C. 城市化   D. 房地产权益

5. 《国有土地上房屋征收与补偿条例》规定,房地产价格评估机构由（ ）协商选定。
   A. 房屋征收部门 B. 政府部门   C. 建设单位   D. 被征收人

6. 检验房地产市场客体的首要条件是（ ）。
   A. 房地产权属证书   B. 评估材料
   C. 价格合理性   D. 买卖双方合格证明

7. （ ）不属于房地产买卖管理对象范畴。
   A. 房地产权买卖与土地使用权转让
   B. 房地产权与土地使用权的交换
   C. 房地产抵押、典当
   D. 房地产权证登记

8. （ ）不属于物业管理法律关系。
   A. 主体   B. 客体   C. 内容   D. 行为

9. 房地产企业应按照土地使用权规定开工建设,出让合同约定动工开发期限（ ）未动工开发,则征收土地出让金20%以下的土地闲置费,满（ ）未动工,可无偿收回土地使用权。
   A. 6个月 1年   B. 1年 2年   C. 1年 3年   D. 2年 3年

10. 建设部制定的《城市房地产开发经营管理条例》于（ ）年7月20日开始发布,并于（ ）年1月8日进行修订。
    A. 1998 2011   B. 1999 2012   C. 2001 2013   D. 2003 2014

二、多选题

1. 房地产基本法主要包括（　　）及房地产争议处理。
   A. 房地产开发法　　　B. 开发程序法　　　C. 房地产经营法
   D. 经营行为法　　　　E. 房地产服务法

2. 经国务院批准,自2016年5月1日起,在全国范围内全面推开营业税改征增值税试点,（　　）等全部营业税纳税人,纳入试点范围。
   A. 建筑业　　　　　　B. 房地产业　　　　C. 金融业
   D. 生活服务业　　　　E. 交通运输业

3. 被征收人对房屋征收决定不服的,可以采取（　　）。
   A. 行政复议　　　　　B. 行政诉讼　　　　C. 街道居委调解
   D. 政府出面调查　　　E. 自行解决

4. 办理房地产抵押贷款一般程序是（　　）。
   A. 申请贷款　　　　　B. 审核评估　　　　C. 房地产保险
   D. 签订抵押贷款合同　E. 公证、登记

5. 房屋租赁登记备案主要步骤有（　　）。
   A. 签订书面租赁合同　B. 申请　　　　　　C. 登记备案
   D. 审查　　　　　　　E. 发放备案证明

6. 商品房预售需要满足以下（　　）主要条件。
   A. 取得土地使用权证书
   B. 持有建设工程规划许可证书
   C. 持有建设工程施工许可证书
   D. 取得《商品房预售许可证》
   E. 落实物业管理服务企业及服务方案

7. 国有土地范围内登记包括（　　）。
   A. 所有权登记　　　　B. 抵押权登记　　　C. 地役权登记
   D. 预告登记　　　　　E. 其他登记

8. 作出房屋征收决定的人民政府对被征收人给予的补偿包括（　　）。
   A. 对被征收房屋价值的补偿
   B. 因征收房屋造成的搬迁、临时安置的补偿
   C. 因征收房屋造成的停产停业损失的补偿
   D. 对未超过期限的合法临时建筑的补偿
   E. 对临时建筑的补偿

9. 物业管理法律关系的基本特征体现为以下（　　）方面。
   A. 物业服务企业主导性　B. 主体广泛性　　　C. 收费政府性
   D. 权属基础性　　　　　E. 国家干预性

10. 物业管理违法行为责任主要有（　　）。
    A. 违反建设制度责任
    B. 侵犯房地产物权责任
    C. 侵犯房地产债权责任
    D. 违反房地产行政管理规范责任
    E. 违反产权产籍管理责任

三、是非题
1. 房地产法律规范主要是调整人们在买房时的行为规范。（　　）
2. 房地产法律关系中，权利主体、义务主体都是不特定的。（　　）
3. 房地产法规体系是由房地产各种规范性文件，按照一定标准分类组成的。（　　）
4. 《城市房地产开发经营管理条例》中规定开发项目资本金占项目总投资比例不得低于20%。（　　）
5. 房屋征收与补偿的主体是建设单位。（　　）
6. 房地产转让是指房地产权利人通过买卖、赠予，或者其他合法方式将其房地产转给他人的行为。（　　）
7. 凡是自己居住的房屋可以依法作为抵押物。（　　）
8. 销售商品住宅时，房地产开发商应提供《住宅质量保证书》和《住宅使用说明书》，否则不能销售。（　　）
9. 房地产权属登记为房地产权利一次性定位登记。（　　）
10. 住宅小区业主大会召开选举业主委员会后，可在半年内到当地房地产行政主管部门备案有效。（　　）

四、思考题
1. 何谓房地产法律关系？它产生的背景是什么？
2. 房地产法律关系的三要素由哪些内容构成？
3. 简述房地产开发、经营的原则。
4. 《城市房地产开发经营管理条例》对房地产项目开发建设作了哪些规定？
5. 什么是货币补偿？什么是产权调换？
6. 房地产交易管理机构的职责有哪些？
7. 房地产转让应符合哪些条件？房地产转让合同包含哪些内容？
8. 哪些房地产不得作为抵押物条件？
9. 简述商品房购买流程。商品房预售应具有哪些条件？
10. 何谓商品房预售许可证？简述其办理程序。
11. 什么是营业税改增值税？实施营改增有哪些影响？
12. 房地产权属登记的任务与功能分别有哪些？

13. 什么是物业管理？物业管理法律关系基本特征是什么？
14. 《物业管理条例》主要遵循的基本原则是什么？《物业管理条例》建立规范了哪 10 项基本制度？
15. 《物权法》对业主在物业管理中的权利与义务做了哪些规范？

参考答案

一、单选题
1. C　　2. B　　3. A　　4. D　　5. D
6. A　　7. D　　8. D　　9. B　　10. A

二、多选题
1. ACE　　2. ABCD　　3. AB　　4. ABCDE　　5. BC
6. ABCDE　7. ABCDE　8. ABCD　9. BDE　　10. ABCD

三、是非题
1. ✗　　2. ✗　　3. ✓　　4. ✓　　5. ✗
6. ✓　　7. ✗　　8. ✓　　9. ✗　　10. ✗

10 建设工程纠纷解决制度

概　要：本章介绍了建设工程纠纷的类型以及建设纠纷的起因和建设纠纷解决的途径。建设工程中的民事纠纷起因于工程索赔或者工程合同违约或者是人身损害、环境污染和知识产权等侵权,而建设工程的行政纠纷起因于建设行政管理。索赔是承包商普遍采取的一种维权方式。索赔中的争议以及民事纠纷可以协商和解,也可以通过调解解决。在不能和解或者调解解决的情况下,仲裁或者诉讼是当事人解决纠纷的最后的法律途径,当事人应当熟悉其基本的程序及其法律效果。

[章前案例]　2014年5月8日,苏州市金蝙蝠建设工程有限公司收到河北省献县人民法院的传票,因公司驻呼和浩特项目部与河北省献县理想建筑器材租赁站的李建刚签订了《租赁合同》,公司在呼和浩特的工程项目租赁了李建刚的架子、钢管及扣件等施工材料,尚拖欠租金76 200元。该架子、钢管及扣件用于金蝙蝠公司在内蒙古呼和浩特项目的建筑工地。现李建刚在河北省献县起诉苏州市金蝙蝠建设工程有限公司,献县人民法院受理了李建刚诉苏州市金蝙蝠建设工程有限公司租赁合同纠纷一案,问题是:1. 河北献县人民法院是否有权受理该案? 2. 本案的原告应该是李建刚个人,还是租赁站? 3. 本案的被告是苏州市金蝙蝠公司,还是呼和浩特项目部?

10.1　建设工程纠纷处理概述

10.1.1　建设工程纠纷的类型和特点

建设工程纠纷,是指建设工程当事人在建设活动中,对建设行政主管部门的行政行为产生争议或是在建设过程中对双方之间的权利和义务产生争议。建设工程纠纷,根据其法律关系可以分为建设工程民事纠纷和建设工程行政纠纷。因民事法律关系产生的争执,属于建设工程民事纠纷。建设工程民事纠纷中根据纠纷的起因又可以分为施工合同纠纷、工程质量纠纷、施工相邻纠纷和施工中的劳动纠纷。

因建设行政法律关系产生的争执,属于建设工程行政纠纷。建设工程行政纠纷根据纠纷的起因又可以分为行政许可纠纷和行政处罚纠纷两类。

建设工程作为一种特殊的产品,在其生产和管理活动中具有周期长、专业性强、涉及面广、干扰因素多、涉及金额大,情况复杂等特点,是争议频发的领域。建设工程纠纷,尤其是建设工程民事纠纷呈现出以下特点:第一,由于建设工程涉及面广,相关产业链长,生产环节多,因此,可能引起纠纷的主体较多。如建设工程施工合同就会涉及总承包、分包,施工实践中还涉及违法分包、层层转包的问题,一旦发生纠纷,参与诉讼的主体就很复杂。第二,由于建设工程投资额巨大,解决纠纷的成本高,在诉讼途径和仲裁途径解决纠纷都要当事人承担诉讼费、仲裁费,如果是工程造价纠纷和工程质量纠纷在双方对工程造价和工程质量原因有异议的情况下,要进行工程造价和工程质量的司法鉴定,而鉴定费用是按照争议标的计算的。第三,建设工程纠纷由于情况复杂,技术性强,不但解决纠纷的时间长,还会扩大损失。建设工程纠纷一旦进入诉讼程序,由于建设工程纠纷的标的额巨大,法院的一审程序就是按照普通程序审理,而不是简易程序。法院审理案件的审理时间,普通程序一般是6个月内审结;如果当事人不服判决的,还可以提起上诉,至少再有6个月的审理时间;另外,建设工程涉及司法鉴定,无论是工程造价鉴定和工程质量鉴定都需要较长的时间,而且,根据《民事诉讼法》的规定,司法鉴定的时间在审限时间中扣除。另外,建设工程一旦进入诉讼或者仲裁程序,工程不能继续,或者工程无法交付使用会造成机械设备等长期的搁置或者巨额投资不能发挥经济效益,当事人双方的损失都会扩大。

建筑工程争议的迟延解决将转移当事人在工程上的注意力,对双方关系造成负面影响。工程的拖延或中断会使双方的损失扩大。因此,在建设工程争议发生时,如何选择有效的争议解决方式,在最短的时间,以最低的成本,公平合理地解决纠纷是所有建设活动当事人考虑的首要问题。

10.1.2 建设工程民事纠纷解决的途径

建设工程民事纠纷的处理有和解、调解、仲裁、诉讼四种途径。

1) 和解和调解

和解,是指建设工程纠纷当事人在自愿友好的基础上,互相沟通、互相谅解,自行达成和解协议,从而解决纠纷的一种途径。和解是一种最低成本的解决纠纷的途径。

调解,是指建设工程当事人请双方信任的第三人依据法律规范和一定的社会规则,通过摆事实、讲道理,促使双方互相作出适当的让步,平息争端,自愿达成协议,以求解决建设工程纠纷的途径。这里讲的调解是狭义的调解,不包括诉讼和仲裁程序中在审判庭和仲裁庭主持下的调解。

双方当事人可以请建设行政主管部门(如工程造价纠纷可以请工程造价管理部门)、监理工程师或者是双方信任的工程争议评审专家和人民调解委员会等调解。人民调解，是指由村民委员会、居民委员会设立人民调解委员会或企业事业单位设立的人民调解委员会通过说服、疏导等方法，促使当事人在平等协商基础上自愿达成调解协议，解决民间纠纷的途径。

建设工程民事纠纷调解有以下特点：

（1）有第三人介入作为调解人，调解人的身份没有限制，但以双方都信任者为佳；

（2）它能够低成本、及时地解决纠纷；

（3）有利于消除合同当事人的对立情绪，维护双方的长期合作关系；

（4）调解协议不具有强制执行的效力，调解协议的执行依靠当事人的自觉履行；

（5）经人民调解委员会调解达成的调解协议，当事人可以向人民法院申请司法确认。经法院司法确认的调解协议具有强制执行力。

经人民调解委员会调解达成调解协议后，双方当事人认为有必要的，可以自调解协议生效之日起三十日内共同向人民法院申请司法确认，人民法院应当及时对调解协议进行审查，依法确认调解协议的效力。

人民法院依法确认调解协议有效后，一方当事人拒绝履行或者未全部履行的，对方当事人可以向人民法院申请强制执行。

人民法院依法确认调解协议无效的，当事人可以通过人民调解方式变更原调解协议或者达成新的调解协议，也可以向人民法院提起诉讼。

2）仲裁

仲裁，亦称"公断"，是当事人双方在纠纷发生前或纠纷发生后达成协议，自愿将纠纷交给仲裁机构，由仲裁机构根据法律和双方之间的合同，在事实上作出判断、在权利义务上作出裁决的一种解决纠纷的方式。这种纠纷解决方式必须是自愿的，因此必须有仲裁协议。如果当事人之间有仲裁协议，纠纷发生后又无法通过和解和调解解决，则应及时将纠纷提交仲裁机构仲裁。

仲裁是一种最为重要的非司法诉讼解决争议的方式，除建设工程纠纷等民商事领域外，还广泛地应用于其他方面，如我国常见的劳动争议仲裁、农业承包合同纠纷仲裁等。本书讲述的仲裁，如无特别说明，均指解决财产权益纠纷的民商事仲裁。

3）诉讼

诉讼，民间称"打官司"，是指建设工程当事人依法请求人民法院行使审判权，依照事实和法律处理双方之间纠纷的审判活动。合同双方当事人如果没有仲裁协议，又和解不成，也无法达成调解协议的情况下，只能以诉讼作为解决纠纷的最终方式。

建设工程中发生民事纠纷，首先应当考虑通过和解和调解这类低成本的途径解决，在前面两种途径无法解决时，只能寻求仲裁或诉讼途径。

10.1.3 建设工程行政纠纷的解决途径

建设工程行政纠纷的解决途径有行政复议和行政诉讼。

行政复议是行政相对人认为建设主管部门或其他行政管理部门具体的行政行为侵犯其合法权益,依法向上级行政机关提出重新审定该具体行政行为是否合法、适当,并做出处理决定的活动。

行政复议是行政相对人一种依法申请的行政行为,是行政机关系统内部自我监督的一种重要形式。

行政诉讼,即"民告官",是行政相对人认为行政主体在建设管理活动中的具体行政行为侵犯其合法权益,依法向法院起诉,法院在当事人以及其他诉讼参与人的参与下,对具体行政行为的合法性进行审理并做出裁决的活动。

建设活动管理的具体行政行为是建设行政主管部门或其他行政管理部门及其工作人员在行使行政权力过程中,针对特定人或特定事件做出影响行政相对人的具体决定和措施的行为。如住房和城乡建设部核发一级房地产价格评估机构资格证书,建设行政主管部门颁发商品房预售许可证、施工许可证,拆迁主管部门核发拆迁许可证等。

行政诉讼、刑事诉讼和民事诉讼构成我国的三大诉讼。行政诉讼与刑事诉讼、民事诉讼不同,具体行政行为合法性审查是行政诉讼的特有的基本原则。行政诉讼中,法院以审查具体行政合法性为原则,以合理性审查为例外。对行政处罚显失公正的,法院可以判决变更。

10.2 建筑工程的索赔

10.2.1 工程索赔的概念

在国际工程中,索赔的英文对应词为"Claim",其含义非常广泛。在国际工程中,索赔是指在施工合同的履行中,一方当事人由于非本人的原因,导致施工合同不能履行或部分不能履行或变更合同内容,根据合同的约定,向另一方当事人提出调整合同价款,或合同工期或其他方面的合理要求,以弥补自己的损失,维护自身的合法权益的行为。因此,索赔的概念可以定义为索赔是指在施工合同的履行过程中,合同一方当事人因对方当事人不履行或者未能正确履行合同所规定的义务或者因变更合同内容而受到损失或额外支出,向对方提出赔偿或补偿要求的行为。

工程索赔是承包商经营管理的一个重要组成部分,索赔管理水平的高低,标志着一个建筑承包商的经营管理水平的强弱,也决定着承包商能否立足于复杂多变、竞争激烈的建筑工程市场。

10.2.2 工程索赔的起因

在工程承包中对承包商来讲,索赔的范围较为广泛。一般只要不是承包商自身责任,而是由于外界干扰造成工期延长和成本增加,都有可能提出索赔。一般包括以下两种情况:(1) 发包商违约,未履行合同责任。如未按合同规定及时交付设计图纸,造成工程开工推迟,工期拖延,承包商可以提出工期索赔要求等。(2) 发包商并未违反合同,而是由于其他原因,致使施工条件发生变化。如业主行使合同赋予的权利,指令变更工程;施工环境出现事先未能预料的情况或变化,如恶劣的气候条件,与勘探报告不符的地质情况;发现地下文物;国家法令的修改,物价的急剧上涨,汇率变化等。此类情况造成的损失,承包商可提出补偿要求。

在实际工作中,索赔是双向的,业主也可以向承包商提出索赔要求。但是业主索赔的现象较少,而且业主在索赔中处于较有利地位,如业主可以通过冲账、抵扣工程款、扣留履约保证金、扣质量保修金等方式实现对承包商的索赔,而承包商向业主的索赔是比较困难的,所以通常将它作为索赔管理的重点和主要对象。本章所讲的索赔主要是指承包商向业主的索赔。

索赔主要是由以下几方面原因所造成:

1) 因双方不可控制的原因导致的索赔

建筑工程的特点是工程量大、投资多、涉及面广、结构复杂、技术和质量要求高、合同履行期长。工程本身和施工的环境有许多不确定性因素,在工程合同的履行中会有很大的变化,最常见的有:与勘探报告不同的地质条件,建筑市场和建材市场的变化,自然条件的变化,货币的贬值,城市规划部门、消防部门和环保部门对工程新的建议和要求等。这些都会直接影响工程设计和施工计划的实施,进而延长工期和增加成本。

(1) 不利物质条件

不利物质条件是指有经验的承包人在施工现场遇到的不可预见的自然物质条件、非自然的物质障碍和污染物,包括地表以下物质条件和水文条件,以及合同条款约定的其他情形。承包商遇到事先不可预见的不同于招标文件规定的地质条件,如基础开挖出现流沙、暗河、坚硬的岩石、埋在地下的钢结构水泥柱,发现地下文物等不利的地下条件。

(2) 异常恶劣的气候条件

异常恶劣的气候条件是指在施工过程中遇到的,有经验的承包人在签订合同时不可预见的,对合同履行造成实质性影响的,但尚未构成不可抗力事件的恶劣气候条件。一般的天气变化不能作为索赔的依据,只有异常恶劣的天气,承包商才可提出索赔工期。为了有利于解决问题,合同中应当具体约定要求赔偿损失的条件和费用。如双方应在合同中约定超过多少天的连续降雨或风沙、沙尘暴天气可以提出工期的顺延。这种异常恶劣的天气是"一个有经验的工程师无法预见的"。异常恶劣的气候条件一般可以理解为五十年不遇或者是百年不遇之类的情形。如果是正常的、有规律的气候现象,则不属于此类情形。如长江流域在梅雨季节,连续下雨一周以上;夏季施工时会遇到35°以上的高温等,都属于常见现象。该天气情况,承包商在工期安排时应当考虑到的。

(3) 不可控制的原因引起的停工

如战争、动乱造成的人身伤亡和建筑物的破坏,给双方带来的经济损失。在海外工程项目中,此类风险较多。如工程所在国政府宣布放假以纪念某一事件而引起的停工,工地停水、停电、交通中断引起的停工,当地政府下令停止施工等。

(4) 物价上涨(通货膨胀)或者外汇汇率的变化

由于当地物价上涨引起的工程成本和费用的增加,在合同中约定可以要求补偿。一般应当约定物价上涨的指数达到一定程度才可以调整价格。海外工程项目由于外汇汇率的变化或国家对外汇汇兑的限制而引起承包商遭受损失时,可以要求业主补偿。

(5) 法律的变更

由于法律法令的变化而引起工程成本增减时,业主应调整合同总价。如国家税法的修改,导致承包商税负增加;国家制订或者修改《政府采购法》,禁止外国企业进入某一领域而引起工程合同中止,可以要求业主赔偿承包商的损失。

(6) 不可抗力

不可抗力是指当事人在订立合同时不能预见,发生时不能避免,并不能克服的客观情况,如地震、洪水、泥石流、台风等。但并不是所有的地震、洪水、台风都构成不可抗力,有些地震,震级低、烈度小,不具有破坏力,对工程项目没有影响,就不属于不可抗力。

2) 签约后因业主或工程师的原因引起的索赔

(1) 工期拖延索赔

由于业主未能按合同规定提供施工条件,如未及时交付设计图纸、技术资料、场地、道路等,或业主指令停止工程施工,承包商对此可提出索赔。

(2) 工程变更索赔

业主或工程师指令修改设计,提高设计标准和工程等级;增加工程量或删除部分工程;修改施工计划、变更施工次序,造成工期延长和费用增加。

(3) 工程款支付延误的索赔

业主在规定的工程款支付节点没有支付工程进度款,致使工程滞后甚至施工暂停而造成的承包商损失。

(4) 对隐蔽工程未能及时验收,造成部分工程无法施工工程师以及业主对隐蔽工程不及时验收,不签发签证单,影响承包商下道工序的施工。此类索赔,主要是工期索赔。

(5) 业主无故拖延竣工验收造成损失的索赔

工程竣工后,承包商向业主提出竣工验收申请,而业主借故推迟验收,拖延结算等。因拖延竣工验收,承包商无法及时移交工程,导致额外支出工程看护费用以及工程款的利息损失等。

(6) 工程范围增加的索赔

增加合同外的工程,如在主体工程完工后要求做一些合同中没有的附属工程、零星工程等。此类索赔,严格意义而言属于另外一个合同关系,可以另行主张。为方便双方结算,实践中一般采用签证的形式确认其工程量和工程价款。

总之,引起索赔的原因是多种多样的,要根据具体的合同条件的约定和有关法律规定,确定承包商在这些情况下是否有索赔的权利,有无索赔的客观事实和合同的具体约定以及相应的法律规定,业主是否对损失赔偿负责。

10.2.3 工程索赔的条件

索赔的根本目的在于保护自身利益,追回损失,避免亏本。要取得索赔的成功,索赔必须符合以下基本条件:

1) 对方有违约事实或合同变更事由的发生

承包商在进行索赔时,应以事实为依据,如工程记录、签证单、承包商受到额外损失的证明材料;业主不全面履行合同或部分不履行合同的证据;业主主观上有过错,有损害事实的发生。承包商对索赔的事实都应该了解清楚,必须客观真实。

2) 索赔的要求合情合理

索赔的要求应合情、合理、合法,符合实际情况,真实反映实际损失,采用合理的计算方法。承包商不能为追求额外利润,滥用索赔权利,或违反职业道德,采用不正当手段甚至非法手段索赔,或高估冒算,漫天要价。

3) 有索赔的法律依据

承包商在进行索赔时应以法律为准绳,据理力争,向业主索赔。法律依据就是索赔所依据的有关《民法通则》《合同法》《建筑法》等有关法律法规的规定、相关司法解释和建筑业的惯例等。

10.2.4 索赔管理和索赔准备

1) 索赔与合同的关系

合同是索赔的依据,索赔针对不符合或违反合同的事件,并以合同条文作为最终判定的标准。索赔是合同管理的继续,索赔与合同两者紧密相连。

(1) 签订一个有利的合同是索赔成功的前提

由于索赔是以合同条文作为理由和根据的,所以索赔的成败、索赔额的大小及解决结果常常取决于合同的完善程度和表达方式。合同签订得有利,则承包商在工程中处于有利地位,无论进行索赔或反索赔都能得心应手,有理有利;合同签订得条件苛刻,往往只能处于被动挨打的地位,对损失防不胜防。这里的损失已产生于合同签订过程中,而合同履行过程中利用索赔进行补救的余地已经很小,甚至损失不可避免。如有些工程项目采用固定总价合同,双方约定发生人工、材料等价格波动都不做调整的"一口价"合同,在签订时要充分考虑各种风险因素,要将风险费用约定在合同之中。否则,一旦市场出现大的变化,承包商就难以索赔。所以,签订一份有利的合同而作出的各种努力是最有力的索赔管理。

在工程项目的投标和签约过程中,承包商应当仔细研究工程所适用的法律、法规、地方法规和行业规定,以及合同条件,特别是关于合同范围、责任、权利和义务、价款、付款方式、工程变更、违约责任及罚款、业主风险、承包商风险、索赔时效和争端解决等条款,必须在合同中明确规定,以便为合同的全面履行和将来可能的索赔提供合法的依据和基础。

(2) 在合同分析、合同监督和合同履行过程中抓住索赔的机会

在合同签订前和合同履行过程中,通过对合同的审查和分析,预见和发现潜在的索赔机会。对合同的变更,价格补偿,工期索赔的条件、可能性、程序等条款予以特别注意和研究。

在合同实施过程中,合同管理人员要对合同进行跟踪监督,保证乙方全面执行合同,避免违约,并且跟踪监督对方的合同完成情况,将每日的工程实施情况与合同分析的结果相对照,一经发现问题,或在合同实施中出现有争议的问题,要及时记录、分析、汇报、研究,从而及时制定对策。这些索赔机会就是索赔的切入点。

(3) 合同变更直接发生索赔事件

业主的变更指令,合同双方对新的特殊问题的协议、会议纪要、修正案等引起合同变更,合同管理者不仅要落实这些变更,调整合同实施计划,修改原合同规定的权利义务关系,而且要进一步分析合同变更造成的影响。合同变更而引起工期拖延和费用增加,就会导致工程项目的索赔。

(4) 合同管理可提供索赔所需要的证据材料

在合同管理中要处理大量的合同资料和工程资料,它们是索赔的证据材料。离开了对合同资料和工程资料的管理,索赔就是一句空话。在民事诉讼中,诉讼原则之一是"谁主张,谁举证"。因此,证据对于索赔的成败是至关重要的。

2) 索赔的准备

在实际工作中,除了认真分析、熟悉合同文件,收集保存工程记录外,一般可按下列方法准备索赔:

(1) 初步评估

索赔分析的第一步是在进行详细调查和分析前进行总的初步估计,包括四个方面：

① 确定在合同条款下索赔是否可行；

② 选定准备索赔的方法；

③ 划分重大索赔问题和小的索赔问题；

④ 估计索赔的金额。

(2) 索赔的前期工作

① 以合同条款为依据,寻找事实。赔偿是建立在相应的合同约定的基础上的。证据是索赔成功的关键因素。索赔前要进行实地考察,这有利于了解索赔的实际情况,增加感性认识。在工地的考察中,要收集实物证据,包括照片、试验报告、录像、岩心样品、材料样品等。

② 文件资料。小型工程项目的索赔相对来说比较容易,而对于大型工程项目,在准备索赔时常常需要参考许多文件资料和工程记录。这些资料来自承包商、业主、建筑师、监理工程师、项目经理、分包商、试验室、政府机构和其他方面。承包商与业主、监理工程师等来往的函件以及工程日报表和其他记录应按时间先后顺序分类保存。

③ 分析确定责任。当索赔资料组织好后,索赔人员应当分析资料,提炼索赔的有关事件并用浅显易懂的文字表达出来,进行成本和工期计算,编写索赔报告。

分析文件资料时一定要耐心、细致、全面,其内容包括：

① 辨析索赔问题；② 找出所有与该索赔有关的文件资料；③ 组织材料和证据；④ 叙述索赔的背景；⑤ 决定索赔问题是否可确立为索赔项目；⑥ 分析工期和成本；⑦ 选定计算索赔问题引起的损失费用的方法。

当确认索赔问题后,对每个索赔问题应写一个简介,说明索赔问题的经过和实质,由谁负责,由此产生的费用、发生的事件、发生的时间、对工程有何影响,并附上与此有关的证据。

3) 索赔的证据

索赔的证据就是能够证明索赔方遭受损失或增加支出或对方不履行合同或履行合同不符合约定的客观事实。

承包商在索赔准备时可以收集相关证据的证明材料有：

(1) 合同文件中的条款约定；

(2) 经工程师认可的施工组织设计和施工进度计划；

(3) 合同履行中的来往函件(包括电子邮件)；

(4) 施工现场记录或施工日记；

(5) 施工会议记录；

(6) 工程照片或录像;
(7) 工程师发布的各种书面指令;
(8) 监理月报;
(9) 气象记录;
(10) 工程师关于设计变更、施工程序变更的技术核定单和工程签证单;
(11) 中期支付工程进度款的单证;
(12) 检查和试验记录;
(13) 政府主管部门指导价格信息表;
(14) 汇率变化表;
(15) 各类财务凭证等。

索赔证据可以单独汇总证据清单或证据目录。证据目录要注明各项证据的内容和要证明的对象,以便在协商谈判时一一对应使用,以支持乙方索赔的主张。

10.2.5 索赔程序

1) 提出索赔意向通知

凡是由于业主或工程师方面的原因,或由于其他非承包商原因,造成工期拖延或费用增加时,承包商有权提出索赔,但应当在合同规定的时间内,向工程师发出索赔意向通知。在FIDIC合同条件中,当出现索赔事件时,承包商应在引起索赔的事件第一次发生之后的28天内,将其索赔意向通知工程师,并送业主一份副本。同时,承包商应继续施工,并保持同期记录。承包商应当允许工程师审查所有与索赔事件有关的同期记录,在工程师要求时,应当向工程师提供同期记录的副本。

2) 报送索赔资料

(1) 报送索赔资料的时间

承包商应当在发生索赔事件后,尽快准备索赔资料。FIDIC合同条件要求在向工程师发出索赔通知后的28天内,或者工程师同意的合理时间内,向工程师报送一份索赔报告,说明索赔款项和索赔的依据。如果索赔事件具有连续性影响,承包商的上述报告将被认为是第一次临时详细报告,并每隔28天或者按工程师可能合理要求的时间间隔,提交进一步的临时详细报告,说明索赔的费用额和工期延长值,并提供相应的证明资料。承包商在索赔事件所产生的影响结束后28天内向工程师发出一份最终详细报告,说明索赔的总额、工期延长的天数和全部的索赔证据。

2013版《建设工程施工合同》(示范文本)对承包商提出索赔的时间要求是:

① 承包人应在知道或应当知道索赔事件发生后28天内,向监理人递交索赔意向通知书,并说明发生索赔事件的事由;承包人未在前述28天内发出索赔意向通知书的,丧失要求追加付款和(或)延长工期的权利;

② 承包人应在发出索赔意向通知书后 28 天内,向监理人正式递交索赔报告;索赔报告应详细说明索赔理由以及要求追加的付款金额和(或)延长的工期,并附必要的记录和证明材料;

③ 索赔事件具有持续影响的,承包人应按合理时间间隔继续递交延续索赔通知,说明持续影响的实际情况和记录,列出累计的追加付款金额和(或)工期延长天数;

④ 在索赔事件影响结束后 28 天内,承包人应向监理人递交最终索赔报告,说明最终要求索赔的追加付款金额和(或)延长的工期,并附必要的记录和证明材料。

(2) 索赔报告的编写

索赔报告是解决索赔的基础,应包括所有资料,并应说明发生的索赔事件、事件产生的原因、索赔的依据和要求赔偿的费用等。报告应该做到逻辑严密,条理清楚,简洁易懂,令人信服,直奔主题。索赔报告一般包括以下几个部分:

① 导言。报告的导言应有充分的资料,逻辑性强,能使人理解索赔双方及其合同关系、工程实施的时间、提出索赔的性质、要求赔偿的损失费用的大小和索赔报告的叙述方式和顺序,导言应简单明了。

② 背景材料。它进一步调查问题的每个方面,是导言的扩展。包括合同双方的争议,双方对争议的相同的和不同的观点,以及索赔的报告。

③ 索赔问题。首先概述索赔问题,简要地描述索赔问题的过程,并引用相应的合同条款,为索赔提供依据。在该部分可说明索赔中工程技术方面的问题,并对每个索赔问题作出结论和总结。

④ 进度。当索赔问题对工程进度有影响时,报告应当出示并论证承包商提交的初始计划进度及其可行性,并对计划进度和实际进度进行比较。

⑤ 损失费用。在该部分应当具体确定索赔的金额和计算方法,列出总的损失费用。

⑥ 总结。报告最后应作一个简要的总结,以便让人能对各个索赔问题和总的索赔问题的原因、责任和损失费用有一个全面而深刻的印象。

索赔报告的形式很多,但不管形式如何,承包商都应注意:

① 在进行索赔时,应以书面确认的材料和合同为依据。

② 报告中所得出的结论,要有理有节,有根有据。

③ 少用或不用语气强硬的措辞,要用事实说话,协商解决问题。

④ 避免使用使自己处于被动地位的叙述。

⑤ 证据应当充分有力,形成锁链。

⑥ 对报告中作出的结论应进行总结。

3) 索赔的处理

按国际工程施工索赔的处理惯例,工程师收到承包商发出的索赔通知后,在不必承认业主责任的情况下,应当马上审查承包商的同期记录,并要求承包商补充必要的资料。同时,工程师应论证索赔原因、索赔依据、索赔款额和应给予的工期延长,并与业主和承包商进行协商,尽快作出索赔事项的处理决定。如果承包商不满意工程师对索赔的处理决定,则可以采取下列方法进行补救:

(1) 向工程师发出对该索赔事件保留继续索赔权利的意向通知,等到颁发整个工程的移交证书后,在提交的竣工报告中进一步索赔;

(2) 在合同规定的时间内进行友好协商解决,如果未能友好协商解决,则根据双方协议提交仲裁委员会仲裁。

建筑工程中,当事人在履行合同中发生争议时,解决的途径一般有四种:双方友好协商解决、通过第三人调解解决、双方约定由某个仲裁委员会仲裁裁决解决或向法院提起诉讼,"打官司"解决。双方协商解决和调解解决是便捷的、友好的、低成本的解决途径。由于建筑工程标的金额大、专业性强、技术复杂,且一旦争议不能及时解决,会影响到工程的进度和增加额外的成本,因此双方如有争议,应尽可能通过便捷的、低成本的途径解决。

10.3 仲裁制度

10.3.1 仲裁的定义

所谓仲裁是指双方当事人在发生争议之前或者争议发生之后达成协议,自愿将争议交给第三方评判,并由第三方作出对争议各方均有约束力的裁决的一种解决纠纷的法律制度。

根据仲裁的定义,其构成应具备以下要素:① 双方当事人自愿协商通过仲裁方式解决争议;② 解决争议的第三人是当事人自己选择的;③ 非司法机构的第三人为解决争议作出的裁决对双方当事人具有约束力。

10.3.2 仲裁的特点

作为一种解决财产权益纠纷的民间性裁判制度,仲裁既不同于解决同类争议的司法、行政途径,也不同于当事人的自行和解,具有以下特点:

(1) 自愿性

当事人之间的纠纷,是否将其提交仲裁、交与哪一个仲裁委员会仲裁、仲裁庭的组成人员如何产生、仲裁适用何种程序规则,都是在当事人自愿的基础上,由当事人协商确定的。故仲裁能充分体现当事人意思自治的原则。自愿性是仲裁制度的最大特点。

(2) 专业性

由于仲裁的对象大都是民商事纠纷,常常涉及复杂的法律、经济贸易和工程技术等问题,所以,各仲裁机构大都具有分专业的仲裁员名册,如涉外贸易、知识产权、证券、建筑与房地产等专业,供当事人选定仲裁员。而仲裁员一般都是各行各业的专家。这些专家既懂法律,又精通某一领域的专业问题。当事人可以从所涉及行业的专家名册中选定仲裁员,这样就能保证仲裁的专业权威性。仲裁中如选定的专家既精通建筑工程的法律、法规、规章、政策,又熟悉这个建筑行业的惯例、规范、技术标准,行情及最新变化,其对案件事实的判断就会更专业,不容易偏离行业的通常标准,不会出现因外行人断案而产生令当事人出乎意料的问题。内行人办案,不仅容易与当事人、代理人进行专业上的沟通,很好地理解争议中复杂的专业技术问题,而且使当事人对审理结果有明确的预期,有利于纠纷顺利解决。

(3) 灵活性

仲裁的灵活性很大,在程序上不像诉讼那样严格,程序灵活,很多环节可以被简化。根据事实,在没有法律规定的情况下或法律规定相对原则的情况下,仲裁员根据行业的规则、惯例,根据法理进行一些探索和创新,做出更符合专业的判断,公平合理地解决纠纷。

(4) 保密性

仲裁以不公开审理为原则,并且各国有关的仲裁法律和仲裁规则都规定了仲裁员及仲裁秘书人员的保密义务。仲裁过程除当事人、代理人,以及需要的证人和鉴定人外,其他人员不得出席和旁听仲裁开庭审理过程。仲裁裁决也不予公开,只送达双方当事人。所以当事人的商业秘密和贸易活动不会因仲裁活动而泄露,仲裁表现出极强的保密性。

(5) 快捷性

由于仲裁实行一裁终局制,不像诉讼那样实行两审终审制,这样就有利于当事人之间的纠纷迅速解决。

(6) 执行的强制性和广泛性

对于生效的仲裁裁决书,当事人有权根据《民事诉讼法》的规定向法院申请强制执行。对于涉外的仲裁裁决,也可以在国外得到承认和执行。1986年12月2日,我国决定加入《承认和执行外国仲裁裁决公约》(1958年6月10日在纽约召开的联合国国际商业仲裁会议上签署的《承认及执行外国仲裁裁决公约》,简称1958年《纽约公约》,目前世界上已有145个国家和地区加入了该公约)。该公约1987年4月22日对我国生效。根据该公约,中国仲裁机构作出的涉外仲裁裁决书和仲裁调解书,可以在所有缔约国之间得到承认和执行。

以上这些特点,体现了仲裁的优点,也是仲裁对纠纷当事人具有巨大吸引力的原因所在。

10.3.3 仲裁制度的基本原则

1) 当事人意思自治原则

这一原则通常也被称为当事人自愿原则,是仲裁制度最基本的原则。这一原则主要体现在以下几个方面:

(1) 当事人是否将他们之间发生的纠纷提交仲裁,由他们自愿协商决定。《仲裁法》规定,当事人采取仲裁方式解决纠纷,应当双方自愿,达成仲裁协议。仅有一方申请仲裁的,仲裁委员会不予受理。当事人如已达成仲裁协议,一方向人民法院起诉的,人民法院不予受理。

(2) 当事人将他们之间的纠纷提交哪一个仲裁委员会仲裁,亦由他们自愿协商决定。《仲裁法》第六条规定,仲裁委员会应当由当事人协议选定。仲裁不实行级别管辖和地域管辖。

2) 以事实为根据,以法律为准绳原则

以事实为根据,以法律为准绳,是我国法治建设的一项基本原则,当然也是《仲裁法》的基本原则。仲裁应当根据事实、按照法律规定,公平合理地解决纠纷。事实和法律是这一原则不可分割、不可偏废的两个方面。以事实为根据,意味着仲裁庭在仲裁的过程中,必须全面、客观、深入、细致地查明案件当事人的主体资格,查明案件的全部事实及向仲裁庭提供的证据;以法律为准绳,意味着仲裁庭在查明事实的基础上,必须收集、理解与案件有关的法律,并准确地适用法律,公平、公正地确认当事人的权利义务关系。

3) 独立公正仲裁原则

《仲裁法》第八条规定,仲裁依法独立进行,不受行政机关、社会团体和个人的干涉。仲裁委员会的设置独立于行政机关,与行政机关没有隶属关系。仲裁委员会之间也没有隶属关系。这是实现独立仲裁的组织保证。为了保证公正性,《仲裁法》也做了一系列规定,如要求仲裁员在思想品德方面要公道正派,规定了仲裁员的回避制度及仲裁员违反回避制度的法律责任。《仲裁法》还规定关于涉外仲裁委员会可以从外籍人士中聘任仲裁员,这充分体现了公正性。

4) 一裁终局原则

一裁终局原则是世界各国普遍接受的仲裁原则,我国《仲裁法》对此原则进行了确认。裁决作出后,当事人就同一纠纷再申请仲裁的,仲裁委员会不予受理;或者向人民法院起诉的,人民法院也不予受理。裁决书自作出之日起发生法律效力,当事人应当履行裁决,一方当事人不履行的,另一方当事人可以依照民事诉讼法的有关规定向人民法院申请执行,受申请的人民法院应当执行。

10.3.4　仲裁机构

现代的仲裁大多表现为机构仲裁,常设的仲裁机构备有较为完善的仲裁规则和仲裁员名册,并有完整的管理和服务,以有利于仲裁程序的顺利进行。

我国仲裁法规定的仲裁是机构仲裁,设立常设性的仲裁机构,使得当事人在纠纷发生之后,可以自愿选择仲裁或诉讼的方法,以利纠纷的及时解决。

(1) 我国的仲裁委员会

根据《仲裁法》的规定,仲裁委员会的设立不按行政区划,根据实际需要,可以在直辖市和省、自治区人民政府所在地设立,也可在其他设区的市设立。仲裁委员会,独立于行政机关,仲裁委员会之间也无隶属关系。设立仲裁委员会,应当经省、自治区、直辖市的司法行政部门登记。

设立仲裁委员会,需具备下列条件:

① 有自己的名称、住所和章程;
② 有必要的财产;
③ 有该委员会的组成人员;
④ 有聘任的仲裁员。

仲裁委员会由主任 1 人、副主任 2～4 人和委员 7～11 人组成。主任、副主任和委员由法律、经济贸易专家和有实际工作经验的人员担任。在仲裁委员会的组成人员中,法律、经济贸易专家不得少于 2/3。

(2) 仲裁员

仲裁委员会按不同专业设仲裁员名册。仲裁员实行聘任制。聘任的仲裁员,首先必须公道正派,此外,还应符合下列条件之一:

① 从事仲裁工作满 8 年的;
② 从事律师工作满 8 年的;
③ 曾任审判员满 8 年的;
④ 从事法律研究、教学工作并具有高级职称的;
⑤ 具有法律知识、从事经济贸易等专业工作并具有高级职称或者具有同等专业水平的。

10.3.5　仲裁协议和仲裁协议的效力

仲裁协议是将纠纷提交仲裁的法律依据,包括合同中订立的仲裁条款和以其他书面方式在纠纷发生前或者纠纷发生后达成的请求仲裁的协议。

1) 仲裁协议的内容

仲裁协议必须依法达成,同时应当明确下列内容:

(1) 请求仲裁的意思表示。即双方都同意将争议通过仲裁程序解决。

(2) 仲裁事项。即双方协议将哪些争议提交仲裁委员会仲裁。

(3) 选定的仲裁委员会。即双方协议选定具体哪一个仲裁委员会。

2) 仲裁协议的效力

(1) 对当事人的法律效力

仲裁协议合法有效,即对双方当事人产生法律约束力。发生纠纷后,一方当事人只能向仲裁协议约定的仲裁机构申请仲裁,而不能就该纠纷向法院提起诉讼。

(2) 对法院的约束力

民事纠纷解决的途径,在诉讼与仲裁途径之间实行的是"或裁或审"原则。在法院诉讼和仲裁裁决之间只能选择其一。因此,有效的仲裁协议排除了法院对争议事项的司法管辖权。

(3) 对仲裁机构的法律效力

仲裁协议是仲裁机构受理仲裁案件的前提,是仲裁庭审理和裁决案件的依据。没有有效的仲裁协议,仲裁委会员就不能获得对争议案件的管辖权。同时,仲裁委员会只能对当事人在仲裁协议中约定的争议事项进行仲裁,对于超出仲裁协议约定范围的其他争议事项无权仲裁。

(4) 仲裁协议的独立性

仲裁协议可以单独签订,也可以在民商事合同中约定解决争议的仲裁条款。如果民商事合同变更、解除、终止或者无效,不影响仲裁协议的效力。

3) 仲裁协议效力的确认

当事人对仲裁协议有异议的,应在仲裁庭首次开庭前提出。当事人对仲裁协议的效力有异议的,可以请求仲裁委员会作出决定或者请求人民法院作出裁定。一方请求仲裁委员会作出决定,另一方请求人民法院作出裁定的,由人民法院裁定。

当事人向人民法院申请确认仲裁协议效力的案件,由仲裁协议约定的仲裁机构所在地的中级人民法院管辖;仲裁协议约定的仲裁机构不明确的,由仲裁协议签订地或者被申请人住所地的中级人民法院管辖。申请确认涉外仲裁协议效力的案件,由仲裁协议约定的仲裁机构所在地、仲裁协议签订地、申请人或者被申请人住所地的中级人民法院管辖。

10.3.6 仲裁程序

1) 申请和受理

凡争议双方当事人订有仲裁协议的,任何一方都可将他们的争议提交仲裁协议中所选定的仲裁委员会仲裁。申诉人申请仲裁时,必须提交书面申请,申请书应包括下列内容:

(1) 当事人的姓名、性别、年龄、职业、工作单位和住所,法定代表人或者其他组织的名称、住所和法定代表人或者主要负责人的姓名、职务；

(2) 仲裁请求和所根据的事实、理由；

(3) 证据和证据来源、证人姓名和住所。

仲裁委员会收到仲裁申请书之日起 5 日内，认为符合受理条件的，应当受理；认为不符合受理条件的，应当书面通知当事人不予受理，并说明理由。

2）仲裁庭的组成

仲裁庭可以由 3 名仲裁员或者 1 名仲裁员组成。

当事人约定由 3 名仲裁员组成仲裁庭的，应当各自选定或各自委托仲裁委员会主任指定一名仲裁员，由当事人共同选定或共同委托仲裁委员会主任指定第三名仲裁员，双方当事人共同选定的或共同委托仲裁委员会主任指定的第三名仲裁员为首席仲裁员。

当事人约定由 1 名仲裁员成立仲裁庭的，应当由当事人共同选定或者共同委托仲裁委员会主任指定仲裁员。

当事人没有在规定期限内约定仲裁庭的组成方式或选定仲裁员，由仲裁委员会主任指定。

仲裁员审理案件时，独立、公正地工作，不代表任何一方当事人。如仲裁员有下列情形之一，必须回避，当事人有权提出回避申请：

(1) 是本案当事人或当事人、代理人的近亲属；

(2) 与本案有利害关系；

(3) 与本案当事人、代理人有其他关系，可能影响公正仲裁的；

(4) 私自会见当事人、代理人，或接受当事人、代理人的请客送礼的。

仲裁员是否回避，由仲裁委员会主任决定。仲裁委员会主任担任仲裁员的，由仲裁委员会集体决定。

3）开庭和裁决

仲裁一般都开庭但不公开进行，如当事人另有协议的除外。

仲裁庭在开庭前，应将开庭日期通知双方当事人。申请人无故不到庭或者中途擅自退庭的，视为撤回仲裁申请；被申请人无故不到庭或者擅自中途退庭的，可作缺席裁决。

在开庭中，仲裁员应认真听取当事人的陈述和辩论，出示有关证据，然后依申请人、被申请人顺序征询双方最后意见。在作出裁决前，可以先行调解。调解达成协议，仲裁庭应当制作调解书或根据双方协议的结果，制作裁决书。调解未达成协议的，由仲裁庭按照多数仲裁员的意见作出裁决，仲裁庭不能形成多数意见时，裁决按首席仲裁员的意见作出。

调解书与裁决书具有同等法律效力。

调解书经双方当事人签收，裁决书自作出之日起发生法律效力。

4）执行

调解书或裁决书依法生效后,当事人应当履行裁决。仲裁委员会作为民间的"准司法"机构,本身不具有强制执行力,但其仲裁裁决为国家强制力所支持。一方当事人不履行的,另一方当事人可依《民事诉讼法》有关规定向有管辖权的人民法院申请强制执行。当事人申请执行仲裁裁决案件,由被执行人住所地或者被执行的财产所在地的中级人民法院管辖。

10.3.7 仲裁监督

仲裁委员会内部本身的监督机制较少。在我国,仲裁委员会的业务受政府行政法制部门的指导和监督。对仲裁委员会的监督主要是法院的司法监督。根据《仲裁法》与《民事诉讼法》的有关规定,法院可以对仲裁实施必要的监督,表现在两方面:

1）撤销裁决

当事人申请撤销裁决的,应当自收到裁决书之日起六个月内向人民法院提出撤销仲裁裁决的申请。人民法院接到当事人要求撤销裁决的申请后,经组成合议庭审查,凡有下列情形之一者,应裁定撤销裁决:

(1) 没有仲裁协议的;

(2) 裁决的事项不属于仲裁协议的范围或仲裁委员会无权仲裁的;

(3) 仲裁庭的组成或者仲裁的程序违反法定程序的;

(4) 裁决所依据的证据是伪造的;

(5) 对方当事人隐瞒了足以影响公正裁决的证据的;

(6) 仲裁员在仲裁该案时有索贿、受贿、徇私舞弊、枉法裁决行为的。

人民法院认定该裁决违背社会公共利益的,应当裁定撤销。

对于当事人申请撤销国内仲裁裁决的案件属于下列情形之一的,人民法院可以依照仲裁法第六十一条的规定通知仲裁庭在一定期限内重新仲裁:(1) 仲裁裁决所依据的证据是伪造的;(2) 对方当事人隐瞒了足以影响公正裁决的证据的。

人民法院应当在通知中说明要求重新仲裁的具体理由。

2）不予执行

一方当事人申请人民法院强制执行裁决,被申请人提出证据证明裁决有下列情形之一者,经人民法院组成合议庭审核,裁定不予执行:

(1) 当事人在合同中没有订有仲裁条款或者事后没有达成书面仲裁协议的;

(2) 裁决的事项不属于仲裁协议的范围或者仲裁机构无权仲裁的;

(3) 仲裁庭的组成或者仲裁的程序违反法定程序的;

(4) 裁决所根据的证据是伪造的;

(5) 对方当事人向仲裁机构隐瞒了足以影响公正裁决的证据的;

(6)仲裁员在仲裁该案时有贪污受贿,徇私舞弊,枉法裁决行为的。

人民法院认定执行该裁决违背社会公共利益的,裁定不予执行。

10.4 民事诉讼制度

10.4.1 民事诉讼的概念

民事诉讼,是指人民法院在所有诉讼参与人的参加下,按法定程序解决民事纠纷时所进行的活动。

民事诉讼的基本内容是人民法院和诉讼参与人所进行的诉讼活动,以及在活动过程中产生的法律关系。与社会生活中解决民事争议的其他方法(如和解、调解、仲裁)相比较,民事诉讼有如下几个特点:

(1)民事诉讼是在国家审判机关的主持下进行的。和解是由当事人自行协商解决,调解是由人民调解委员会或有关机构主持进行,仲裁是由来自民间组织的仲裁委员会的仲裁员主持,而只有民事诉讼是由审判员代表国家行使审判权来主持进行。

(2)民事诉讼的进行应当依严格的诉讼程序和诉讼制度。而以其他方式解决民事纠纷,则没有如此严格的程序和制度,即使是在有明确的程序和制度规定的仲裁活动中,仲裁参加者的自主程度要较民事诉讼高得多,行为的选择余地也较民事诉讼大。

(3)民事诉讼具有强制性。这一特点有两方面的表现:一是是否以该种方式来解决纠纷,不以双方合意为前提条件,只要争议的一方的起诉符合条件,另一方即使是不愿意参加民事诉讼,也得被强制参加,而和解、调解、仲裁等则是在双方当事人自愿参加的情况下才可进行;二是民事诉讼中法院所作出的生效裁判,具有法律约束力,当事人不履行义务时,法院可根据法律规定强制执行,而和解、调解的结果则不具有强制执行力,制裁裁决的实现,多数是由当事人自愿履行裁决,少数则有赖于法院通过民事执行程序来提供保障。

10.4.2 民事诉讼管辖

民事诉讼管辖,是指上下级人民法院之间和同级人民法院之间受理第一审民事案件的分工和权限。正确地确定各级法院和各地法院的管辖权,有利于法院正确及时地行使审判权,避免法院之间互相推诿、互相争执的现象,也有利于当事人正确行使诉讼权,避免当事人四处奔波,诉讼无门。

根据《民事诉讼法》的规定,民事诉讼管辖主要有下面几种:

1）级别管辖

级别管辖，是根据案件的性质、影响的范围，划分上下级人民法院之间审理第一审经济案件的分工和权限。除依法由上级法院管辖的第一审经济案件外，其他第一审案件都由基层人民法院管辖。中级人民法院管辖的第一审民事案件包括：重大涉外案件、在本辖区有重大影响的案件、最高人民法院确定由其管辖的案件。高级人民法院管辖在本辖区有重大影响的案件。最高人民法院管辖在全国有重大影响的以及认为应由本院审理的案件。

2）地域管辖

地域管辖是指划分同级人民法院之间受理第一审经济纠纷案件的权限和分工。地域管辖可以分为：

（1）一般地域管辖

一般地域管辖是指按《民事诉讼法》第二十一条的规定，案件应由被告所在地人民法院管辖。被告为公民的，住所地为其户籍所在地，住所地与经常居住地不一致时，由经常居住地法院管辖。被告为法人或其他组织的，住所地为主要营业地或者主要办事机构所在地。

（2）特殊地域管辖

特殊地域管辖是指以诉讼标的或当事人所在地来确定管辖法院。《民事诉讼法》第二十四条至第三十三条对9大类案件的管辖作出特殊规定。

① 因合同纠纷提起的诉讼，由被告住所地或合同履行地人民法院管辖。合同约定履行地点的，以约定的履行地点为合同履行地。合同对履行地点没有约定或者约定不明确，争议标的为给付货币的，接收货币一方所在地为合同履行地；交付不动产的，不动产所在地为合同履行地；其他标的，履行义务一方所在地为合同履行地。即时结清的合同，交易行为地为合同履行地。合同没有实际履行，当事人双方住所地都不在合同约定的履行地的，由被告住所地人民法院管辖。

② 因保险合同纠纷提起的诉讼，由被告住所地或者保险标的物所在地人民法院管辖。因财产保险合同纠纷提起的诉讼，如果保险标的物是运输工具或者运输中的货物，可以由运输工具登记注册地、运输目的地、保险事故发生地人民法院管辖。因人身保险合同纠纷提起的诉讼，可以由被保险人住所地人民法院管辖。

③ 因票据纠纷提起的诉讼，由票据支付地或被告住所地人民法院管辖。

④ 因铁路、公路、水上、航空运输和联合运输合同提出的诉讼，由运输始发地、目的地或者被告住所地人民法院管辖。

⑤ 因侵权行为提起的诉讼，由侵权行为地或被告住所地人民法院管辖。

侵权行为地，包括侵权行为实施地、侵权结果发生地。信息网络侵权行为实施地包括实施被诉侵权行为的计算机等信息设备所在地，侵权结果发生地包括被侵权人住所地。因产品、服务质量不合格造成他人财产、人身损害提起的诉讼，产品制造地、产品销售地、服务提供地、侵权行为地和被告住所地人民法院都有管辖权。

⑥因铁路、公路、水上和航空事故请求损害赔偿提起的诉讼,由事故发生地或者车辆、船舶最先到达地、航空器最先降落地或在被告住所地人民法院管辖。

⑦因船舶碰撞或其他海事损害事故请求损害赔偿提起的诉讼,由碰撞发生地、碰撞船舶最先到达地、加害船舶被扣留地或者被告住所地人民法院管辖。

⑧因海难救助费用提起的诉讼,由救助地或者被救助船舶最先到达地人民法院管辖。

⑨因共同海事损害提起的诉讼,由船舶最先到达地、共同海事损害理算地或者航程终止地人民法院管辖。

《民事诉讼法》第三十四条规定,合同或者其他财产权益纠纷的当事人可以书面协议选择被告住所地、合同履行地、合同签订地、原告住所地、标的物所在地等与争议有实际联系的地点的人民法院管辖,但不得违反本法对级别管辖和专属管辖的规定。

3) 协议管辖

根据管辖协议,起诉时能够确定管辖法院的,从其约定;不能确定的,依照民事诉讼法的相关规定确定管辖。管辖协议约定两个以上与争议有实际联系的地点的人民法院管辖,原告可以向其中一个人民法院起诉。但是,经营者使用格式条款与消费者订立管辖协议,未采取合理方式提请消费者注意,消费者可以向法院主张管辖协议无效。如果管辖协议约定由一方当事人住所地人民法院管辖,协议签订后当事人住所地变更的,由签订管辖协议时的住所地人民法院管辖,但当事人另有约定的除外。

4) 专属管辖

专属管辖是指法律规定某些诉讼标的特殊的案件由特定的人民法院管辖。专属管辖具有强制性和排他性,不许当事人或法院更改。适用专属管辖的情形有三种:第一,因不动产纠纷提起的诉讼,由不动产所在地人民法院管辖。不动产纠纷是指因不动产的权利确认、分割、相邻关系等引起的物权纠纷。根据最高人民法院关于适用《中华人民共和国民事诉讼法》的解释,《民事诉讼法》规定,农村土地承包经营合同纠纷、房屋租赁合同纠纷、建设工程施工合同纠纷、政策性房屋买卖合同纠纷,按照不动产纠纷确定管辖。第二,因港口作业中发生纠纷提起的诉讼,由港口所在地人民法院管辖;第三,因继承遗产纠纷提起的诉讼,由被继承人死亡时住所地或者主要遗产所在地人民法院管辖。

5) 移送管辖和指定管辖

移送管辖是指没有管辖权的人民法院将已受理的案件移送给有管辖权的人民法院受理。接受移送的法院不得再自行移送。

有管辖权的人民法院由于特殊原因,不能行使管辖权的,由上级法院指定管辖。两个以上法院因管辖权发生争议,由双方共同的上级法院指定管辖的法院。

上级人民法院有权审理下级法院管辖的第一审民事案件,也可把本院管辖的第一审案件交由下级法院审理。下级法院对它所管辖的第一审案件,认为需要由上级法院审理的,可报请上级法院审理。这既是案件的移送,同时也意味着管辖权的移送。作为诉讼管辖的变通规定,其目的在于灵活运用法律,确保诉讼活动顺利进行。

10.4.3 民事诉讼当事人

1) 当事人的概念

民事诉讼当事人是指以自己的名义进行诉讼,并受人民法院裁决约束的利害关系人。当事人是民事诉讼的基本构成要素。根据《民事诉讼法》的规定,可以作为当事人的有公民、法人和其他组织。

法人有企业法人、事业单位法人、机关法人和社团法人。

其他组织是指合法成立、有一定的组织机构和财产,但又不具备法人资格的组织,包括:(1)依法登记领取营业执照的个人独资企业;(2)依法登记领取营业执照的合伙企业;(3)依法登记领取我国营业执照的中外合作经营企业、外资企业;(4)依法成立的社会团体的分支机构、代表机构;(5)依法设立并领取营业执照的法人的分支机构;(6)依法设立并领取营业执照的商业银行、政策性银行和非银行金融机构的分支机构;(7)经依法登记领取营业执照的乡镇企业、街道企业;(8)其他符合本条规定条件的组织。

2) 当事人的诉讼权利能力和诉讼行为能力

(1) 当事人的诉讼权利能力

当事人的诉讼权利能力是指法律赋予当事人以自己名义进行诉讼的资格。自然人的诉讼权利能力始于出生,终于死亡;法人和其他组织的诉讼权利能力始于成立,终于消灭。

(2) 当事人的诉讼行为能力

当事人的诉讼行为能力是指当事人能以自己的行动独立实施诉讼行为的能力。诉讼行为能力是当事人进行诉讼活动的前提条件,否则,没有诉讼行为能力,只能由其法定代理人代为从事诉讼活动。

自然人的诉讼行为能力与自然人的完全民事行为能力是一致的。凡年满18周岁的成年人或年满16周岁未满18周岁但以自己的劳动收入为主要生活来源的公民,都具有诉讼行为能力。法人、其他组织的诉讼行为能力与诉讼权利能力相一致,始于成立,终于消灭。

3）民事诉讼诉讼当事人的种类

（1）原告

原告是指为保护自己的合法权益，以自己的名义向人民法院提起诉讼，从而引起诉讼程序产生的主体。

（2）被告

被告是与原告利益相对立，因原告的起诉而由人民法院通知应诉的人。

（3）共同诉讼人

共同诉讼是指当事人一方或双方为二人以上的诉讼。二人以上的一方或双方当事人称为共同诉讼人。共同诉讼分必要的共同诉讼和普通的共同诉讼两种。必要的共同诉讼是指一方或双方为二人以上，诉讼标的共同，共同诉讼人共享权利或共同承担义务。如经营者与广告经营者弄虚作假，发布虚假广告，造成消费者损失，消费者因此起诉，经营者与广告经营者负有共同赔偿责任，属于共同被告。普通的共同诉讼是指当事人一方或双方为二人以上，诉讼标的是同一种类，人民法院认为可以合并审理的诉讼。普通的共同诉讼人并不具有共同的权利或义务，他们可以独立的法律关系与对方当事人进行诉讼，只是因当事人的权利或义务属于同一类型，法院认为有必要合并审理并经当事人同意。如一农药厂出售劣质农药，两个农民购买者因此受到经济损失，分别起诉，两个原告并无法律或事实上的联系，因都是农药厂的受害者，权利或义务属同一类型，法院可以将其合并审理，两个消费者成为共同原告。

（4）第三人

第三人是指对他人之间的诉讼标的具有独立的请求权或虽无独立请求权但与案件的处理结果有法律上的利害关系而参加到诉讼中的人。

根据第三人对已进行诉讼的诉讼标的有无独立请求权，可将第三人分为有独立请求权的第三人和无独立请求权的第三人。

有独立请求权的第三人是指既否定原告请求又不同意被告主张，而独立提出一个新主张的人，他在诉讼中相当于原告的身份，而以原诉讼中的原、被告为共同被告。

无独立请求权的第三人，是对他人诉讼标的无独立请求权，但与案件处理结果有利害关系而参加到诉讼中的人。他在诉讼中依附一方当事人，或支持原告或支持被告，以维护自己的权益。

第三人参加诉讼，经本人申请，或原诉讼当事人一方提出或人民法院依职权通知其参加均可成立。

（5）诉讼代表人

因当事人一方人数众多，而由当事人推选代表，代表当事人从事诉讼行为的人，称为诉讼代表人。

诉讼代表人既是案件的当事人,同时又代表全体当事人,应从维护全体当事人利益出发进行活动,其行为对所代表的全体当事人产生法律效力。

诉讼代表人与诉讼代理人不同。后者是以被代理人(即案件当事人)名义参加诉讼,并不是案件的当事人,因而不享有当事人的诉讼权利也无需承担当事人的诉讼义务。

10.4.4 民事诉讼程序

1) 第一审程序

第一审程序是人民法院审理第一审民事案件的诉讼程序。根据《民事诉讼法》的规定,第一审程序主要包括以下几个主要阶段:

(1) 起诉和受理

起诉是因原告民事权益受到侵害或发生争议,而向法院提出诉讼请求,请求法院行使审判权给予保护和确认的行为。原告起诉必须符合法定的起诉条件,即:① 原告与本案有直接利害关系;② 有明确的被告;③ 有具体的诉讼请求和事实、理由;④ 属于人民法院受理范围,属于受理人民法院管辖。

起诉应向人民法院递交起诉状,并按被告人数提供副本。

人民法院收到原告的诉状后,经审查符合条件的应在7日内立案,并通知当事人。认为不符合起诉条件的应当在7日内裁定不予受理。原告对裁定不服的,可以提起上诉。

起诉和受理的结合,引起法院审判程序开始。

(2) 审理前的准备

人民法院在受案后开庭审理前,为保证庭审活动的顺利进行,需要进行必要的准备工作。其主要任务是弄清当事人的诉讼请求和答辩所根据的事实,了解双方争执的焦点,收集必要的证据,试行调解等。

人民法院应在立案后5日内将起诉状副本送达被告,被告在收到之日15日内提出答辩状。人民法院在收到答辩状之日起5日内将答辩状副本发送原告。

法院立案后要确定合议庭组成人员。审判人员要认真审核诉讼材料,通过法定程序收集必要的证据。

民事诉讼中的证据包括:① 当事人的陈述;② 书证;③ 物证;④ 视听资料;⑤ 电子数据;⑥ 证人证言;⑦ 鉴定意见;⑧ 勘验笔录。

(3) 开庭审理

开庭审理又称法庭审理,是指在审判人员主持下,在当事人和其他诉讼参与人的参加下,在法庭上对案件进行实体审理的诉讼活动。对于经济诉讼案件来说,开庭审理是整个程序的中心环节,通过对案件的全面审理,明确当事人的经济权利和义务,为正确公正地裁决提供依据。

人民法院审理案件,应在开庭3日前通知当事人和其他诉讼参加人。除涉及国家机密、个人隐私或法律另有规定外,应当公开进行;涉及商业秘密的案件,当事人申请不公开审理的,可以不公开审理。

开庭审理前,书记员应当查明当事人和其他诉讼参与人员是否到庭,宣布法庭纪律。原告经传票传唤,无正当理由拒不到庭的,或未经法庭许可中途退庭的,按撤诉处理,被告反诉的可以缺席判决。被告经传票传唤,无正当理由拒不到庭的,或未经法庭许可中途退庭的,可以缺席判决。

在开庭审理时,当事人有权申请审判人员、书记员、翻译人员、鉴定人员回避。当事人申请审判人员回避的,由法院院长决定;院长担任审判长时,由审判委员会决定。其他人员的回避由审判长决定。

开庭审理主要分下列几个阶段:

① 法庭调查。通过在法庭上对案件事实进行全面调查,从而对所有证据材料进行查实,全面揭示案情。法庭调查的顺序是:当事人陈述;告知证人的权利义务,证人作证,宣读未到庭证人证言;出示物证、书证和视听资料;宣读鉴定结论;宣读勘验笔录。当事人可以在法庭上提出新的证据,经法庭许可,可以向证人、鉴定人、勘验人发问。

证据必须查证属实,才能作为认定事实的根据。

② 法庭辩论。由双方当事人对所争议的事实和法律问题进行辩论,通过双方辩论,进一步查证有争议的案情。法庭辩论的顺序是:原告及诉讼代理人发言;被告及诉讼代理人答辩;第三人或诉讼代理人发言或答辩;互相辩论。

③ 评议和宣判。法庭辩论终结后,对不进行调解或调解不成的,由合议庭评议,确定案件事实、认定及法律适用,依法作出裁决。可当庭宣判,也可定期宣判。宣告判决时,必须告诉当事人上诉权利、上诉期限和上诉的法院。

(4) 审理的期限

人民法院适用简易程序审理的案件,应当在立案之日起三个月内审结。基层人民法院和它派出的法庭审理符合民事诉讼法第一百五十七条第一款规定的简单的民事案件,标的额为各省、自治区、直辖市上年度就业人员年平均工资百分之三十以下的,实行一审终审。下列金钱给付的案件,适用小额诉讼程序审理:

① 买卖合同、借款合同、租赁合同纠纷;

② 身份关系清楚,仅在给付的数额、时间、方式上存在争议的赡养费、抚育费、扶养费纠纷;

③ 责任明确,仅在给付的数额、时间、方式上存在争议的交通事故损害赔偿和其他人身损害赔偿纠纷;

④ 供用水、电、气、热力合同纠纷;

⑤ 银行卡纠纷;

⑥ 劳动关系清楚，仅在劳动报酬、工伤医疗费、经济补偿金或者赔偿金给付数额、时间、方式上存在争议的劳动合同纠纷；

⑦ 劳务关系清楚，仅在劳务报酬给付数额、时间、方式上存在争议的劳务合同纠纷；

⑧ 物业、电信等服务合同纠纷；

⑨ 其他金钱给付纠纷。

人民法院适用普通程序审理的案件，应当在立案之日起六个月内审结。有特殊情况需要延长的，由本院院长批准，可以延长六个月；还需要延长的，报请上级人民法院批准。

2) 第二审程序

第二审程序，是指当事人不服地方各级人民法院第一审未生效的判决、裁定，向上一级人民法院提起上诉，上一级人民法院对案件进行再次审理所适用的程序。通过再次审理，维持正确裁决，纠正错误裁决，确保人民法院审判活动的公正进行，更好地维护当事人的合法权益。

第二审程序并非每个案件的必经程序，只有当事人依法提起上诉才能引起第二审程序。

(1) 上诉的提起

上诉是引起第二审程序发生的根据。有权提起上诉的人是在第一审程序中具有实体权利义务的当事人，包括原告、被告、共同诉讼人和具有独立请求权的第三人。

上诉的期限，判决为15天，裁定为10天，从判决书和裁定书送达之日起计算。

上诉应递交上诉状，内容包括：当事人的姓名；法人名称、法定代表人姓名；原审法院名称，案件的编号和案由；上诉的理由和请求。上诉状通过原审人民法院提出，当事人直接向二审法院上诉的二审法院在5日内将上诉状移交原审人民法院。

(2) 上诉的审理

第二审人民法院对上诉案件，应当组成合议庭，开庭审理。经过阅卷和调查、询问当事人，在事实核对清楚后，合议庭认为不需要直接开庭审理的，也可以直接进行判决、裁定。

(3) 上诉的裁决

第二审法院对上诉案件，经过审理，按下列情形分别处理。

① 原判决、裁定认定事实清楚，适用法律正确的，以判决、裁定方式驳回上诉，维持原判决、裁定；

② 原判决、裁定认定事实错误或者适用法律错误的，以判决、裁定方式依法改判、撤销或者变更；

③ 原判决认定基本事实不清的，裁定撤销原判决，发回原审人民法院重审，或

者查清事实后改判；

④ 原判决遗漏当事人或者违法缺席判决等严重违反法定程序的，裁定撤销原判决，发回原审人民法院重审。

原审人民法院对发回重审的案件作出判决后，当事人提起上诉的，第二审人民法院不得再次发回重审。第二审法院的判决、裁定是终审的判决、裁定。

3) 审判监督程序

审判监督程序是指人民法院对已发生法律效力的判决、裁定，发现在认定事实或适用法律上确有错误，依法重新审判的一种诉讼程序。这是加强法律监督、纠正错误而设立的一种特殊程序。

提起审判监督程序有下列情形：

(1) 各级人民法院院长对本院已发生效力的判决、裁定，发现确有错误，认为需要再审的，应当提交审判委员会讨论决定。最高人民法院对地方各级人民法院已发挥法律效力的判决、裁定，上级人民法院对下级人民法院已发生法律效力的判决、裁定，发现确有错误的，有权提审或指令下级人民法院再审。

(2) 最高人民检察院对各级人民法院已经发生法律效力的判决、裁定，上级人民检察院对下级人民法院已经发生法律效力的判决、裁定，发现有《民事诉讼法》第二百条规定情形之一的，或者发现调解书损害国家利益、社会公共利益的，应当提出抗诉。

地方各级人民检察院对同级人民法院已经发生法律效力的判决、裁定，发现有《民事诉讼法》第二百条规定情形之一的，或者发现调解书损害国家利益、社会公共利益的，可以向同级人民法院提出检察建议，并报上级人民检察院备案；也可以提请上级人民检察院向同级人民法院提出抗诉。

(3) 当事人申请再审

根据《民事诉讼法》第二百规定，当事人的申请符合下列情形之一者，人民法院应当再审：

① 有新的证据，足以推翻原判决、裁定的；

② 原判决、裁定认定的基本事实缺乏证据证明的；

③ 原判决、裁定认定事实的主要证据是伪造的；

④ 原判决、裁定认定事实的主要证据未经质证的；

⑤ 对审理案件需要的主要证据，当事人因客观原因不能自行收集，书面申请人民法院调查收集，人民法院未调查收集的；

⑥ 原判决、裁定适用法律确有错误的；

⑦ 审判组织的组成不合法或者依法应当回避的审判人员没有回避的；

⑧ 无诉讼行为能力人未经法定代理人代为诉讼或者应当参加诉讼的当事人，因不能归责于本人或者其诉讼代理人的事由，未参加诉讼的；

⑨ 违反法律规定,剥夺当事人辩论权利的;
⑩ 未经传票传唤,缺席判决的;
⑪ 原判决、裁定遗漏或者超出诉讼请求的;
⑫ 据以作出原判决、裁定的法律文书被撤销或者变更的;
⑬ 审判人员审理该案件时有贪污受贿,徇私舞弊,枉法裁判行为的。

当事人应当在判决、裁定发生法律效力后六个月内提出;有民事诉讼法第二百条第一项、第三项、第十二项、第十三项规定情形的,自知道或者应当知道之日起六个月内提出。

按审判监督程序决定再审的案件,人民法院应裁定中止原判决的执行。人民法院审理再审案件,应重新组成合议庭。

4) 督促程序

督促程序,是指法院根据债权人的请求,向债务人发出附条件的支付令,如债务人在法定期间不提出异议,该支付令即发生法律效力的程序。这是一种简便易行的保护债权人合法权益的程序。债权人请求债务人给付金钱、有价证券,符合下列条件的,可以向有管辖权的基层人民法院申请支付令。

(1) 提起支付令的条件

债权人提起督促程序,请求法院发出支付令,必须符合下列条件:

① 请求给付金钱或者汇票、本票、支票、股票、债券、国库券、可转让的存款单等有价证券;
② 请求给付的金钱或者有价证券已到期且数额确定,并写明了请求所根据的事实、证据;
③ 债权人没有对待给付义务;
④ 债务人在我国境内且未下落不明;
⑤ 支付令能够送达债务人;
⑥ 收到申请书的人民法院有管辖权;
⑦ 债权人未向人民法院申请诉前保全。

(2) 支付令申请的审理

债权人必须以书面形式向有管辖权的基层人民法院提出。申请书应当写明请求给付金钱或者有价证券的数量和所根据的事实、证据。

法院自接到申请后5日内作出是否受理的决定。经审查,认为申请不成立的,应裁定驳回。如认定该案债权债务关系明确、合法,并已到履行期限,应当在受理之日起15日内向债务人发出支付令。债务人应当在收到支付令之日起15日内清偿债务。如债务人在法定期限内既不履行支付令又不提出异议的,债权人可以申请法院强制执行。如债务人在收到支付令15日提出书面异议的,法院应终结督促程序,支付令失效。债权人可向人民法院起诉。

5）公示催告程序

按规定可以背书转让的票据持有人,因票据被盗、遗失或灭失,可以书面形式向法院提出公示催告申请。法院审查符合规定的,应当受理,并在3日内发出公告。票据的利害人应当在公示催告期间向人民法院申报。法院收到申报应裁定终结公示催告程序,申请人或申报人可以向法院起诉。没有人申报的,人民法院应当根据申请人的申请,作出裁决,宣告票据无效,并通知支付人。自判决公告之日起,申请人有权向支付人请求支付。

6）执行程序

执行是民商事审判工作的最后一道程序,也是民事诉讼程序的一个重要阶段,它对保证人民法院判决、裁定的执行,维护法律的尊严,有着重要意义。

（1）执行申请的提出

发生法律效力的民事判决、裁定,当事人必须履行。一方拒绝履行的,对方当事人可以向人民法院申请执行,也可以由审判员移送执行员执行。

调解书和其他应当由人民法院执行的法律文书,当事人必须履行。一方拒绝履行的,对方当事人可以向人民法院申请执行。

申请执行的期间为两年。申请执行时效的中止、中断,适用法律有关诉讼时效中止、中断的规定。

申请执行的期间,从法律文书规定履行期间的最后一日起计算;法律文书规定分期履行的,从规定的每次履行期间的最后一日起计算;法律文书未规定履行期间的,从法律文书生效之日起计算。

对依法设立的仲裁机构的裁决,一方当事人不履行的,对方当事人可以向有管辖权的人民法院申请执行。

（2）可以先予执行的案件

人民法院对下列案件,根据当事人的申请,可以裁定先予执行:

① 追索赡养费、扶养费、抚育费、抚恤金、医疗费用的;

② 追索劳动报酬的;

③ 因情况紧急需要先予执行的。

人民法院裁定先予执行的,应当符合下列条件:

① 当事人之间权利义务关系明确,不先予执行将严重影响申请人的生活或者生产经营的;② 被申请人有履行能力。

人民法院可以责令申请人提供担保,申请人不提供担保的,驳回申请。申请人败诉的,应当赔偿被申请人因先予执行遭受的财产损失。

（3）执行的法院

发生法律效力的判决、裁定,以及刑事判决、裁定中的财产部分,由第一审法院或者与第一审法院同级的被执行的财产所在地人民法院执行。法律规定由人民法院执行的其他法律文书,由被执行人住所地或者被执行的财产所在地人民法院执行。

人民法院自收到申请执行书之日起超过六个月未执行的,申请执行人可以向上一级人民法院申请执行。上一级人民法院经审查,可以责令原人民法院在一定期限内执行,也可以决定由本院执行或者指令其他人民法院执行。

(4) 执行的强制措施

① 被执行人的财产报告义务

被执行人未按执行通知履行法律文书确定的义务,应当报告当前以及收到执行通知之日前一年的财产情况。被执行人拒绝报告或者虚假报告的,人民法院可以根据情节轻重对被执行人或者其法定代理人、有关单位的主要负责人或者直接责任人员予以罚款、拘留。

② 法院对被执行人的存款、有价证券等采取扣押、冻结、划拨、变价措施

被执行人未按执行通知履行法律文书确定的义务,人民法院有权向有关单位查询被执行人的存款、债券、股票、基金份额等财产情况。人民法院有权根据不同情形扣押、冻结、划拨、变价被执行人的财产。人民法院查询、扣押、冻结、划拨、变价的财产不得超出被执行人应当履行义务的范围。

③ 扣留、提取被执行人部分收入

被执行人未按执行通知履行法律文书确定的义务,人民法院有权扣留、提取被执行人应当履行义务部分的收入,但应当保留被执行人及其所抚养家属的生活必需费用。

④ 查封、扣押、冻结、拍卖、变卖被执行人的财产

被执行人未按执行通知履行法律文书确定的义务,人民法院有权查封、扣押、冻结、拍卖、变卖被执行人应当履行义务部分的财产,但应当保留被执行人及其所抚养家属的生活必需品。

⑤ 被执行人不履行法律文书确定的义务,并隐匿财产的,人民法院有权发出搜查令,对被执行人及其住所或者财产隐匿地进行搜查。

⑥ 被执行人未按判决、裁定和其他法律文书指定的期间履行给付金钱义务的,应当加倍支付迟延履行期间的债务利息。被执行人未按判决、裁定和其他法律文书指定的期间履行其他义务的,应当支付迟延履行金。

⑦ 强制迁出房屋或者强制退出土地

被执行人逾期不履行的,由执行员强制执行。强制执行时,被执行人是公民的,应当通知被执行人或者他的成年家属到场;被执行人是法人或者其他组织的,应当通知其法定代表人或者主要负责人到场。拒不到场的,不影响执行。被执行人是公民的,其工作单位或者房屋、土地所在地的基层组织应当派人参加。执行员应当将强制执行情况记入笔录,由在场人签名或者盖章。强制迁出房屋被搬出的

财物,由人民法院派人运至指定处所,交给被执行人。被执行人是公民的,也可以交给他的成年家属。因拒绝接收而造成的损失,由被执行人承担。

⑧ 对被执行人限制高消费

被执行人为自然人的,被限制高消费后,不得有以下以其财产支付费用的行为:

① 乘坐交通工具时,选择飞机、列车软卧、轮船二等以上舱位;② 在星级以上宾馆、酒店、夜总会、高尔夫球场等场所进行高消费;③ 购买不动产或者新建、扩建、高档装修房屋;④ 租赁高档写字楼、宾馆、公寓等场所办公;⑤ 购买非经营必需车辆;⑥ 旅游、度假;⑦ 子女就读高收费私立学校;⑧ 支付高额保费购买保险理财产品;⑨ 其他非生活和工作必需的高消费行为。

被执行人为法人或其他组织的,被限制高消费后,禁止其法定代表人、主要负责人、影响债务履行的直接责任人员以单位财产乘坐交通工具时,选择飞机、列车软卧、轮船二等以上舱位。

⑨ 将被执行人列入失信名单或失信被执行人名单,依法对其进行信用惩戒

被执行人不履行法律文书确定的义务的,人民法院可以对其采取或者通知有关单位协助采取限制出境,在征信系统记录,通过媒体公布不履行义务信息以及法律规定的其他措施。各级人民法院可以根据各地实际情况,将失信被执行人名单通过报纸、广播、电视、网络、法院公告栏等其他方式予以公布,并可以采取新闻发布会或者其他方式对本院及辖区法院实施失信被执行人名单制度的情况定期向社会公布。

人民法院将失信被执行人名单信息,向政府相关部门、金融监管机构、金融机构、承担行政职能的事业单位及行业协会等通报,供相关单位依照法律、法规和有关规定,在政府采购、招标投标、行政审批、政府扶持、融资信贷、市场准入、资质认定等方面,对失信被执行人予以信用惩戒。

10.5 案例分析

[章前案例分析]

分析:问题1,河北献县人民法院有权受理该案。根据《民事诉讼法》第二十三条、第二十四条和《最高人民法院关于适用〈中华人民共和国民事诉讼法〉若干问题的意见》第二十一条的规定,因合同纠纷提起的诉讼由被告所在地或者合同履行地人民法院管辖。本案应当由金蝙蝠公司住所地苏州工业园区人民法院受理或者是由合同履行地的呼和浩特市的基层人民法院受理。献县法院既不是被告所在地,也不是合同履行地,因此,不能受理此案。如果献县法院可以受理该案,其基本事

实必须是《租赁合同》签订时双方在协议中就已经约定由出租方所在地法院管辖。该管辖的法律依据就是《民事诉讼法》第三十四条规定的当事人可以协议管辖的法院。

问题2,因献县理想建筑器材租赁站领取的是个体营业执照,在民事诉讼中,应以营业执照登记的业主为诉讼当事人,因理想建筑器材租赁站是由李建刚个人申领的个体营业执照,因此本案的原告应该是李建刚个人。

问题3,苏州市金蝙蝠公司呼和浩特项目部是公司为完成呼和浩特工程项目而设立的一次性的内部管理组织,无能力对外承担民事责任。该项目部的行为后果由金蝙蝠公司承担,苏州市金蝙蝠是本案的合格被告。

[案例]

建设单位苏州某塑胶制品有限公司PVC压延机车间工程的土建工程由江苏华新建设集团某分公司承包。合同约定土建工程在2013年7月底完工,但到2013年9月初,压延机车间的土建工程仍未完成。据此,建设单位向承包商江苏华新建设集团某分公司以土建工程拖期影响安装工程为由,按拖延工期每天扣罚工程款3 000元计算(按合同约定工期,拖延了40天),向承包商索赔12万元。对此索赔要求,承包商在律师的帮助下,对业主的索赔要求作了如下回复。

尊敬的姚总:你好!

贵公司9月7日的来函收悉。关于PVC压延机车间工程一事,承蒙贵公司的配合、支持,工程进展基本上是顺利的,我方一直是在认真地履行合同。虽然在订立合同时由于贵方提出要在2013年7月底土建完工,但事实上该工程客观需要的正常施工期,应是155天(按国家标准定额计算)。我方为承接该项目暂且答应在7月底主体完工,但同时提出,在确保不影响设备安装的情况下,可延期作业,贵方也在合同书上作出了承诺。这事实上也是贵方考虑到该工程工期紧迫,体谅我方施工的实际需要,而作出的土建工程可延期的承诺。况且,在施工过程中,遇到气候异常的不可抗力因素。众所周知,今年苏州雨水偏多,工期中共计雨天24天,无法正常作业。另外,贵方在施工过程中的临时变更设计达5项之多,如地面设计原为水泥砂浆,变更为增设5 cm的水磨石等。由于水磨石的强度要求大,一般施工日期至少是20天,否则,就不能达到预期的强度。贵方增加了这些临时变更设计,自然就应当顺延工期。

一个工程要确保工程质量,必须要有合理的工期和必要的资金。我方为确保工程质量,必须严格按正常的施工规范要求施工,决不能搞"首长工程"、"献礼工程",否则,是对贵方的不负责任,也是对客观规律的不尊重。

虽然贵方说进口设备于7月20日就已到场,但我方并未收到贵方要求进场安装的任何书面通知。而且,事实上我方主体工程已于7月27日验收,贵方已具备条件在主体车间进行安装作业。而在 7 月 31 日后,贵方也一直未对我方的土建工程的进展提出异议。也就是说,贵方对 7 月 31 日后的这一段工期的顺延是予以默认的。否则,在当时就会提出异议,而不会在 9 月 7 日以后(事实上,安装工程已于 9 月 3 日完工),才提出所谓影响安装作业的异议。

合同是严肃的,法律是严格的。我方是在认真地履行合同,我们也相信贵方是会认真履行合同的。

祝合作愉快!

江苏华新建筑集团某分公司
2013 年 9 月 12 日

问题:

(1) 双方在合同的履行过程中,存在哪些问题?

(2) 承包商的回函,抓住了业主的哪些弱点?

案情分析:

(1) 双方在合同履行过程中,遇到了因土建工程拖期,以致影响安装工程及厂房的正常投产使用问题。其主要原因是双方在签约时,没有充分考虑到合同履行过程中可能遇到的一些干扰因素,而是一味将工期压缩,且没有考虑到施工对工期的客观要求。这样必然造成承包商拖期违约。另外,业主考虑不周全、设计变更过多,也是导致工程延期的原因之一。

(2) 本案中,承包商拖期违约已成事实,但由于业主在违约事实发生后未及时确认,这样等于默认了承包商的拖期。另一方面,工程变更也允许承包商对工期提出索赔。

本 章 习 题

一、单选题

1. 仲裁的调解书(　　)生效。
　　A. 自送达对方时　　　　　　B. 一方签收时
　　C. 自邮寄时　　　　　　　　D. 经双方当事人签收

2. 民商事仲裁的最大特点是(　　)。
　　A. 自愿性　　B. 保密性　　C. 专业性　　D. 权威性

3. 建设施工合同纠纷由施工项目所在地人民法院受理,该类案件的管辖属于(　　)。
　　A. 指定管辖　　B. 属地管辖　　C. 专属管辖　　D. 协议管辖

4. 民事判决书生效后,权利人申请执行的时间是(　　)。
　　A. 六个月　　B. 一年　　C. 两年　　D. 三年

二、多选题

1. 建筑工程纠纷的解决方式有（　　）。
   A. 协商解决　　　　B. 调解解决　　　　C. 仲裁解决
   D. 诉讼解决　　　　E. 仲裁与诉讼同时解决

2. 以下材料可以作为索赔证据的是（　　）。
   A. 施工日记　　　　B. 工程量清单　　　　C. 国际惯例
   D. 气象记录　　　　E. 双方来往的电子邮件

3. 当事人选择仲裁解决纠纷时，双方可以在以下方面对仲裁事项进行选择（　　）。
   A. 提交哪一个仲裁委员会仲裁
   B. 仲裁员
   C. 仲裁适用何种程序规则
   D. 仲裁所适用的法律
   E. 仲裁裁决执行的法院

4. 以下材料属于民事证据的是（　　）。
   A. 招标文件　　　　B. 施工图　　　　C. 主管部门的规章
   D. 工程照片　　　　E. 电话录音

5. 工程索赔的法律依据有（　　）。
   A.《民法通则》　　B.《合同法》　　C.《施工合同示范文本》
   D.《建筑法》　　　E. 造价管理部门的价格信息

6. 施工合同的实际施工人可以将以下主体为被告追索工程款（　　）。
   A. 转包人　　　　B. 项目投资人　　　　C. 违法分包人
   D. 发包人　　　　E. 发包人的法定代表人

三、是非题

1. 索赔就是指承包商向业主提出的因对方违约而造成的损失的赔偿。（　　）
2. 如果施工合同中约定了通过某仲裁委员会仲裁解决双方在工程款结算方面的争议，任何一方就都不能到法院去起诉了。（　　）
3. 业主在施工合同的履行中没有违约行为，只要承包商有损失就可以索赔。（　　）
4. 仲裁员不能形成多数意见时，仲裁庭可以按首席仲裁员的意见作出裁决。（　　）

四、思考题

1. 工程索赔与赔偿有何区别?
2. 索赔与合同有何关系?
3. 仲裁与诉讼相比较有何特点?
4. 在建筑工程中,当你遇到纠纷时,会选择哪些途径解决?

参考答案

一、单选题

1. D   2. A   3. C   4. C

二、多选题

1. ABCD   2. ABDE   3. ABCD   4. ABDE   5. ABD   6. ACD

三、是非题

1. ✗   2. ✓   3. ✓   4. ✓

参 考 文 献

[1] 中华人民共和国建设部政策法规司.建设法律法规(2000年版)[M].北京:中国建筑工业出版社,2000

[2] 中华人民共和国建设部.建设工程监理规范[M].北京:中国建筑工业出版社,2001

[3] 中华人民共和国建设部.中华人民共和国建筑法实务大全[M].北京:中国法制出版社,1997

[4] 朱宏亮.建设法规[M].武汉:武汉工业大学出版社,2000

[5] 许崇德.法学基础理论[M].北京:法律出版社,1998

[6] 刘家兴.民事法学[M].北京:法律出版社,1998

[7] 李峻.建筑法概论[M].北京:中国建筑工业出版社,2008

[8] 黄安永.房地产法规概论[M].南京:南京出版社,1996

[9] 何伯洲.建设法律概论[M].北京:中国建筑工业出版社,2000

[10] 桑希臣.建筑法规文件及强制性条文汇编[M].北京:中国大地出版社,2000

[11] 本书编委会.现代企业制度全书[M].北京:红旗出版社,1995

[12] 田金信.建筑企业管理学(第3版)[M].北京:中国建筑工业出版社,2009

[13] 全国一级建造师执业资格考试用书编写委员会.建设工程法规及相关知识[M].北京:中国建筑工业出版社,2016

[14] 国务院法制办公室.中华人民共和国房地产法典(第3版)[M].北京:中国法制出版社,2016

[15] 罗炜,李文秀,齐栋梁.房地产法规[M].北京:北京理工大学出版社,2016

[16] 何明俊.城乡规划法学[M].南京:东南大学出版社,2016

[17] 刘红霞,柳立升.建设法规[M].北京:北京大学出版社,2016

[18] 柳易林.物业管理法律法规[M].北京:中国财富出版社,2015

[19] 韩明.工程建设法规[M].天津:天津大学出版社,2014